云亭法律实务书系

民法典时代
供应链金融
疑难法律问题全解

康欣◎编著

MINFADIAN SHIDAI
GONGYINGLIAN JINRONG
YINAN FALÜ WENTI QUANJIE

中国法制出版社
CHINA LEGAL PUBLISHING HOUSE

专家荐语一

康欣是我教授的2009级民商法学硕士，在北大法学院硕士毕业之后，又读博继续深造。在顺利完成博士学业后，基于兴趣，她成为了一名在京执业的律师。

在她毕业后，我和她也多有工作上的接触，比如在实习律师培训时的模拟仲裁庭上、民商法专业研讨会上、一些案件的专家论证会上，都能看到她的身影。平时对于执业上的困惑，她也会以各种方式向我请教。从中我感受到了她对专业的追求和对律师工作的执着。这一晃从她入学至今，已经十余年，可以说我是一路看着她从一名懵懂青涩的法学生成长为一名能够独当一面的执业律师，作为她的导师，我深感欣慰。

在工作之余，她能够如在校期间一样，沉下心来钻研法律专业问题，笔耕不辍，实属难得。我仔细阅读了该书的大部分，问题切中要害，观点有理有据，案例充分，论述详实，看得出来是下了一番功夫。

金融是几乎所有企业都会面临的问题，大到大型国企，小到个体工商户，融资永远都是关系企业生死存亡的核心大事。所以，金融一直在产业政策与产业运行中扮演着举足轻重的作用，在维系供应链财务的稳定性中扮演着不可小觑的角色。在供应链体系中，必然存在着核心企业和其上下游的中小微企业，核心企业通常规模大、财务实力雄厚、信用优良、抗风险能力强，所以深受金融机构青睐，各家金融机构多愿意为当地的核心、龙头企业提供各种形式的贷款。而核心企业的上下游中小企业却往往面临融资难、融资贵的窘境，这种不平衡的状况必然使产业链的稳健运行受到掣肘，所以供应链金融应运而生，其将传统信贷审查的重点从单个中小企业转移到供应链这个体系上来，只要该企业与其上下游存在真实交易，就存在金融授信的空间和机会，中小企业因此能够获得针对某笔交易的授信融资，满足其生产经销的资金需要。

但不可否认，实务中，当事人虚构交易，出现违约等不法行为，甚至金融机构工作人员与当事人恶意串通，骗取金融机构授信的情形时有发生，造成金融机构或者其他当事人巨额经济损失，这就涉及法律规则的应用，以定分止争，追究责任。

该书以问题切入，总结归纳了供应链上产生的各种融资法律问题。从法律体系而言，供应链金融涉及的法律领域有保兑仓交易、动产质押、仓单质押、债权资产的转让、保理等民商法热点问题。对这些问题的明文规定散见于我国《民法典》以及最高人民法院的司法解释中，比如保理以前为无名合同，现在《民法典》将其纳入有名合同予以规定；保兑仓业务，在2019年11月最高人民法院印发的《全国法院民商事审判工作会议纪要》中也作了明文规定；针对仓单质押，《最高人民法院关于适用〈中华人民共和国民法典〉有关担保制度的解释》中也有专门规定；另外，《民法典》中对动产和权利担保做了重大的调整和补充，使得供应链金融规则明确，实务运行更加有法可依。同时，国务院于2020年12月发布了《关于实施动产和权利担保统一登记的决定》，将进一步提高动产和权利担保融资效率，优化营商环境，促进金融更好服务实体经济。

在写作方式和编排形式上，该书以供应链的采购、生产、销售三阶段的融资模式各为一章，以每个阶段存在的各种实务问题单独成篇，每篇文章汇集了以最高人民法院为代表的全国各个法院的不同司法案例，让读者了解司法实践中针对一个特定问题的裁判思路和观点。同时，结合《民法典》的新规定，该书在谈到具体问题时，解析民法典对相关问题的规定和对实务操作的影响。可以说，在宏观层面，该书把握住了供应链金融的发展动向；在微观层面，为企业的经营活动建言献策，为相关案件的处理提供类案参考，不失为一本具有专业价值的法律实务书籍。

这本书是康欣对其律师工作的经验总结，希望她再接再厉，继续在法律专业领域攀登，更上一层楼。

北京大学法学院　刘凯湘教授

2021年7月26日

专家荐语二

康欣是我教授的2011级博士，在博士毕业之前，她在律所实习工作，毕业之后，还是选择继续从事律师工作。我也一直在关注她的动态，给我印象最深的是，在工作之余，她一直没有放弃在专业上的继续深耕。如今，她完成了这本四十余万字的专业书籍的写作，我一点不感到惊讶，这是她常年坚持积累的成果。

供应链、产业链能否稳定运行取决于链上所有主体以及相互之间业务关系的稳定性，而企业的财务健康是关系企业存亡和稳定发展的关键因素。近几年来，尤其在我国经济增速变缓之后，国家在政策层面一直大刀阔斧地倡导、支持供应链金融的发展。相应地，此种金融模式在理论界和实务界引起了高度关注，对该领域的探索也成为了全社会的热点话题，各个产业都希望在供应链金融这一领域寻找新的发展契机以维持自己的行业竞争力。

随着供应链金融发展的不断深入，其背后有很多值得警惕和关注的问题。区别于传统金融，供应链金融领域所特有的法律问题并不能为传统金融所涵括，所以，需要有此方面的专业法律人士去做基础工作。此外，供应链金融自身存在的问题和积累的风险不容小觑，如该行业屡屡发生的虚构基础交易骗取资金、违约放货、虚构担保财产骗取银行资金等社会性事件不断涌现。暴露出金融机构风险管控不力，从业人员专业能力欠缺以及自律合规意识薄弱等问题。

该书针对供应链金融实践运行中的法律风险和实务问题，分三个部分分别就供应链金融的三种融资模式展开深入的问题研究，对每个独立问题的讨论都建立在司法案例的基础上，并在梳理归纳司法案例的基础上总结前端业务经验。相对于目前法律领域对供应链金融研究的相对滞后，该书具有一定的前瞻性，较早涉足于供应链全领域，多视角地梳理出了供应链金融各领域的法律问题。

关于该书的案例研究写作模式，需要说明的是，我国虽然不是判例法国家，但自2010年最高人民法院《关于案例指导工作的规定》（法发〔2010〕51号）发布以来，我国正式建立了案例指导制度。2020年7月最高人民法院又发布了《关于统一法律适用加强类案检索的指导意见（试行）》，更是明确提出要加强类案检索，同案同判，说明上级法院的裁判思路和观点对下级法院案件的审理具有一定的拘束力。因此研读和分析最高人民法院的指导案例以及上级人民法院的典型案例、已经裁判生效的案例，确实具有现实的指导意义，可以肯定的是，该书对于供应链金融诉讼案件的处理和供应链前端业务的开展都具有非常重要的借鉴和指导价值，可以为供应链金融从业人员提供一定参考，同时为公检法机关人员、律师、法律顾问处理类似案件提供助益。

全书基于广泛的诉讼实践和扎实的理论功底，结合作者敏锐的实践洞察、活跃的逻辑思维，分析了供应链金融业务运营中存在的风险，对如何推动供应链金融健康发展，真正为实体经济特别是中小微企业的融资需求，提出了建设性的法律建议，这是一本融专业性和可读性、思想性与实践意义为一体的好书。

北京大学法学院　钱明星教授

2021 年 7 月 26 日

前　言

一、何谓供应链金融?

早在2008年,《中国银监会关于银行业金融机构支持服务业加快发展的指导意见》第九条就指出:“银行业金融机构应当根据现代服务业企业轻资产、重知识和技术含量、抵押品少等特点,大力开展服务创新。要积极开发新的授信经营模式,转变仅重视抵押品的传统授信经营模式,充分重视企业的现金流和流程监控。探索围绕核心企业、开发上下游企业的全景式供应链融资方式,满足现代服务业对供应链金融服务的需求。”该条规定就已经把供应链金融区别于传统金融的特征讲出来了,传统的银行授信重视的是单个企业的资信状况及其抵押品的质量和价值,而供应链金融却是将该融资企业所在的供应链作为授信的基础,以对上下游之间形成的资金流、物流、信息流的监控作为风控手段的一种授信模式。

根据业内形成的权威观点,所谓供应链金融是基于供应链所开展的融资活动,指商业银行从整个产业链角度出发,对一个产业链中的单个企业或上下游多个企业提供全面金融服务,以促进供应链核心企业及上下游配套中小企业“产—供—销”链条的稳固和流转顺畅,构筑金融机构、供应链上的企业和物流公司互利共存、持续发展的产业生态。供应链金融中,银行提供的信贷是系统性的融资安排,即所谓N+1机制,即银行不仅仅以单个企业的资信状况对其授信,而是会综合上下游企业的资信综合判断,中小企业可以借助资信实力雄厚的核心企业提高自身的资质,从而获得银行授信。

二、供应链金融三大融资模式

依托于供应链背景,银行对融资企业的融资模式以企业的运营阶段为切入点,分为采购阶段的保兑仓融资、生产阶段的存货融资以及销售阶段的应收账款融资三大模式。这三大模式并非各自独立、互不牵连,而是环环相扣、互相渗透的,比如A公司在原材料采购阶段采取了保兑仓融资方式,向银行申请开具以其上游供货商B公司为收款人的银行承兑汇票,同时B公司就汇票金额与A公司累计提货金额之间差额向银行承担差额退款责任。提取原材料后，若在加工生产之前还有原材料库存，或者经A公司加工后形成产品，产品形成了库存，A公司可以原材料库存或者产品库存为担保继续向银行申请存货融资；在产品销售阶段，由于账期缺口，A公司形成对下游经销商的应收账款，A公司为了进一步采购原材料以扩大生产，可以该应收账款进行质押或者保理融资。

由此可见，在供应链融资模式下，在采购阶段，A公司能够以较小比例的保证金获得批量采购；在生产阶段，A公司可以将仓库的固定库存转变为流动资金；在销售阶段，也能够及早回笼资金，对冲、缓解账期带来的资金占压问题。供应链融资在企业运营三阶段的介入和作用发挥，缓解了企业现金流的压力，为企业的扩大再生产注入了源头活水。

本书以供应链金融这三大融资模式作为研究对象，每种融资模式独立为一章，分别总结归纳其中的争议点，并主要通过引用分析最高人民法院和各省高级人民法院的案件裁判思路来介绍每种争议点的应对策略。

三、我国供应链金融的发展历程

供应链金融在我国并不是一个新鲜事物，据报道，早在2001年下半年，国内最早开始供应链金融产品创新的深圳发展银行，就在广州和佛山两家分行开始试点存货融资业务，利用特定化质押下的分次赎货模式，并配合银行承兑汇票的运用，结算和保证金存款合计超过了20亿元。

自2012年开始，钢贸领域发生了国内最大的质押骗贷案件，在业内引起强烈震动。钢贸行业开具虚假仓单、重复质押获取银行贷款的业内潜规则浮出水面。导致存货融资这一供应链融资模式遭受毁灭性打击，很多银行不再接受这一融资担保方式，相关的从业人员也撤出了该业务领域。

近年来，区块链、大数据、云计算、物联网技术应运而生，这些技术手段直击供应链金融的盲点和痛点，即贸易数据的造假问题，给供应链金融的复苏带来新的契机和可能。一些银行开始不再拒绝这类存货融资的业务，但同时更加重视风控保障措施。

在政策层面，国家不断表明支持和鼓励供应链金融的态度，2016年，发布了1项涉及供应链金融的行政法规和13项部门规章，提出要积极推动供应链金融服务持续健康发展。

尤其是自2017年以来，我国经济增长速度变缓，经济下行局面开始呈现，供应链上的非核心企业抗风险能力弱，此时，金融的支持、扶持作用更显关键，而供应链金融凭借其依托供应链核心企业的优势可以为这些中小民营经济在获取银行授信方面提供助力，被国家大力倡导。2020 年伊始，银保监会发布了《中国银保监会办公厅关于加强产业链协同复工复产金融服务的通知》，明确提出要加大供应链金融对实体经济发展的推动作用。

四、本书对供应链金融的研究视角和价值

供应链金融的发展需要依赖于宏观的政策支持、法律制度支持以及各产业的协同发展。

本书研究供应链金融中真实存在的问题和纷争以及这些纷争是如何被司法机关解决的。所选都是在近 15 年期间真实发生过的，且对同类型融资模式具有典型指导借鉴意义的案例。通过分析供应链金融各参与主体在这些案件中的行为方式、纠纷发生的原因、法院对争议的裁判观点，将抽象的供应链金融的实际运作流程及其运作逻辑展示给读者。

在法律层面，《物权法》《合同法》《担保法》《商业银行法》《民法总则》等基本法律制度一直是支撑供应链金融业务开展的法律根据。自 2021 年 1 月 1 日施行《民法典》及其配套司法解释，对之前的法律规定有哪些修改，以及这些修改对供应链金融业务的开展会形成什么影响，本书都将作出梳理和分析。

简而言之，关于供应链金融法律制度本身的更迭以及法律制度在涉及供应链金融案件中的具体运用这两个方面的问题，都将在本书中得到解读和探讨。本书力图在外延上为读者提供关于供应链金融法律专业知识的百科书式的介绍；在内涵上，以一个专业律师的视角，为读者深入详实地分析那些曾经在一线业务中实际发生过的纠纷是怎么产生的、又是如何被裁判的，同时顺着“前车之鉴、后事之师”的思维逻辑，归纳总结实务操作过程中的经验教训，达到讼为非讼、以讼止讼的目的。

本书采用实证研究的方法，以案例研究为特征，没有过多的高深抽象的理论铺陈。在谋篇布局方面，以一个个独立的法律问题为切入点形成一篇篇独立的文章，让读者能够在目录部分就很容易地找到自己所面临的实务难题，以及该问题是如何在司法实践中被不同法院认识和评判的。

本书适合金融实务的从业者、金融纠纷的审判者、民商法领域的立法者以及对民商法感兴趣的人去阅读。

供应链金融是一个方兴未艾又极具挑战的领域，限于作者的能力和见识，书中难免会出现纰漏和不足之处，欢迎广大读者批评指正。

目 录

Contents

第一章　采购阶段的保兑仓融资

第二章　生产阶段的存货融资

第三章　销售阶段的应收账款融资

第一章 采购阶段的保兑仓融资

“保兑仓”交易属于买方向卖方支付预付款的一种融资模式，是在上游核心企业（销货方）承诺回购的前提下，中小企业（购货方）以金融机构指定仓库的既定仓单向金融机构申请质押贷款，并由金融机构控制其提货权为条件的融资业务。保兑仓业务实现了融资企业的杠杆采购和供应商的批量销售，同时也给银行带来了收益，实现了各方共赢的目的。

《全国法院民商事审判工作会议纪要》第68条第1款规定，保兑仓交易作为一种新类型融资担保方式，其基本交易模式是，以银行信用为载体、以银行承兑汇票为结算工具、由银行控制货权、卖方（或者仓储方）受托保管货物并以承兑汇票与保证金之间的差额作为担保。其基本的交易流程是：卖方、买方和银行订立三方合作协议，其中买方向银行缴存一定比例的承兑保证金，银行向买方签发以卖方为收款人的银行承兑汇票，买方将银行承兑汇票交付卖方作为货款，银行根据买方缴纳的保证金的一定比例向卖方签发提货单，卖方根据提货单向买方交付对应金额的货物，买方销售货物后，将货款再缴存为保证金。

下面将对保兑仓业务作基本介绍，包括其业务流程、核心交易要素和风险防范。

（一）保兑仓交易的业务流程

1. 中小企业（下游企业、购货方）和核心企业（上游企业、销货方）签订购销合同，并协商由中小企业申请贷款，专门用于支付购货款项；

2. 中小企业凭购销合同向金融机构申请仓单质押贷款，专门用于向核心企业支付该项交易的货款；

3. 金融机构审查核心企业的资信状况和回购能力，若审查通过，则与核心企业签订回购及质量保证协议；

4. 金融机构与物流企业签订仓储监管协议（适用于四方保兑仓业务模式）；

5. 核心企业（销货方）在收到金融机构同意对中小企业（购货方）融资的通知后，向金融机构指定物流企业的仓库发货（适用于四方保兑仓业务模式），并将取得的仓单交给金融机构；

6. 金融机构收到仓单后向核心企业拨付货款；

7. 中小企业缴存保证金，金融机构释放相应比例的货物提货权给中小企业，并告知物流企业可以释放相应金额的货物给中小企业；

8. 中小企业获得商品提货权，去仓库提取相应金额的货物。

不断循环，直至保证金账户余额等于汇票金额，中小企业将货物提完为止，最后与此项融资活动有关的回购协议、质押合同相应注销。

需要说明的是，上述流程适用于四方保兑仓业务模式，实践中，当事人还可能在前述交易模式的基础上另行作出其他约定和安排，比如，三方保兑仓业务模式中，并不存在物流企业，货物继续由销货方占有监管，销货方按照银行的发货指示向购货方发货。另外，关于货物是否办理动产质押或者仓单质押，也可由当事人选择，有的交易中就不设定此项担保方式。

总的来讲，这项业务的基本法律关系包括买卖合同法律关系，买方与银行之间的融资合同法律关系、卖方与银行之间的担保法律关系。

业务流程用图表表示如下：

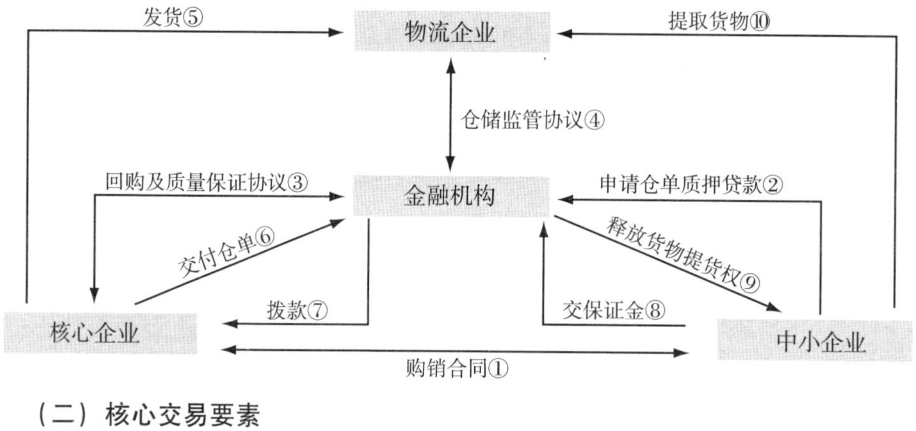

（二）核心交易要素

在保兑仓融资交易中，金融机构的风险防范主要通过货权、保证金、卖方保证担保（或者是回购，或者是差额退款的形式）来保障其已付款的回收。

1. 银行货权

（1）银行对货物存放的不同安排

一种模式为：卖方将货物存放在金融机构指定的物流公司的仓库，物流公司作为银行的受托方，代为监督、控制货物，由银行实际占有仓单。如平安银行某分行汽车供应链金融"先票后贷"的融资模式即为此种，厂商将货物发到银行指定的物流监管机构，银行通过物流监管机构来监管汽车合格证（含进口车辆两证）、取得车辆抵（质）押权等方式控制经销商的销售回款。

另一种模式为：货物仍由卖方控制，银行开具承兑汇票后，收款人只有在“买方按期向商业银行支付承兑汇票金额＋卖方收到发货通知书”的前提下，才能够发货给买受人，在金融机构未向卖方发出发货通知前，卖方无权自行向买方发货。

最高人民法院发布的典型案例“兴业银行股份有限公司某分行诉山东钢某股份有限公司、山东钢某股份有限公司某分公司、福建省旺某贸易有限公司保兑仓业务合作合同纠纷案”中，卖方山某济南公司在买方未向银行交足保证金、银行未对卖方发出发货通知的情况下，就自行将货物交给买方，导致银行已经承兑的款项无法从买方收回。按照买卖双方与银行签订的《保兑仓业务三方合作协议》的约定，此种情况下，卖方构成违约，应该对银行的损失承担担保责任。

（2）货权的性质

对于保兑仓业务中银行货权的属性，有两种理论上的解释：

一是，由第三人代为履行，即银行作为买卖双方的第三人，在买方资金紧缺时，向卖方支付了货款，随后取得对买方的追偿权，买方将其从卖方处买得货物的仓单质押给银行，同时，卖方提供保证担保，由于货物本身是可分物，买方分期清偿债务，银行分期释放提货权给买方。

二是，连环买卖，银行按照买方的意愿从卖方处购买货物，由银行取得货物所有权，不论货物是否处于银行监管下（比如货物仍由卖方占有），在买方与银行之间又存在一个购销合同，买方支付部分款项购得相应比例的货物，卖方对于买方无法支付的货款承担保证责任。但是，此种解释下，银行成为直接的买方，超越其金融机构的营业范围。若将银行的地位由其他非金融机构的资金方替代，则构成托盘贸易关系。但是在保兑仓交易中，资金方为银行，不能从事此类贸易业务，所以，上面的解释中，连环买卖实际上是不成立的。

（3）银行对货物是否负有保管义务

在中国建设银行股份有限公司某支行与卢某娟、周某志等合同纠纷案【浙江省高级人民法院（2015）浙商提字第12号】中，浙江省高级人民法院认为：“《保兑仓融资业务合作协议》中约定建行府前支行有权对质押货物进行检查和监督系协议各方赋予银行的权利，但并不能推知银行有义务保管货物。银行检查和监督权系银行对其自身风险控制所需，银行作为专业金融机构，不可能也无能力对货物进行保管。”

2. 保证金

买方向银行账户存入一定比例的保证金之后，银行才会出具承兑汇票，买方从而实现了杠杆融资。关于保证金的性质，可以认为是金钱质押，如在中信银行股份有限公司某分行与张家口中某装备探矿工程机械有限公司、大连中某能源有限公司等合同纠纷案【最高人民法院民事判决书（2015）民提字第16号】中，《保兑仓业务合作协议（差额保证）》定义保证金为："大连中某根据购销合同与该购销合同相对应的银行承兑汇票而向中信银行交付的占银行承兑汇票金额一定比例的款项作为保证金，该款项是作为大连中某履行其在和中信银行签订《银行承兑汇票承兑协议》项下的义务和责任而向中信银行提供的质押担保。"

3. 卖方担保责任

卖方担保责任来自买方的销售达不到预期水平和对外偿债能力的降低。由于买方偿债的资金来源是货物销售额，所以，若买方不能完全实现销售，卖方就必须按照约定无条件的将承兑汇票与保证金的差额部分以现金方式支付给银行，以履行其承诺的以回购为表现形式的保证责任。

在卖方向银行承担担保责任之后，有权向买方追偿，在天津王某酒业销售有限公司与武汉市华某副食品有限公司汉口经营部追偿权纠纷案【最高人民法院民事裁定书（2014）民申字第2218号】中，天津市高级法院和最高人民法院均支持了卖方王某酒业公司对买方的追偿权主张。

（三）风险防范

保兑仓融资业务的风险主要集中于银行与卖方。

就银行而言，银行首先要建立、健全完善的审批流程，对于买方所提交的开具承兑汇票的申请材料要严格把关，对其经营业绩、信誉状况、管理水平、资金实力、市场占有率和企业发展前景等进行全方位的审查。对货物采取严格监控，可以将货物存放在银行自行指定的物流监管机构，如果继续存放在卖方，也要定期、不定期检查货物的实际状况，防止买卖双方串通套取银行授信，或者卖方越过银行自行向买方发货，或者卖方将货物做其他处理。另外，结合现代技术，用网络视频系统，比如一些金融科技企业开展的数字可信仓库，对所储存的物资可以做到实时监控，以最大限度的保证银行的利益。

对卖方而言，在与买方签订购销合同之前，有必要通过行业协会和评级机构对经销商的资信进行全面了解和评定，选择经营实力、销售能力强的买方。同时要充分掌握市场供求状况，如果供货商本身具有在一定区域内的商品销售渠道和市场知名度的话，销售方及时回款的几率就能大幅度提高，银行、卖方的风险就可以相应降低。

通过上述介绍可知，保兑仓交易的制度设计是非常严谨的，比如银行的风险通过卖方的差额保证责任以及货物的质押都能够得到防范。卖方在买方后续不缴存保证金的情况下，未接到银行的发货通知，就可以拒不发货，到期如果需要承担差额保证责任，也至少可以拥有货物而减少损失。但是，实际应用中，总有各种不可预知的风险和问题存在，本书第一章将针对保兑仓交易中各个不同的问题，通过分析权威司法裁判案例，为读者展示司法实践中对这些问题的解决之道。

一、无真实贸易背景的保兑仓交易应认定为借款和担保合同关系！

阅读提示： 保兑仓交易中，银行开具以卖方为收款人的银行承兑汇票，买方将汇票作为货款交付给卖方。若没有真实贸易背景，卖方一般会主张其只是一个名义上被委托的收款人，买方与金融机构之间的融资借贷关系与其无关，其无须承担任何责任，那此类情形卖方真的可以免责吗？2019 年 11 月，最高人民法院印发的《全国法院民商事审判工作会议纪要》第 68、69 条规定了保兑仓交易的基本交易模式、基本交易流程、当事人之间的法律关系，以及无真实贸易背景的保兑仓交易的性质认定。本文以最高人民法院 2019 年 12 月的一份二审生效判决为例，分析无真实贸易背景下保兑仓交易的性质认定和当事人之间的法律关系。

裁判要旨

保兑仓交易以买卖双方有真实买卖关系为前提，若没有真实贸易背景，各方当事人之间真实的法律关系应为借款及担保合同关系，名义卖方承担的责任无论在表述上称为差额退款责任还是回购责任，在性质上都属于保证责任。

基本案情①

2013 年 9 月 10 日，山某晋城公司与陕西石某公司签订《煤炭买卖合同》，约定：山某晋城公司向陕西石某公司供应煤炭 160 万吨，全年分二次执行；合同总金额为 70400 万元。

同日，山某晋城公司与陕西石某公司及中信银行某分行签订《三方业务合作协议》，约定主要内容如下：

（1）银行提供预付款融资：鉴于山某晋城公司与陕西石某公司已经或即将订立以煤炭为合同标的的购销合同，陕西石某公司与中信银行某分行已经或即将签订一

① 案件来源：山某国际能源集团晋城有限公司、中信银行股份有限公司某分行合同纠纷二审民事判决书【（2019）最高法民终 870 号】。

个或多个融资合同，中信银行某分行同意依照融资合同的约定向陕西石某公司提供融资以支付在购销合同项下的山某晋城公司货款。

（2）融资方式：中信银行某分行为陕西石某公司承兑以山某晋城公司为收款人的银行承兑汇票。

（3）买方还款与提货：陕西石某公司在还款、存入保证金或采用其他方式降低了单笔融资的风险敞口后，仅可申请提取该笔融资所对应的货物。

（4）卖方担保：陕西石某公司未在提货到期日前存入全额保证金或偿付全额融资款项且中信银行某分行在单笔融资下或协议项下出具的《提货通知书》所载累计提货价值少于该笔融资或本协议所对应的山某晋城公司实际收款金额的，山某晋城公司承担差额退款责任。山某晋城公司保证中信银行某分行在向山某晋城公司索偿之前不必：①先向陕西石某公司索偿；或②先对陕西石某公司采取任何法律行动；或③先对陕西石某公司提出破产申请。

2013 年 9 月 12 日，陕西石某公司与中信银行某分行签订《综合授信合同》，约定：陕西石某公司在本合同约定的综合授信额度使用期限内可向中信银行某分行申请使用的综合授信额度为 2.6 亿元；本合同项下综合授信额度可用于下列一种或多种业务种类：贷款、票据承兑、票据贴现等其他授信业务种类。

2013 年 9 月 12 日、9 月 16 日、9 月 23 日，根据陕西石某公司的申请，中信银行某分行分别开立了以山某晋城公司为收款人的电子银行承兑汇票共计 3.25 亿元，陕西石某公司偿付融资款，并分期提取了上述价值的货物。（事后证实陕西石某公司并未向山某晋城公司提取货物，并无真实贸易背景。）

2014 年 4 月 28 日、5 月 19 日、8 月 8 日，根据陕西石某公司的申请，中信银行某分行又分别为其开立了以山某晋城公司为收款人的电子银行承兑汇票 6 张共计 3.25 亿元，陕西石某公司在清偿部分票款后，仍欠中信银行某分行票款本金 162732800 元及利息若干。

中信银行某分行起诉请求：由陕西石某公司偿还中信银行某分行融资款本金 162732800 元及利息；由山某晋城公司向中信银行某分行退款 162732800 元并赔偿中信银行某分行利息损失。

争议焦点

山某晋城公司是否应该向中信银行某分行承担退款责任，其责任性质是什么？

当事人意见

（一）案涉《三方业务合作协议》表面上符合保兑仓交易的特征，但不是真实的保兑仓交易，而是中信银行某分行与陕西石某公司之间串通后利用山某晋城公司作为委托收款人，实际违规为陕西石某公司进行的直接融资。《三方业务合作协议》因各方意思表示虚假而无效，不能据此要求山某晋城公司承担责任，中信银行某分行与陕西石某公司之间借贷行为的法律后果应由二者承担，与山某晋城公司无关。

（二）差额退款责任的约定仍具有担保的作用，属于一种新型的非典型的保证担保。中信银行某分行作为银行金融机构应当知道作为上市公司全资子公司的山某晋城公司的法定代表人无权签订具有担保内容的合同或协议，中信银行某分行不属于善意第三人，其与山某晋城公司签订的《三方业务合作协议》中具有担保性质的差额退款责任对山某晋城公司无效，山某晋城公司不应承担差额退款责任。

法院裁判观点

最高人民法院认为：

（一）本案保兑仓交易的性质：新类型的融资担保方式。

保兑仓交易作为一种新类型融资担保方式，其基本交易模式是，以银行信用为载体、以银行承兑汇票为结算工具、由银行控制货权、卖方受托保管货物并以承兑汇票与保证金之间的差额作为担保。

保兑仓交易的基本交易流程是：卖方、买方和银行签订三方合作协议，其中买方向银行缴存一定比例的承兑保证金，银行向买方签发以卖方为收款人的银行承兑汇票，买方将银行承兑汇票交付卖方作为货款，银行根据买方缴纳的保证金的一定比例向卖方签发提货单，卖方根据提货单向买方交付对应金额的货物，买方销售货物后，将货款再缴存为保证金。根据案涉《三方业务合作协议》载明的内容，本案当事人在该协议中约定的交易方式是较为典型的保兑仓交易。

（二）没有真实贸易背景的保兑仓交易属于借款和担保法律关系。

保兑仓交易以买卖双方有真实买卖关系为前提。案涉《三方业务合作协议》虽然体现的交易方式为保兑仓交易，但根据查明的事实，山某晋城公司与陕西石某公司之间并不存在真实的货物买卖交易。案涉保兑仓交易没有真实贸易背景，因此当事人之间并不存在真实有效的保兑仓交易法律关系。案涉《三方业务合作协议》的各方当事人之间真实的法律关系应为借款及担保合同关系，即中信银行某分行向陕西石某公司提供融资借款，山某晋城公司为陕西石某公司向中信银行某分行的借款提供担保，上述借款及担保均是当事人真实意思表示，不违反法律规定，故案涉《三方业务合作协议》应认定有效。

（三）名义卖方承担的责任在表述上无论是差额退款还是差额保证，实质都是连带保证责任，且承担责任后，对主债务人享有追偿权。

虽然案涉《三方业务合作协议》载明了差额退款和差额保证两种责任形式，且本案当事人协议选择了差额退款的责任形式，但无论是差额退款还是差额保证，实质都是山某晋城公司在陕西石某公司未向中信银行某分行偿付融资款时，就该融资款差额向中信银行某分行承担保证责任。

《中华人民共和国担保法》第十八条规定："当事人在保证合同中约定保证人与债务人对债务承担连带责任的，为连带责任保证。连带责任保证的债务人在主合同规定的债务履行期届满没有履行债务的，债权人可以要求债务人履行债务，也可以要求保证人在其保证范围内承担保证责任。"第十九条规定："当事人对保证方式没有约定或者约定不明确的，按照连带责任保证承担保证责任。"

案涉《三方业务合作协议》第6.5条约定，山某晋城公司保证中信银行某分行在向山某晋城公司索偿之前不必：1. 先向陕西石某公司索偿；或2. 先对陕西石某公司采取任何法律行动；或3. 先对陕西石某公司提出破产申请。

根据上述法律规定及协议约定，山某晋城公司承担的应当是连带保证责任，山某晋城公司承担责任后可以向陕西石某公司追偿。

（四）法定代表人越权代表公司对外签署担保协议的理由不成立。

案涉《三方业务合作协议》加盖了山某晋城公司的公章，并经其法定代表人签字，该协议第7.1条明确约定"三方均为依法成立并合法存在的机构，签署和履行本协议已获得其最高权力机构的有效批准和充分授权，签署本协议所需的有关文件和手续已充分齐备及合法有效。"因此，山某晋城公司关于其法定代表人无权签订具有担保性质的合同或协议，《三方业务合作协议》中具有担保性质的差额退款责任对山某晋城公司无效的理由不能成立。

案例延伸阅读

裁判观点：卖方承担保兑仓业务项下的差额退款责任应以存在买卖关系且收到承兑汇票为前提，若无证据证明卖方与买方成立买卖关系且卖方收到汇票，则卖方不承担差额退款责任。

案例一：黑龙江龙某矿业集团股份有限公司、兴业银行股份有限公司某分行金融借款合同纠纷二审民事判决书【辽宁省高级人民法院（2019）辽民终1450号】

辽宁省高级人民法院认为：

本案中，兴业银行主张已经依约将汇票送达龙某集团，龙某集团主张从未收到过案涉汇票。根据《证据规定》第五条第二款，对合同是否履行发生争议的，由负有履行义务的当事人承担举证责任，本案应由兴业银行就案涉汇票已经送达龙某集团承担证明责任。如前所述，兴业银行提交的《收到商业汇票/款项确认函》、《保兑仓业务对账单回执》不能予以采信，且银行承兑汇票背书栏中龙某集团的印章也不具有真实性，现无证据证明龙某集团收到了案涉银行汇票，故不能认定龙某集团收到了案涉银行承兑汇票。

本案的保兑仓业务中，三方协议项下的贸易合同、汇票承兑合同等应为有机联系，三方协议第一条第一款规定：兴业银行依据本协议向中铁渤海公司发放的融资均应有贸易合同与之相对应。如前所述，兴业银行提交的《煤炭买卖合同》复印件不能予以采信，现无证据证明此笔保兑仓业务中龙某集团与中铁渤海公司成立买卖关系。龙某集团承担《保兑仓业务三方合作协议》项下的差额退款责任应以存在买卖关系且收到案涉承兑汇票为前提，本案中并无证据证明龙某集团与中铁渤海公司成立买卖关系且收到案涉汇票，一审法院判决龙某集团承担差额退款责任不当，应予纠正。

裁判观点：无真实贸易背景的保兑仓交易，以套取现金为目的的，属于违法借贷行为，基于此产生的借款关系应当认定为无效，对该借贷的担保也应认定为无效担保。但是，卖方对此是知情且促成违法借贷行为发生的，应承担不超过债务人不能清偿部分的三分之一的赔偿责任。

案例二：郴州某集团有限公司与驻马店市马某复肥有限公司等保证合同纠纷上诉案【河南省高级人民法院（2008）豫法民二终字第168号】

河南省高级人民法院认为：

涉案保兑仓协议从形式上看是符合中国人民银行的管理规定和要求的，但在实际履行过程中，马某公司作为协议中的购货方，在与郴州某集团公司无真实交易关系的情况下，却向中信银行某分行申请开立银行承兑汇票；中信银行某分行在马某公司与郴州某集团公司多次均无真实交易关系且保证金明显不足的情况下，违规开出过亿元的银行承兑汇票；郴州某集团公司作为协议中的供货方，不但未履行供货义务，还在收到中信银行某分行为其开出的承兑汇票后，均直接背书给马某公司，让马某公司到银行申请贴现。

因此，从承兑汇票的实际流转过程看，三方当事人签订保兑仓协议的目的很明确，就是为了不受国家对信贷规模的限制，逃避金融监管，套取现金。而套取银行现金的行为实际上就是违法借贷行为，基于此产生的借款关系应当认定为无效。因此，郴州某集团公司对该借贷的担保也应认定为无效担保。但该借贷关系的无效，是由三方当事人的过错所造成的。根据《最高人民法院关于适用〈中华人民共和国担保法〉若干问题的解释》第八条“主合同无效导致担保合同无效，担保人无过错的，担保人不承担民事责任；担保人有过错的，担保人承担民事责任的部分，不应超过债务人不能清偿部分的三分之一”的规定，郴州某集团公司在基于保兑仓协议产生的借贷中应承担不超过马某公司不能清偿部分的三分之一的民事责任。

法院观点评述

没有真实贸易背景的保兑仓交易的目的是获得银行的信贷资金，按照早先国家对此类信贷行为的管制规定，大都认为该行为目的是逃避金融监管、套取现金，基于此产生的借款关系应被认定无效，从上述延伸案例二就可以看到法院以前对于此类合同的态度。

但是自2015年8月《最高人民法院关于审理民间借贷案件适用法律若干问题的规定》出台以后，司法实践开始对认定合同无效越来越谨慎。尤其是实际上构成借贷关系的，也认为借贷关系有效，按照实际的借贷关系界定当事人之间的权利义务关系。所以，《全国法院民商事审判工作会议纪要》肯定了此种保兑仓业务的裁判规则，即双方无真实买卖关系的，该交易名为贸易融资实为借贷关系，保兑仓交易因构成虚伪意思表示而无效，被隐藏的借款合同是当事人的真实目的，如不存在其他合同无效情形，应当认定有效。

实务经验总结

（一）对保兑仓交易中卖方承担差额担保责任的风险警示

保兑仓交易中，卖方一般都会在三方协议中承诺承担差额担保责任，即便无真实贸易背景，卖方的担保责任也是其真实意思表示，不因为法律关系发生变化而免除担保责任，所以，对于卖方而言，应对其将会承担担保责任有足够的预知。

若有真实贸易背景，买方通过真实销售还有回款，可用于继续缴存保证金以还款，如果买方不缴纳保证金，就无法继续取得提货凭证，货物还由卖方控制，卖方的风险还处于可控状态。但是，如果没有真实贸易背景，仅是“走单不走货”，卖方没有了牵制买方的砝码，买方的资信状况就应是卖方重点关注的风险点，因为最终的兜底责任将由卖方承担。

（二）法定代表人越权代表公司对外签署担保协议时，债权人的善意标准

山某晋城公司主张上市公司全资子公司的法定代表人无权签署担保协议，该观点缺乏法律根据，全资子公司作为独立法人，其法定代表人当然有权对外签署担保协议。

问题的关键在于法定代表人签署担保协议是否经过公司内部有权机构的批准或授权，根据《全国法院民商事审判工作会议纪要》第17条、第18条以及《最高人民法院关于适用〈中华人民共和国民法典〉有关担保制度的解释》第七条关于公司提供非关联担保时债权人善意的认定标准，债权人需证明其在订立担保合同时对公司董事会决议或者股东（大）会决议进行了审查，以及同意决议的人数及签字人员符合公司章程的规定。

所以，山某晋城公司应该从这个方面主张中信银行某分行未尽到必要的注意义务，善意不成立。但遗憾的是，山某晋城公司并未将银行的审查注意义务细化至此。因山某晋城公司本身存在这方面的欠缺，法院的审判观点中，也仅是按照山某晋城公司在合同中的承诺条款认定银行的善意成立，法定代表人未越权担保。

相关规定

《全国法院民商事审判工作会议纪要》

17.【**违反《公司法》第16条构成越权代表**】为防止法定代表人随意代表公司为他人提供担保给公司造成损失，损害中小股东利益，《公司法》第16条对法定代表人的代表权进行了限制。根据该条规定，担保行为不是法定代表人所能单独决定的事项，而必须以公司股东（大）会、董事会等公司机关的决议作为授权的基础和来源。法定代表人未经授权擅自为他人提供担保的，构成越权代表，人民法院应当根据《合同法》第50条关于法定代表人越权代表的规定，区分订立合同时债权人是否善意分别认定合同效力：债权人善意的，合同有效；反之，合同无效。

18.【**善意的认定**】前条所称的善意，是指债权人不知道或者不应当知道法定代表人超越权限订立担保合同。《公司法》第16条对关联担保和非关联担保的决议机关作出了区别规定，相应地，在善意的判断标准上也应当有所区别。一种情形是，为公司股东或者实际控制人提供关联担保，《公司法》第16条明确规定必须由股东（大）会决议，未经股东（大）会决议，构成越权代表。在此情况下，债权人主张担保合同有效，应当提供证据证明其在订立合同时对股东（大）会决议进行了审查，决议的表决程序符合《公司法》第16条的规定，即在排除被担保股东表决权的情况下，该项表决由出席会议的其他股东所持表决权的过半数通过，签字人员也符合公司章程的规定。另一种情形是，公司为公司股东或者实际控制人以外的人提供非关联担保，根据《公司法》第16条的规定，此时由公司章程规定是由董事会决议还是股东（大）会决议。无论章程是否对决议机关作出规定，也无论章程规定决议机关为董事会还是股东（大）会，根据《民法总则》第61条第3款关于“法人章程或者法人权力机构对法定代表人代表权的限制，不得对抗善意相对人”的规定，只要债权人能够证明其在订立担保合同时对董事会决议或者股东（大）会决议进行了审查，同意决议的人数及签字人员符合公司章程的规定，就应当认定其构成善意，但公司能够证明债权人明知公司章程对决议机关有明确规定的除外。

债权人对公司机关决议内容的审查一般限于形式审查，只要求尽到必要的注意义务即可，标准不宜太过严苛。公司以机关决议系法定代表人伪造或者变造、决议程序违法、签章（名）不实、担保金额超过法定限额等事由抗辩债权人非善意的，人民法院一般不予支持。但是，公司有证据证明债权人明知决议系伪造或者变造的除外。

69. **【无真实贸易背景的保兑仓交易】**保兑仓交易以买卖双方有真实买卖关系为前提。双方无真实买卖关系的，该交易属于名为保兑仓交易实为借款合同，保兑仓交易因构成虚伪意思表示而无效，被隐藏的借款合同是当事人的真实意思表示，如不存在其他合同无效情形，应当认定有效。保兑仓交易认定为借款合同关系的，不影响卖方和银行之间担保关系的效力，卖方仍应当承担担保责任。

《最高人民法院关于适用〈中华人民共和国民法典〉有关担保制度的解释》

第七条　公司的法定代表人违反公司法关于公司对外担保决议程序的规定，超越权限代表公司与相对人订立担保合同，人民法院应当依照民法典第六十一条和第五百零四条等规定处理：

（一）相对人善意的，担保合同对公司发生效力；相对人请求公司承担担保责任的，人民法院应予支持。

（二）相对人非善意的，担保合同对公司不发生效力；相对人请求公司承担赔偿责任的，参照适用本解释第十七条的有关规定。

法定代表人超越权限提供担保造成公司损失，公司请求法定代表人承担赔偿责任的，人民法院应予支持。

第一款所称善意，是指相对人在订立担保合同时不知道且不应当知道法定代表人超越权限。相对人有证据证明已对公司决议进行了合理审查，人民法院应当认定其构成善意，但是公司有证据证明相对人知道或者应当知道决议系伪造、变造的除外。

二、买方向卖方提供的反担保的主债权如何认定?

阅读提示：保兑仓交易作为一种新型融资担保方式，其基本交易模式是银行向买方签发以卖方为收款人的银行承兑汇票，买方将银行承兑汇票交付卖方作为货款，卖方受银行委托保管货物（三方保兑仓业务模式），银行根据买方缴纳的保证金的进度和数额向卖方发出提货通知，卖方根据提货通知向买方交付对应金额的货物，卖方以银行承兑汇票票款与买方累计提货金额之间的差额向银行提供担保，对此，卖方有可能在事先要求买方向其提供反担保。

在本文的案例中，发生的纠纷就是卖方要求实现反担保债权，但问题是卖方的追偿债权是否属于反担保所担保的主债权？因为买方可能常年通过保兑仓模式融资，三方（买方、卖方、银行）有连续多年的合作，而反担保仅是对某一年度保兑仓合同项下发生债务的担保，并非是对担保协议签订后买方所有债务的担保，如此，就会发生卖方的追偿债权并不在担保范围内的情况。

裁判要旨

（一）担保债权人（卖方）与抵押人之间的《抵押合同》虽明确了被担保的金额、抵押担保的范围、抵押物的名称等内容，但未明确被担保的主合同名称、主合同编号、主债权种类。结合债权人（卖方）与买方、银行签订的多份内容相似但编号不同的《保兑仓业务三方协议》，无法认定《抵押合同》所担保的主债权为卖方依据特定《保兑仓业务三方协议》发生的追偿债权。

（二）担保债权人称涉案《抵押合同》在性质上属于最高额抵押，系对连续发生的各年份《保兑仓业务三方协议》所提供的担保，但《抵押合同》均未约定最高额抵押担保的期限，且各年度《保兑仓业务三方协议》及其对应的《综合授信协议》项下具体业务均分别相对独立，故最高额抵押的主张不成立。

基本案情[①]

（一）买方佳某贸易公司因预付款融资，与卖方中某板材公司、光大银行某分行签订了4份《中国光大银行保兑仓业务三方协议》

2013年至2016年，佳某贸易公司因采购中某板材公司的工矿产品需要进行预付款融资，遂作为乙方与中某板材公司（甲方、卖方）、光大银行某分行（丙方）签订了4份《中国光大银行保兑仓业务三方协议》（以下简称《三方协议》），合同签订日期、合同编号、有效期限见下表：

合同签订日期	合同编号	有效期限
2013年6月19日	光唐保兑字20130008号	2013年6月20日至2014年6月19日
2014年6月20日	光唐保兑字20140011号	2014年6月20日至2015年6月19日
2015年9月14日	光唐保兑字20150009号	2015年9月14日至2016年7月19日
2016年8月29日	光唐保兑字20160008号	2016年8月30日至2017年8月29日

《三方协议》的主要内容：根据乙方申请及乙方提供甲乙双方的《购销合同》及业务贸易背景资料，经丙方审查通过，丙方为乙方提供收款人为甲方的银行承兑汇票银行授信产品专项用于购买甲方货物，金额最高不超过人民币13000万元，期限为一年，并与乙方签订《综合授信协议》。

（二）佳某贸易公司签发五张电子商业承兑汇票

佳某贸易公司签发五张电子商业承兑汇票，分别为2016年6月24日699万元、2016年7月1日968万元、2016年9月5日2000万元、2016年9月13日1482万元、2016年9月21日1500万元。五份汇票到期日分别为2016年12月21日、2017年1月1日、2017年3月10日、2017年3月3日、2017年3月20日。

（三）中某板材公司向银行进行了票据贴现，获得货款并交货

中某板材公司作为贴现申请人另与作为贴现行的光大银行某分行签订了五份《中国光大银行电子商业承兑汇票贴现协议》，贴现协议约定：商业承兑汇票贴现后，在商业承兑汇票到期时未获付款，贴现行对贴现申请人行使票据追索权时，有权要求贴现申请人支付被拒绝付款的汇票票面金额等费用。

光大银行某分行依据上述汇票贴现协议及中某板材公司的汇票贴现业务申请

---

① 案例来源：唐山中某板材有限公司、唐山市佳某贸易发展有限公司（原唐山市佳某贸易发展有限责任公司）追偿权纠纷二审民事判决书【河北省高级人民法院（2019）冀民终950号】。

表，分五次向中某板材公司进行了贴现，共计人民币 6649 万元。中某板材公司按照与佳某贸易公司签订的《工矿产品购销合同》的约定，将货物交付给佳某贸易公司。

（四）票据到期后，中某板材公司代佳某贸易公司偿还汇票欠款

上述五张电子商业承兑汇票到期后，佳某贸易公司未能向光大银行某分行还款。光大银行某分行向中某板材公司行使了票据追索权，中某板材公司向光大银行某分行支付了上述商业承兑汇票本金 6649 万元，佳某贸易公司未偿还中某板材公司代为支付的商业承兑汇票欠款。

（五）利某公司、冯某、北方某公司、钢某房地产公司为担保佳某贸易公司的欠款与中某板材公司签订的《抵押合同》

四抵押人与抵押权人中某板材公司签订的四份《抵押合同》，合同签订日期、抵押物情况、权证记载情况等信息见下表：

<table>
<tr><th>抵押人</th><th>抵押合同签订日期</th><th>抵押物</th><th>权证上的记载情况</th></tr>
<tr><td>利某公司</td><td>2017 年 7 月 7 日</td><td>唐山市房权证开平区（有限公司）字第 000657 号；土地证冀唐国用（2008）第 2454 号</td><td>无</td></tr>
<tr><td>冯某</td><td>未载明
（合同第 17 条约定“抵押有效期 2015 年 1 月 17 日止。”）</td><td>土地证唐海国用（2012）第 1210371025 号</td><td>土地使用权证“记事”栏记载“抵押期限一年，2014 年 1 月 17 日至 2015 年 1 月 17 日”</td></tr>
<tr><td rowspan="2">北方某公司</td><td rowspan="2">未载明</td><td>唐山市房权证路南区（有限公司）字第 000793 号</td><td>记载“自 2013 年 6 月 20 日起至 2014 年 6 月 19 日该房产抵押给中某板材公司，在此期间不能再次做抵押”</td></tr>
<tr><td>土地证冀唐国用（2010）第 7594 号</td><td>记载“该土地于 2013 年 6 月 12 日起至 2014 年 6 月 12 日抵押给中某板材公司”</td></tr>
<tr><td rowspan="2">钢某房地产公司</td><td rowspan="2">未载明</td><td>唐山市房权证路南区（有限公司）字第 00××04 号</td><td>记载“自 2013 年 6 月 20 日起至 2014 年 6 月 19 日该房产抵押给中某板材公司，在此期间不能再次做抵押”</td></tr>
<tr><td>土地证冀唐国用（2011）第 5038 号</td><td>无</td></tr>
</table>

四份《抵押合同》均未明确所担保的主债权合同编号，仅约定了被担保的主债权的最大本金数额。

在庭审中，利某公司认可其作为抵押人签订的《抵押合同》担保的主债权为佳某贸易公司于2016年9月5日签发的2000万元、2016年9月13日签发的1482万元、2016年9月21日签发的1500万元，合计4982万元。

（六）中某板材公司对佳某贸易公司及四抵押人提起诉讼

其诉讼请求包括：（1）由佳某贸易公司偿还中某板材公司代其垫付的商业承兑汇票还款本金及资金占用利息；（2）由四抵押人以其抵押物在各自《抵押合同》约定的担保主债权最大本金数额及担保范围内对佳某贸易公司的债务承担连带清偿责任。

争议焦点

本案所涉五笔债务6649万元，除利某公司认可担保的三笔债务4982万元外，四抵押人是否进行了担保，应否向中某板材公司承担担保责任？

当事人意见

（一）中某板材公司主张：

案涉的四份《抵押合同》是为顺利履行《中国光大银行保兑仓业务三方协议》，各抵押人向上诉人提供的最高额抵押反担保，即上诉人依《中国光大银行保兑仓业务三方协议》的约定，履行了代佳某贸易公司退还银行票据差额款的担保义务后，各抵押人为上诉人的追偿债权提供反担保。最高额抵押反担保合同的特殊性在于双方约定抵押的债权是将来可能发生的一系列不特定债权，债权是否发生、何时发生、债权额是多少均是不确定的。

双方订立的四份《抵押合同》不与每年度订立的《中国光大银行保兑仓业务三方协议》（每一年度订立的保兑仓业务三方协议是银行根据年度放贷量及融资方佳某贸易公司的信用情况，确定融资方每一年度融资额度）一一对应。《抵押合同》所担保的中某板材公司对主债务人佳某贸易公司的追偿债权，不是针对某一份《中国光大银行保兑仓业务三方协议》中产生的债权，而是在履行整体“保兑仓交易模式”过程中形成的担保债权。

（二）佳某贸易公司与各抵押人的答辩意见：

案涉四份《抵押合同》担保的债权分别是年度《中国光大银行保兑仓业务三方

协议》项下被答辩人代偿款项，而并非针对全部保兑仓业务项下被答辩人代偿款项的最高额抵押合同。抵押人房地产证摘要栏记载事项能证明抵押人签署的《抵押合同》担保的主合同是年度保兑仓业务三方协议，即仅担保的是光唐保兑字20130008号《中国光大银行保兑仓业务三方协议》（约定期限2013年6月20日至2014年6月19日）、光唐保兑字20140011号《中国光大银行保兑仓业务三方协议》（约定期限2014年6月20日至2015年6月19日）项下的代偿款项，而不是全部保兑仓协议。

佳某贸易公司2016年6月24日签发的699万元、2016年7月1日签发的968万元两笔电子商业承兑汇票发生在约定期限为2015年9月14日至2016年7月19日的光唐保兑字20150009号《中国光大银行保兑仓业务三方协议》项下；佳某贸易公司2016年9月5日签发的2000万元、2016年9月13日签发的1482万元、2016年9月21日签发的1500万元，三笔共计4982万元电子商业承兑汇票发生在约定期限为2016年8月30日至2017年8月29日的光唐保兑字20160008号《中国光大银行保兑仓业务三方协议》项下，据此，担保光唐保兑字20130008号、光唐保兑字20140011号两份《保兑仓业务三方协议》的《抵押合同》和抵押人与本案不具有关联性。

法院裁判观点

河北省高级人民法院认为：

（一）仅一份记载了合同签订日期的抵押合同对签订日期之后形成的债务承担担保责任

本案四份《抵押合同》是否为2015年9月14日、2016年8月29日编号分别为“光唐保兑字20150009号”、“光唐保兑字20160008号”的《中国光大银行保兑仓业务三方协议》提供了担保系正确认定抵押人应否承担民事责任的关键。

从四份《抵押合同》的名称以及所约定的合同内容分析，四份《抵押合同》均未明确所担保的主债权合同编号，仅约定了被担保的主债权的最大本金数额，笼统约定了为确保抵押权人中某板材公司与债务人佳某贸易公司签订的银企商三方协议的顺利履行。其中仅有一份《抵押合同》即唐山市北方佳某钢材加工配送有限公司作为抵押人的《抵押合同》记载了签订合同的日期为2016年7月7日，但《抵押合同》对于之前所发生的2016年6月24日699万元和2016年7月1日968万元债务未予追认。虽然该两笔电子商业承兑汇票的到期日分别为2016年12月21日、2017年1月1日，均在《抵押合同》签订日期2016年7月7日之后，但该《抵押合同》所担保的主合同应为在其后所签订的“光唐保兑字20160008号”《中国光大银行保兑仓业务三方协议》，而非在该《抵押合同》之前的“光唐保兑字

20150009号”《中国光大银行保兑仓业务三方协议》，故，上诉人关于利某公司应对2016年6月24日699万元和2016年7月1日968万元债务承担连带民事责任的上诉主张不能成立。

（二）其他抵押合同对应的抵押权证上记载的担保期限均在涉案债务之前就截止了，所以，并未对涉案债务提供担保

抵押人为冯某的《抵押合同》明确了合同的有效期为2015年1月17日。北方某公司、钢某房地产公司的《抵押合同》所对应的房产证、土地使用权证书记事、附记部分均记载了抵押担保的期限，且该期限均在本案所形成的五笔债务共计6649万元之前。由此可知，一审法院认为无法认定四份《抵押合同》所担保的主合同为涉案的两份《中国光大银行保兑仓业务三方协议》并无不当。

（三）《抵押合同》并未约定最高额抵押担保期限，且各年度三方协议分别独立，无法认定是对后续连续几年发生的债务设定了担保

上诉人称本案四份《抵押合同》在性质上属于最高额抵押，系对连续发生的各年份《中国光大银行保兑仓业务三方协议》所提供的担保，但《抵押合同》均未约定最高额抵押担保的期限，且各年度《中国光大银行保兑仓业务三方协议》及其对应的《综合授信协议》项下具体业务均分别相对独立，故上诉人中某板材公司的上诉理由不能成立，本院不予支持。

实务经验总结

（一）银行放弃控制货权，卖方未收到放货指令就发货，加大了卖方承担担保责任的风险

一般的保兑仓交易中，银行通过控制货权对买方形成付款的督促，对于卖方而言，其承担担保责任的风险也将得到控制。

但本案中，卖方通过贴现拿到货款后，就直接交货，与通常的买方缴存保证金然后银行发出提货令的模式有所区别。银行的风险就完全通过对卖方的票据追索权即卖方担保责任来规避。卖方承担担保责任之后，就可能面临钱货两空的不利境地，尤其是此时买方往往已经资信状况恶化，不然也不会产生不向银行付款的情况。卖方为了控制风险，要求买方或第三人提供反担保就成为一项必要措施。

（二）反担保合同要明确约定必备要素，确保追偿债权属于反担保的范围

本案对于卖方最大的教训：反担保的抵押期限早已过期，对于新近发生的债务，并未囊括在担保的范围内。这是常年合作交易中，当事人常会忽略的风险点，以为签一次担保合同就万事大吉，后面的债权自然就被担保了。

对任何担保债权人而言，都要仔细审核自己的债权是否在担保的范围内，在常年合作交易中，如果主合同是每年一签，相应地，担保合同也要及时更新，将新的主合同编号、债权期限、债权种类写入担保合同中。

（三）最高额担保中要明确所担保的债权的期限

若担保合同是最高额担保合同，要明确所担保的债权的期限，对于最高额担保合同签订之前发生的债务，需要当事人再签定一份协议，才能转入最高额担保的债权范围，否则，就只对抵押设定之后的债权提供担保。同理，对于最高额担保合同所担保的主债权，如果要延长所担保的主债权的发生期限，也应该在担保合同中明确，否则，担保合同不对担保期间之后发生的债权承担担保责任。

即使是在买方、卖方和银行之间具有长期保兑仓交易合作关系的情形下，每一份《保兑仓业务三方协议》及其对应的《综合授信协议》项下具体业务均分别相对独立。只有明确了担保债权的期限延长至后续几年新签订的合同，才会将后面的债权纳入最高额担保的范围。

比如本案中，2016 年 7 月 7 日中某板材公司与利某公司签订的抵押合同只是对 2016 年 8 月 30 日至 2017 年 8 月 29 日的保兑仓三方协议项下的债务设定担保，那当事人可以在该抵押合同中写明，该抵押合同将对 2016 年 8 月 30 日至 2020 年 8 月 29 日之间所有签订的保兑仓三方协议项下的债务在最高额范围内设定担保，如此才能保证 2017 年 8 月 29 日之后的债务也在担保范围内。

（四）抵押人未办理抵押登记对债权人的风险

未办理抵押登记，不影响抵押人在抵押财产范围内承担担保责任，但是，这就成为了一种保证责任，属于债权范畴，抵押人的财产将对全部债权人平等受偿，抵押人还可以继续以其财产为其他债权人设定抵押权。而抵押担保属于担保物权，债权人可以直接就抵押物优先受偿。

保证担保的弊端，就是看起来责任财产范围广，但其实不如定位好一个抵押物踏实保准。所以，抵押权人办理抵押登记不应该有丝毫懈怠疏忽。

相关规定

《中华人民共和国民法典》

第三百八十七条 债权人在借贷、买卖等民事活动中，为保障实现其债权，需要担保的，可以依照本法和其他法律的规定设立担保物权。

第三人为债务人向债权人提供担保的，可以要求债务人提供反担保。反担保适用本法和其他法律的规定。

第四百条　设立抵押权，当事人应当采用书面形式订立抵押合同。

抵押合同一般包括下列条款：

（一）被担保债权的种类和数额；

（二）债务人履行债务的期限；

（三）抵押财产的名称、数量等情况；

（四）担保的范围。

第四百零二条　以本法第三百九十五条第一款第一项至第三项规定的财产或者第五项规定的正在建造的建筑物抵押的，应当办理抵押登记。抵押权自登记时设立。

第四百二十条　为担保债务的履行，债务人或者第三人对一定期间内将要连续发生的债权提供担保财产的，债务人不履行到期债务或者发生当事人约定的实现抵押权的情形，抵押权人有权在最高债权额限度内就该担保财产优先受偿。

最高额抵押权设立前已经存在的债权，经当事人同意，可以转入最高额抵押担保的债权范围。

第四百二十三条　有下列情形之一的，抵押权人的债权确定：

（一）约定的债权确定期间届满；

（二）没有约定债权确定期间或者约定不明确，抵押权人或者抵押人自最高额抵押权设立之日起满二年后请求确定债权；

（三）新的债权不可能发生；

（四）抵押权人知道或者应当知道抵押财产被查封、扣押；

（五）债务人、抵押人被宣告破产或者解散；

（六）法律规定债权确定的其他情形。

《最高人民法院关于适用〈中华人民共和国民法典〉有关担保制度的解释》

第十八条第一款　承担了担保责任或者赔偿责任的担保人，在其承担责任的范围内向债务人追偿的，人民法院应予支持。

三、卖方向买方发货以收到银行的发货指示为条件!

> **阅读提示：**保兑仓交易中，由银行控制货权，卖方受银行委托监管货物（三方保兑仓业务模式），并依照银行指示向买方发货。但实务中，不乏卖方在未收到银行的提货通知的情况下，即擅自向买方发货的情形，此种行为如何定性，卖方应承担何种责任？

裁判要旨

在保兑仓交易中，对提货权的控制是银行控制风险的关键环节，若卖方未按银行指示擅自向买方发货，构成违约，应按协议约定与买方承担连带清偿责任。

基本案情[①]

2012 年 2 月 24 日，兴业银行某分行（甲方）、旺某公司（乙方）与济某公司（丙方）签订《保兑仓业务三方合作协议》，约定提货采用乙方从丙方自行提货的模式。银行承兑汇票开出后，乙方即可向丙方提取与初始保证金 100% 等值的货物。此后乙方每次向丙方提货时，丙方均应凭甲方签发的《提货通知书》办理。丙方收到《提货通知书》的当日立即向甲方签发《发货通知书》，并按《提货通知书》规定向乙方办理发货事宜。丙方违反上述规定给乙方办理提货手续的，应当向甲方承担连带还款责任。

后，旺某公司在承兑到期日前未将足额保证金交存，济某公司亦未按三方约定将汇票余款退还，并称其已将货物全部发放给旺某公司。

庭审中，济某公司主张，兴业银行某分行与旺某公司于 2012 年 2 月 29 日共同向济某公司出具《承诺与说明书》，作出承诺与说明："1. 关于提货，共同遵守济某的下订单、排产、交付工作流程，否则出现问题，济某不承担责任。在交付工作中，济某按照自己的发货流程办理，未按协议执行不承担责任……"，免除了山某公司、山某济南公司在《保兑仓业务三方合作协议》中的责任（注：

---

① 案件来源：兴业银行股份有限公司某分行与山某钢铁股份有限公司、山某钢铁股份有限公司某分公司等合同纠纷案【山东省高级人民法院（2013）鲁商终字第 243 号】。

济某公司经重组后，更名为山某公司，并设立山某济南公司承继原济某公司的权利义务）。

争议焦点

《承诺与说明书》是否免除了济某公司在《保兑仓业务三方合作协议》中的依约放货的义务和对银行资金安全的担保义务？

法院裁判观点

山东省高级人民法院认为：

首先，该约定过于笼统，没有明确未按协议哪一条款规定执行不承担责任，不能得出山某济南公司可以不经通知直接向旺某公司发货的结论。

其次，山某济南公司向兴业银行某分行出具了《预收款及货物监管确认函》，确认银行汇票已经收妥，并承诺根据《保兑仓业务三方合作协议》约定，对该商业汇票对应的货物和货款承担相应的义务和责任，该确认函是保兑仓业务的承继者山某济南公司的真实意思表示，形成时间晚于《承诺与说明书》生效时间，本院认为，《承诺与说明书》约定的条款并没有免除山某济南公司的担保义务。

最后，兴业银行某分行与旺某公司、山某济南公司于2012年7月10日签订的《保兑仓业务三方合作补充协议》，明确了山某济南公司继续履行《保兑仓业务三方合作协议》中济某公司相关责任和义务。该补充协议并没有免除山某济南公司对货物的监管责任。

故在兴业银行某分行未通知发货的情况下，山某济南公司擅自发货，已构成违约，原审法院判决其承担相应的民事责任并无不当。

案例延伸阅读

裁判规则一：卖方在未收到银行提货通知书或者未审慎核对发货通知书上的虚假印章即向买方发货属违约行为。

> **案例一：**河北旭某实业集团有限公司等与兴业银行股份有限公司某分行等合作合同纠纷上诉案【（2016）冀民终219号】

河北省高级法院在该案中认为，保兑仓三方协议同时约定，以兴业银行某分行向某煤运公司出具的《提货通知书》作为其向旭某公司发货的唯一有效凭证，并未就货物质押、提货问题作出其他约定。兴业银行某分行履行承兑义务后，旭某公司未将相应票款如期支付给银行，应承担偿还欠款本息的责任。某煤运公司在承兑汇票到期前未按约定将汇票余款6900万元退还银行，并在未收到银行提货通知的情况下，擅自将货物交付旭某公司，违反三方协议的约定，应对旭某公司的债务承担连带清偿责任。

案例二：兖某东华物流有限公司诉平安银行股份有限公司某分行等金融借款合同纠纷案【湖北省高级人民法院（2017）鄂民终3141号】

湖北省高级人民法院认为，涉案《合作协议书》约定的合作模式系在大宗商品供应链融资业务中常见的由厂商银三方共同参与的“保兑仓”业务。兖某公司为厂方，双某公司为商方，平安银行某分行为贷款银行。该协议书约定：双某公司提货步骤为，平安银行某分行签发的《提货通知书》为提取货物的唯一有效凭证。双某公司每次向兖某公司提货均应凭平安银行某分行签发的《提货通知书》办理。双某公司在落实相应的担保手续或提前还款手续后，平安银行某分行审核同意签发《提货通知书》，兖某公司收到《提货通知书》后应核对《提货通知书》的有效签章，核对无误后签发《提货通知书回执》给予平安银行某分行。兖某公司违反上述规定给双某公司提货的，应当在给平安银行某分行造成的损失范围内和双某公司一起向平安银行某分行承担连带还款责任。

本案中，兖某公司作为案涉“保兑仓”业务的厂方在收单放货过程中防控贷款及自身风险的第一核心要务即是核对银行签章。正因此，尽管该项审查义务尚属形式审查范畴，但兖某公司该项义务的履行较之社会观念中的普通形式审查而言应尽更为审慎的注意义务，即应通过指派有核对印章经验的专人负责审核工作，采用包括但不限于如折角比对、重合比对等除技术工具鉴定方法以外的其他较高效的核对方法予以核验。

本案一、二审期间，兖某公司并未就此项义务的履行情况进行说明或举证，仅称其进行了形式核验，结合司法鉴定意见中已有样本与检材进行重合比对时，二者明显无法重合的表述及相应鉴定意见，一审法院认定兖某公司未按约审慎核对《提货通知书》上印章构成违约具有事实依据。兖某公司关于其已尽形式审核义务，无专业审核能力的上诉理由不能成立。此外，提货程序要求兖某公司应将《提货通知书回执》给予平安银行某分行，此处“给予”应理解为直接交付才更符合“保兑仓”业务款、货双控的要求，也更有利于厂方与银行及时传递和核对第一手信息，防止商方违规申请提货。兖某公司接收的四份《提货通知书》均未向平安银行某分行直接交付回执，亦构成违约，应在给平安银行某分行造成的损失范围内和双某公司一起向平安银行某分行承担连带还款责任。

> **案例三：**兴业银行股份有限公司上海某支行诉上海中某企业发展有限公司等金融借款合同纠纷案【上海市静安区人民法院（2012）静民二（商）初字第967号】

上海市静安区人民法院认为，涉案《保兑仓业务三方合作协议》约定，被告中某公司在交存初始保证金后，可以提取与初始保证金等值的货物，此后被告中某公司每次提货，山东钢铁某公司均应凭原告签发的《提货通知书》办理，该约定是对山东钢铁某公司货数量的限制。在合同履行过程中，被告山东钢铁某公司也依照《保兑仓业务三方合作协议》的约定，在收到银行承兑汇票后向原告出具了《预收款及货物监管确认函》，确认按约定对银行承兑汇票对应的货物和货款承担相应的义务和责任，凭原告通知发放货物。

被告山东钢铁某公司在原告出具《提货通知书》仅同意被告中某公司提取部分货物的情况下，向被告中某公司发放了涉案的全部货物，已构成违约，对超额发放货物的货款，应按合同约定承担连带还款责任。《保兑仓业务三方合作协议》约定，融资到期前，被告中某公司未能备足融资款的，被告山东钢铁某公司应承担退款责任，退款金额为银行承兑汇票票面已支付金额减去被告山东钢铁某公司已接到原告发货通知的部分金额。现原告已承兑涉案银行承兑汇票的全部票款共计28500万元，同意被告中某公司提取的货物共计8550万元，根据《保证金合同》的约定，原告以保证金及利息抵扣融资款后，向被告山东钢铁某公司主张连带退还超额发货部分的货款198197360.08元，应予支持。

裁判规则二：保兑仓交易中卖方多次未按约定放货不能被认定为交易习惯。

> **案例四：**交通银行股份有限公司某分行与中某塑料有限公司、佛山市意某化工有限公司金融借款合同纠纷二审民事判决书【（2016）粤06民终1464号】

该案中，卖方中某公司提出如下主张：

（1）在三方签订的《合作协议书》下，中某公司和意某公司共发生了8次买卖交易，前7次交易均是中某公司在交通银行迟迟未签发提货通知的情况下由于意某催促而向意普达发货，交行某分行均未提出异议。因此，在《合作协议书》的长期履行过程中，各方已经实际变更合同履行方式，形成新的交易习惯。

（2）由于三方《合作协议书》签订在前，《销售合同》签订在后，《销售合同》中约定款到发货，其效力优于《合作协议书》，只要意某公司要求发货，中某公司必须按《销售合同》约定发货。

佛山中院认为：

（1）中某公司与意某公司之间的《销售合同》虽然签订在《合作协议书》之后，但属于《合作协议书》项下交易，因此，该两公司在《销售合同》中所作有关款项支付和货物交付的约定，必须以满足协议项下相应约定为前提，当然不具有优先适用之效力。虽然《销售合同》约定款到发货，但三方在协议中约定，交行某分行签发的《提货通知书》为提取货物的唯一有效凭证，即款到发货须以《提货通知书》的签发为前提。换言之，在《销售合同》的实际履行过程中，若交行某分行未签发相应的《提货通知书》，即使中某公司在收到银行承兑汇票后不履行发货义务，亦不构成对意某公司违约，仅须对交行某分行负相应票据款项返还义务。

（2）就协议约定本身而言，《提货通知书》的签发系交行某分行的核心权利之一，而且，交行某分行对中某公司在前违约交货行为的宽容不能视为其对上述核心权利的让渡或放弃，亦不能当然理解为默认许可。

（3）交易习惯的适用以没有约定或约定不明为前提，如上所述，协议已就货物交付程序及相应步骤作出明确约定，自无交易习惯之适用可能。

案例五：惠某饲料蛋白（防城港）有限公司与广东南粤银行股份有限公司某支行借款合同纠纷再审案【广东省高级人民法院（2012）粤高法审监民再字第1号】

该案再审争议焦点是二审判决惠某公司（保兑仓交易卖方）对新某公司（保兑仓交易买方）尚欠商行某支行汇票款债务的30%向商行某支行承担连带赔偿责任是否正确。

广东高院再审认为，《保兑仓业务合作协议》第三条专门对惠某公司的货物发送流程进行了明确约定。该协议虽然要求惠某公司在收到汇票之日起五个月内全部发货完毕，惠某公司事实上也于2008年4月29日至同年9月22日将货物发送完毕，但该协议同时还要求其在收到商行某支行的《发货通知单》后，须核对预留印鉴，核实预留号码，向商行某支行的工作人员进行查询，查询属实后方能发货，未按要求核对办理发货造成商行某支行损失由惠某公司承担。同时该协议还将《发货通知单》及商行某支行指定人员签字式样等作为合同附件作了专门约定。商行某支行发送的一式四份《发货通知书》分别于2008年9月27日和28日才送达惠某公司，而此前惠某公司已经将全部货物发送完毕，且该《发货通知书》与协议约定的《发货通知单》式样不符。惠某公司辩称商行某支行是先口头通知其发货、事后再以书面发货通知确认，商行某支行对此持有异议。惠某公司未能提供充分证据证明自己的主张，不足以推翻双方在《保兑仓业务合作协议》中对货物发送流程所作的书面约定。因此，二审判决认定商行某支行和惠某公司均未严格按照约定履行合同，对本案争议的发生及商行某支行汇票垫款不能得到清偿均负有一定过错，并从公平原则考虑，根据双方过错程度及其对本案争议发生所造成的影响，判决惠某公司承担30%的次要责任，该判决并无不当。

法院观点评述

保兑仓交易模式本身就是由银行介入买卖双方的交易中，为付款能力有限的买方提供融资，以促成交易，为产业链上下游的顺利交易助力的一种新类型融资担保方式。在没有保兑仓的传统买卖交易中，或货到付款，或款到发货，交易依照买卖双方的协议而为。

但在保兑仓交易中，双方的买卖协议应被纳入保兑仓整体交易中履行。卖方收到货款后，并不向买方直接交付货物，货权由银行控制，卖方需根据银行发出的提货通知向买方交货，而不能依据买卖双方的协议发货。如果因卖方擅自交货导致汇票到期付款时，银行需要垫资，出现买方所缴纳保证金和承兑汇票金额之间的“敞口”差额部分，根据保兑仓三方协议的约定，卖方一般应当对差额部分承担连带责任。但同时，根据上述案例五的裁判观点，如果银行对于卖方私自放货也具有过错，卖方的责任比例会相应减小。

综合而言，法院倾向于认为对提货权的控制是银行在保兑仓交易中避免风险的核心权利，在没有十分明确的免除义务约定的情况下，即便银行过去对卖方未依约放货的违约行为予以容忍，或出具过类似对上述济某公司的“承诺书”，卖方依银行指示放货的义务也难以被免除。

实务经验总结

（一）银行应加强对卖方所控制货物的监控，防范卖方违约风险。

对于由卖方继续保管货物并在银行指示下向买方放货的交易模式，银行应当特别注意对货物的监控，注意防范买方和卖方联合绕过银行交货（例如买方未向银行申请提货，卖方擅自发货）的风险，及早发现卖方违约放货的行为，避免风险累积。如有必要，也可采取委托第三方仓储机构保管货物的防范措施，规避卖方擅自放货风险。

（二）银行在交易过程中应督促各方按照协议约定规范操作，并做好留痕工作。

在三方签订的保兑仓合作协议中，通常情况下都会对卖方发货、买方提货的流程做出较为详细的约定，比如一般会约定首先由买方向银行提出提货申请，缴存相应部分的保证金；银行审核后向卖方出具《提货通知书》等发货指示；卖方收到通知后向银行签发《确认函》或《发货通知书》回执，并依照银行指示向买方发货。

但在实践中，往往可能出现和约定不符的操作流程，例如，买方并未向银行申请提货，卖方违约向买方发货，双方绕过银行完成交货，但由于买方在汇票到期日之前能够足额还款，就导致银行放松对交易过程的监管，买卖双方也就对此规范流程越发松懈。如上述案件中，卖方甚至认为不按指示放货实际上已经成为三方之间的交易习惯，此为日后银行的损失留下了风险敞口。

所以，银行自身应该遵守交易流程，对卖方的发货行为依约监督，以免因银行自己疏忽导致卖方违约放货。

（三）银行应注意审查交易过程中出具的各项文件，明确文件的性质和对保兑仓交易中主要权利义务的影响。

在保兑仓交易过程中，由于卖方是供应链中的核心企业，买方和银行可能会应卖方要求，向其出具“承诺书”等，声明关于提货应遵守卖方的工作流程。银行应特别注意明确此种承诺书和保兑仓合作协议中卖方依银行指示发货的义务之间的关系，以避免后续纠纷。

（四）关于卖方承担责任的法律基础与追偿权。

保兑仓交易中，作为核心企业的卖方一般会在三方协议中约定其将对承兑汇票与保证金之间的差额部分承担保证责任，所以，若买方到期未全部清偿银行欠款，卖方就应该承担担保责任，该责任基础是保证责任。同时，卖方若违约放货导致银行损失，卖方的责任基础将是违约赔偿责任，而非差额担保责任。所以，在卖方提供担保的情况下，银行无论基于何种法律根据都可以通过卖方来获得满足。

但是，也有的三方协议中未约定卖方的担保责任，此时，银行就需严格关注卖方对货物的监管、放货情况，因为银行的回款很大程度上将依赖于对货权的控制，督促各方实施规范的保兑仓交易流程，对银行就显得格外重要。

（五）卖方放货须按照协议约定的操作流程和方式进行。

比如在案例五中，三方协议将《发货通知单》及银行指定人员签字式样等作为合同附件作了专门约定，协议要求卖方在收到银行的《发货通知单》后，须核对预留印鉴、核实预留号码、向银行的工作人员进行查询，查询属实后方能发货，未按要求核对办理发货造成银行损失则由卖方承担。

所以，卖方在放货过程中，应该严格按照这些约定的操作规范和方式进行，不能撇开协议约定按照卖方单方认为的所谓“交易习惯”操作，否则，一旦发生银行垫款，即便卖方已经发货完毕，卖方责任也在所难逃。比如案例五中，法院就根据卖方在放货过程中未能严格依约操作的过错，判定其承担30%的赔偿责任，即便其已经全部发货完毕。

此种情形下，卖方的责任不像其承担的差额保证责任，一般存在差额的情况下，卖方也未发货或者未全部发货，卖方承担差额责任后，至少还在控制货物。但是，卖方若已全部发货，买方却没有到期缴足银行欠款，卖方发货行为肯定是存在问题的，最后难免会对银行的垫款承担赔偿责任，此时，卖方就是“赔了夫人又折兵”、钱货两空，就算卖方可以向买方追偿，也会因为买方无清偿能力而徒劳。

相关规定

《全国法院民商事审判工作会议纪要》

68. **【保兑仓交易】第二款：**在三方协议中，一般来说，银行的主要义务是及时签发承兑汇票并按约定方式将其交给卖方，卖方的主要义务是根据银行签发的提货单发货，并在买方未及时销售或者回赎货物时，就保证金与承兑汇票之间的差额部分承担责任。银行为保障自身利益，往往还会约定卖方要将货物交给由其指定的当事人监管，并设定质押，从而涉及监管协议以及流动质押等问题。实践中，当事人还可能在前述基本交易模式基础上另行作出其他约定，只要不违反法律、行政法规的效力性强制性规定，这些约定应当认定有效。

四、当事人实际履行与保兑仓协议约定不符，卖方还须担保吗？

阅读提示：三方在实际的保兑仓交易中，未严格遵守保兑仓协议中规定的流程和手续的情况时有发生。例如，汇票交接的实际履行与协议约定的流程不符，此时，卖方为避免承担差额保证责任，可能会主张该汇票的交付和承兑与保兑仓交易无关，并拒绝承担保证责任。此种情况下，银行应该从哪些方面主张汇票与保兑仓协议的关联性？实际履行情况与协议约定不符，就能否定银行签发、承兑汇票的行为与保兑仓协议的关联性了吗？

裁判要旨

（一）保兑仓交易中汇票交接顺序等实际履行细节的变更不会影响认定该汇票的出票和承兑行为系履行保兑仓协议的行为，卖方应当依照约定承担差额保证责任。

（二）银行是否出具提货单不是卖方承担差额保证责任的条件，协议约定的银行出具的提货单累计金额与承兑金额之间的差额是卖方承担保证责任的最大范围，若实际履行中，银行没有出具提货单，则卖方应承担的保证责任范围仍为银行承兑金额减去已缴付保证金的差额。

基本案情①

2012 年 5 月 9 日，大连中某、张某公司与中信银行签订《保兑仓协议》。该协议主要约定：大连中某向中信银行申请开立银行承兑汇票专项用于向张某公司支付购销合同的货款。2012 年 11 月 14 日及 15 日，大连中某（出票人）与中信银行（承兑人）分别签订了 2 份《银行承兑汇票承兑协议》。

案涉《保兑仓协议》第五条“提货的处理手续”中约定，（一）大连中某欲提货时，须先存入相当于该次提货金额的保证金，并向中信银行出具《提货申请书》。

① 案例来源：中信银行股份有限公司某分行等诉张某装备探矿工程机械有限公司合作协议纠纷案【最高人民法院（2015）民提字第 16 号】。

中信银行审核无误后出具价值相当的货物的提货单。(二)提货单开出后,张某公司、大连中某须委派专人到中信银行处办理承兑汇票和提货单交接手续。张某公司在收到汇票后,应在《银行承兑汇票交接确认书》上加盖签章。张某公司应对提货单进行确认。(三)张某公司确认上述单据无误后,向大连中某发货。

但在实际交易过程中,三方并没有按照上述约定的流程办理提货并交接汇票。涉案两张汇票的实际交接情况是:

2012 年 11 月 14 日、15 日,大连中某向中信银行存入保证金并申请中信银行出票,但没有提交《提货申请书》。中信银行分别开立银行承兑汇票两张,编号分别为 7522、7525。当日,在大连中某办公场所,大连中某将 7522、7525 汇票交付给张某公司的财务人员,张某公司财务人员在同时在场的中信银行工作人员向其出具的《银行承兑汇票通知(确认)函》上签字盖章。三方未办理提货单交接手续,张某公司未签发《提货通知单回执》,大连中某亦自始至终未办理提货手续等事宜。

另外,案涉《保兑仓协议》第二条对"差额保证"作了明确定义,"差额保证"是指大连中某在银行承兑汇票到期日前 15 天未足额备付时,如果中信银行在本协议项下出具的提货单累计金额(无论任何原因)少于中信银行承兑的银行承兑汇票总金额,则张某公司对该差额部分以及由于逾期产生的逾期利息、罚息承担连带保证责任。

7522、7525 汇票到期后,中信银行共向持票人(案外人)支付 7691 万元,从大连中某在中信银行的保证金账户中扣收票款 2691.85 万元,银行垫付余款 4999.15 万元。中信银行垫付款项后,多次向大连中某催收未果,张某公司也未承担任何保证责任,遂引发本案诉讼。

争议焦点

中信银行出具和承兑 7522、7525 汇票的行为是否系履行《保兑仓协议》的行为,张某公司是否应当依据协议约定对差额部分承担连带保证责任?

当事人意见

张某公司答辩意见:

1. 中信银行所主张的主债务关系及损失并非基于保兑仓协议,本案中作为融资工具的 7522、7525 汇票,其签发意图、签发过程和实际使用与履行保兑仓业务无关,而系中信银行履行《银行承兑汇票承兑协议》为大连中某签发银行承兑汇票并承兑，大连中某未能在汇票到期日前向中信银行全额支付票款，导致中信银行对外垫资产生损失，张某公司对此不承担责任。

2. 中信银行尚不具备向张某公司主张行使差额保证请求权的条件和基础。《保兑仓协议》第六条中约定了差额担保责任，张某公司对银行出具的提货单累计金额与承兑金额之间的差额承担保证责任，“差额保证责任”是特定协议中的保证责任，具有具体含义，其承担与否会受到《购销合同》和《保兑仓协议》实际履行与否的影响。本案中货物购销、提货单交接确认等并未实际发生，则该票据行为即有了独立的走向，最终形成的是出票人和承兑银行之间的票据融资法律关系，而不会产生真实交易情况下的差额回购担保责任。

法院裁判观点

二审法院认为：

（一）中信银行开立和承兑案涉汇票的行为与案涉《保兑仓协议》无关。

案涉《保兑仓协议》约定了保兑仓业务项下的银行承兑汇票应当在提货手续环节办理。而实际情况却是，大连中某缴纳初始保证金后，在中信银行开具两张承兑汇票时，大连中某没有重新存入保证金，没有申请提货，中信银行未要求张某公司出具其指定操作人员的《授权委托书》，案涉银行承兑汇票也并非在中信银行处办理，办理该承兑汇票时中信银行未出具提货单，更不存在合同中约定的对提货单进行确认的事实。而且，大连中某自始至终未申请和办理提货；虽然张某公司收到了该银行承兑汇票，但其随即依照大连中某的指令将汇票转让给了其他公司，并未从中受益。

从上述事实可以看出，中信银行对案涉银行承兑汇票的开立和承兑均是抛开保兑仓协议的具体约定进行的，其对银行承兑汇票的签发并非为保兑仓合作业务目的进行，其对该票据的承兑也非对履行保兑仓合作业务进行的结算。故可以确认，中信银行开立和承兑银行承兑汇票的行为与案涉《保兑仓协议》无关。中信银行基于《保兑仓协议》而要求张某公司承担连带保证责任的主张，不能成立。

（二）张某公司承担的差额保证责任是附条件的担保，由于中信银行没有出具提货单，因此中信银行不具备行使“差额保证”请求权的条件和基础。

张某公司承担连带保证责任的前提是中信银行在本协议项下出具的提货单累计金额少于其承兑的银行承兑汇票总金额，故该差额保证责任并非一般意义上的信用担保，而是保兑仓业务协议中附条件的合同义务，属于附条件的担保。因此，即便是中信银行与大连中某之间的融资行为是基于《保兑仓协议》而为，也因中信银行没有出具提货单，提货单与中信银行承兑的银行承兑汇票之间的差额根本不存在，中信银行不具备行使“差额保证”请求权的条件和基础，故中信银行要求张某公司承担保兑仓协议项下差额保证责任，亦缺乏事实和法律依据，二审法院不予支持。

最高院裁判观点：

（一）再审中最高院认定的与汇票的承兑、提货相关的事实

1. 张某公司向中信银行提交以张某公司为核心企业，中信银行向大连中某提供授信额度的申请资料

这些资料包括：

（1）《申请授信函》出具于2011年12月12日，该函的主要内容为张某公司“因业务需要，向贵行申请30000万元授信额度，期限一年。”

（2）《推荐授信函》出具于2012年4月10日，该函的主要内容为，张某公司称其与大连中某有多年的经贸合作，双方于2010年签订了战略合作协议，目前双方已经签订了45万吨的铁精粉购销合同，为实现业务平稳发展，由张某公司作为“保兑仓”模式中的核心厂商，向中信银行推荐给予大连中某1.8亿元的授信额度。

（3）《战略合作协议书》系张某公司与大连中某于2011年5月10日签订，主要内容为，在2011年5月10日起的5年时间内，大连中某将向张某公司采购价值30亿元的铁矿粉、废钢等货物。

2. 在涉案两份承兑汇票之前，三方为履行《保兑仓协议》的过往交易情况

中信银行出具7522、7525两张汇票之前，为履行《保兑仓协议》，于2012年5月承兑出票人为大连中某，收款人为张某公司的汇票八张。在上述汇票交接完毕后，方在2012年7月办理提货手续。

过往交易表明在实际履行中，各方将交接承兑汇票的时间提前至申请提货之前，而不是依照协议约定买方先申请提货后，再统一办理汇票和提货单交接手续。该实际履行中的变更，使张某公司更早收到货款，对张某公司有利。

因此，三方在2012年11月办理了案涉7522、7525两张汇票的交接手续，但并未办理提货手续这一点并不能说明案涉7522、7525两张汇票的出具和承兑不是在履行《保兑仓协议》。

3. 张某公司确认是基于保兑仓协议收到汇票的事实

其一，2012年11月15日，张某公司财务人员在同时在场的中信银行工作人员向其出具的《银行承兑汇票通知（确认）函》（以下简称《确认函》）上签字盖章，《确认函》的内容表明，张某公司以保兑仓协议中的甲方身份接受7522、7525两张汇票，可以证明中信银行出具7522、7525两张汇票系履行《保兑仓协议》。

其二，2013年3月8日，在张某公司等四方签订的《协议书》中，有关于张某公司已将基于张某公司、大连中某与中信银行签订的《保兑仓协议》而取得的7522、7525两张汇票背书给大连中某指定的公司的记载。

其三，张某公司未主张亦未提交证据证明其是基于保兑仓协议以外的原因取得7522、7525两张汇票。

（二）最高院认为：

1. 关于中信银行承兑汇票行为的性质

在部分事实未查明的情况下，二审判决认定各方未严格按照《保兑仓协议》约定的方式履行，中信银行承兑7522、7525汇票并非履行《保兑仓协议》，依据不足。

张某公司向中信银行出具《申请授信函》和《推荐授信函》、张某公司与大连中某签订《战略合作协议》以及前八张汇票项下的提货行为，足以令中信银行相信存在真实贸易关系。

中信银行承兑7522、7525汇票系履行《保兑仓协议》，中信银行承兑汇票并交付后，其行为性质不受在后的他人行为影响。张某公司取得票据权利后，如何行使、是否从汇票中受益，大连中某是否申请提货，后续的交易流程是否完成，均非中信银行能够决定，不影响中信银行承兑汇票系履行《保兑仓协议》的行为性质。

二审判决认定中信银行开立和承兑汇票的行为与案涉《保兑仓协议》无关，与事实不符，本院予以纠正。

2. 关于《保兑仓协议》约定的张某公司承担保证责任的对象

在保兑仓交易模式中，如张某公司承担保证责任以中信银行出具提货单为条件，会造成当事人权利义务显失公平。张某公司作为供货方接受7522、7525汇票收取货款后，相应的合同权利已经实现，同时，其还占有货物。其在权利已经完全实现的情况下不承担任何义务，显失公平。故张某公司承担保证责任不以中信银行出具提货单为条件。

《保兑仓协议》约定张某公司就提货单累计金额与承兑金额之间的差额承担保证责任，该差额是张某公司承担保证责任的最大范围。在计算张某公司实际应承担的保证责任时，应以承兑金额与银行出具提货单累计金额之间的差额再减去未出具提货单的备付金数额。张某公司保证责任的对象并未发生变化，其承担的还是提货单累计金额与承兑金额之间的差额保证责任，只是因扣减未出具提货单的备付金额，导致其实际承担责任数额减少。

法院观点评述

本次选取的案例中，再审法院即最高院对二审法院的意见出现了逆转，其中的关键在于法院如何根据争议双方提供的证据认定保兑仓交易中与提货及汇票交接相关的案件事实，并判断案涉汇票是否是为履行《保兑仓协议》而开立并承兑的。

二审法院仅因为提货和汇票交接的流程与《保兑仓协议》中约定的流程不符（三方协议约定的是先提交提货申请，再与提货事宜同步办理汇票承兑和交接事宜，而实际是只有汇票交接和承兑，没有与之同步的提货事宜），就简单的认为案涉汇票并非基于《保兑仓协议》开立并承兑，以及涉案汇票与《保兑仓协议》无关。

最高院在再审中指出，本案中实际履行和约定并不一致，三方的实际履行情况是：先办理汇票交接和承兑，之后办理提货及发货事项，非同时办理，而是分开各自办理，且中间有一定的时间间隔。但并不能因为在办理汇票承兑、交接时没有与之同步的申请提货、提货通知就否定交接、承兑汇票与履行保兑仓交易的关系。应该根据三方在实际履行中形成的新的流程来确定汇票签发和承兑的合同基础，仅凭汇票交接情况与约定不符就认定该汇票与案涉《保兑仓协议》无关是不客观的。

最高院对于事实的把握更为全面，并没有孤立地认定涉案两张汇票签发、交接、承兑的事实，而是结合张某公司与大连中某、银行在此之前的往来函件资料，以及在此之后张某公司、大连中某对这两张汇票的处分情况综合认定案件事实，得出这两张汇票与三方保兑仓协议的关联性。

实务经验总结

保兑仓交易中，作为核心企业的卖方一般会承担差额保证责任，所以，对于银行而言，就可能会放松对交易流程的监督，认为有卖方兜底，就可以高枕无忧。但从这个案子可以发现，核心企业即便资金实力雄厚，也并不是没有“牙齿”，其对自己的债务条件、范围都在严加看管、防范。此案虽然最终银行胜诉，由卖方承担保证责任，但是在经过了数年的讼累之后，才得以实现。该案对银行的风险警示，至少有如下两点：

（一）银行应规范汇票交接流程，做好汇票接收存证。

汇票的签发和承兑是保兑仓交易中的重要一环，是确定最终银行垫资损失、买方还款责任、卖方及第三人担保责任的基础，因此判断特定汇票是否是基于保兑仓交易而出具和承兑的这一问题尤为重要。

银行应当在三方协议中明确汇票交接流程，并在实际交易中规范执行。

一方面，若协议中约定了提货和汇票交接的流程，尽量依约办事，减少后续争议；另一方面，应特别注意对卖方接收汇票行为的存证，例如审查卖方接收汇票的工作人员的身份及《授权委托书》等证明材料，要求其接受后出具载明汇票票号、金额、收取原因（写明“基于某某编号的保兑仓三方协议收取”）的收条或确认函，注意核对收条和确认函上的签字、印鉴等的真实性，尽量降低卖方后续否认该汇票与保兑仓交易相关的可能性。

（二）在协议中明确卖方的差额担保责任的范围，避免因“文字游戏”而起的争议。

在保兑仓交易中，一般而言，卖方所承担的担保责任的范围是银行承兑的汇票金额和买方向银行缴存的保证金之间的差额部分。但有时，如上文案例中，三方会在协议中约定，卖方对银行出具的提货单累计金额和承兑的汇票金额之间的差额承担保证责任。此时，卖方可能主张合同约定的是附条件的担保，由于银行没有出具提货单，不存在前述差额，其无须承担相应的保证责任。

因此，为避免因这一类“文字游戏”而起的争议，银行尽量在三方协议中明确约定卖方承担的保证责任的范围是买方所缴存保证金和银行承兑的汇票金额之间的差额部分。

相关规定

《全国法院民商事审判工作会议纪要》

68. **【保兑仓交易】第二款** 在三方协议中，一般来说，银行的主要义务是及时签发承兑汇票并按约定方式将其交给卖方，卖方的主要义务是根据银行签发的提货单发货，并在买方未及时销售或者回赎货物时，就保证金与承兑汇票之间的差额部分承担责任。……

《中华人民共和国民法典》

第六百八十一条 保证合同是为保障债权的实现，保证人和债权人约定，当债务人不履行到期债务或者发生当事人约定的情形时，保证人履行债务或者承担责任的合同。

五、卖方向买方转让银行授信额度，卖方的担保人是否为买方担保?

> **阅读提示：**在保兑仓交易中，作为核心企业的卖方一般会和银行有综合授信安排，并可在此综合授信额度下将自己的授信额度授权给买方，和银行签订三方保兑仓协议，并由银行和买方签订一个具体的授信协议。问题在于，卖方和银行之间的综合授信协议的担保人，可能会否认其是具体保兑仓协议及银行和买方之间授信协议的担保人，并拒绝承担相应责任。那么，如何认定基于具体保兑仓协议形成的债权为卖方担保人所担保的主债权呢?

裁判要旨

若能够认定买方与银行之间的综合授信协议及具体保兑仓协议完全是为履行卖方与银行间的综合授信协议的约定所形成的具体业务合同，即可认定前者是后者不可分割的部分，后者项下的担保人，理应为前者项下的担保人。

基本案情①

2012 年 9 月 22 日，浏某河酒业向光大银行提交了一份《保兑仓业务经销商申报表》，该申报表载明：浏某河酒业拟与光大银行合作保兑仓业务，在向光大银行申请的回购担保额度内，浏某河酒业拟同意光大银行为中某公司办理保兑仓业务，拟分配的额度为 1100 万元人民币。

2012 年 9 月 26 日，浏某河酒业与光大银行签订了《24 号综合授信协议》。该协议约定的最高授信额度为 1.6 亿元人民币，具体授信额度包括国内信用证 6000 万元人民币和保兑仓回购担保 1 亿元人民币。第四条约定，最高授信额度的有效使用期限从 2012 年 9 月 26 日起至 2013 年 9 月 25 日止，具体业务的期限以具体业务合同的约定为准，但每笔具体业务项下的具体授信额度的开始使用日期不得超过本协议最高授信额度有效使用期限的截止日；第二十六条约定，经光大银行同意，浏

① 案例来源：湖南浏某河国际名某城有限公司等诉中国光大银行股份有限公司某分行等金融借款合同纠纷案【湖南省高级人民法院（2014）湘高法民二终字第 57 号】。

某河酒业可将本协议项下的授信额度全部或部分授权给其他单位使用，并以被授权单位的名义与光大银行签订相关具体业务合同，具体内容以浏某河酒业出具光大银行认可的《授信额度使用授权委托书》为准。

国际名某城、浏某河实业、彭甲、彭乙为此综合授信协议分别与光大银行签订了最高额保证合同。第二条均约定，所担保的主债权最高本金余额为1.6亿元；第四条均约定，担保范围为受信人在主合同项下应向授信人偿还或支付的债务本金、利息（包括法定利息、约定利息及罚息）、复利、手续费、违约金、损害赔偿金、实现债权的费用和其他所有应付费用。此后，日某投资也为此综合授信协议提供了连带保证担保。

后，浏某河酒业向光大银行出具一份《额度推荐函》，该函载明：根据合同约定，特推荐中某公司在光大银行办理银行承兑汇票业务，授信额度1100万元。

2012年12月11日，光大银行与中某公司签订了一份期限为1年、额度为1100万元人民币的综合授信协议（以下简称《27号综合授信协议》）。

同日，光大银行与浏某河酒业（卖方）、中某公司（买方）依约签订了一份期限为1年的“保兑仓”业务三方协议，浏某河酒业承担回购担保责任，后，中某公司依约提供了550万元人民币的保证金。

2013年12月11日，上述总额为1100万元人民币的保兑仓业务到期后，光大银行多次向中某公司、浏某河酒业催收未果。

光大银行向原审法院提起本案诉讼，请求判决：1. 中某公司归还光大银行550万元人民币以及至执行完毕之日止的利息（含罚息）；2. 浏某河酒业、国际名某城、浏某河实业、日某投资、彭甲、彭乙对此承担连带偿还责任；3. 本案的诉讼费依法由中某公司、浏某河酒业、国际名某城、浏某河实业、日某投资、彭甲、彭乙承担。

争议焦点

国际名某城、浏某河实业、日某投资、彭甲、彭乙是否应当对中某公司的本案债务承担连带清偿责任？

当事人意见

国际名某城、浏某河实业、日某投资、彭甲、彭乙的主要答辩意见为：

浏某河酒业与光大银行签订的《24号综合授信协议》和光大银行与中某公

司签订的《27 号综合授信协议》的合同主体、授信期限、担保人均不一致，且后者没有任何条款体现了浏某河酒业授权中某公司使用前者的授信额度的情况下，不能认定后者是依据前者而签订，并系前者的有效组成部分，国际名某城、浏某河实业、日某投资、彭甲、彭乙不应对中某公司的本案债务承担连带清偿责任。

法院裁判观点

二审法院认为国际名某城、浏某河实业、日某投资、彭甲、彭乙应当对中某公司的本案债务承担连带清偿责任，理由如下：

（1）根据《保兑仓业务经销商申报表》，浏某河酒业已授权中某公司使用其从光大银行获得的本案授信额度。

因浏某河酒业在其向光大银行提交的《保兑仓业务经销商申报表》中，已明确表示同意将其与光大银行开展的保兑仓授信业务额度中的 1100 万元授权给中某公司使用，且在此后的保兑仓业务对账中，浏某河酒业亦将中某公司获得的涉案 1100 万元授信，纳入了其与光大银行之间的保兑仓业务范围，故国际名某城、浏某河实业、日某投资、彭甲、彭乙提出的关于浏某河酒业未授权中某公司使用其从光大银行获得的本案授信额度的上诉理由不能成立，依法不予支持。

（2）《27 号综合授信协议》是为履行《24 号综合授信协议》的约定所形成的具体业务合同，当然属于《24 号授信协议》不可分割的一部分，因此《24 号综合授信协议》项下的担保人，理应为后面《27 号授信协议》继续提供担保。

光大银行与浏某河酒业签订《24 号综合授信协议》后，系根据该授信协议的约定及浏某河酒业的事先授权，才另行与中某公司签订《27 号综合授信协议》。虽然该两份综合授信协议的主体、担保人在表面上看来不一致，但因后者完全是为履行前者的约定所形成的具体业务合同，其当然属于前者不可分割的一部分；同时，因后者的授信期限起始日，并未超过前者的授信期限截止日，故前者项下的担保人，理应为后者项下的担保人。

因此，国际名某城、浏某河实业、日某投资、彭甲、彭乙提出的关于该两份《综合授信协议》因合同主体、授信期限、担保人均不一致，其不构成从属关系，国际名某城、浏某河实业、日某投资、彭甲、彭乙不应对中某公司的本案债务承担连带清偿责任的上诉请求和理由，没有事实和法律依据，依法不予支持。

案例延伸阅读

案例： 中国光大银行股份有限公司某分行与昆明存某经贸有限公司、郑某州金融借款合同纠纷一审民事判决书【云南省昆明市中级人民法院（2015）昆民四初字第236号】

该案基本案情：2011年11月14日，原告光大银行某分行与存某公司签订《综合授信协议》，约定原告向存某公司提供最高额度1.3亿元授信额度，具体业务为银行承兑汇票。授信期限为2011年11月4日至2012年11月3日。其中约定办理具体业务时，存某公司、原告双方应签订具体业务合同，原告与存某公司根据本协议签订的每一笔具体业务合同均为本协议的有效组成部分，并构成一个协议整体。

同日，存某公司、昆某公司、三某公司与光大银行某分行签订《中国光大银行"保兑仓"业务四方协议》，约定根据存某公司申请，原告向存某公司核定可循环授信总额度5200万元，用于办理银行承兑汇票。

2011年12月9日，原告与存某公司签订《银行承兑协议》，约定承兑申请人存某公司因商品交易需要，向原告申请商业汇票银行承兑。

存某公司于同日向原告交纳了保证金390万元。原告同日开具了出票人为存某公司、收款人为昆某公司、汇票到期日为2012年5月9日的银行承兑汇票13张，票面金额合计1300万元。昆某公司已确认收到了上述银行承兑汇票。

2012年1月20日，原告与海某公司签订《保证合同》，约定自原告与存某公司2011年2月23日订立的《综合授信协议》（与本案无关）与2011年11月14日订立的《综合授信协议》起至本保证合同签订之日止：存某公司欠款金额为8050万元及相应的银行利息及罚息。海某公司为上述债务提供连带责任保证，保证期限为两年。

存某公司在银行承兑汇票到期后没有依照协议履行归还银行款项的义务，原告主张存某公司返还相应款项及罚息，海某公司承担相应的担保责任。

海某公司不认可该《银行承兑协议》系涉案2011年11月14日的《综合授信协议》项下的具体业务协议。

法院认为，根据涉案《综合授信协议》的约定，原告与存某公司根据协议签订的每一笔具体业务合同均为协议的有效组成部分，并构成一个协议整体。原告亦提交了其与存某公司基于《综合授信协议》签订的《银行承兑协议》。海某公司不认可该《银行承兑协议》系涉案《综合授信协议》项下的具体业务协议，但没有提交反驳证据证实。故对于海某公司关于涉案《综合授信协议》项下并未签订具体业务协议，《综合授信协议》不产生债权债务关系，海某公司不承担保证责任的抗辩主张，本院不予支持。

法院观点评述

（一）每一笔的保兑仓协议、授信协议、银行承兑协议均为综合授信协议的构成部分，因此，担保继续有效。

本文第一个案例中，银行和供应链核心企业卖方及其担保人的综合授信协议及担保协议形成在前，卖方、买方和银行的具体保兑仓协议以及买方和银行之间的具体授信协议形成在后，因此担保人并不认可其应对买方在具体保兑仓协议中形成的债务承担连带责任。但法院结合全案事实认定保兑仓协议是为履行卖方和银行之间的综合授信协议而形成的具体业务合同，因此卖方的担保人也为具体业务合同项下的担保人，应当承担连带责任。

在延伸案例中，第三人为买方提供担保，买方不认可因具体保兑仓业务发生的银行承兑协议为综合授信协议的一部分，主张其仅是为综合授信协议提供担保，并没有为银行承兑协议提供担保。但法院认为二者为一个整体，担保人既然为综合协议提供了担保，也就为具体业务协议提供了担保。

（二）卖方担保人继续担保的更为重要的原因：债务人并未发生变化。

除了因为保兑仓协议、银行承兑协议等构成综合授信协议的具体业务合同，所以，担保人应继续担保外。更为重要的原因是，由于核心企业在保兑仓业务合同中提供差额保证担保，虽然保兑仓交易中第一债务人是买方，但卖方仍是银行债权的保证债务人。

基于保兑仓协议形成的银行对卖方的保证债权也属于卖方和银行的综合授信协议中产生的债权的一部分，属于保证人所担保的主债权的一部分，债务人并没有发生变化。保证人不可主张未经其同意转让债务，其不承担保证责任。

实务经验总结

从上文两个案例可知，在担保合同中尽量明确主债权的范围，在主合同项下的具体合同签订时，注意声明其与主合同的关系，如有必要，可对担保合同做相应的更新。

在第一个案例中，担保人主张具体业务合同中没有任何条款体现了卖方授权买方使用卖方的授信额度，虽然银行提供了相关证据，例如《保兑仓业务经销商申报表》、《额度推荐函》等证明卖方已授权买方使用其信用额度，但若直接在具体业务合同中注明就更为清晰明了，比如在每一笔具体业务合同中写明，本协议是为履行某某编号的综合授信协议而签订，为该综合协议的一部分，原协议的风控担保措施对本协议继续有效，就可以在第二个案例中，买方与银行在具体业务合同中也可以做类似的声明，以避免担保争议。

更进一步而言，在具体业务合同签订后，也可对担保合同中担保的主合同及主债权的内容做相应的文字说明或更新，或者事先就在担保合同中声明：所担保的主债权包括基于某某编号的综合授信协议签订的具体业务协议中形成的债权，无论卖方的债务是主债务，还是保证债务，都不影响成立担保责任。

相关规定

《中华人民共和国民法典》

第六百八十四条 保证合同的内容一般包括被保证的主债权的种类、数额，债务人履行债务的期限，保证的方式、范围和期间等条款。

第六百九十一条 保证的范围包括主债权及其利息、违约金、损害赔偿金和实现债权的费用。当事人另有约定的，按照其约定。

第六百九十七条 债权人未经保证人书面同意，允许债务人转移全部或者部分债务，保证人对未经其同意转移的债务不再承担保证责任，但是债权人和保证人另有约定的除外。

第三人加入债务的，保证人的保证责任不受影响。

六、保兑仓框架协议与各个专项协议之间的关系及合并审理规则

> **阅读提示：**保兑仓交易中往往涉及多方法律关系，且当事人之间也会签订各种不同的协议，比如三方保兑仓协议、综合授信协议、银行承兑汇票承兑协议等，如果当事人对不同的相对方在同一法院提起诉讼，是否可以合并审理？

裁判要旨

当事人就保兑仓交易中的不同法律关系的相对方分别或者同时向同一人民法院起诉的，此处多个不同的纠纷属于基于同一事实发生的纠纷，法院可以合并审理。

基本案情①

2012年2月24日，兴业银行某分行、旺某公司（买方）与济某公司（卖方，后重组为山某公司，原保兑仓协议的权利义务由其分公司山某济南分公司承继）签订《保兑仓业务三方合作协议》。

兴业银行某分行与旺某公司签订《商业汇票银行承兑合同》，兴业银行某分行将出票人为旺某公司、收款人为山某公司的10份商业汇票共计5000万元票款予以承兑。

旺某公司在承兑到期日前未按《商业汇票银行承兑合同》的规定将足额保证金交存，遂引发本案诉讼。诉讼过程中，原告兴业银行某分行申请追加山某公司、山某济南分公司为本案被告。

争议焦点

原审法院追加山某公司、山某济南分公司为本案被告是否违反诉讼程序？

---

① 案件来源：兴业银行股份有限公司某分行与山某钢铁股份有限公司、山某钢铁股份有限公司济南分公司等合同纠纷二审民事判决书【山东省高级人民法院（2014）鲁商终字第293号】。

当事人意见

被告答辩意见：

山某公司、山某济南分公司认为《保兑仓业务三方合作协议》与《商业汇票银行承兑合同》是两种法律关系，不应在一个案件中审理，因而，原审法院追加其为共同被告参加诉讼是错误的。

法院裁判观点

山东省高级人民法院认为：

保兑仓业务至少存在三种法律关系，包括产品经销商与银行间的融资合同关系、供应商与银行间货物监管担保关系及供应商与经销商间买卖合同关系。本案当事人签订的《保兑仓业务三方合作协议》，不仅确立了兴业银行某分行与济某公司共同保证资金安全的合同关系，还包括旺某公司和济某公司间买卖合同关系及兴业银行某分行与旺某公司的融资贷款的合同关系。

在三方合作协议框架之下，兴业银行某分行与旺某公司签订的《商业汇票银行承兑合同》、兴业银行某分行与天和公司等签订的《最高额保证合同》以及济某公司与旺某公司之间的《钢材购销合同》，均是执行和履行《保兑仓业务三方合作协议》各方义务的组成部分。没有《保兑仓业务三方合作协议》约定三方之间的权利义务关系，其他合同不可能独立存在或者说没有存在的意义。

将《保兑仓业务三方合作协议》框架下各当事人之间发生的包括共同保证资金安全条款产生的纠纷合并审理且一并作出判决，有利于当事人之间因履行三方合作协议产生的各种纠纷公正、彻底地解决。因此，原审法院根据当事人申请依法追加上诉人作为本案被告参加诉讼，符合法律规定。

案例延伸阅读

案例一： 广州中某海运物流有限公司与平安银行股份有限公司某分行，佛山市顺德区汇某钢构实业有限公司，何某，何某生，朱某奕，湛江市秦某贸易有限公司等申请撤销仲裁裁决民事裁定书【广东省佛山市中级人民法院（2017）粤06民特31号】

针对平安银行某分行与汇某公司之间的借款事宜，各方当事人签订多份协议，包括：

1. 平安银行某分行与汇某公司签订《综合授信额度合同》《额度业务补充协议》《最高额抵押担保合同》《最高额抵押担保补充协议》《贷款合同》，约定由平安银行某分行向汇某公司提供贷款，汇某公司以其存放于诸多仓库内的钢材提供抵押担保；

2. 平安银行某分行分别与何某、何某生、朱某奕、秦某公司签订《最高额保证担保合同》，由何某、何某生、朱某奕、秦某公司等针对汇某公司的债务承担保证责任；

3. 平安银行某分行、汇某公司与中某公司签订《动产抵押监管协议》《在途货物监管协议书》《关于货押监管货物处理事宜的协议书》，约定中某公司对汇某公司提供的抵押物进行监管。

上述合同中均有约定因合同履行所产生的争议向佛山仲裁委员会申请仲裁的仲裁条款。

此后，因汇某公司未能依约还款，平安银行某分行向佛山仲裁委员会申请仲裁。

佛山仲裁委员会于2016年7月6日受理平安银行某分行与汇某公司、何某、何某生、朱某奕、秦某公司、中某公司、中某顺德分公司借款合同纠纷仲裁案，一并审理并作出裁决。

中某公司主张：

上述仲裁裁决应予撤销，原因之一是：仲裁庭径行合并仲裁的做法存在瑕疵，其实际上改变了各方当事人的仲裁协议。

如前所述，本案中存在多份合同。其中，《综合授信额度合同》是借贷、担保法律关系的主合同。《额度业务补充协议》是其补充协议。《最高额抵押担保合同》《最高额保证担保合同》《最高额抵押担保补充协议》《贷款合同》是借贷、担保法律关系的从合同。虽然上述文件中均有将争议提交至佛山仲裁委员会仲裁的仲裁协议或者类似约定，但每份仲裁协议仅为两位、三位或者四位当事人之间共同签署，并无一份仲裁协议是由案件八位当事人共同签署，确认将争议提交佛山仲裁委员会仲裁的。

仲裁庭将前述合同及相关合同主体一并纳入本案审理范围，其实质上是基于主合同、补充协议及从合同关系将前述协议引起的各项纠纷进行了合并仲裁，仲裁程序违法。

平安银行某分行认为：

本案属于融资交易中的一种新型模式——保兑仓交易。平安银行某分行与中某公司、汇某公司签订《动产抵押监管协议》和《在途货物监管协议书》的前提是《综合授信额度合同》和《最高额抵押担保合同》，是为了保证借款合同的顺利履行，并非独立于本案《综合授信额度合同》和《最高额抵押担保合同》之外的，而是有紧密的关联性的。

平安银行某分行在仲裁中将汇某公司、担保人何某等以及中某公司（抵押物监管方）一并申请仲裁，正是基于保兑仓的交易模式参与主体广、交易环节多、各合同从属或相互关联等特点，一并仲裁有利于一次性理顺各方权利义务，也可以避免重复受偿情形的考虑。

广东佛山中院认为：

本案中，平安银行某分行就其与汇某公司之间债权债务关系同时向多份合同的合同相对方主张承担相应责任，故就该仲裁请求而言，无论担保合同法律关系或抵押物监管合同法律关系，均以平安银行某分行与汇某公司之间的借贷合同法律关系的审查为基础，且为便于仲裁庭正确区分各方当事人之间的权利和义务，依法认定各自的责任顺位，避免重复受偿，仲裁申请人平安银行某分行与各仲裁被申请人亦应有权互相知晓各方的权利主张，有义务协助仲裁庭查清案件事实。

故此，佛山仲裁委员会结合具体案情后从减少诉累的角度出发，对上述多种合同法律关系予以合并审理没有违反法律规定，不存在违反法定程序的情形。

案例二：温州市联某制冷设备有限公司等诉中国建设银行股份有限公司某支行合作合同纠纷案【浙江省高级人民法院（2015）浙商提字第12号】

关于本案法律关系的认定问题，浙江高院认为，综合全案分析，本案符合保兑仓业务的法律特征，理由之一是：2011年1月6日，联某公司、银某公司与建行某分行签订《保兑仓融资业务合作协议》，注明为联某公司与银某公司间的购销合同顺利履行签订此协议，并就各方的权利义务作出具体规定，在《保兑仓融资业务合作协议》框架之下，建行府前支行2011年1月24日与卢某娟、周某志、2011年11月8日与银某公司等签订的《最高额保证合同》，并与联某公司2011年7月27日签订的《银行承兑协议》均是执行和履行《保兑仓融资业务合作协议》的各方义务，可见本案一系列合同的签订，均以《保兑仓融资业务合作协议》为基础，保兑仓业务合同是后续买卖双方、银行以及担保方介入案涉法律关系的基础合同。故本案案由应确定为保兑仓业务合作合同纠纷。

案例三：山东某股份有限公司济南分公司诉兴业银行股份有限公司某分行等合作合同纠纷案【山东省高级人民法院（2014）鲁商终字第403号】

该案中，兴业银行诉称，连某公司（保兑仓交易买方）没有在银行承兑汇票到期日前交存保证金余款，山某济南分公司（保兑仓交易卖方）在未接到兴业银行签发的《提货通知书》的情况下，违反《保兑仓业务三方合作协议》的约定，擅自向连某公司发货，应当依约承担连带还款责任。

山某济南分公司辩称：本案是兴业银行基于其与连某公司之间签订的《商业汇票银行承兑合同》及该合同项下的担保合同提起的金融借款合同纠纷案件。兴业银行在本案中基于《保兑仓业务三方合作协议》要求山某济南分公司承担连带还款责任，违反"一案一诉"原则，这是两种法律关系，不应在一个案件中审理，山某济南分公司作为本案被告主体不适格。

山东省高级人民法院认为：

兴业银行与济某公司、连某公司签订的《保兑仓业务三方合作协议》，及其与本案其他担保人签订的《最高额保证合同》、《最高额抵押合同》，均系为了保障连某公司在上述各合同约定的期间内与兴业银行发生的各类授信业务的履行。本案各方当事人相互之间的权利义务关系，主要依据是兴业银行、连某公司、济某公司三方签订的《保兑仓业务三方合作协议》。根据该协议约定，连某公司与济某公司之间设立贸易合同关系，连某公司以向兴业银行申请开立银行承兑汇票的融资方式，将收款人为济某公司的银行承兑汇票，由兴业银行直接支付到济某公司，连某公司在银行承兑汇票到期前将票款足额支付到兴业银行，兴业银行根据连某公司支付票款的数额和进度向济某公司发出提货通知书，济某公司依据兴业银行发出的提货通知书向连某公司发货；如济某公司未接到兴业银行的提货通知书就向连某公司发货，应对连某公司的债务承担连带还款责任。各方为执行《保兑仓业务三方合作协议》分别签订了《银行承兑合同》、《保证金协议》、《最高额保证合同》、《最高额抵押合同》、《供货合同》等合同，均属于《保兑仓业务三方合作协议》的附属组成部分，本案纠纷应一并审理。山某济南分公司辩称其作为本案被告主体不适格，本案涉及两个法律关系，不应一并审理的抗辩与事实不符，法院不予支持。

法院观点评述

上文几个法院判决都肯定了在保兑仓交易中虽然往往存在数个合同以及数个不同的法律关系，例如，最基础的是银行和买方间的借贷关系以及银行和卖方之间的保证担保关系，同时，银行还可能设置多个风控担保措施从而形成其他不同的担保关系，此外，还可能涉及仓储方、物流方等其他合同关系，但它们都是围绕保兑仓三方协议而展开，各个主体之间关系密切，统一审理有利于查清事实、正确界定各方的权利义务，减轻诉累。

《全国法院民商事审判工作会议纪要》也肯定了这一观点，其第70条规定，“当事人就保兑仓交易中的不同法律关系的相对方分别或者同时向同一人民法院起诉的，人民法院可以根据民事诉讼法司法解释第221条的规定，合并审理。当事人未起诉某一方当事人的，人民法院可以依职权追加未参加诉讼的当事人为第三人，以便查明相关事实，正确认定责任。”也即，《全国法院民商事审判工作会议纪要》认为就保兑仓交易的不同法律关系对多个相对方提起诉讼的，属于“基于同一事实发生的纠纷”，可以合并审理。

实务经验总结

对于银行等金融机构而言，在保兑仓交易中往往也会配备多个风控担保措施，形成不同的担保关系，同时还可能涉及仓储方、物流方等其他合同关系，若向同一法院起诉，能通过合并审理一次性认定多方法律关系中的权利义务。

同时，在约定仲裁管辖的案件中，只要构成保兑仓交易的各个具体合同中双方或三方当事人约定了同一仲裁机构，债权人就有权将其他相关的当事人，如上述案件中的债务人、担保人、货物监管人均作为仲裁被申请人提请仲裁，在一个仲裁案件中彻底解决各个主体的法律责任。对银行而言能够大幅度减少诉累，一次性获得全面救济。

相关规定

《最高人民法院关于适用〈中华人民共和国民事诉讼法〉的解释》

第二百二十一条 基于同一事实发生的纠纷，当事人分别向同一人民法院起诉的，人民法院可以合并审理。

《全国法院民商事审判工作会议纪要》

70.**【保兑仓交易的合并审理】**当事人就保兑仓交易中的不同法律关系的相对方分别或者同时向同一人民法院起诉的，人民法院可以根据民事诉讼法司法解释第221条的规定，合并审理。当事人未起诉某一方当事人的，人民法院可以依职权追加未参加诉讼的当事人为第三人，以便查明相关事实，正确认定责任。

《最高人民法院关于当前商事审判工作中的若干具体问题》

八、关于保兑仓纠纷案件的审理问题

第三，要理顺审理程序，为认定保兑仓交易中当事人权利义务提供程序保障。

保兑仓交易下，不同法律关系中当事人发生的纠纷一般可以分别审理。但是，如果债权人同时向债务人、担保人、仓储方主张承担相应责任的，应一并进行审理，以便正确区分各自的权利和义务，依法认定各自的责任顺位，避免出现重复受偿；如果当事人分别向同一法院起诉的，按照《民事诉讼法》司法解释第二百二十一条的规定可以合并审理；如果案件的处理结果同保兑仓交易中的其他当事人有法律上利害关系，应根据《民事诉讼法》第五十六条的规定通知其作为第三人参加诉讼；如果保兑仓交易中的其他当事人参加诉讼有利于案件事实的查明，可依据《民事诉讼法》第七十二条及《民事诉讼法》司法解释第一百一十七条的规定通知其出庭作证。

七、银行在保兑仓交易中的注意义务与损失自负规则

阅读提示： 在保兑仓交易中，银行往往认为己方提供的仅是开票、结算等传统金融服务，并不介入买卖合同关系中。那么，银行对于作为基础关系的买卖合同是否具有一定的监督协助义务？若银行发出错误的《发货通知单》，未履行定期对账等合同义务，在卖方携款潜逃造成买方损失的情况下，买方除了向卖方追讨之外，是否可以主张银行违约，并要求其承担一定的违约损害赔偿责任？

裁判要旨

银行在保兑仓交易中，负担的不仅是简单的开票、结算等传统金融服务功能，银行基于买方的提货申请向卖方发出发货通知单并控制货权等约定，说明银行已经在一定程度上介入买卖合同关系中，其作为涉案协议的收益方，特别是作为金融机构介入保兑仓业务后，应该承担一定的监管责任。在其履行保兑仓协议的过程中，若存在不完全作为的情形，导致买方损失的产生，其应该按照过错程度承担一定的责任。

基本案情①

2012 年 4 月 19 日，泰某恒坤公司（甲方）与九某银行（丙方）、东某公司（乙方）签订了《保兑仓三方合作协议书》一份，该协议约定：保兑仓业务是指九某银行根据泰某恒坤公司、东某公司双方签订的购销合同，开立收款人为东某公司的银行承兑汇票，专项用于该购销合同项下泰某恒坤公司向东某公司支付货款。另有约定包括：

（1）甲方未按丙方出具的《发货通知书》所规定的金额发货，甲方和乙方之间由此产生的纠纷与丙方无关，丙方对甲乙方的损失不承担任何责任。

（2）为确保提货环节的准确无误，甲乙丙三方一致约定：甲、乙、丙三方应视

---

① 案例来源：广州市泰某恒坤贸易有限公司与沈阳东某钢铁有限公司、九某银行股份有限公司广州分行、九某银行股份有限公司广州荔湾支行合作合同纠纷案【广东省广州市中级人民法院（2015）穗中法民二终字第1269 号】。

提货发生频率定期对账（每月不能少于一次），任何一方都应无条件给予配合。三方如出现核对不一致的情况时应立即停止办理发货手续。查明原因并解决后，由丙方书面确认后方可重新开始办理发货手续。

（3）本协议项下的银行承兑汇票收到确认函、发货通知书、退款通知书等所有法律文本的印鉴和签字必须与下面预留样本相符方为有效。

2013 年 4 月 8 日，泰某恒坤公司与东某公司签订了《购销合同》，约定：由东某公司供应热轧带钢 19600 吨给泰某恒坤公司，单价 3650 元/吨，总货款为人民币 7154 万元。

2013 年 4 月 8 日，泰某恒坤公司与九某银行荔湾支行（承兑人，乙方）签订《银行承兑协议》一份，约定：乙方同意办理出票人为泰某恒坤公司、收款人为东某公司、金额为 7142 万元整的银行承兑汇票。同日，泰某恒坤公司依约将人民币 21426000 元存入其在九某银行荔湾支行开立的保证金账号。

2013 年 4 月 8 日，泰某恒坤公司以加盖公章的形式向九某银行荔湾支行发出《提货申请书》，明确据《保兑仓三方合作协议书》约定其公司现申请提取 19600 吨的热轧带钢金额 21426000 元。庭审查明，泰某恒坤公司所发出的《提货申请书》与《保兑仓三方合作协议书》所留的印鉴不一致。

同日，九某银行荔湾支行向东某公司出具《发货通知书》同意泰某恒坤公司向东某公司提取 19600 吨价值 21426000 元的货物。庭审查明，东某公司的发货通知单回执所盖的印章与三方预留的印鉴不一致。

2013 年 4 月 9 日，九某银行荔湾支行将总金额为 7142 万元的共 7 张银行承兑汇票交付给东某公司，汇票出票时间 2013 年 4 月 8 日，到期日 2013 年 10 月 8 日，东某公司确认收到。庭审查明，《银行承兑汇票收到确认函》所盖公章与保兑仓协议预留的印鉴均不符。

上述《发货通知书》及银行承兑汇票发出后，东某公司没有交货给泰某恒坤公司。2013 年 10 月 8 日，九某银行荔湾支行对上述 7 张银行承兑汇票合计 7142 万元予以兑现，其中垫付款项 49664039.01 元，其余 21755960.99 元为泰某恒坤公司交付的保证金及其利息。

对于上述银行垫款，泰某恒坤公司已向九某银行广州分行偿还完毕。

泰某恒坤公司就其未收到任何货物，却已支付了 7142 万元的损失，主张东某公司和九某银行在履行《保兑仓三方合作协议书》过程中存在违约行为，东某公司未依约发货，九某银行在履约过程中存在未核查印鉴签名、未对提货单和发货单的内容进行核查、未组织定期对账等多个违约行为，导致了泰某恒坤公司的损失，遂起诉请求判令九某银行、东某公司共同赔偿泰某恒坤公司保证金21426000元及利息、经济损失49664039.01元及利息。

争议焦点

东某公司未依约发货，其责任明确，问题是依据《保兑仓三方合作协议书》，九某银行是否存在过错，是否应与东某公司一起共同向泰某恒坤公司承担赔偿责任？

法院裁判观点

一审广州市天河区法院判定九某银行基于严重过错，应与东某公司共同赔偿泰某恒坤公司保证金21426000元及利息、经济损失49664039.01元及利息。

九某银行不服提起上诉，其主张泰某恒坤公司未收到货物的根本原因是东某公司携款潜逃，与九某银行的履约行为之间没有因果关系。原审判决加重九某银行的责任，将因果关系认定错误。

二审广州中院认为：

（一）泰某恒坤公司在实际履行中也存在违约行为，具体如下：

1. 2013年4月8日，泰某恒坤公司所发出的《提货通知单》与《保兑仓三方合作协议书》所留的印鉴不一致，其并未按照各方的约定履行协议。

2. 2013年4月8日，泰某恒坤公司所发出的《提货通知单》要求提取19600吨的热轧带钢，金额为21426000元整，与前述《购销合同》所约定的单价、总额明显不符。

3. 《保兑仓三方合作协议书》约定三方应视提货发生频率定期对账（每月不能少于一次），本案中，泰某恒坤公司作为协议一方，具有当然的定期对账义务，在其于2013年4月8日发出《提货通知单》后，直至2013年10月8日银行汇票承兑日止，泰某恒坤公司作为需方一直没有收到涉案钢材，却无证据证明其积极主张权利，定期对账。泰某恒坤公司未能依约履行合同义务，对东某公司未能及时发货的行为怠于监督，直到银行向其主张欠款之后才向法院主张有关损失，存在明显的过错。

（二）九某银行在实际履行中存在的违约行为。

1. 对《提货申请书》、《发货通知书》上的数量与金额是否对应未尽审查义务。

协议中约定银行要核对保证金数额与《提货申请书》中的提货金额相符后，根据交存的保证金数额发出《发货通知书》。虽然九某银行抗辩认为，其只有核对金额的义务，并不清楚买卖双方《购货合同》的约定，本院认为即使《保兑仓三方合作协议书》仅约定其有核对“金额”的义务，但是在协议书中也载明了买卖双方已经签订了购销合同，银行作为联系买卖双方、控制货物交付的单位，是涉案交易的关键一环，卖方只会按照银行出具的《发货通知书》发货，银行有责任也有义务核对《提货申请书》，当然不仅仅限于“金额”，也应该包括提货的数量与金额是否对应等内容。

2. 对相关文件的印鉴及签名是否与约定相符未尽审查义务。

《发货通知书》及其回执、《银行承兑汇票收到确认函》等文件上的印鉴及签名与约定均不相符。

3. 九某银行未曾积极组织双方对账。

《保兑仓三方合作协议书》约定，三方应视提货发生频率定期对账（每月不能少于一次）。本案中，九某银行作为联系买卖双方的关键一环，具有当然的定期对账义务，在其于2013年4月8日发出《发货通知书》后，直至2013年10月8日银行汇票承兑日止，无证据证明其曾积极组织双方对账，以致发生非法兑现，产生本案纠纷。

4. 银行作为提供汇票一方的金融单位，未能及时发现涉案交易的风险。

《保兑仓三方合作协议书》还约定，银行承兑汇票到期前15天，如果银行承兑汇票对应的保证金金额不足100%，即丙方累计出具的《发货通知书》的总金额小于银行承兑汇票总金额时，银行有权要求向东某公司发出《退款通知书》，要求东某公司承担连带付款责任。根据上述协议，九某银行作为提供汇票一方的金融单位，而且处于联系买卖双方的关键一环，应该非常清楚买卖双方的交易情况。本案中，东某公司一直没有交货，而且泰某恒坤公司也没有再主动要求提货，明显异于正常的保兑仓合作协议，银行相对于泰某恒坤公司更容易察觉涉案交易的风险，其应该及时提醒泰某恒坤公司，或者及时要求东某公司承担付款的连带责任。

综上，银行虽非为买卖合同的相对方，但其并未完全履行《保兑仓三方协议书》、《购销合同》约定的义务，对涉案损失的产生存在过错。

（三）泰某恒坤公司和九某银行均存在违约行为，依法应当分别承担违约责任。

法院指出，本案的基础关系为买卖合同关系，作为买方的泰某恒坤公司必须积极推进涉案买卖合同的履行，并且应该与买卖合同相对方，即东某公司一起积极维护涉案交易安全。但根据前述分析，泰某恒坤公司明显怠于履行作为买方的主要义务，严重违反了《保兑仓三方合作协议书》的约定，从而导致涉案损失的产生，其依法不应向银行主张连带赔偿责任。

然而，九某银行在《保兑仓三方合作协议书》中，其负担的不仅是简单的开票、结算等传统金融服务功能，银行基于买方的提货申请向卖方发出发货通知单，并控制货权等约定，说明银行已经在一定程度上介入买卖合同关系中，其作为涉案协议的收益方，特别是作为金融机构开立保兑仓业务后，应该承担一定的监管责任，在其履行《保兑仓三方合作协议书》过程中，存在不完全作为的情形，导致泰某恒坤公司损失的产生，其应该按照过错程度承担一定的责任。

原审法院认定九某银行广州分行、九某银行荔湾支行应该在泰某恒坤公司的全部保证金和经济损失中承担共同清偿责任，未充分考虑各自的违约责任，处理失当，本院依法应予以纠正。根据泰某恒坤公司作为买方应该承担的主要义务及九某银行广州分行、九某银行荔湾支行的监督协助义务，考虑到更有效维护社会经济交易安全，本院依法认定九某银行广州分行、九某银行荔湾支行仅在东某公司应该承担涉案赔偿责任 30% 的范围内向泰某恒坤公司承担共同赔偿的责任。

案例延伸阅读

案例一：上海浦东发展银行股份有限公司某分行、武汉钢铁集团鄂城某有限责任公司金融借款合同纠纷案【湖北省高级人民法院（2018）鄂民终 1091 号】

2014 年 5 月 23 日，华某公司（甲方）与鄂某公司（乙方）、浦发银行某分行（丙方）签订一份《工商银三方合作协议书》，约定在甲方按规定比例分次存入保证金，并在丙方对甲方授信有效期限内且符合丙方办理银行承兑汇票的条件下，丙方为甲方分次办理以甲方为付款人，乙方为收款人的银行承兑汇票。

后，2014 年 9 月 1 日至 2015 年 2 月 6 日间，浦发银行某分行开具了 14 张银行承兑汇票，合计票面金额 7140 万元。浦发银行某分行分期收到盖有鄂某公司合同专用章（05）及何晓强签名的 11 份《商品金额证明书》，以及一份加盖了鄂某公司合同专用章（05）的 2015 年 1 月 19 日《对账函》。

上述银行承兑汇票陆续到期后，浦发银行某分行自 2015 年 3 月 2 日至 2015 年 8 月 5 日间，实际发生垫款 49965404. 93 元。截至 2017 年 5 月 25 日，华某公司尚欠浦发银行某分行承兑汇票垫款本金 49965404. 93 元及逾期罚息 17794291. 52 元。浦发银行某分行主张鄂某公司对华某公司债务承担连带责任。

鄂某公司答辩称，该 11 份《商品金额证明书》并非己方所出具的，其上印章未经鄂某公司使用或授权使用过。依据《工商银三方合作协议书》约定，浦发银行某分行应直接派员交票给鄂某公司，取得《商品金额证明书》，核验《商品金额证明书》的内容及印鉴签名。浦发银行某分行存在重大履约过失，由此造成的损失应由其自行承担。

湖北省高级人民法院认为：

依照《工商银三方合作协议书》约定，对华某公司的债务，鄂某公司出具《商品金额证明书》系其退款依据，浦发银行某分行指派专人直接送票至鄂某公司收妥，鄂某公司验票后向浦发银行某分行开出等额《商品金额证明书》并加盖公章（预留印鉴附后），此《商品金额证明书》系收到协议项下汇票的唯一凭证，预留印鉴及授权人签名为协议附件，构成协议不可分割的组成部分。本案中，综合全案证据可认定案涉汇票及《商品金额证明书》系由华某公司在浦发银行某分行和鄂某公司之间进行转递。

在案涉《工商银三方合作协议书》所涉的保兑仓业务中，鄂某公司收款与受银行指令放货间的差额退款义务，系银行向商方贷款后最为重要的风控手段。而交票及交提货单又是银行方通过管控资金流和货物流以保证该项风控措施得以实现的核心环节。浦发银行某分行未依约派专人交票交单，尤其还将此事项委托与该项交易有密切利害关系的商方人员完成，其本质上是放任风控保障措施失灵情况的出现。

此外，浦发银行某分行具备比一般大众更为专业的审核印鉴能力，亦应对此承担更高的注意义务。即便因日常业务效率考量或核验能力与印章伪制技术之间差距，未能有效辨识印章真伪，在案涉 11 份《商品金额证明书》内容与约定格式明显不符，且缺失内容为其管控货物流的提货单金额这一重要信息的情况下，浦发银行某分行认可该证明书而未及时提出质疑存在重大过错。综上，浦发银行某分行不能证明其所持有的 11 份《商品金额证明书》系由鄂某公司或其授权人员出具，其主张鄂某公司承担本案差额退款义务缺乏事实依据。

案例二：深圳市鑫某强贸易有限公司、上海浦东发展银行股份有限公司某分行金融借款合同纠纷案【广东省深圳市中级人民法院（2016）粤 03 民终 20000 号】

在本案中，浦发某分行与鑫某强公司（买方）、东某公司（卖方）签订《合作协议书》，协议书约定，为确保鑫某强公司与东某公司之间贸易合同的顺利履行，浦发某分行愿意为鑫某强公司与东某公司之间的付款订货和货款结算提供授信融资支持。

同样是卖方携款潜逃，买方在诉讼中主张银行提供的格式协议漏洞百出，在没有任何保障措施的情况下，将承兑汇票交付给卖方，致使卖方贴现携款潜逃，存在过错。

广东省深圳市中级人民法院认为：

（1）根据《合作协议书》，为保证鑫某强公司与东某公司之间的钢材买卖交易的顺利进行，浦发某分行提供授信融资支持即资金方面的支持，浦发某分行并无保障鑫某强公司在钢材买卖中的交易安全的法定义务。

（2）浦发某分行与鑫某强公司之间的金融借款合同、鑫某强公司与东某公司之间的钢材买卖合同，属于两个各自独立的法律关系。东某公司是鑫某强公司自行选择的钢材供应商，鑫某强公司在与东某公司进行钢材买卖时的交易风险，应由鑫某强公司自行控制及负担。

（3）鑫某强公司本可以选择或者要求采用更能保障其买卖合同交易安全的付款方式。鑫某强公司基于自身的商业考量，自愿选择银行承兑汇票作为付款方式，相应的买卖合同交易风险应由鑫某强公司负担。

所以，鑫某强公司提出的浦发某分行应对鑫某强公司被东某公司诈骗货款承担过错责任的上诉理由没有事实依据和法律依据。

案例三：刘某谦、孟某英保证合同纠纷二审民事判决书【山东省高级人民法院（2018）鲁民终500号】

该案中，平安银行认可其工作人员将涉案承兑汇票直接交付给四方嘉某公司（保兑仓交易的买方）工作人员，由四方嘉某公司送达于红某蜓公司（保兑仓交易的卖方）。

山东省高级人民法院认为，关于红某蜓公司应否退款问题。平安银行称其按照《合作协议书》约定，将涉案的六张共计5000万元银行承兑汇票送给红某蜓公司，并提交《收到银行汇票款/项确认函》予以佐证，但红某蜓公司对此不予认可，并申请了司法鉴定。根据鉴定机构出具的鉴定意见，平安银行提交的上述证据并非红某蜓公司出具，平安银行也未进一步提出能够证实红某蜓公司收到涉案承兑汇票的其他证据，故平安银行要求红某蜓公司和重庆粮食集团退款5000万元以及滞纳金的诉讼请求，没有事实依据，法院不予支持。

案例四：惠某饲料蛋白（防城港）有限公司与广东南粤银行股份有限公司某支行借款合同纠纷再审案【广东省高级人民法院（2012）粤高法审监民再字第1号】

该案中，商行某支行在未收到新某公司（保兑仓交易的买方）缴存的保证金的情况下，向惠某公司（保兑仓交易的卖方）发出了发货通知，惠某公司也在收到银行的发货通知之前就向买方发放了全部货物，最终银行发生垫款，商行某支行因此起诉要求买卖双方向其承担还款责任。

法院认定新某公司应该承担全额的还款责任，但是，对于惠某公司的责任，广东高院认为商行某支行也存在过错，惠某公司仅应就新某公司欠款金额的30%向商行某支行承担连带赔偿责任，理由如下：

1. 商行某支行为保障其能够向新某公司成功收取汇票款项，在《保兑仓业务合作协议》中约定，惠某公司在收到商行某支行的发货通知后才能发出相应数量的货物给新某公司。商行某支行主张惠某公司有1960万元货物是在没有接到其发货通知情况下发出属于违约，对惠某公司之前所发的840万元货物则没有提出异议，而商行某支行就上述840万元货物也同样未向惠某公司发出过发货通知。而且，从惠某公司提交的“通话记录查询详单”等证据资料显示，在合同履行期间商行某支行与惠某公司确实有过很多次联系，这些证据虽然不能直接证明惠某公司主张的商行某支行向其口头发出发货指令，但起码可以说明双方就发货事宜进行的沟通是经常的，商行某支行对惠某公司之前在未接到发货通知情况下所发840万元货物持放任态度，在这种情况下，惠某公司有理由相信剩余的货物也无须按照《保兑仓业务合作协议》关于发货条件的约定执行。另外，商行某支行在没有收到新某公司提货资金的情况下于2008年9月15日向惠某公司发出《发货通知书》的行为，也进一步印证了商行某支行在合同履行中并没有全面地按照协议约定操作。

2. 本案涉诉汇票中，有2000万汇票的出票日期是2008年4月25日、到期日为2008年10月25日，有800万汇票的出票日期是2008年5月21日、到期日为2008年11月21日。按照《保兑仓业务合作协议》的约定，惠某公司应在收到汇票之日起5个月内全部发货完毕，且每次发货时要在收到商行某支行的发货通知后才能发出相应数量的货物。但商行某支行系在2008年9月27日才向惠某公司送达了第一份《发货通知书》，此时距离汇票的出票日已经过了四、五个月，合同预定的惠某公司的“5个月”发货期限已经或即将到期。

3. 商行某支行为保障其能够向新某公司成功收取汇票款项，还专门与新某公司签订了《权利质押合同》，在其与惠某公司、新某公司签订的《保兑仓业务合作协议》中也专门约定了要求惠某公司、新某公司保证权利质押成功设立的条款，但在合同实际履行过程中，商行某支行并没有积极按照上述约定主张自己的权利，向新某公司或惠某公司主动索要货物权利凭证或督促办理权利质押登记手续，对惠某公司、新某公司在未办理货物质押情况下进行交易持放任态度。

因此，商行某支行在上述合同履行过程中存在过错，其没有为双方按照约定履行合同提供好的条件和环境，甚至对合同相对方惠某公司按约办事造成了妨碍，或者说在一定程度上诱发了惠某公司不遵循约定流程发货，商行某支行对其汇票垫款未能得到清偿负有相应的责任。

法院观点评述

在上述九某银行所涉案例中，二审法院综合全案事实，认定买方泰某恒坤公司和九某银行在实际履行中均存在过错、违约行为，从而变更一审法院判决，认定九某银行在涉案赔偿责任的30%的范围内和东某公司承担共同赔偿责任。

并且二审法院在裁判理由中，一方面，指出保兑仓交易的基础关系是买卖合同关系，买方应当积极推进合同的履行，并和卖方一起积极维护交易安全；另一方面，法院并不认为银行在保兑仓交易中仅仅是提供简单的开票、结算等传统金融服务的角色，而是一定程度上已经介入买卖合同关系中，因此应当承担一定的监管协助义务。该案中，虽然买方已经向银行支付了汇票欠款，银行损失暂时得到解决，但是，买方又转而要求银行基于过错向其承担损失，法院最终判定银行要向买方承担一部分损失，相当于银行对买方的欠款债权受到了一定的折损，原因就是卖方未尽监督协助的过错。

综合另外两起案例可以看出，在保兑仓交易中，一方面，交票及发送提货单是银行方通过管控资金流和货物流以保证差额保证的风控措施得以实现的核心环节，若银行疏于对该环节进行严格审查和控制，在最终损失出现后，法院一般会认为银行具有过错，比如上述延伸案例四中，法院认为银行的过错包括：（1）在未收到买方资金的情况下，向卖方发出了发货通知；（2）明知卖方在未收到发货通知的情况下就发货给买方却没有提出异议，放任卖方的违约发货行为；（3）在向卖方交付承兑汇票后未能按照协议约定在5个月内发出发货通知。所以，对其垫款损失，银行当然有权要求买方承担全部还款责任，但是，就其所主张的卖方的连带责任，法院认为卖方仅应承担其中30%的责任。

另一方面，法院也并不认为银行具有保障买卖双方交易安全的法定义务，只要银行能够履行相应的审查义务，慎重审查提货单、发货单、汇票、汇票接收确认函及其中的相关手续文件，即不认为银行在履约过程中具有过错。若银行无过错，则其要求买方支付欠款、卖方承担差额退款责任将无障碍。

实务经验总结

正如上文所言，在保兑仓交易中，银行具有一定的监管协助义务，这提醒银行在保兑仓交易中不能疏忽大意，而忽略己方应当承担的对提货及开具汇票过程中的相关文件的审查义务。此外，作为开具汇票的关键一环，在三方长期未对账、交易明显出现异常的情况下，银行应当积极主动的督促双方履约，避免风险。具体而言，银行应注意以下几点：

（一）依照约定出具发货单及汇票是银行在保兑仓交易中的主要活动，银行应谨慎审查上面的数额，避免计算错误。

在保兑仓交易中，银行作为买卖双方的中间一环，主要的权利和义务就在于审查买方提交的保证金和提货申请书并依此发出发货通知及出具汇票。因此，银行应特别注意审查，不仅应当核对印鉴与签字是否和约定相符、买方提货申请上的数额和保证金数额是否相符等较为明显的内容，对于购销合同中确定金额与货物数量的对应关系等相对隐蔽的内容也应当有所留意。

（二）银行为避免资金风险，应当依照合同约定履行自己的义务，而非开出汇票后就万事不管。

若保兑仓交易中约定了三方定期对账的义务，那么银行应当积极主动履约，以便及时发现交易风险。即使合同中并未约定对账义务，银行最好也能定期关注双方的履约情况。

若协议约定卖方应该在收到银行交付的承兑汇票后一定期限内完成发货，那么，对银行而言，也应该及时发出发货通知，保证卖方可以如期发货。如上述案例四中，银行就迟延发出发货通知，当然，银行迟延的原因可能是买方未能按期缴纳保证金，对于这种情况，银行不能袖手旁观、消极等待，而是应该对买方进行必要的提示，介入买卖双方的交易中，为双方按照约定履行合同提供条件和环境。

只有银行按约操作，才不会对卖方按约办事造成妨碍，或者说在一定程度上诱发卖方的违约放货行为，否则，银行应对其汇票垫款未能得到清偿负有相应责任，进而无权要求卖方全额承担其垫款损失。

相关规定

《中华人民共和国民法典》

第五百九十二条 当事人都违反合同的，应当各自承担相应的责任。

当事人一方违约造成对方损失，对方对损失的发生有过错的，可以减少相应的损失赔偿额。

八、银行请求买方和卖方履行义务是否存在顺序要求?

阅读提示：在三方保兑仓协议中一般都会约定卖方的差额退款义务和买方补足保证金/清偿借款义务，当汇票到期发生银行垫款后，银行请求买方和卖方履行义务是否存在顺序要求?

裁判要旨

银行请求买方偿还垫款的权利和请求卖方退还差额款项的权利是基于不同基础的、各自独立的请求权，可以同时主张，只是不得同时得以实现。

基本案情①

2016 年 11 月 8 日，兵工某公司作为供货商、申某公司作为购货商与原告华夏银行某分行签订《未来提货权融资业务合作协议书》（以下简称《合作协议书》）。约定：鉴于兵工某公司与申某公司签订购销协议，由原告向申某公司提供融资授信额度，为保障上述协议的顺利履行，三方一致合作开展未来提货权融资业务。

《合作协议书》中约定了卖方兵工某公司的差额退款义务。具体表述为：银行承兑汇票/借款到期前 10 日，如果银行承兑汇票对应的保证金金额不足 100%，或申某公司已还款金额不足以清偿全部债务，原告向兵工某公司发出《退款通知书》。兵工某公司收到《退款通知书》后 10 日内，必须无条件将差额款项汇入原告指定的银行账户。

《合作协议书》中约定了买方申某公司的保证金补足/借款清偿义务。具体表述为：申某公司作为银行承兑汇票申请人/借款人应无条件向原告补足保证金/清偿全部借款本息，申某公司补足保证金/清偿全部借款本息后，有权向兵工某公司追索其应当退还的差额款项。

2017 年 7 月 14 日、2017 年 7 月 20 日、2017 年 8 月 18 日、2017 年 8 月 31 日，原告与申某公司签订《银行承兑协议》四份，总计汇票金额为 1 亿元。

---

① 案例来源：上海申某贸易有限公司、李璟等与华夏银行股份有限公司某分行、中国兵工某有限公司金融借款合同纠纷二审民事判决书【上海市高级人民法院（2019）沪民终 19 号】。

2017年7月13日、2017年7月19日、2017年8月17日、2017年8月30日，申某公司分别向开立于原告的保证金账户中缴存保证金750万元，共计3000万元。

申某公司到期未缴足保证金也未还款，遂引发本案诉讼。审理中，各方当事人确认：本案项下未发货金额为7000万元。

原告诉讼请求：判令申某公司偿还承兑汇票垫款本金及罚息；判令兵工某公司对申某公司的付款义务承担连带清偿责任。

争议焦点

申某公司的付款责任与兵工某公司的退款责任是何关系？

当事人意见

被告兵工某公司辩称：兵工某公司的责任是独立的，原告要求兵工某公司承担连带责任，缺乏合同及法律依据，即使兵工某公司应当承担责任，亦应当以退款7000万元为限，对申某公司不能清偿部分承担补充责任。

法院裁判观点

上海第一中院认为：

本案中，原告已进行垫款，申某公司应当依约支付相应本息；同时，根据合作协议书，在累计发货货款总金额小于银行承兑汇票票面金额时，兵工某公司应当向原告退还差额款项，各方的争议在于申某公司付款义务与兵工某公司退款责任的关系。

对此，本院认为，根据合作协议书、银行承兑协议的约定，原告既有权选择要求申某公司偿还垫款本息，也有权选择要求兵工某公司退还差额款项。原告享有的上述两种权利是基于不同基础的、各自独立的请求权，但原告的这两项权利不得同时得以实现。

案例延伸阅读

案例一：华夏银行与中某集团、山西某煤焦股份有限公司合同纠纷案【山西省太原市中级人民法院（2017）晋01民初229号】

裁判观点：

卖方的差额退款义务和买方的补足保证金/清偿借款义务从性质上而言不应同

时适用，而应当是在银行追索“差额款项”本息不能的情况下由买方承担“补足保证金”本息的义务。

基本情况：

2013 年 9 月 9 日，原告华夏银行某分行（乙方）、被告中某集团（甲方、卖方）、被告某煤焦公司（丙方、买方）三方共同签订了《未来提货权融资业务合作协议书》（以下简称《合作协议书》）。

《合作协议书》4.3 条约定了卖方独立的差额退款义务。具体表述为：银行承兑汇票/借款到期前 10 个工作日，如果对应的保证金金额不足 100%，或丙方提前还款金额不足以清偿全部债务，即甲方有权根据乙方累计出具的《发货通知书》计算，累计发货的货款总金额小于票面金额/《收款证明》中的金额时，乙方向甲方发出《退款通知书》（附件 8），甲方收到《退款通知书》后 10 个工作日内，必须无条件将差额款项汇入乙方指定的银行账户。

《合作协议书》4.5 条约定了买方的补足保证金/清偿借款义务。具体表述为：如果甲方没有按时退款，乙方有权以自己的名义直接向甲方追索上述款项，甲方对此不持异议，丙方作为银行承兑汇票申请人/借款人应无条件向乙方补足保证金/清偿全部借款本息，丙方补足保证金/清偿全部借款本息后，仍有权向甲方追索其应该退还的差额款项。

2014 年 8 月 21 日，买方某煤焦公司向保证金账户存入 3250 万元，并与银行签订《银行承兑协议》，取得 6500 万元银行承兑汇票。

次日，买方某煤焦公司向保证金账户存入 3750 万元，并与银行签订《银行承兑协议》，取得 7500 万元银行承兑汇票。

卖方中某集团取得汇票和银行发货通知书后，依约两次发出了 3250 万元、3750 万元货物。

上述 6500 万元银行承兑汇票、7500 万元银行承兑汇票到期后，卖方中某集团未向华夏银行支付“差额款项”。华夏银行将买方某煤焦公司在该行的余额、存入的保证金及其利息扣划后，造成实际垫付货款 69956444.52 元。

原告诉讼请求为：

1. 判令被告中某集团退还货款 69956444.52 元及利息和滞纳金；

2. 被告山西联合煤焦股份有限公司对第一项请求承担连带清偿责任。

被告某煤焦公司答辩称：

根据三方签订的《合作协议书》4.5 条的约定，在被告中某集团未退款的情况下，原告华夏银行是选择性的权利，即或者要求被告中某集团退款或者要求被告某煤焦公司交足保证金，原告华夏银行应当择优选择，而不应同时适用，且在三方签订的《合作协议书》中并未约定由被告山西联合煤焦股份有限公司承担连带责任，故被告山西联合煤焦股份有限公司不承担责任。

山西太原中院认为：

本案争议焦点为：被告某煤焦公司在本案中是承担连带清偿责任还是原告华夏银行只能选择性地提出诉讼请求，即或者要求被告中某集团退还余款本息或者要求被告某煤焦公司补足保证金本息？

法院认为，原、被告三方签订的《合作协议书》4.5条约定了被告某煤焦公司在被告中某集团没有按约向原告华夏银行履行退还差额款项义务情况下的处理方式，即原告华夏银行直接向被告中某集团追索款项本息的权利和被告某煤焦公司补足保证金本息的义务，该二者从性质上讲不应同时适用，否则原告华夏银行将得到两份“差额款项”本息，但也并非被告山西联合煤焦股份有限公司主张的“选择性”，而应当是在原告华夏银行追索“差额款项”本息不能的情况下由被告山西联合煤焦股份有限公司承担“补足保证金”本息的义务，故被告山西联合煤焦股份有限公司应在被告中某集团未履行退还差额款项义务的情况下补足保证金本金且承担原告华夏银行“垫款”的利息，被告山西联合煤焦股份有限公司关于原告华夏银行只能行使选择性权利的抗辩主张不能成立，本院不予支持，而原告华夏银行要求被告山西联合煤焦股份有限公司对被告中某集团退还差额款项的义务承担连带清偿责任的主张，亦不能成立，本院同样不予支持。

案例二：山某国际能源集团晋城有限公司、中信银行股份有限公司某分行合同纠纷案【最高人民法院（2019）最高法民终870号民事判决书】

本案观点：无真实交易的保兑仓交易关系实为借款及担保合同关系，卖方承担的差额退款责任为连带保证责任，即银行可以同时请求买方或卖方承担责任。

2013年9月10日，山某晋城公司（卖方）与陕西石某公司（买方）签订《煤炭买卖合同》，约定山某晋城公司向陕西石某公司供应煤炭160万吨，合同总金额为70400万元。

同日，双方与中信某分行签订《三方业务合作协议》，约定以保兑仓交易方式向陕西石某公司提供融资以支付货款，并约定：如陕西石某公司未按约定在提货期到期日前存入全额保证金或偿付全额融资款项且中信某分行在协议项下出具的提货通知书所载累计提货价值少于该笔融资或本协议所对应的山某晋城公司实际收款金额的，山某晋城公司承担差额退款责任。

后，中信某分行因陕西石某公司未按约定存入全额保证金而诉至法院，要求其清偿款项，并要求山某晋城公司向其退还银行承兑汇票与陕西石某公司已清偿款项之间的差额。

经法院查明，山某晋城公司与陕西石某公司于《煤炭买卖合同》项下并无真实交易。

最高院认为：保兑仓交易以买卖双方有真实买卖关系为前提，《三方业务合作协议》虽体现为保兑仓交易，但山某晋城公司与陕西石某公司之间并不存在真实的货物买卖交易，因此当事人之间并不存在真实有效的保兑仓交易法律关系。各方当事人之间真实的法律关系应为借款及担保合同关系，即中信某分行向陕西石某公司提供融资借款，山某晋城公司为陕西石某公司向中信某分行的借款提供担保。据此，山某晋城公司应对陕西石某公司向中信某分行的借款承担连带保证责任。

案例三：黑龙江龙某矿业集团股份有限公司、兴业银行股份有限公司大连分行金融借款合同纠纷二审民事判决书【辽宁省高级人民法院（2019）辽民终1450号】

本案观点：保兑仓交易关系中，卖方承担差额退款责任应以存在买卖关系且收到案涉承兑汇票为前提，若卖方未曾收到汇票，则无须承担差额退款责任。

本案基本情况：

2014年1月8日，兴业银行与中铁渤海公司（买方）、龙某集团（卖方）签订《保兑仓业务三方合作协议》，约定兴业银行通过保兑仓交易模式为中铁渤海公司提供融资用于满足其向龙某集团订货的资金需求。协议另约定：如融资到期前，中铁渤海公司未按兴业银行的要求足额还款或补足保证金，龙某集团向兴业银行承担差额退款责任的义务。

三方协议签订后，兴业银行依约向龙某集团开具三张银行承兑汇票，并在汇票到期后履行了垫款责任。

后，兴业银行因中铁渤海公司未按约定在汇票到期日前将应付票据款足额交存兴业银行而起诉至法院，要求龙某集团承担差额退款责任。

经法院查明，无证据证明中铁渤海公司与龙某集团之间存在真实贸易，且无证据证明卖方龙某集团收到案涉银行汇票。

辽宁高院认为：

根据三方协议，中铁渤海公司和龙某集团同意以银行承兑汇票作为双方贸易合同的付款方式，兴业银行负责将银行承兑汇票送达龙某集团。龙某集团应在收到全部货款（即案涉银行承兑汇票）的前提下，将货物控制权交给银行（即受兴业银行之托保管货物并按兴业银行的通知发货），在买方不能到期足额还款时承担差额退款责任。

据此，龙某集团承担三方协议项下的差额退款责任应以存在买卖关系且收到案涉承兑汇票为前提，本案中并无证据证明龙某集团与中铁渤海公司成立买卖关系且收到案涉汇票，一审法院判决龙某集团承担差额退款责任不当，应予纠正。

案例四：翰某汇信息产业股份有限公司、华夏银行股份有限公司南某分行金融借款合同纠纷二审民事判决书【江西省高级人民法院（2019）赣民终706号】

江西高院认为：

根据《全国法院民商事审判工作会议纪要》第69条关于“保兑仓交易以买卖双方有真实的买卖关系为前提。双方无真实买卖关系的，该交易属于名为保兑仓交易实为借款合同关系，保兑仓交易因构成虚假意思表示而无效，被隐藏的借款合同是当事人的真实意思表示，如不存在其他合同无效情形，应当认定有效。保兑仓交易认定为借款合同关系的，不影响卖方和银行之间担保关系的效力，卖方仍应当承担担保责任”的规定，本案索某斯公司（买方）因未偿还银行承兑汇票垫款而负有债务，翰某汇公司作为卖方因未履行《协议书》约定的退款义务而负有债务。从表面上看，本案华夏银行与索某斯公司的债务、华夏银行与翰某汇公司的债务因不同原因发生，但实际上均是对华夏银行因本案出具承兑汇票垫款未归还而承担的还款责任，索某斯公司或翰某汇公司任何一方对本案债务承担还款责任后，本案债务即消灭。在索某斯公司未归还的基础上，卖方翰某汇公司应对华夏银行的垫款承担连带保证责任。故华夏银行诉请翰某汇公司对其垫资款承担连带还款责任于法有据。

案例五：无锡市雪某钢铁有限公司等与江苏某管理有限公司金融借款合同纠纷上诉案【江苏省高级人民法院（2015）苏商终字第00037号】

江苏高院认为：

最高额融资合同（银行与保兑仓交易买方签订）虽约定采取华夏银行与振某公司（保兑仓交易的买方）、雪某公司（保兑仓交易的卖方）签订《未来提货权融资业务合作协议书》（以下简称“合作协议”）的方式作为最高额融资合同项下债权能够得到清偿的担保，雪某公司在签订合作协议时，也明知华夏银行与振某公司已签订最高额融资合同，但并不能据此认定合作协议系最高额融资合同的保证合同，当事人之间法律关系的性质应按合作协议的约定分析。从合作协议4.3条约定看，系华夏银行为振某公司向雪某公司购买钢材以承兑汇票方式提供融资服务，为控制振某公司资金不能足额支付到期承兑汇票，以及华夏银行垫付票款后收回资金的风险，由华夏银行根据收回资金情况确定雪某公司可以发货的时间及数量，如华夏银行通知发货的数量与承兑汇票金额有差额，则由雪某公司退还该差额。该约定并不符合保证合同的法律特征，当事人之间就此约定并未形成保证合同法律关系，原审判决对此认定有误，本院予以纠正。但前述约定作为当事人之间就华夏银行控制资金风险而达成的协议，并不违反法律、行政法规的强制性规定，应为合法有效，对当事人具有相应的拘束力。雪某公司在收取承兑汇票后，按照华夏银行发货通知书发货的金额小于收到的承兑汇票票面金额，华夏银行从振某公司处亦未得到足额清偿，华夏银行因此在承兑汇票到期10日前，要求雪某公司退款，符合合作协议约定，雪某公司认为其不负退款责任的上诉理由无事实依据，本院不予采信。

法院观点评述

文首案例和延伸案例一都是华夏银行开展的保兑仓交易业务的相关案例，其中《合作协议书》的约定也大致相同，都约定了卖方的差额退款义务和买方的补足保证金/清偿借款义务，但两个法院对此二义务的关系持不同见解。

在文首案例中，上海第一中院认为银行既有权选择要求买方偿还垫款本息，也有权选择要求卖方退还差额款项，二者是基于不同基础的、各自独立的请求权，只是由于此二权利是实现同一清偿目的，银行不得同时获得清偿。

但延伸案例一中，山西太原中院认为，二者从性质上讲不应同时适用，否则原告华夏银行将得到两份“差额款项”本息，而是银行应首先向卖方请求履行差额退款义务，才能向买方请求补足保证金。

山西太原中院混淆了“同时请求”和“获得重复清偿”二者的含义，正如上文所言卖方的差额退款义务和买方的补足保证金/清偿借款义务是为了实现同一清偿目的，银行不得获得双份清偿，但这并不影响银行可以同时请求买方和卖方承担义务。

就《合作协议书》4.5条的表述而言，虽然将银行可以向卖方追索差额款项的权利和买方补足保证金的义务列明在同一条内，但行文中并看不出前者是后者的前提，不过为了避免这种误读，银行最好还是将买方补足保证金/清偿借款义务单列为一条。

从延伸案例二、案例四中，最高院、江西高院对无真实交易的保兑仓业务中相关当事人的关系的认定中也可以看出，法院认为卖方承担的差额退款责任事实上是连带保证责任，即银行可以同时向卖方和买方主张清偿债务，要求卖方承担连带清偿责任，这也是《全国法院民商事审判工作会议纪要》中的主要观点。就此推论，在存在真实交易的保兑仓业务中，银行应当也可以同时向买方和卖方请求承担责任。

但是，在延伸案例五中，江苏高院却并不认为卖方承诺的差额退款义务在性质上属于保证责任，可见，法院对于卖方责任的性质认定并不完全统一，即便如此，卖方承担责任的实质内容是相同的，不影响各方权利义务关系的认定，尤其是银行权益的保护。

相关规定

《全国法院民商事审判工作会议纪要》

69.**【无真实贸易背景的保兑仓交易】**保兑仓交易以买卖双方有真实买卖关系为前提。双方无真实买卖关系的，该交易属于名为保兑仓交易实为借款合同，保兑仓交易因构成虚伪意思表示而无效，被隐藏的借款合同是当事人的真实意思表示，如不存在其他合同无效情形，应当认定有效。保兑仓交易认定为借款合同关系的，不影响卖方和银行之间担保关系的效力，卖方仍应当承担担保责任。

九、卖方承担回购责任后是否享有对买方的追偿权?

阅读提示: 在卖方、买方、银行的三方保兑仓交易模式中,汇票到期后,卖方通常以回购或差额退款形式向银行承担汇票承兑数额与买方缴付保证金数额之间的差额,责任承担后,卖方是否可以向买方追偿?买方若主张卖方是在向银行购回仓单的以款易货行为,不应向买方追偿,该观点是否成立?

裁判要旨

卖方向银行支付差额系依约履行其向银行退还货款的合同义务,等同于履行了一般担保主体依约应当履行的担保责任,按照担保法律关系的一般处理原则,卖方因消灭了买方的到期债务,当然取得了向买方就垫付款项的追偿权。

基本案情[①]

2011年1月6日,王某酒业公司(甲方)、光大某分行(乙方)、华元某经营部(丙方)、中法合营王某公司(丁方)签订《四方协议》。其中第六条载明:"如丙方在用于支付货款的银行承兑汇票到期时,未能足额归还乙方应付票据款项,甲方承诺无条件承担退货/回购责任。"

2011年1月5日,华元某经营部向王某酒业公司电汇280万元。1月6日,王某酒业公司将280万元汇入华元某经营部在光大某分行设立的账户内。同日,光大某分行开出以王某酒业公司为收款人的银行承兑汇票两张,金额共800万元,到期日为2011年7月6日。

2011年1月23日,王某酒业公司与华元某经营部签订了货物买卖合同。其后王某酒业公司向华元某经营部提供价值800万元货物以用于其销售。

2011年6月27日,华元某经营部向王某酒业公司发出《保兑仓退货申请》,载明其已无法偿还保兑仓贷款,现申请保兑仓退货。后华元某经营部退还价值932792.8元的货物。

---

① 案例来源:武汉市华元副食品有限公司某经营部与天津王某酒业销售有限公司追偿权纠纷上诉案【天津市高级人民法院(2014)津高民二终字第0061号】;武汉市华元副食品有限公司某经营部与天津王某酒业销售有限公司追偿权纠纷申请案【最高人民法院(2014)民申字第2218号】。

2011年7月5日，王某酒业公司向华元某经营部在光大某分行处开立的账户划入800万元。后庭审中查明，扣除华元某经营部缴付的保证金以及退换货物金额，王某酒业公司实际为华元某经营部垫付4267207.2元，双方对此数额均无异议，予以确认。

王某酒业公司因要求华元某经营部归还其代偿光大某分行的贷款而成讼。

争议焦点

王某酒业公司是否享有对华元某经营部就代偿款项进行追偿的权利？

当事人意见

华元某经营部答辩主张：

1. 卖方的回购担保是保证自己将仓单买回的一种以款易货的回购义务，属于标准保兑仓协议中附条件的合同义务之一，并非担保责任，因此无权向买方追偿。

2. 原审判决认定事实不清，将本案所涉买卖合同纠纷混淆为追偿权纠纷，回避了双方因卖方原因而导致退货的事实，剥夺了上诉人就买卖合同项下争议进行主张和抗辩的权利。

法院裁判观点

天津高院认为：

1. 本案是以保兑仓为基本框架的金融担保模式，王某酒业公司根据保兑仓退货申请，按照《四方协议》的约定向华元某经营部在光大某分行开立的账户内划入了800万元，系依约履行其向银行退还货款的合同义务，等同于履行了一般担保主体依约应当履行的担保责任。按照担保法律关系的一般处理原则，王某酒业公司因消灭了华元某经营部的到期债务，当然取得了向华元某经营部就垫付款项的追偿权。

2. 关于华元某经营部与王某酒业公司之间因履行买卖合同产生的纠纷，可另行解决。

案例延伸阅读

案例：陕西某汽车有限公司诉福建中信某汽车销售服务有限公司等追偿权纠纷案【陕西省西安市中级人民法院（2016）陕01民初1333号】

2014 年 8 月 15 日，某汽车公司（甲方、卖方）与中信某公司（乙方、买方）、中信银行（丙方）签订《保兑仓业务合作协议》。其中约定，乙方在汇票到期日前 10 天未足额备付时，如果丙方在本协议项下出具的提货单累计金额少于丙方承兑的汇票总金额，则甲方应将上述差额部分款项支付给丙方。

《保兑仓业务合作协议》后，中信某公司向中信银行缴纳保证金共计 1091. 4 万元，申请开具了合计面额为 3638 万元的承兑汇票。

2015 年 2 月 6 日，中信某公司向某汽车公司请求代为支付代平仓款。此后，某汽车公司向中信银行转账剩余的 2546. 6 万元。某汽车公司付款后，中信某公司未履行还款义务，遂引发本案诉讼。

西安中院认为：

汇票到期后，中信某公司未向中信银行备付足额承兑汇票票面金额，某汽车公司依约代中信某公司向中信银行付款 2546. 6 万元，履行了担保义务。依照《中华人民共和国担保法》第三十一条“保证人承担保证责任后，有权向债务人追偿。”的规定，现某汽车公司在履行保证责任后，向中信某公司追偿，与法有据，本院依法应予支持。

法院观点评述

上述案例明确了卖方在保兑仓关系中以回购或差额退款形式承担的责任是保证责任，在其履行后可以向买方追偿。至于买卖双方因为基础买卖合同而产生的纠纷，可以通过另行起诉解决，并不影响卖方在承担保证责任后对买方享有的追偿权。

在卖方、买方、银行的三方保兑仓交易模式中，至少存在三种法律关系，一是买方和卖方之间的买卖合同法律关系，二是银行和买方之间的融资关系，三是卖方和银行之间就买方交付保证金与银行承兑汇票总额间的差额承担差额退款或回购责任的担保关系，其中，买卖合同关系是基础法律关系。保兑仓的特点正在于在一般买卖合同关系中引入银行向买方提供融资，而由核心企业卖方提供担保。

卖方在银行和买方的融资关系中担当保证人的角色，保证责任的具体形式可以是履行回购义务或者依照约定采用其他的方式。因此卖方履行回购义务并不是保兑仓协议中附条件的合同义务（在买方未能全额付款条件下卖方回购仓单的以款易货义务），而是履行保证责任，在其履行保证责任之后可以向买方追偿。此种模式也已经被《全国法院民商事审判工作会议纪要》所确认，如第 68 条明确规定：“保兑仓交易作为一种新类型融资担保方式，其基本交易模式是，以银行信用为载体、以银行承兑汇票为结算工具、由银行控制货权、卖方（或者仓储方）受托保管货物并以承兑汇票与保证金之间的差额作为担保。”

实务经验总结

对于卖方而言，保兑仓交易中最大的风险点在于买方无法足额缴付保证金时需承担的差额担保责任。也即在买方不能按照预期实现销售目的，对外偿债能力下降时，卖方需要代其向银行偿付欠款。因此在保兑仓交易中，卖方应注意以下几点：

（一）在签订买卖合同及保兑仓协议之前，充分了解和掌握市场及买方的情况。

买方是否能实现预期销售目的往往受到市场供求状况的影响，因此卖方应当在掌握市场供求关系的基础上，增强应对市场波动的能力。卖方也应当对买方的经营状况、销售能力、资信状况进行充分调查，降低未来替买方垫付款项的风险。

（二）在签订保兑仓协议时，也可明确约定卖方对买方享有追偿权，并且要求买方提供反担保，避免后续争议。

若在保兑仓协议内明确约定卖方所承担的回购或差额退款责任属于担保责任，其向银行垫付款项后可以向买方追偿，以及买方应对此提供反担保，那么就可以避免后续双方在合同条款解释上产生系列争议。

相关规定

《全国法院民商事审判工作会议纪要》

68. **【保兑仓交易】第一款**保兑仓交易作为一种新类型融资担保方式，其基本交易模式是，以银行信用为载体、以银行承兑汇票为结算工具、由银行控制货权、卖方（或者仓储方）受托保管货物并以承兑汇票与保证金之间的差额作为担保。

《中华人民共和国民法典》

第七百条　保证人承担保证责任后，除当事人另有约定外，有权在其承担保证责任的范围内向债务人追偿，享有债权人对债务人的权利，但是不得损害债权人的利益。

十、无真实贸易背景的银行承兑汇票是否应该继续兑付?

> **阅读提示：**保兑仓业务中，在买方缴存一定比例的保证金、卖方承诺差额退款义务，以及其他第三方承担保证责任的情况下，银行将开具以卖方为收款人的银行承兑汇票，以银行信用到期兑付或进行提前贴现。实践中，在银行开具了汇票之后，存在买卖合同未实际履行或者根本不可能履行的虚假交易，但根据《票据法》第十条规定“票据的签发、取得和转让，应当遵循诚实信用的原则，具有真实的交易关系和债权债务关系”，票据行为应有真实的票据原因关系，即真实的交易关系。对于没有真实贸易背景开具的银行承兑汇票，银行是否应继续兑付，债务人是否还要承担还款责任，保证人是否可以免除保证责任?

裁判要旨

根据票据无因性理论，票据基础关系（包括票据原因关系）独立于票据关系，票据基础关系的效力不影响票据关系的效力。即便没有真实贸易背景，银行到期也应该承兑付款，银行的垫款构成买方的债务，第三方的保证责任应继续承担。

案情介绍[①]

中信银行与风某公司于2005年5月签署了银保字第HD0062号《最高额保证合同》。风某公司向中信银行承诺，为宝某公司自2005年5月16日至2006年5月16日期间发生的最高额度为人民币7000万元的授信提供担保。保证方式为连带责任担保。后，因贷款未能收回，中信银行诉至天津市高级人民法院，请求判令宝某公司和风某公司偿付所欠贷款本金7000万元及相应利息。

风某公司就其中保兑仓业务项下的一笔3000万元的银行承兑汇票的垫款，答辩认为，根据我国票据法的规定，开立银行承兑汇票，申请人必须具有可靠资金来源且必须具有真实交易背景。因此，中信银行在已知宝某公司财务状况恶化，无力还款的情形下仍为其开立高额银行承兑汇票，严重违反法律规定。另，经调查本笔

---

① 案件来源：风某轮胎股份有限公司与中信银行股份有限公司某分行、河北宝某股份有限公司借款担保合同纠纷案【最高人民法院（2007）民二终字第36号】。

银行承兑汇票的收款人保定市德某得物流有限公司的工商档案材料后得知，保定市德某得物流有限公司注册资金仅为50万元，由宝某公司的办公室主任王海山和证券部部长赵长栓作为股东成立的，现任的法定代表人仍为宝某公司当时的法定代表人周山。因此，对于注册资本仅为50万元、经营范围主要为普通货物仓储且与宝某公司互为关联的公司，在没有任何真实交易背景情况下，宝某公司又一次向其开具高达3000万元的银行承兑汇票，加重了风某公司的保证责任，该笔金额的保证责任应予免除。

争议焦点

风某公司是否可以无真实交易背景为由免于承担保证责任？

法院裁判观点

最高人民法院认为，虽然该汇票的收款人德某得公司注册资金仅为50万元且为宝某公司关联公司，但并不意味着其不能从事3000万元的商业交易。即使汇票项下没有真实交易背景，也不能认定票据行为无效。根据票据无因性理论，票据的基础关系独立于票据关系，票据基础关系（包括票据原因关系）的效力不影响票据关系的效力。根据《票据法》第十条规定“票据的签发、取得和转让，应当遵循诚实信用的原则，具有真实的交易关系和债权债务关系”，票据行为应有真实的票据原因关系，即真实的交易关系。但该条规定应属管理性法条，基础关系欠缺并不当然导致票据行为无效。根据《票据法》第十三条规定“票据债务人不得以自己与出票人或者与持票人的前手之间的抗辩事由，对抗持票人”。

本案中3000万元银行承兑汇票项下即便不存在真实交易背景、票据基础关系无效，该汇票仍因符合《票据法》相关规定应为有效。即便中信银行与宝某公司之间的汇票承兑协议因不具有真实交易背景，违反HC0413号《银行承兑汇票承兑协议》第四条约定“……其申请的承兑汇票是以真实交易为基础，所签订的相关交易合同合法有效”，汇票承兑协议无效，中信银行仍有权对其因有效票据关系而进行的承兑所产生的债务，对宝某公司主张损害赔偿，即对宝某公司仍享有债权。而《最高额保证合同》中风某公司向中信银行承诺，对2005年5月16日至2006年5月16日期间中信银行向宝某公司授信而形成的一系列债权提供最高额7000万元的最高额保证。该合同并未排除因中信银行与宝某公司合同无效而形成的债权提供保证。上诉人风某公司关于中信银行违反审查真实交易背景的法定义务、该笔承兑协议无效，风某公司就相应的债务应免于承担保证责任的主张不能成立，本院不予支持。

案例延伸阅读

裁判规则一：保兑仓业务并不以已发生的业务为付款条件，其对是否发生实际交易的审查只能是在付款之后，如未发生实际交易，则收款方应退回收到的款项，但是否实际发生业务并不影响因保兑仓业务而发出的承兑汇票的合法性、有效性。

> **案例一：**翰某汇信息产业股份有限公司、华夏银行股份有限公司某分行金融借款合同纠纷二审民事判决书【江西省高级人民法院（2019）赣民终706号】

江西高院认为，在出具承兑汇票过程中，华夏银行对真实交易关系仅负有形式审查义务。华夏银行与索某斯公司（保兑仓交易中的买方）、翰某汇公司（保兑仓交易中的卖方）签订了《协议书》，加上翰某汇公司庭审中承认之前与索某斯公司有业务往来，华夏银行基于签订的保兑仓协议及双方以往交易的认识，应视为已经履行了对真实交易关系的审查义务。同时，对真实交易关系的审查也不等于对发生实际交易的审查，华夏银行开具银行承兑汇票是依据《协议书》约定的付款行为。保兑仓业务并不以已发生的业务为付款条件，其对是否发生实际交易的审查只能是在付款之后，如未发生实际交易，则收款方应退回收到的款项，但是否实际发生业务并不影响因保兑仓业务而发出的承兑汇票的合法性、有效性。至于华夏银行把承兑汇票邮寄给于某某，是基于于某某是《合作协议书》附件1中明确约定的翰某汇公司指定联系人，华夏银行将承兑汇票交给于某某应当视为向翰某汇公司交付，此外法律和该协议也并没有禁止以邮寄方式交付承兑汇票，华夏银行在本案中并没有违规违法。华夏银行依约发出了合法有效的承兑汇票并已交付给翰某汇公司指定的联络人，不存在过错。

裁判规则二：票据行为具有无因性，票据一旦成立，即与票据取得的原因相脱离。换言之，票据权利人在行使权利时无须证明票据原因，票据债务人也不得以原因无效或瑕疵为理由对持票人主张抗辩。无论保兑仓交易基础关系是否出现瑕疵、违约、过错或纠纷，均不影响银行承兑汇票的有效性和流通性，承兑银行到期付款没有过错。

> **案例二：**广东南粤银行股份有限公司某支行等与四川省川某集团有限公司等金融借款合同纠纷上诉案【广东省湛江市中级人民法院（2016）粤08民终1470号】

该案中，一审广东省湛江市赤坎区人民法院认为，南粤行某支行作为承兑银行，应当于神某公司（保兑仓交易的买方）缴存保证金 1200 万元后向全某通公司（保兑仓交易的卖方）发出《发货通知书》，指令该公司先按 1200 万元的金额向神某公司发货，但其未能根据《合作协议》的约定履行审核义务，在全某通公司没有提交仓单并控制货权，甚至在发现保证人马某财产状况恶化并已于 2014 年 8 月 25 日向湛江市霞山区人民法院起诉的情况下仍然在本案诉讼期间于 2014 年 12 月 20 日擅自支付了 4000 万元票面款项给全某通公司。即向全某通公司付款的条件尚未具备时，南粤行某支行完全有权根据《合作协议》的约定拒绝对汇票进行承兑和付款，但其没有拒绝，导致 4000 万元票款被全某通公司凭空支取，亦存在一定过错。因此，南粤行某支行主张的 2800 万元垫付票款不能视为神某公司的贷款。既然神某公司的主债务不存在，那么根据担保法的有关规定，保证人马某、谢某琼、马某勤、马某梅、川某公司（买方的保证人）的从债务就尚未成立。

南粤行某支行认为，涉案的四张银行承兑汇票到期时，南粤行某支行作为票据承兑人无条件向最后持票人支付汇票面额 4000 万元的票据行为并不存在过错，神某公司应当对南粤行某支行为其垫付票款而形成的逾期贷款及利息承担清偿责任。《中华人民共和国票据法》第十三条规定“票据债务人不得以自己与出票人或者与持票人的前手之间的抗辩事由，对抗持票人”。票据行为具有无因性，票据一旦成立，即与票据取得的原因相脱离。换言之，票据权利人在行使权利时无须证明票据原因，票据债务人也不得以原因无效或瑕疵为理由对持票人主张抗辩。就本案来说，在南粤行某支行起诉出票人神某公司期间，无论马某出现财产状况恶化、发生重大法律纠纷，还是各方当事人在履行《未来提货权融资业务合作协议书》（适用于保兑仓模式）过程中存在过错和纠纷，或者全某通公司是否发出货物、神某公司是否收到货物等等原因，均不影响涉案银行承兑汇票的有效性和流通性，也就是说，案涉银行承兑汇票到期时不存在《中华人民共和国票据法》规定的到期拒绝承兑的情形。因此南粤行某支行根据最后持票人（分别是中国工商银行股份有限公司重庆市某支行、中国工商银行股份有限公司重庆市某支行、中国工商银行股份有限公司重庆市某支行、招商银行股份有限公司某分行票据中心）的付款请求兑付票款符合《中华人民共和国票据法》的规定。

二审湛江中院认为，南粤行某支行于 2014 年 6 月 20 日与神某公司签订编号为 xxx《银行承兑协议》约定，其向神某公司开立四张以全某通公司为收款人，合计金额 4000 万元的银行承兑汇票，用于神某公司与全某通公司的贸易结算。协议约定：在南粤行某支行承兑汇票之前，神某公司应提供汇票金额 30% 作为保证金，并保证在承兑汇票到期日前30天存足票款，否则南粤行某支行就差额部分垫付的票款自动转为逾期贷款，逾期日利率为万分之五；如果神某公司的保证人涉及重大法律诉讼，可能影响保证能力的，南粤行某支行有权单方解除协议，并拒绝对汇票进行承兑。在《银行承兑协议》订立的当天，神某公司向南粤行某支行缴存保证金1200万元，南粤行某支行亦依约出具了出票人为神某公司，收款人为全某通公司的四张合计金额4000万元的银行承兑汇票，该汇票南粤行某支行已按协议约定交付给全某通公司，南粤行某支行根据最后持票人中国工商银行股份有限公司重庆市某支行、招商银行股份有限公司某分行票据中心的付款请求兑付票款，根据《中华人民共和国票据法》第四十四条“付款人承兑汇票后，应当承担到期付款的责任”的规定，南粤行某支行在履行《银行承兑协议》中没有过错。根据《银行承兑协议》约定，南粤行某支行已垫付的票款自垫款发生之日起自动转为神某公司在南粤行某支行的逾期贷款，神某公司并应从逾期之日起按日万分之五计付利息。

案例三：温州市联某制冷设备有限公司等诉中国建设银行股份有限公司温州某支行合作合同纠纷案【浙江省高级人民法院（2015）浙商提字第12号】

该案中，联某公司（保兑仓交易中的买方）主张建行府前支行在明知银某公司（保兑仓交易中的卖方）没有履行合同且没有履行能力的情况下，仍垫付承兑汇票票款，给联某公司造成了损失。联某公司不应承担银行授信风险和货物灭失风险。

浙江高院认为，联某公司的该主张不能予以支持，根据票据无因性理论以及涉案《银行承兑协议》第四条第三款的约定，本案中1430万元银行承兑汇票项下即便不存在真实交易背景，汇票仍应有效，建行某支行理应无条件向持票人承兑付款。联某公司已基于《银行承兑协议》享受了信贷利益，应承担最终的还款义务。

法院观点评述

保兑仓融资是将票据应用于供应链金融的一种创新业务，中小企业借助核心企业的信用获得银行的票据额度。保兑仓融资同时也属于典型的“先票后货”的交易模式，在银行签发银行承兑汇票时，买卖双方一般仅是签订了买卖合同，并未实际履行，卖方是否发货，买方是否后续向银行缴纳保证金，银行并不能控制。但是，一旦签发银行承兑汇票，银行就负有到期兑付的义务和责任，该义务并不因买卖合同没有实际履行而免除，其法理基础就是票据的无因性，票据基础关系不影响票据关系的有效性，银行也不能因为没有收到买方缴存的保证金而拒绝兑付，买方也不能因为卖方未向其发货为由阻止银行到期兑付。

在上述延伸案例二和案例三中，买方均主张卖方没有履行能力或没有实际履行，银行在此种情况下依然按期兑付的行为具有过错，买方不应该承担还款责任，但是，法院都没有支持买方主张，理由就是票据一经签发交付，付款银行就没有拒绝兑付的权利，除非持票人通过不合法手段获取票据。对于买方的保证人而言，买方不免除还款责任，保证人当然也不可能因不具真实交易而免除保证责任。

需要注意的问题是，银行的审核义务，如上述"风某轮胎股份有限公司与中信银行股份有限公司某分行、河北宝某股份有限公司借款担保合同纠纷案"【最高人民法院（2007）民二终字第36号】中，买方其实是虚构了基础交易，骗取了银行的票据贷款，但是，保证人因没有证据证明银行知道买方欺诈的事实，导致保证责任不免除。对于银行而言，虽然保证人应继续担保能够转移银行的贷款风险，但其贷款审核义务不能成为僵尸法条，未尽贷款审核义务不能对其没有任何不利后果，若此，保证人的责任将被无形加大。而且，即便银行可以最终要求保证人承担责任，但是，通过经年累月的诉讼方式实现资金回笼将存在极大的不确定性。

实务经验总结

（一）银行对基础贸易背景的审核义务不应流于形式

虽然根据上述最高法院的裁判规则，《商业银行法》、《贷款通则》等相关法律法规并未规定商业银行违反贷款中严格审查义务的民事责任，上述规定与商业银行的内部规定，均是从商业银行风险控制角度加以规范，属管理性规范，银行即使违反相关规定，亦不影响银行与买方的信贷行为的效力和与保证人之间的保证合同的效力。但是，从银行风控的角度考虑，如果没有真实的贸易背景，一旦签发了票据，就将"覆水难收"，票据空转，到期银行须承兑付款。若到期后企业资金足够支撑还款还好，一旦企业资金链出现问题，无法及时还款，则此笔钱将由银行来垫付，银行无论如何都会遭受损失。所以，银行的贷款审核才是其规避风险的首要且关键环节，不能因为融资人有其他的担保措施，就将贷款审核流于形式。

（二）买方的风险防范

一方面，卖方未实际履约，买方可以停止缴存保证金赎货，一般而言，卖方要承担差额退款责任，卖方违约拒不发货，行为后果最终也是卖方自己承担。

另一方面，保兑仓业务中，买卖双方以银行承兑汇票作为结算工具，银行到期兑付，买方承担还款责任，相当于买方支付了货款，如果卖方未能发货，买方还是可以向卖方主张违约责任。

（三）保证人保证的对象及其风险防范措施

第三人提供担保，是保证买方到期无法清偿时，保证人将履行保证还款的责任。若融资人在不断缴存保证金，银行允许其提货，如此，基础关系有实际履行行为，也仅是减轻了保证责任，一旦买方不再缴存保证金，对于银行垫款，保证人还是要承担保证责任。所以，基础关系是否真实存在以及是否履行都不影响保证人承担保证责任。

对保证人而言，根据已经失效的《担保法解释》第四十条和已经失效的《担保法》第三十条的规定，保证人要免除保证责任的情形包括：（1）银行与融资人恶意串通骗取保证人提供保证；（2）银行采取欺诈、胁迫手段，使保证人在违背真实意思的情况下提供保证；（3）融资人采取欺诈、胁迫等手段，使保证人在违背真实意思的情况下提供保证，银行知道或者应当知道欺诈、胁迫事实的。

就这三种情形，保证人举证都存在很大的困难，比如在上述“风某轮胎股份有限公司与中信银行股份有限公司某分行、河北宝某股份有限公司借款担保合同纠纷案”【最高人民法院（2007）民二终字第36号】中，最高法院就认为风某公司主张依据免除保证责任，需证明两个事实：一是宝某公司在与风某公司订立《互保合同》时存在欺诈，二是中信银行对宝某公司的欺诈是知道或应当知道的。但是，前一个事实能够证明，但是，就后一个事实，虽然风某公司可以证明中信银行知道宝某公司非常糟糕的财务状况，但是，却不知道这种财务状况下，宝某公司继续让风某公司为其提供担保，宝某公司实际上就已经对风某公司构成欺诈，所以，银行不知道宝某公司欺诈风某公司这一事实。于是，风某公司还应继续承担保证责任。

从保证人举证困难的事实来看，保证人自己应该在签订保证合同时，尽到必要的注意，去查明主债务人是否财务状况恶化，自己是否被主债务人欺诈，是否有权拒不再为其保证，不能把自己应该尽到的注意转移给债权人，让债权人去查明主债务人是否对保证人构成欺诈。对债权人而言，有人提供保证，正合其意，反而增加了其放贷的意愿，根本不可能去主动审查该保证是否因被欺诈而提供的。

相关规定

《全国法院民商事审判工作会议纪要》

68.**【保兑仓交易】**保兑仓交易作为一种新类型融资担保方式，其基本交易模式是，以银行信用为载体、以银行承兑汇票为结算工具、由银行控制货权、卖方（或者仓储方）受托保管货物并以承兑汇票与保证金之间的差额作为担保。其基本的交易流程是：卖方、买方和银行订立三方合作协议，其中买方向银行缴存一定比例的承兑保证金，银行向买方签发以卖方为收款人的银行承兑汇票，买方将银行承兑汇票交付卖方作为货款，银行根据买方缴纳的保证金的一定比例向卖方签发提货单，卖方根据提货单向买方交付对应金额的货物，买方销售货物后，将货款再缴存为保证金。

在三方协议中，一般来说，银行的主要义务是及时签发承兑汇票并按约定方式将其交给卖方，卖方的主要义务是根据银行签发的提货单发货，并在买方未及时销售或者回赎货物时，就保证金与承兑汇票之间的差额部分承担责任。银行为保障自身利益，往往还会约定卖方要将货物交给由其指定的当事人监管，并设定质押，从而涉及监管协议以及流动质押等问题。实践中，当事人还可能在前述基本交易模式基础上另行作出其他约定，只要不违反法律、行政法规的效力性强制性规定，这些约定应当认定有效。

一方当事人因保兑仓交易纠纷提起诉讼的，人民法院应当以保兑仓交易合同作为审理案件的基本依据，但买卖双方没有真实买卖关系的除外。

69.**【无真实贸易背景的保兑仓交易】**保兑仓交易以买卖双方有真实买卖关系为前提。双方无真实买卖关系的，该交易属于名为保兑仓交易实为借款合同，保兑仓交易因构成虚伪意思表示而无效，被隐藏的借款合同是当事人的真实意思表示，如不存在其他合同无效情形，应当认定有效。保兑仓交易认定为借款合同关系的，不影响卖方和银行之间担保关系的效力，卖方仍应当承担担保责任。

《中华人民共和国票据法》

第十条第一款 票据的签发、取得和转让，应当遵循诚实信用的原则，具有真实的交易关系和债权债务关系。

十一、伪造托盘企业印章截取货物的，托盘企业的损失如何救济？

阅读提示：托盘贸易属于保兑仓业务的一个变种，仅是将作为资金方的银行由其他非银行企业替代。虽然托盘贸易的合法性一直受到质疑，但是，在司法实务中，只要认定托盘企业没有以资金借贷为业，还是会认可该业务合同的合法有效性。

托盘贸易作为一种贸易融资业务模式，在各类大宗商品贸易领域广泛存在，且已经形成较为成熟的运作模式。以钢贸托盘交易为例，“托盘”业务经营模式的主要参与主体为托盘企业、钢贸商、钢厂，其基本的交易模式为：拥有资金优势的托盘企业同时与钢贸商、钢厂签订买卖合同，托盘企业在钢贸商支付一定比例的保证金之后，全额或高比例向钢厂支付货款，从而取得货权，在钢贸商支付剩余货款之后，托盘企业通知钢厂向钢贸商直接发货。当然了，钢贸商向托盘企业支付的货款金额肯定要高于托盘企业向钢厂支付的货款金额，托盘企业在其中赚取了利差。

对于托盘企业而言，其进行风险控制的手段就是对货权的控制，在买方未向其支付剩余货款之前，上游供应商不能向实际买方发货。但是，实务中，不乏第三人伪造托盘企业的印章，向供应商提供虚假通知，供应商因此按照第三人指示将货物移交给第三人，造成托盘企业无法收回剩余货款导致资金损失，该损失如何救济，在确定责任人和赔偿责任时要考虑哪些因素？

裁判要旨

（一）在认定供应商是否已经履行了对托盘企业的交货义务的问题上，关键在于认定第三人无权代理是否构成表见代理，因此要审查第三人是否具有权利外观，供应商对于第三人的信赖是否合理，托盘企业对于第三人权利外观的形成是否具有过错。

（二）买卖合同关系中，出卖方负担的主给付义务为按约交付合同项下的货物，该交货义务的适当履行得以对抗买受人要求解除合同的请求。但是出卖方在合同履行过程中如果存在违反通知、协助、保密等附随义务，亦应当承担损害赔偿等违约责任。在出卖方的主给付义务已经完成的情形下，其是否应当承担违约责任取决于是否存在违反附随义务的情形。

基本案情[①]

宝某公司与米某公司于2015年5月25日签订《工业品买卖合同》，约定：米某公司向宝某公司购买钢材，由米某公司在宝某公司的供应商（方某特钢公司）仓库自提。结算方式为在规定时间内米某公司向宝某公司支付第一笔货物15%的保证金，然后宝某公司向方某特钢公司全额付款，接着在30日内米某公司支付85%余款，办理提货，宝某公司向其转移货物所有权。

2015年5月26日，经马某君（笔者注：马某君为米某公司的股东）介绍，宝某公司与方某特钢公司签订《钢材购销协议》，向方某特钢公司购买销售给米某公司的钢材，协议约定在宝某公司提货前，钢材存放于方某特钢公司的仓库。

合同签订后，方某特钢公司未经与宝某公司进行协商改变仓库，就通知马某君换库存放，马某君伪造了宝某公司的印章，自行租赁了一个仓库，以宝某公司名义向方某特钢公司出具了一份改变仓库的通知，宝某公司对于换库存放并不知情。

宝某公司曾经派工作人员前往方某特钢公司盘库，马某君指示李辉冒充方某特钢公司的员工予以接待，并称马某君自行租赁的仓库为方某特钢公司的仓库，宝某公司也未对该仓库采取任何管控措施。

钢材被马某君提取并销售，回笼资金再以米某公司名义向宝某公司支付85%余款，前三份《工业品买卖合同》以此种方式正常履行，宝某公司都收到了全额货款。但是，后三份《工业品买卖合同》宝某公司仅收到米某公司支付的15%的货款保证金，85%的余款均未收到，至此时，宝某公司已经累计向方某特钢公司付款132625666.68元。

宝某公司主张马某君不是宝某公司的代理人且无提货代理权，方某特钢公司的放货行为不构成对案涉《钢材购销协议》项下合同义务的履行，属于因第三人原因违约的情形，遂对方某特钢公司提起诉讼，要求解除《钢材购销协议》，返还已经付出的全额款项。

---

① 案件来源：宝某耐磨钢有限公司、方某特钢科技股份有限公司买卖合同纠纷二审民事判决书【（2018）最高法民终122号】。

争议焦点

马某君的提货行为是否构成表见代理，方某特钢公司是否履行了向宝某公司的交付义务以及本案的违约责任应当如何确定？

法院裁判观点

最高人民法院认为：

发生本案争议的原因在于米某公司支付全额货款之前马某君从方某特钢公司处以宝某公司的名义将货物全部提走，嗣后也未将全部货款付清造成宝某公司的损失。

（一）关于马某君的提货行为是否构成表见代理，方某特钢公司是否履行了向宝某公司的交付义务的问题。

本案中，在宝某公司并不认可马某君提货行为的情况下，只有马某君的提货行为构成表见代理，该行为的法律效果才能归属于宝某公司，即可认为方某特钢公司向宝某公司履行了交货义务。在判断方某特钢公司是否有理由相信马某君有代理权这一问题时，应从马某君是否具有表征代理权存在的外观、方某特钢公司对相关权利外观的信赖是否合理、宝某公司作为被代理人对该权利外观的存在是否具有可归责性及其程度这三个方面进行综合考量。

首先，根据合同签订及履行中的惯例，马某君具有代理宝某公司办理有关提货手续的代理权外观。

其次，关于方某特钢公司对马某君权利外观的信赖是否合理的问题。

合同的签订是由方某特钢公司在合同上盖好印章后由马某君交宝某公司，宝某公司盖好章后又通过马某君带回方某特钢公司，合同签订后双方即开始按照合同约定正常履行。在实际履行过程中，双方签订的两份钢材购销协议均为确定基本合作模式的框架性协议，具体的付款金额和发货内容则是根据每旬的采购计划或发货清单结合方某特钢公司当时的定价予以确定，每旬均会发生订货、付款、交货、开具票据的流程。而方某特钢公司每旬通过马某君向宝某公司传递的合同价款均与宝某公司向方某特钢公司支付的货款金额相吻合。据此方某特钢公司有理由相信马某君能够代理宝某公司受领和递交与合同有关的信息与资料，方某特钢公司将提货所需资料通知马某君并根据马某君提交的盖有宝某公司印章的《运输委托书》发货，其信赖具有合理性。

就提货行为本身而言，由于本案双方按旬发生了多次交易，每次方某特钢公司收到宝某公司支付的全额货款后通知马某君提货，并将货物发送至马某君提交的《运输委托书》中载明的仓库，宝某公司从未向方某特钢公司主张过没有收到货物，而是不断继续支付全款履行合同，且于 2015 年 8 月与方某特钢公司签订《钢材补充协议》，进一步将合同数量提高至 1.5 万吨并按新的协议购货付款，以上事实均足以使方某特钢公司相信与宝某公司的合同履行正常，马某君有权代理宝某公司提货，宝某公司已经收到方某特钢公司通过马某君交付的货物。

最后，关于宝某公司作为被代理人对该权利外观的存在是否具有可归责性及其程度的问题。

合同约定中体现的交易模式为：米某公司作为钢材的实际需方通过宝某公司向方某特钢公司订货，米某公司根据方某特钢公司提供的钢材价格确定每期宝某公司应付的货款，并在此基础上上浮 8.5‰作为米某公司应付给宝某公司的货款总额，在米某公司先行向宝某公司支付货款总额 15% 的保证金后，宝某公司向方某特钢公司支付全额货款，方某特钢公司收到货款后向宝某公司发货。待米某公司支付剩余 85% 的货款后，宝某公司将货权转移给米某公司。若米某公司不按时支付剩余款项，宝某公司可通过变卖钢材收回款项。

该种合作模式下，宝某公司确保合同目的实现的重要方式在于米某公司支付剩余货款前控制货物所有权以作为回收货款的保障。但是《钢材购销协议》中仅简单约定交货地点为方某特钢公司仓库，对于如何交货、向谁交货、依据何种手续交货均未约定。直至 2015 年 10 月 20 日宝某公司才向方某特钢公司出具《关于购销业务货权转移流程确认函》，确立了以宝某公司的《货权转移函》作为货权移转依据的交货方式，但是仍然未将该函件直接交与方某特钢公司，而是交由马某君并导致该文件被马某君所截留。宝某公司对于自身权利的疏于管理客观上导致马某君得以利用中间人的身份以宝某公司的名义向方某特钢公司提货，使马某君产生了具有提货权的外观。

综合上述因素，本院认为，方某特钢公司收到宝某公司支付的货款后通知马某君提货的行为应当视为向宝某公司交货，鉴于方某特钢公司已经履行了合同交货义务，原审对于方某特钢公司已交货部分判决驳回宝某公司解除合同、返还全部货款的诉讼请求，认定事实和适用法律正确，本院予以维持。宝某公司以未履行合同约定的交货义务为由主张解除合同的上诉理由，与本案实际情况不符，本院不予支持。

（二）关于本案的违约责任应当如何确定的问题。

《中华人民共和国合同法》第六十条规定：“当事人应当按照约定全面履行自

己的义务。当事人应当遵循诚实信用原则，根据合同的性质、目的和交易习惯履行通知、协助、保密等义务”。

据此，合同的全面履行不仅依赖于当事人履行主、从给付义务，还有赖于基于诚信原则所产生的附随义务及不真正义务的履行。主给付义务决定合同类型，该义务的违反产生解除合同等违约责任，附随义务的违反虽不致产生解除合同的法律后果，但亦得请求相对方承担损害赔偿责任，不真正义务的违反并不发生损害赔偿责任，仅使负担此项义务者遭受权利减损或丧失的不利益，各项义务构成完整的义务群保障债权人给付利益的实现。

本案作为买卖合同关系，出卖方方某特钢公司负担的主给付义务为按约交付合同项下的货物，该交货义务的适当履行得以对抗买受人宝某公司要求解除合同的请求。但是方某特钢公司在合同履行过程中如果存在违反通知、协助、保密等附随义务，亦应当承担损害赔偿等违约责任。在方某特钢公司的主给付义务已经完成的情形下，其是否应当承担违约责任取决于是否存在违反附随义务的情形。

本案中，宝某公司损失产生的原因是马某君将宝某公司的货物自行提走销售。虽然单从方某特钢公司的角度而言，其有理由相信马某君能够代表宝某公司提货，但从宝某公司的角度而言，由于合同约定货物应当存放在方某特钢公司的仓库，而且根据方某特钢公司销售经理张圣柱在公安机关的询问笔录，签订合同时关于存货仓库事宜他介绍了方某特钢公司母公司的劳司库，称相对外面仓库要安全，并安排业务员秦祥带王纲等人看了仓库，而宝某公司在收到米某公司的货款前从未向方某特钢公司发送过发货指令，因此其有理由认为每次支付的货款所对应的货物一直存放在方某特钢公司的仓库，故而不断向方某特钢公司付款。

但由于合同签订后方某特钢公司擅自通知马某君换库存放，马某君得以自行租赁仓库存放直接从方某特钢公司运输出来的货物，使得货物的仓储完全受控于马某君，方某特钢公司在合同洽谈以后擅自通知马某君变更仓储方式而未与宝某公司协商变更合同条款的行为增加了宝某公司合同履行的风险，因此对于马某君擅自将货物提走销售产生的损失负有一定的责任。据此方某特钢公司以其已经履行了交货义务为由主张不承担赔偿责任的上诉理由，对合同义务的理解并不全面，本院不予支持。

关于方某特钢公司对因马某君擅自将货物提走造成的损失应当承担的责任范围问题。

本院认为，根据本案宝某公司收取米某公司15%的保证金后向方某特钢公司支付全款并取得货权，待米某公司支付剩余85%的货款后再将货权移转给米某公司的交易模式，宝某公司为保障自身利益的实现，在米某公司支付剩余85%的货款之前应当对货物采取必要的监管措施避免货权不当移转。

而合同履行过程中，宝某公司曾经派工作人员李肇乾前往方某特钢公司盘库，在此过程中虽然存在马某君指示李辉冒充方某特钢公司的员工秦祥予以接待并称马某君自行租赁的仓库为方某特钢公司仓库的事实，但马某君带李肇乾查看的仓库与《运输委托书》上记载的仓库一致，在李肇乾彼时已知方某特钢公司发出货物实际存放地点的情况下，并未对仓库采取任何管控措施，也没有与仓库管理人员就钢材入库、出库手续等事宜进行对接，使马某君等人可以自由地从该仓库提货，从而造成了宝某公司的损失。

因此宝某公司疏于对自身权利的管理是马某君将货物提走销售的主要原因，方某特钢公司因变更仓储地址对于朱志生、马某君违法目的的实现亦有促成作用，原审判决方某特钢公司承担30%的损失，与本案事实相符，本院予以维持。

关于宝某公司的损失范围如何确定的问题。由于宝某公司损失产生的根本原因在于马某君将货提走后并未偿还买卖合同项下的余款，因此原审判决将宝某公司实际支付给方某特钢公司的款项扣除米某公司已经支付给宝某公司的款项，以及方某特钢公司尚未发货的款项后的余款认定为宝某公司的损失，并无不当。

但本院也注意到，在事发之后宝某公司已经通过对米某公司、朱志生等人的财产设定担保权的方式试图弥补损失，且公安机关也对朱志生、马某君采取了刑事强制措施。鉴于此，方某特钢公司向宝某公司承担赔偿责任后，将来宝某公司从马某君、朱志生处追索到的财产也应当按照本判决确定的责任比例在宝某公司和方某特钢公司之间进行分配。

（三）关于未交货部分的合同是否满足解除条件以及保证金的退还问题。

《中华人民共和国合同法》第九十三条第二款规定：“当事人可以约定一方解除合同的条件。解除合同的条件成就时，解除权人可以解除合同。”宝某公司与方某特钢公司签订的《钢材购销协议》第七条第11点约定，如乙方（指宝某公司）操作未满一年要求终止合作，转作其他钢厂代理的，应扣除乙方年履约保证金。

根据该约定，宝某公司在合同履行过程中享有合同的单方解除权，只是在解除合同后无权要求返还已经支付的履约保证金。因此宝某公司在合同履行六个月的情况下要求解除合同的诉讼请求应当得到支持，原审据此判令方某特钢公司将宝某公司超额支付的货款1871557.03元返还给宝某公司，有相应的事实依据，本院予以维持。

关于保证金的返还问题，虽然宝某公司在合同未到期时终止履行合同，按约无权要求返还保证金，但考虑到宝某公司已经支付了全额货款，且其终止履行合同的主要原因在于受到了朱志生、马某君的欺诈，因此原审酌情认定方某特钢公司退还宝某公司履约保证金 20 万元，与本案实际情况相符，本院予以维持。

案例延伸阅读

案例：山西中某钢铁有限公司、武汉世纪商某贸易发展有限公司买卖合同纠纷再审案【（2017）最高法民申 3339 号】

该案案情：2014 年 4 月，就世纪商某公司为鑫某阳公司做 5000 万元的钢材托盘业务，世纪商某公司法定代表人汪某新、总经理汪某猛与魏某芳等人，在山西省太原市与中某钢铁公司销售处处长张某峰、销售处业务部长冯某云等人进行了商谈，并先后签订了《山西中某钢铁有限公司销售合同》和《定向代理采购协议》。

世纪商某公司与中某钢铁公司 2014 年 4 月 10 日签订的钢材销售合同约定，案涉钢材的交货方式为由中某钢铁公司代运，由世纪商某公司与中某钢铁公司的运输部门办理有关委托运输手续并承担运费，具体交货地点、收货人、交货期限在委托运输合同中另行约定。

该合同签订当日，世纪商某公司的汪某猛以电话短信的方式将收货地址发送给了中某钢铁公司的冯某云，双方未另行签订委托运输合同。

次日，世纪商某公司与鑫某阳公司签订《定向代理采购协议》约定，由世纪商某公司以自己的名义与中某钢铁公司签订并履行《山西中某钢铁有限公司销售合同》，双方交货时间以供货商实际交货时间为准，交货地点为武汉商汇钢贸城仓库，交货方式为鑫某阳公司凭世纪商某公司提货单到该公司指定仓库自提，货权自交付货款后转移。

争议焦点：中某钢铁公司是否履行了诉争款项的交货义务？

最高人民法院再审认为：

中某钢铁公司主张已经履行了全部交货义务，应由其承担向世纪商某公司完成交货的举证责任。为此，中某钢铁公司提交了四份《补充协议书》、三份《发货申请函》，证明其已经按照世纪商某公司的指令，履行了发货义务。

但经原审查明，上述证据均为中某钢铁公司与鑫某阳公司（魏某芳）之间通过传真形成，其上加盖的“武汉世纪商某贸易发展有限公司合同专用章”经公安机关鉴定与该公司的印章印文不是同一枚印章盖印形成，且世纪商某公司对该印章的真实性亦不予认可。现有证据不足以证明世纪商某公司做出变更收货地址和收货方式的意思表示。

中某钢铁公司明知世纪商某公司为案涉托盘交易中的垫资方并承担交易风险，在世纪商某公司并未书面授权鑫某阳公司（魏某芳）办理与中某钢铁公司之间的购销钢材事宜，并已经通过短信的方式告知中某钢铁公司收货地址的情况下，却未尽到审慎注意义务，未对货物的发送事宜与世纪商某公司联系核实，而是按照鑫某阳公司（魏某芳）的指示向案外人发货，导致世纪商某公司未收到货物，明显存在过错。

原审判决据此认定中某钢铁公司向案外人发送的货物不能认定为向世纪商某公司履行合同约定的交货义务并无不当。

至于中某钢铁公司提到其向世纪商某公司开具票面金额为49167905.4元的增值税专用发票，世纪商某公司已抵扣税款，以此证明该公司已经履行了发货义务。经询问，世纪商某公司明确表示不予认可，且根据《最高人民法院关于审理买卖合同纠纷案件适用法律问题的解释》第八条第一款规定，出卖人仅以增值税专用发票及税款抵扣资料证明其已经履行交付标的物义务，买受人不认可的，出卖人应当提供其他证据证明交付标的物的事实。本案中，中某钢铁公司并不能提供其他证据证明其已经履行完毕交货义务。

故中某钢铁公司关于其已履行了合同义务的再审主张事实依据不足，本院不予支持。

法院观点评述

上述两个案件存在相似性，都是实际的买受人一方的人员伪造了托盘企业的公司印章，向供应商出具变更仓储或者收货地址的通知，供应商未经严格审核，认为该人可以代表托盘企业，于是按照该人的指示放货，导致托盘企业的货权失控，尾款无法收回。

但是，在案件裁判结果方面，在宝某公司所涉案件中，最高人民法院综合各种事实认定马某君的无权代理行为构成表见代理，所以，供应商的放货行为构成对买卖合同的履行。而第二个案件中，最高人民法院认为供应商未能尽到审慎注意义务，比如未与托盘企业对变更收货地址予以核实，被第三人欺骗，轻易放货，其行为不构成对其与托盘企业之间买卖合同的履行，因而应该对托盘企业的货款损失承担赔偿责任。

所以，问题的重点就在于在第三人无权代理的情形下，如何认定供应商是否尽到了审慎注意义务以及其对一个非托盘企业明确授权的人员的信赖是否具有合理性？

在第一个案件中，法院结合了该第三人在整个交易的缔约、履约过程中的实际参与行为以及托盘企业的反馈来认定供应商对于此人的信赖是合理的。

与第一个案件不同的是，第二个案件中，供应商单方认为虽然是有两个买卖合同，但是按照委托代理合同的委托人介入规则，合同直接约束的是实际买方和供应商。所以，当实际买方的法定代表人魏某芳向供应商通知变更收货地点时，供应商想当然地认为，实际买方作为委托人，当然有权取货，所以就疏忽大意，未向托盘企业核实真伪就直接向魏某芳发货。

但是，供应商应该明白，托盘企业是货款的支付人，只能通过控制货权才能控制资金风险，在关于货权归属问题上，托盘企业才是首要权利人。所以，在第二个案件中，法院认为供应商未尽审慎注意义务正是在抓住了托盘贸易的交易逻辑和风险点的基础上作出的正确且合理的认定。

实务经验总结

（一）托盘企业自身的风险防控

托盘贸易的风险集中在托盘企业的资金回款上，托盘企业控制风险的方式就是控制货权，上述两个案件中，均出现了货权失控，货物被第三人截取的情况，而且都是通过伪造托盘企业印章的方式。所以，对于托盘企业而言，应注意如下几点：

1. 托盘企业应该向供应商提供对中间联络人的明确授权。

上述两个案件中，都是授权不明，导致供应商误以为无权代理人为有权代理，是托盘企业认可的中间联络人，有权代表托盘企业变更仓储地址和收货地址。所以，托盘企业有必要在前期就以书面形式明确公司授权的个人的信息，并明确其他任何人都无权以公司名义发出关于货物存放点或者提货的通知，且供应商收到的任何关于变更货物存放地点的通知都要与托盘企业核实，否则，一切后果由供应商承担。

2. 托盘企业应该严格遵循与买方之间的交易流程设置，在买方未支付剩余尾款的情况下，应该及时止损，不再继续履行合同。

在第一个案件中，虽然托盘企业全额收到了前三期的合同货款，但是，自第四期合同开始，剩余的85%的尾款就没有收到，此种情况下，托盘企业还是继续向供应商支付了第五期、第六期的全额货款。买方任一期货款支付出现延期，托盘企业都应该及时止损，不再向供应商支付货款，供应商也就会停止生产和发货。

3. 托盘企业应该对货物采取管控措施，与仓库进行信息对接，对于货物进出进行必要的管理。

在第一个案件中，一方面，托盘企业在已经支付了上亿元的货款之后，才派人去了解仓库的存储情况，此时才发现原定的仓库中根本就没有存放任何货物，货物已经被转移到其他仓库存放，而对于该转移的仓库，托盘企业根本不知情。

另一方面，托盘企业支付货款后已经享有货权，在已经知道货物实际存放仓库的情况下，却未对存放的仓库采取任何管控措施，也没有与仓库管理人员就钢材入库、出库手续等事宜进行对接，使无权代理的不法分子可以自由地从该仓库提货，从而造成了损失。虽然转移仓库是第三人违法所为，但是，对于托盘企业而言，在长达数月的时间内都没有向供应商去核实货物存储情况，显然在货权管控方面存在疏忽。

（二）供应商的风险防控

1. 对合同的变更与托盘企业保持及时有效的沟通和协商。

上述两个案件中，供应商承担责任的主要原因都是未能与托盘企业进行良好的沟通和协商，最终都成为了违法诈骗行为的受害人。

第一个案件中，法院虽然认定供应商已经履行了交货的主给付义务，但是，却没有履行通知、协助、保密等附随义务，比如供应商在未与托盘企业协商变更仓库的情况下，擅自提出变更货物存放仓库，给违法行为人创造了实施截取货物的机会，因此，对于托盘企业的损失，供应商要承担30%的赔偿责任。

对于供应商而言，应该严格遵守合同约定，货物存放仓库属于此类交易的关键条款，也是托盘企业的风险所在，对于存放地址的变更，应该与托盘企业协商，并遵循合同变更的流程变更合同条款，比如与相对方签订补充协议等。

第二个案件中，供应商未与托盘企业核实收货地址变更通知的真伪，具有重大过错，所以，法院认定供应商根本没有履行交付货物的主给付义务。

对于供应商而言，一方面要明白谁是自己的合同相对方，是托盘企业，而不是实际买受人；另一方面，要有极高的风险防控意识，任何非授权人对货物存放地址的变更都要向托盘企业核实。

2. 托盘贸易并非委托采购交易。

在此类案件中，托盘企业一般的意见是两个合同各自独立，供应商的交货行为并不是对托盘企业与供应商之间买卖合同的履行；而供应商会主张，根据两个合同的内在联系，属托盘贸易，且是委托采购交易，供应商对实际买方的放货就是在向托盘企业履行交货义务。

但是，托盘贸易在形式和实质上就是两个独立的买卖合同，而委托采购交易中，实际买受人与托盘企业之间是委托代理关系，合同可以直接约束实际买受人。在第二个案件中，供应商就是因为混淆了托盘贸易与委托采购的区别，放松了对风险的警惕，在未收到托盘企业变更收货地址通知的情况下，轻信了实际买方，按其指示发货。

相关规定

《中华人民共和国民法典》

第一百七十一条 行为人没有代理权、超越代理权或者代理权终止后，仍然实施代理行为，未经被代理人追认的，对被代理人不发生效力。

相对人可以催告被代理人自收到通知之日起三十日内予以追认。被代理人未作表示的，视为拒绝追认。行为人实施的行为被追认前，善意相对人有撤销的权利。撤销应当以通知的方式作出。

行为人实施的行为未被追认的，善意相对人有权请求行为人履行债务或者就其受到的损害请求行为人赔偿。但是，赔偿的范围不得超过被代理人追认时相对人所能获得的利益。

相对人知道或者应当知道行为人无权代理的，相对人和行为人按照各自的过错承担责任。

第一百七十二条 行为人没有代理权、超越代理权或者代理权终止后，仍然实施代理行为，相对人有理由相信行为人有代理权的，代理行为有效。

第九百二十五条 受托人以自己的名义，在委托人的授权范围内与第三人订立的合同，第三人在订立合同时知道受托人与委托人之间的代理关系的，该合同直接约束委托人和第三人；但是，有确切证据证明该合同只约束受托人和第三人的除外。

十二、保兑仓交易中骗取票据承兑罪的行为及罪刑认定

阅读提示：2006 年 6 月 29 日实施的《刑法修正案（六）》新规定了一项罪名“骗取票据承兑罪”，该罪不以非法占有为目的，只要给银行机构带来损失、数额较大即可。在保兑仓交易中，因为买卖双方是以银行承兑汇票作为结算工具，也涉及买方向银行申请开具银行承兑汇票，所以，保兑仓交易中不可避免会出现骗取票据承兑的犯罪行为。那么，保兑仓业务中的此类犯罪行为表现形式是怎样的，如何区分罪与非罪？

本文通过检索发现，这类刑事判决数量并不多，本文列举了其中三个有代表性的案例对此类违法犯罪的关键问题作以阐述。

裁判要旨

因为保兑仓交易卖方承担了差额退款责任，银行的风险有所保障，所以，有时候其可能明知买方的申请资料有造假现象，也睁一只眼闭一只眼通过审批，或者在实际的保兑仓业务操作中，银行并不遵守保兑仓业务流程约定，此类情况下，银行并不关心基础交易合同的真假，也不会因为买方的欺骗行为而陷入错误认识，那么，即便买卖双方存在虚假交易背景，也不应认定行为人构成骗取票据承兑罪，在无其他违法情节下，该交易不属于犯罪行为，而应以真实的借贷担保民商事法律关系处理。

司法案例

（一）卖方企业人员被买方收买，成立骗取票据承兑罪的情形

案例一：冯某立、麦某坤骗取票据承兑、受贿、挪用公款、行贿、单位行贿、国有公司、企业人员滥用职权案【湖北省高级人民法院刑事判决书（2019）鄂刑终 197 号】

麦某坤是粤某公司实际控制人。冯某立为中国华某物流集团青山港口库（以下简称“青山库”）管理人员。2012 年 3 月至 2013 年 3 月期间，麦某坤伙同冯某立等人共同虚构了粤某公司与青山库之间总金额为 11.71 亿元的购销合同，粤某公司为

买方、青山库为卖方，并以粤某公司购货需要资金为由，通过“厂商赢”业务向广发银行某分行融资。按照协议约定，广发银行某分行向青山库开具银行承兑汇票合计金额 18157 万元，作为粤某公司履行与青山库之间购销合同所需货款。按照事先商议，在青山库收到上述承兑汇票后，冯某立指使下属不要将之入账，而是全部背书转让给麦某坤所指定的单位，使麦某坤实际取得上述承兑汇票。此后，自 2012 年 5 月到 2014 年 5 月，麦某坤、冯某立等人多次以上述手段，向多家银行骗得承兑汇票。

湖北省高级人民法院认定该案中各当事人与保兑仓业务有关的违法犯罪行为，以及各个违法犯罪行为应该分别评价，归纳如下：

1. 麦某坤行为构成骗取票据承兑罪：

麦某坤为向银行融资，伙同青山库主任冯某立虚构多份购销合同，并在上述虚假的购销合同基础上同金融机构签订了保兑仓协议，青山库在签收金融机构开立的承兑汇票后无背书直接交付麦某坤，麦某坤取得上述承兑汇票后在银行贴现或者背书转让他人，共骗取承兑汇票票面金额 92567.27 万元，麦某坤犯骗取票据承兑罪的犯罪事实清楚，证据确实、充分。

2. 冯某立行为构成骗取票据承兑罪：

冯某立为给麦某坤名下公司融资提供帮助，伙同麦某坤多次通过虚构购销合同、编造贷款理由的方式向多家银行骗取承兑汇票，票面金额巨大。上述银行损失，虽已通过诉讼手段全部追回，未给银行造成重大损失，但冯某立具有多次欺骗金融机构的情形，属于骗取票据承兑罪的“有其他严重情节”情形之一。冯某立采用虚构事实、隐瞒真相等手段，多次骗取金融机构票据承兑，其行为符合骗取票据承兑罪的犯罪构成要件。

3. 关于骗取票据承兑罪与国有公司企业人员滥用职权罪、行贿罪是否应分别评价的问题：

青山库属于国有公司、企业单位，法院认定冯某立行为还构成滥用职权罪；麦某坤因向冯某立行贿，其行为还符合行贿罪的构成要件。冯某立提出其滥用职权的目的是帮助麦某坤骗取银行票据承兑，对其行为应择一罪处罚。另外，麦某坤及其辩护人提出原判对麦某坤骗取票据承兑罪的刑罚与行贿罪的刑罚存在重复评价。

对此，湖北省高级人民法院认为：

1. 冯某立为帮助麦某坤名下企业融资，伙同麦某坤骗取银行票据承兑的犯罪行为与冯某立利用职务便利，违规以青山库名义为麦某坤个人及名下企业的债务提供担保的犯罪行为分属两个犯罪行为，且二者并非吸收、牵连关系，不能依据刑法理论择一重处断原则处罚。

2. 麦某坤骗取票据承兑是为了向银行融资，行贿是为了让冯某立滥用职权以青山库为其债务提供担保，二者分属不同的法律关系，原判据此分别评价并无不当。

（二）买卖双方虚构购销合同开展保兑仓交易，卖方承担差额退款责任的情形

案例二：陈某荣、刘某勇骗取贷款、票据承兑、金融票证、非法处置查封、扣押、冻结的财产、拒不执行判决、裁定二审刑事判决书【湖南省长沙市中级人民法院刑事判决书（2019）湘01刑终19号】

该案中，海某阳公司与东莞杉某公司、兴业银行某支行签订了《保兑仓业务三方合作协议》，协议约定兴业银行某支行给予海某阳公司融资用于满足其向东莞杉某公司订货的资金需求，协议同时约定海某阳公司与东莞杉某公司双方所签订的贸易合同具有真实的贸易背景，双方均怀有诚意，积极履行贸易合同，且双方保证提供的各项资料是真实、合法、有效的，不含有与事实不符的任何错误或遗漏任何重大事实；东莞杉某公司指定业务联系人为高某，海某阳公司指定业务联系人为被告人刘某勇，兴业银行某支行指定业务联系人为许某。在每次向兴业银行某支行申请开具承兑汇票前，还需签订《商业汇票银行承兑合同》，上述合同亦明确约定承兑人申请承兑的汇票以真实、合法的商品交易关系为基础，且合同附件所列的汇票项下的基础交易合同真实有效。

东莞杉某公司指定联系人高某从兴业银行某支行拿到14张银行承兑汇票后，将其中13张票面金额共计人民币9600万元的银行承兑汇票交给被告人刘某勇，剩余一张金额为人民币100万元的银行承兑汇票交到东莞杉某公司。上述13张银行承兑汇票最终通过其他公司贴现后款项共计9100余万元均转入海某阳公司银行账户，主要用于偿还公司借款，其中造成东莞杉某公司根据《保兑仓业务三方合作协议》向兴业银行某支行承担共计人民币4935万元的差额退款责任。

一审法院认为，被告人陈某荣作为海某阳公司直接负责的主管人员，被告人刘某勇作为海某阳公司直接负责的直接责任人员，以欺骗手段取得银行票据承兑，情节严重，其行为均已构成骗取票据承兑罪。

上诉人刘某勇及其辩护人上诉、辩护的意见是不构成犯罪，应该宣告无罪。主要的理由是：本案中兴业银行开具承兑汇票的依据是保兑仓协议，而不是开票申请材料，银行不存在被骗情形，且银行有足够的风险防范措施，没有实际损失产生，因此刘某勇不构成骗取票据承兑罪。

二审长沙中院二审认为：

1. 海某阳公司以与东莞杉某公司之间的虚假贸易合同，向兴业银行某支行申请涉案汇票承兑，不能排除东莞杉某公司对此知道并认可的合理怀疑。

高某作为《保兑仓业务三方合作协议》确定的东莞杉某公司（保兑仓交易的卖方）的收件人，在2014年5月到9月期间，按照《保兑仓业务三方合作协议》，从兴业银行某支行先后收取承兑汇票14张，代表东莞杉某公司向龙岗支行出具收到商业汇票确认函。高某除将一张100万元的承兑汇票交给公司，其余的交回给代表海某阳公司（保兑仓交易的买方）的刘某勇，并没作为贸易合同的支付款全部交给东莞杉某公司。这表明高某具有知道并认可贸易合同虚假的可能性。在案证据也不能排除高某领票并交给刘某勇是代表东莞杉某公司的可能性。

2. 在案证据不能排除兴业银行某支行在实际操作中，对于贸易合同真假与否并不在意，并没有因贸易合同虚假而受骗的合理怀疑。

按照《保兑仓业务三方合作协议》，贸易合同是承兑的基础。龙岗支行不要求海某阳公司提供贸易合同的原件。《保兑仓业务三方合作协议》为龙岗支行设立了确保资金安全、防范风险的规定。所以，龙岗支行对于贸易合同真假与否并不关心，也不会因贸易合同虚假而受骗，龙岗支行不会且实际上也没有遭受任何经济损失。

最终，长沙中院认定陈某荣、刘某勇无罪。

（三）买方在签订保兑仓合同以及申请开票环节均不存在欺诈行为的情形

案例三： 高某合同诈骗、诈骗案【山东省东营市中级人民法院刑事判决书（2017）鲁05刑初10号】

山东东营中院审理认为：

1. 高某公司（保兑仓交易买方）与永某公司（保兑仓交易卖方）存在真实的轮胎购销业务，无证据证实在申请厂商银（保兑仓）协议时，高某公司提供了虚假的申请材料。

2. 高某公司在申请承兑时提交了承兑申请书，无证据证实申请书上载明的财务状况为虚假，现有证据尚不能证明高某公司向银行提交不实的申请汇票材料、隐瞒真实经营状况和虚构资金实力。

3. 永某公司相关人员虽证实对厂商银协议内容不知情、未出具过确认函，但证人余某证实其当时虽未给永某公司留下厂商银协议文本，但其后交给了永某公司；证人杨某虽证实银行工作人员拿着协议书和一些空白文书到永某公司财务上盖章，但有无确认函他不清楚；证人邹某证实承兑汇票虽由高某公司高云或崔某签收，但银行工作人员和高某公司人员一起把承兑汇票交给永某公司，永某公司出具确认函。上述证据间存在矛盾，导致高某公司对永某公司是否隐瞒银行承兑汇票与三方协议关系、确认函是否系永某公司收到承兑汇票后盖章出具的事实不清，认定高某采取欺骗手段取得银行承兑汇票证据不足。

实务经验总结

（一）保兑仓交易中刑事犯罪行为的一般特征

保兑仓交易中，一般的犯罪行为表现是买卖双方虚构交易合同，从银行骗取高额承兑，合同约定的到期日后，买方无法还款，卖方也无法承担差额退款责任，如果银行资金能够收回，一般也不会发生刑事控告。所以，保兑仓交易中该犯罪行为的一个特点就是，行为人的违法行为往往持续时间较长，连环开具承兑汇票，用后一期票据贴现款补足前一期的银行授信敞口，并将剩下的资金用作开票保证金继续以欺骗方式向银行申请开立银行承兑汇票，进而从银行获得更高额的票据贴现款。如此拆东墙补西墙，直至买方资金链断裂，无法补足其中一期的银行授信敞口，于是东窗事发，被银行控告构成骗取票据承兑罪。

（二）买卖双方勾结骗取银行票据承兑的罪与非罪

买卖双方勾结骗取银行承兑汇票，分为两种表现形式：一种是如案例一中，卖方企业内个别高管被买方收买，该高管利用其职权违法以卖方企业名义与买方合谋骗取银行承兑汇票。另一种是卖方企业本身就有意为之，以此种保兑仓业务合同的形式，骗取银行承兑汇票，最终，卖方也能够承担差额保证责任，弥补银行损失。第二种行为如案例二所示，一般不认为是犯罪行为，而是名为融资担保，实为金融借贷，当事人之间的目的多为简化放款审批流程。

而在案例一中，国有公司、企业作为卖方与民企购货方存在购销业务往来，国有公司、企业单位内部的高管负责人被融资人收买，双方恶意串通，以虚构购销合同、编造贷款理由的方式，由国企卖方、民企买方和银行三方签订保兑仓业务合同。之后，买方向银行提供虚假的财务资料，向银行申请开立银行承兑汇票，在卖方拿到汇票之后，国企负责人将汇票盖章背书给买方或者辗转其他买方控制的公司最终交付给买方，由买方获得票据贴现款。

这些款项可能只有少部分作为货款支付给卖方，其余被用于买方公司的营业支出，或者用作下一次向银行申请开票的保证金，或者填补上一次汇票的到期敞口，总之，与买卖双方购销合同的履行不再关联。此种情形下，买卖双方的涉事人员都可能会被认定构成骗取票据承兑罪。

（三）从买方客观行为方式确定的罪与非罪

保兑仓交易中，一般先有三方签订保兑仓业务合同，买方获得了银行的授信额度，然后由买方提供财务资料向银行申请开具以卖方为收款人的银行承兑汇票。

在上述案例三中，在三方保兑仓合同签订之时，买卖双方存在真实的贸易背景，且具有履行合同的意愿和能力，当然不存在欺骗行为。然后，在买方向银行提供己方的财务资料并申请开票环节时，所提供的资料也都是真实的，银行据此开出了汇票。即便日后买方资信能力下降，导致无法填补银行垫款，也不能认定买方存在骗取票据承兑的犯罪行为，银行对其资金损失仅能通过民事诉讼或者申请融资人破产的方式去追索。

相关规定

《中华人民共和国刑法》

第一百七十五条之一　以欺骗手段取得银行或者其他金融机构贷款、票据承兑、信用证、保函等，给银行或者其他金融机构造成重大损失的，处三年以下有期徒刑或者拘役，并处或者单处罚金；给银行或者其他金融机构造成特别重大损失或者有其他特别严重情节的，处三年以上七年以下有期徒刑，并处罚金。

单位犯前款罪的，对单位判处罚金，并对其直接负责的主管人员和其他直接责任人员，依照前款的规定处罚。

十三、保兑仓交易国企人员滥用职权犯罪是如何实现的?

阅读提示：国有公司、企业的工作人员，由于严重不负责任或者滥用职权，造成国有公司、企业破产或者严重损失，致使国家利益遭受重大损失的，构成国有公司、企业人员滥用职权罪。

在保兑仓业务中，保兑仓交易的卖方一般都会向银行承担差额退款责任，该责任实为保证责任。若国有公司、企业作为供货商参与保兑仓业务，也就意味着国有公司、企业向银行、买方提供了保证担保。如果国有公司、企业本身有禁止向民营企业提供担保或者担保要经过上级主管机关审批的规定，而法定代表人未遵守这些规定代表公司对外提供了保证担保，是否可认定行为人在滥用职权？什么情况下，该行为人将被追究国有企业人员滥用职权的刑事责任？

裁判要旨

若国企负责人违反禁止规定或者违背公司内部决议程序对外提供担保，则可以认为其在滥用职权。如果因为参与保兑仓业务，由该国企承担了保证责任，给企业造成了严重经济损失，那么，该国企负责人将可能被追究国有企业人员滥用职权罪的刑事责任。

司法案例

案例一：胡某明、陆某汇国有公司、企业、事业单位人员滥用职权、受贿二审刑事裁定书【山东省济宁市中级人民法院（2020）鲁08刑终400号】

案情介绍：

东某物流公司成立于2007年3月，隶属于兖某集团有限公司下属的兖某东华集团有限公司，企业性质为国有控股公司。被告人胡某明于2007年3月开始担任东某物流公司常务副总经理，2011年11月开始担任东某物流公司总经理、法定代表人。被告人陆某汇于2013年3月被任命为东某物流公司计划财务部部长，具体对接银行贷款、还款、保兑仓银行承兑等业务。恒某公司为私营企业，该公司自2011年开始与东某物流公司开展煤炭贸易业务。

被告人胡某明、陆某汇在职期间，代表东某物流公司与中信银行、恒某公司签订了《保兑仓业务合作协议》，恒某公司就其与东某物流公司之间的煤炭购销交易，向中信银行申请开具以东某物流公司为收款人的银行承兑汇票，由东某物流公司承担汇票票面金额与恒某公司累计提货金额之间差额的退款责任。同时东某物流公司向中信银行提供最高额连带保证责任。对恒某公司因保兑仓业务欠缴中信银行的保证金3000万元，最后由东某物流公司支付。

另查明：山东省国资委下发的《山东省省管企业担保管理暂行办法》第五条规定：省管企业及其实际控制企业不得为个人及无产权关系且不含国有股的企业提供担保；不得为高风险投资项目（包括任何形式的委托理财、买卖股票、期货、期权）以及不符合国家产业政策的项目提供担保。《兖某集团有限公司担保管理暂行办法》第六条规定：集团公司各全资子公司、各控股子公司、各分支机构、各部门一律不得对外提供担保。

山东省济宁市中级人民法院终审认为：

关于被告人胡某明、陆某汇在职期间参与的上述保兑仓业务，二人在明知东某物流公司不得对外提供担保的情况下，仍违反规定，擅自开展具有担保性质的保兑仓业务，造成国有公司资金无法追回，致使国家利益遭受特别重大损失，二被告人的行为均已构成国有公司人员滥用职权罪。

案例二：姬某利等国有企业人员滥用职权案【河北省沧州市中级人民法院刑事裁定书（2017）冀09刑终59号】

河北沧州中院认为：

原审被告人李某在担任国有企业中某集团有限公司董事长期间，明知公司不得对外担保，且在未经公司领导班子集体讨论和请示上级主管部门批准的情况下，擅自决定，由中某集团下属企业长芦黄骅盐业有限公司与河北宝硕集团公司、天津中信银行签订具有担保性质的“保兑仓”业务，最后造成中某集团损失3829.946765万元。上诉人（原审被告人）姬某利作为中某集团有限公司总经理，明知公司不得对外担保，在知道李某未经公司领导班子集体讨论和请示上级主管部门批准决定与其他单位签订保兑仓协议时，没有正确行使其总经理职权，对公司的重大事项进行把关，对李某的行为进行制止和提出合理意见，而是积极与李某商议，并参与批准保兑仓协议的盖章和承兑汇票的背书盖章，对公司造成的损失负有责任。二被告人的行为均已构成国有企业人员滥用职权罪。

实务经验总结

（一）国企负责人越权参与保兑仓业务，行为人或将构成滥用职权罪。

在上述两个案例中，国企、国有公司的法定代表人在明知所在国企不能向其他民企提供担保，或者未经所在公司领导班子集体讨论和请示上级主管部门批准的情况下，却将所在公司作为保兑仓交易的卖方与其他企业达成保兑仓业务合作，而保兑仓交易中卖方是要承担担保责任的，相当于公司法定代表人越权代表公司与相对人签订担保合同。在上述两个案例中，都没有提到相对人恶意与善意与否，而是均按照善意对待，由国企承担了保证责任，因此才产生对法定代表人滥用职权刑事责任的追究。

（二）卖方负责人越权参与保兑仓业务，卖方承担担保责任以银行、买方善意为条件。

保兑仓交易中，法定代表人越权代表公司提供担保的案件中，一旦银行发生了垫款损失，银行、买方的主观状态首先应该作为案件争议焦点，若认定银行、买方均不具有善意，那么该国企将无须承担保证责任。

（三）结合民法典担保解释认定银行、买方的主观善意与否。

关于如何认定银行、买方善意与否，根据《最高人民法院关于适用〈中华人民共和国民法典〉有关担保制度的解释》第七条规定，相对人银行、买方应该提供证据证明其已对国企关于保兑仓交易的内部决议文件进行了合理审查，才能认定银行的善意。同时，根据该解释第九条规定，如果该国企是上市公司或者上市公司的子公司，除非该国企对保兑仓交易已经董事会或者股东大会决议通过，且对外公开披露了该决议信息，否则，该国企可拒绝承担保兑仓交易中的担保责任。

（四）滥用职权罪为结果犯，其成立以企业遭受经济损失为条件。

滥用职权罪属于结果犯，即只有在企业遭受损失的情形下，违法行为人才构成滥用职权罪。在国企无须承担保证责任的情况下，将不能追究违法行为人滥用职权的刑事责任，但是，如果该行为给所在公司造成其他损失的，公司有权要求行为人赔偿损失。

相关规定

《最高人民法院关于适用〈中华人民共和国民法典〉有关担保制度的解释》

第七条　公司的法定代表人违反公司法关于公司对外担保决议程序的规定，超越权限代表公司与相对人订立担保合同，人民法院应当依照民法典第六十一条和第五百零四条等规定处理：

（一）相对人善意的，担保合同对公司发生效力；相对人请求公司承担担保责任的，人民法院应予支持。

（二）相对人非善意的，担保合同对公司不发生效力；相对人请求公司承担赔偿责任的，参照适用本解释第十七条的有关规定。

法定代表人超越权限提供担保造成公司损失，公司请求法定代表人承担赔偿责任的，人民法院应予支持。

第一款所称善意，是指相对人在订立担保合同时不知道且不应当知道法定代表人超越权限。相对人有证据证明已对公司决议进行了合理审查，人民法院应当认定其构成善意，但是公司有证据证明相对人知道或者应当知道决议系伪造、变造的除外。

第九条 相对人根据上市公司公开披露的关于担保事项已经董事会或者股东大会决议通过的信息，与上市公司订立担保合同，相对人主张担保合同对上市公司发生效力，并由上市公司承担担保责任的，人民法院应予支持。

相对人未根据上市公司公开披露的关于担保事项已经董事会或者股东大会决议通过的信息，与上市公司订立担保合同，上市公司主张担保合同对其不发生效力，且不承担担保责任或者赔偿责任的，人民法院应予支持。

相对人与上市公司已公开披露的控股子公司订立的担保合同，或者相对人与股票在国务院批准的其他全国性证券交易场所交易的公司订立的担保合同，适用前两款规定。

《中华人民共和国刑法》

第一百六十八条第一款 国有公司、企业的工作人员，由于严重不负责任或者滥用职权，造成国有公司、企业破产或者严重损失，致使国家利益遭受重大损失的，处三年以下有期徒刑或者拘役；致使国家利益遭受特别重大损失的，处三年以上七年以下有期徒刑。

十四、保兑仓交易中的两种典型刑事违法手段行为

阅读提示：以欺骗手段取得银行或者其他金融机构贷款、票据承兑、信用证、保函等，给银行或者其他金融机构造成重大损失或者有其他严重情节的，构成骗取贷款、票据承兑、金融票证罪。在保兑仓业务中，融资人需要向银行提供资料申请开立以供货商为收款人的银行承兑汇票，如果资料涉嫌造假，而且行为人在骗取票据承兑后，不打算归还银行资金，以非法占有为目的，则构成票据诈骗罪，如果仅是用做其他用途，到期有归还的意愿，就构成骗取票据承兑罪。

行为人在向银行申请开立银行承兑汇票的过程中采取了欺骗手段，比如虚构事实、隐瞒真相，提供了假证明、假材料，或者不如实填写汇票资金的真实用途，以骗得贷款的顺利审批的，都属于“欺骗手段”。那么实践中一般会涉及哪些欺骗手段，若这些欺骗手段本身构成一个独立罪名的，在该欺骗犯罪与骗取票据承兑罪或者票据诈骗罪之间如何界定违法行为人的犯罪行为性质？对此，本文通过案例来说明。

裁判要旨

违法行为人的欺骗手段往往可能通过伪造公司印章、虚开增值税发票、虚构货物买卖合同等行为实现。对此司法实践中常常认为此类行为是骗取贷款、票据、信用证、保函犯罪的特定步骤，所以常常在数罪中择一重罪处罚，定骗取贷款、票据承兑、金融票证罪。

司法案例

以欺骗手段骗取票据承兑的欺骗方式多种多样，本文重点列举了骗取票据承兑罪中违法行为人惯常所使用的如下两种欺骗行为方式：

（一）以伪造公司印章为手段骗取票据承兑

案例一：山东某石油机械设备有限公司等骗取票据承兑案【山东省济南市中级人民法院（2016）鲁01刑终379号】

山东某石油机械设备有限公司（以下简称某公司），法定代表人为被告人赵某。

2011 年 9 月以来，某公司与兴业银行、山钢股份公司开展了“保兑仓”业务，三方约定以银行承兑汇票作为贸易合同的付款方式，由兴业银行对汇票进行承兑。2012 年 5 月，赵某以某公司名义，在没有真实货物贸易的情况下，采取提供虚假的钢材产品供货合同等资料的方法，取得兴业银行承兑的 7 张银行承兑汇票，金额共计 6700 万元。此后，上述 7 张银行承兑汇票的背书人签章处分别加盖了伪造的“山东钢铁股份有限公司财务专用章”、“蔡漳平印”，某公司通过他人将上述银行承兑汇票贴现，所得款用于公司经营活动。赵某对伪造涉案公司印章的事实供认不讳，且有书证银行承兑汇票及物证鉴定意见等证据予以证实，足以认定赵某有伪造公司印章的犯罪行为，但该行为是实现骗取票据承兑贴现后用于经营的手段行为。

山东省济南市中级人民法院认为，对于赵某实行的骗取票据承兑行为和伪造公司印章的行为，在法律没有明确规定为数罪的情况下，应择一重罪即骗取票据承兑罪定罪处罚。因此，赵某不成立伪造公司印章罪，以骗取票据承兑罪一罪定罪量刑。

（二）以虚开增值税专用发票作为手段骗取票据承兑

案例二：某现代物流有限责任公司、汪某秀等虚开增值税专用发票、用于骗取出口退税、抵扣税款发票罪二审刑事判决书【安徽省淮南市中级人民法院（2020）皖 04 刑终 20 号】

某物流公司时任董事长汪某秀与江苏百某公司、江苏匡某公司的实际控制人朱某，为从银行获取资金，于 2012 年 3 月 14 日、3 月 26 日，先后签订两份《合作经营协议书》，协议约定以江苏百某公司、江苏匡某公司作为上、下游客户与某物流公司签订虚假购销合同，利用各家银行给某物流公司的授信，从银行套取资金给朱某及其实际控制的公司使用。2012 年至 2014 年，某物流公司与江苏百某公司、江苏匡某公司多次通过签订虚假购销合同和虚开增值税专用发票，骗取银行金融票证、票据承兑，循环套取银行资金。为获取上述资金，某物流公司与江苏百某公司、江苏匡某公司虚开增值税专用发票 314 份。

该案由淮南市大通区人民法院于 2018 年 3 月 29 日作出（2016）皖 0402 刑初 9 号刑事判决，认定被告单位某物流公司的行为构成虚开增值税专用发票罪，汪某秀等人均属于直接负责的主管人员，其行为亦构成虚开增值税专用发票罪。经安徽省淮南市中级人民法院二审，于 2019 年 8 月 22 日作出（2018）皖 04 刑终 139 号刑事裁定：撤销原判，发回重审。

淮南市大通区人民法院重新审理后认为：

现有证据不能证明被告单位某物流公司、被告人汪某秀等人开增值税专用发票行为具有骗取国家税款的目的并造成国家税款损失，所以公诉机关指控被告单位及三被告人犯虚开增值税专用发票罪的证据不足，对该指控罪名不予确认，认定被告单位某物流公司的行为构成骗取贷款、票据承兑、金融票证罪，汪某秀等人均属于直接负责的主管人员，三人的行为亦构成骗取贷款、票据承兑、金融票证罪。

实务经验总结

（一）骗取票据承兑的欺骗方式

汇票的转让涉及背书问题，需加盖持票人的印章，另外，基础购销合同也需要盖章，所以，不可避免地，伪造印章罪在这类案件中大行其道。另外，保兑仓交易应有真实的基础购销交易，融资人为了获得保兑仓融资，可能会虚构基础交易，不可避免会虚开增值税专用发票，以证明其基础交易真实。

（二）虚构基础交易的骗取票据承兑行为不构成犯罪，属于金融借贷纠纷

对于虚构基础交易的情形，其实也并不一定会构成犯罪，银行或许对此是明知的，银行并未因买卖双方虚构交易而陷入错误认识，因此，保兑仓买方不构成骗取票据承兑罪。根据《全国法院民商事审判工作会议纪要》第69条第1款规定【无真实贸易背景的保兑仓交易】“保兑仓交易以买卖双方有真实买卖关系为前提。双方无真实买卖关系的，该交易属于名为保兑仓交易实为借款合同，保兑仓交易因构成虚伪意思表示而无效，被隐藏的借款合同是当事人的真实意思表示，如不存在其他合同无效情形，应当认定有效。保兑仓交易认定为借款合同关系的，不影响卖方和银行之间担保关系的效力，卖方仍应当承担担保责任。”三方当事人之间实际上是以保兑仓融资为名进行金融借贷之实，保兑仓交易的卖方并不存在实际的发货行为，仅是对买方的借款向银行承担连带保证责任。

（三）银行工作人员参与欺骗行为的，可以银行未陷入错误认识作为刑事辩护思路

银行为了发放贷款，获取“财务顾问费”，其工作人员也会加入保兑仓买方的欺骗行为中来，甚至这已经成为一种贷款潜规则，一种行业惯例。所以，对于刑事被告人而言，以银行明知、并未被骗作为辩护思路来否定骗取票据承兑罪或可一试。

（四）违法手段可不单独定罪

骗取票据承兑行为和伪造公司印章的行为，在法律没有明确规定为数罪的情况下，应择一重罪即骗取票据承兑罪定罪处罚。如果当事人虚开增值税专用发票行为

具有骗取国家税款的目的并造成国家税款损失的，可构成虚开增值税专用发票罪，但是，若虚开发票的目的是骗取票据承兑的，则仅构成骗取票据承兑罪。

相关规定

《全国法院民商事审判工作会议纪要》

69.**【无真实贸易背景的保兑仓交易】**保兑仓交易以买卖双方有真实买卖关系为前提。双方无真实买卖关系的，该交易属于名为保兑仓交易实为借款合同，保兑仓交易因构成虚伪意思表示而无效，被隐藏的借款合同是当事人的真实意思表示，如不存在其他合同无效情形，应当认定有效。保兑仓交易认定为借款合同关系的，不影响卖方和银行之间担保关系的效力，卖方仍应当承担担保责任。

《中华人民共和国刑法》

第一百七十五条之一 以欺骗手段取得银行或者其他金融机构贷款、票据承兑、信用证、保函等，给银行或者其他金融机构造成重大损失的，处三年以下有期徒刑或者拘役，并处或者单处罚金；给银行或者其他金融机构造成特别重大损失或者有其他特别严重情节的，处三年以上七年以下有期徒刑，并处罚金。

单位犯前款罪的，对单位判处罚金，并对其直接负责的主管人员和其他直接责任人员，依照前款的规定处罚。

十五、保兑仓交易特大票据诈骗案的诈骗方式及罪刑认定

阅读提示：违法行为人骗取贷款、票据承兑、金融票证的欺骗行为与票据诈骗罪的行为方式并没有绝对的界限，比如都存在伪造卖方印章、虚构购销合同、提供虚假财务资料等欺骗方式，导致银行陷入错误认识开立了银行承兑汇票。那么，两项罪名在具体认定中应考虑哪些因素？本文以2017年山东济南发生的一起利用保兑仓交易实施的特大票据诈骗案为例，分析该起案件中，行为人的违法行为模式以及法院在认定构成票据诈骗罪时的考虑因素，以说明票据诈骗罪区别于骗取票据承兑罪的不同特征。

裁判要旨

在违法行为开始即以非法占有为目的，行为人明知其无法偿还银行资金，却隐瞒经营亏损及资金使用真相，骗取银行授信和票据承兑，继而签发无资金保证的银行承兑汇票，骗取银行资金，数额特别巨大，此种行为将构成票据诈骗罪。

司法案例

下文将引用该起利用保兑仓交易实施票据诈骗案的判决书原文，对违法行为人的行为方式及其犯罪行为性质予以分析：

案例：任某等贷款诈骗、骗取票据承兑、票据诈骗案【山东省高级人民法院（2017）鲁刑终118号】

（一）刑事被告人任某骗取银行承兑汇票的过程和方式介绍

1. 虚构基础交易、冒充卖方人员、伪造卖方印章制造卖方签订保兑仓合同的假象，骗取银行签订保兑仓合同和开立银行承兑汇票

2010年开始，被告人任某指使其控制的公司人员等人伪造了虚假的财务报表和审计报告，骗取民生银行、上海浦东发展银行、中信银行、交通银行等多家银行的贷款信用额度，向银行方面虚构了其与某分公司有货物购销业务，并开展以某分公司、任某控制的欣某公司、天某公司、海某公司（下称任某3企业）和银行三方之间的保兑仓业务。

在银行工作人员到某分公司面签过程中，亲自或者指使被告人闫某冒充某分公司工作人员，在位于北京市西城区安德路甲67号的某分公司办公楼内，以“某分公司大楼不许外人进入”等虚假理由，阻止银行工作人员入内见证保兑仓协议的签署过程，任某借机用伪造的某分公司及负责人的印章，冒充某分公司在保兑仓协议上盖章，造成某分公司签订了合同的假象。在交纳票面金额30－50%的保证金后，任某以公司作为出票人向银行申请开立了共计55亿余元的银行承兑汇票。

2. 通过编造理由、冒充卖方工作人员等欺诈方式截留银行交付给卖方的银行承兑汇票

任某指使杨某以需了解邮件到达时间以及时向某分公司存票购货为由，骗取中信银行工作人员邮寄银行承兑汇票邮件的邮单号，掌握了邮件到达的时间和途径，同时，任某谎称邮件是自己交给某分公司购买货物的银行承兑汇票，让某分公司工作人员高某代收，高某在未经核实的情况下将邮件交给任某，使得任某从高某手中或者经高某同意从某分公司的收发室、邮寄邮件的顺丰速运公司北京市西城区分发点直接取得了中信银行承兑的银行承兑汇票。

任某亲自或指使杨某编造“需及时用承兑汇票向某分公司进货”以及“可以将承兑汇票代为转交给某分公司”的理由，从交通银行工作人员任某1、李某处骗得该行承兑的银行承兑汇票。

任某指使闫某在某分公司办公楼内冒充某分公司工作人员接收了民生银行、浦发银行工作人员交来的两行银行承兑汇票。

3. 在骗取的银行承兑汇票上加盖伪造的卖方印章进行票据贴现，并将贴现资金大量投入期货市场以及用于银行承兑汇票的骗新还旧

取得上述汇票后，任某将极少数汇票用于同某分公司的货物交易，将绝大部分汇票在没有真实交易的情况下，加盖虚假的某分公司印章后，安排公司人员从中介人员处以低于汇票面额约3%的比例将银行承兑汇票贴现，实际占有资金。任某将贴现后的资金以公司或亲友的名义投入期货市场及支付新开立银行承兑汇票的保证金、归还前期开立银行承兑汇票的到期资金，以继续骗取银行承兑。

4. 在无任何还款能力的情况下仍继续骗取银行承兑汇票，放任银行发生巨额损失

任某在期货市场、公司经营全面亏损的情形下，明知已经产生巨大亏空，入不敷出，且银行承兑汇票获得方式本身违法的情形下，仍然假借开展保兑仓业务之机，以公司为出票人签发无资金保证的银行承兑汇票，继续骗取四家银行承兑，在

中信银行等多家银行不再为其提供承兑业务后，资金链断裂，任某、闫某于 2014 年 7 月潜逃。银行承兑汇票到期后，致使四家银行实际垫付巨额资金。

（二）山东高院关于任某行为的性质认定

关于任某及其辩护人所提“主观上没有以非法占有为目的，不构成票据诈骗罪”的上诉理由和辩护意见，山东高院二审认为：

任某采取虚构保兑仓业务，隐瞒经营亏损及资金使用真相，骗取银行授信和票据承兑。任某使用诈骗的方法取得资金后，一方面用于支付新开立银行承兑汇票的保证金、归还前期银行承兑汇票到期资金，以期继续骗新还旧，拆东墙补西墙，维持资金链不断，一方面将资金投入期货市场后巨亏，两个方面同时交错、往复进行。在其公司正常经营年年亏损的情形下，任某实际已经明知如果资金链断裂，其必然没有在银行承兑汇票到期日支付资金的保证能力和归还能力，继续决定以公司名义欺骗银行签订保兑仓协议，骗取银行票据承兑，签发实际上已无资金保证的涉案银行承兑汇票。在中信银行等多家银行不再为其提供新的承兑后，资金链断裂，为逃避返还资金，在案发前潜逃，其行为应属于明知没有归还能力而大量骗取资金的情形，应认定其具有非法占有的目的。原审判决认定任某主观上具有非法占有的故意，依法以票据诈骗罪对其定罪处罚，定罪准确。

实务经验总结

（一）关于合同签约过程中发生“在买方办公室，伪装成买方工作人员，私刻萝卜章”问题的防范

上述案件被警方侦破后，网上一度相传该案属于新型高智商类经济犯罪案件，犯罪手段之高、涉案金额之大在济南市尚属首例。

除了在该案判决书中看到的任某的一些犯罪行为外，新闻报道中披露了更多任某的犯罪过程和细节，比如任某毕业于某名校，多年经商，与案件中的某分公司有过多年的贸易往来，熟知里面的操作程序，而且认识该公司的两位工作人员。这些为任某实施犯罪行为提供了最基础的“天时地利人和”的条件。

另外，在保兑仓签约过程中，据新闻报道称，在银行的工作人员至某分公司面签保兑仓合同的时候，任某事先通过认识的工作人员预定了该公司的一间会议室。在该公司会议室内，当要给保兑仓合同盖章的时候，任某称要把合同拿到公司财务部门去盖章，而实际上，任某是将合同带至厕所，在合同上加盖了早已准备好的伪造的该公司的印章。可见，银行工作人员至当事人公司内部面签合同都未能防止盖章之人是冒充的、印章是伪造的这些违法行为。

2019 年 7 月新闻报道的诺亚财富所涉的承兴国际对京东的虚假应收账款案件中，据传，当时资金方也是到了京东大楼内部去确认应收账款，但还是发生了“在买方楼里租一间办公室，伪装成买方财务人员，私刻萝卜章”的案例。这些案例简直匪夷所思，但却真实发生了。

为防止这类诈骗行为，当事人需要时刻谨慎小心，比如上述案例中，即便是在该某公司的办公楼内，银行工作人员也不可放松警惕，比如银行人员可能需要跟着盖章的人去该某分公司的财务部，看见盖章的过程才行。当盖章这个关键时刻脱离了银行工作人员的视线后，就与单方盖章然后邮寄合同没有区别了。

据新闻报道的这起案件的案发导火索是任某为了维持骗局，到济南继续寻找银行行骗，可是此时很多银行已增加了保险措施。银行要求所有的签约盖章必须要面对面，而且有实时监控。由此，任某无法继续行骗、填补窟窿。可见，银行通过加强对签约过程的风险监控，比如面对面签约及摄像这种较低成本的措施就可以防止一些不法分子钻空子诈骗。

另外，除了要提高相关工作人员的风险意识和风控措施以外，行业内针对这种合同造假情形，创造了数字签约的技术手段，为合同风控管理保驾护航。该数字签约手段是否能够规避传统人工签约的风险和隐患，我们拭目以待。

（二）从客观情况认定出票人签发无资金保证的票据，具有非法占有银行资金的目的，构成票据诈骗罪

广义的金融票据包括各种有价证券，如提单、仓单、运单、汇票、债券等；狭义的金融票据仅指我国票据法规定的有价证券，如汇票、本票和支票三种，刑法中的“票据”指的是狭义的票据。

根据《刑法》第一百九十四条规定，票据诈骗罪有五种犯罪行为方式，其中一种是“汇票、本票的出票人签发无资金保证的汇票、本票”。上述案例中，任某的行为即属此种，在其公司正常经营年年亏损的情形下，任某实际已经明知如果资金链断裂，其必然没有在银行承兑汇票到期日支付资金的保证能力和归还能力，却继续以公司名义欺骗银行签订保兑仓协议，骗取银行票据承兑，签发实际上已无资金保证的涉案银行承兑汇票。

骗取票据承兑罪与票据诈骗罪的一个主要区别就是行为人是否具有非法占有的目的，出票人签发无资金保证的票据，从客观情况可知其主观上企图非法占有银行资金，因而构成票据诈骗罪而非骗取票据承兑罪。

相关规定

《中华人民共和国刑法》

第一百九十四条第一款　有下列情形之一，进行金融票据诈骗活动，数额较大的，处五年以下有期徒刑或者拘役，并处二万元以上二十万元以下罚金；数额巨大或者有其他严重情节的，处五年以上十年以下有期徒刑，并处五万元以上五十万元以下罚金；数额特别巨大或者有其他特别严重情节的，处十年以上有期徒刑或者无期徒刑，并处五万元以上五十万元以下罚金或者没收财产：

（一）明知是伪造、变造的汇票、本票、支票而使用的；

（二）明知是作废的汇票、本票、支票而使用的；

（三）冒用他人的汇票、本票、支票的；

（四）签发空头支票或者与其预留印鉴不符的支票，骗取财物的；

（五）汇票、本票的出票人签发无资金保证的汇票、本票或者在出票时作虚假记载，骗取财物的。

十六、保兑仓交易中行为人如何实施了特大合同诈骗案？

阅读提示： 在保兑仓交易中，违法行为人实施票据诈骗和合同诈骗在主观方面都是以非法占有为目的，而且两项罪名的行为方式也可能存在重合，比如违法行为人在一开始均不具有履行保兑仓合同的诚意，虚构事实、隐瞒真相，利用各种欺骗手段，与银行达成保兑仓协议。如果最终受损的是银行，则一般构成票据诈骗罪，若受损的是保兑仓交易卖方，则一般构成合同诈骗罪。在合同诈骗罪的认定中，法院一般会审查哪些事实和因素？本文以两例特大合同诈骗案来说明法院在该类保兑仓犯罪中会着重考虑的案件因素。

裁判要旨

合同诈骗案件中行为人是否具有非法占有目的是罪与非罪的关键。认定是否具有非法占有目的，应从有无履行能力、有无实际履约行为、有无履行合同的意愿、履行态度是否积极、行为人事后态度等方面加以判断。如果非法占有目的的证据尚未达到确实、充分的证明标准，而且是否损害了保兑仓交易卖方的权益尚不明确，则不能认定行为人构成合同诈骗罪。

司法案例

（一）保兑仓买方无履约能力，却以诈骗手段诱使被害单位参与保兑仓交易，导致卖方损失惨重，买方构成合同诈骗罪

案例一： 广东省广州市人民检察院指控原审被告人宋某宇、朱某云、顾某英、金某成、占某梅犯合同诈骗罪二审刑事裁定书【广东省高级人民法院刑事裁定（2015）粤高法刑二终字第18号】

1. 该案案情介绍：

（1）某琦公司旗下控制多家公司，并与中某公司存在速贷仓业务合作。

某琦公司于2006年成立，主要从事钢材贸易及仓储业务，被告人宋某宇系某琦公司法定代表人、董事长。某琦公司以公司股东或中高层管理人员的名义先后成立了泱某公司、粤某公司、乾某公司、某佳公司等多家公司。上述公司人员、财务均由某琦公司实际控制。

乾某公司与中某公司签订速贷仓合作协议。双方合作经营中某公司速贷仓（以下简称中远速贷仓），约定双方分别在速贷仓设立专人进行业务对接。乾某公司的仓库工作人员负责对货物日常保管，按照中某公司出具的入库通知单和出库单据办理货物入库和出库手续。被告人金某成、占某梅分别担任乾某公司驻中远速贷仓的负责人和统计员。

（2）某琦公司冒用中某公司名义，向信某公司提供虚假库存单，在无货物的情况下，欺骗信某公司作为卖方与银行达成三方保兑仓业务合作，导致信某公司在保兑仓合同项下向银行支付数千万元。

宋某宇指使下属冒充中某公司人员，向信某公司谎称泱某公司和某佳公司（该两个公司均为某琦公司实际控制）有16000吨钢材存放在中某公司的速贷仓内，由信某公司向泱某公司和某佳公司购买这16000吨钢材，然后销售给某琦公司。由信某公司、某琦公司及天津银行上海分行三方签订保兑仓协议，某琦公司以其向天津银行上海分行开立的出票金额总计为7000万元的银行承兑汇票向信某公司购买钢材，信某公司则在取得钢材货权后将汇票背书给泱某公司和某佳公司，宋某宇指使的人员冒充中某公司人员向信某公司出具了虚假的速贷仓库存单，制造货权转移给信某公司的假象。汇票落入泱某公司和某佳公司后，最终该汇票款项转给了某琦公司。

合同约定期满，某琦公司仅支付了部分款项，信某公司也无法提取库存单中的钢材。至案发，信某公司向银行承担了银行承兑汇票的担保责任，实际损失数千万元。

2. 法院认定宋某宇构成合同诈骗罪

广东高院认为，现有证据足以认定宋某宇的行为构成合同诈骗罪，理由如下：

（1）宋某宇具有非法占有他人财物的故意。

第一，某琦公司没有履约能力。宋某宇的供述及证人证言证实某琦公司在2011年已经没有足够的资金进行正常经营，资金链已经断裂，公司办公大楼及宋某宇私人住所、绝大部分库存货物已经抵押借款，资不抵债。

第二，没有履行合同的诚意。“拆东墙补西墙”的方式不属于正常的经营活动。某琦公司骗取的货款并非用于双方所约定的用途，而是违反被害单位购买钢材的真正意向，将款项用于维持公司运转及归还其他债务，非法处分他人财物，不属于正常经营活动。某琦公司骗取信某公司的同时，有证据显示也在使用同样的欺骗方法进行所谓的融资，涉及的款项总计高达上亿元。宋某宇以支付高额的管理费或称保证金骗取资金后，除了部分用于维持公司的运转，大部分是以后款支付前款，这种没有任何盈利且明显亏本的高负债率经营方式，最终结果只能是欠款无法支付。

第三，宋某宇具有诈骗的间接故意。宋某宇骗取被害单位资金，用于维持某琦公司的运转及偿还公司的债务等，期待不确定的市场好转，是放任的主观故意。宋某宇辩称其没有非法占有的故意，其以欺骗方式骗取被害单位资金是期待钢材市场好转后再通过正常经营还款，但宋某宇明知这种期待极可能难以实现，最终导致无法还款，其仍然通过欺骗手段骗取巨额资金，这种侥幸心理，反映其放任被害单位资金无法归还的后果。

第四，从案发后宋某宇的行为看，宋某宇虽未逃匿，且与被害单位商谈所谓还款，但还款并不可能实现，其目的是拖延时间，逃避刑事追究。案发后，某琦公司所有财物均被各地法院或公安机关查封、冻结或扣押，由于某琦公司使用假仓单一货多押，甚至很多财物都被被害单位、债权人轮候冻结或查封，其负债高达 4 - 5 亿元。宋某宇明知自己无法还款，在其归案前却向被害单位表示可以向其公司投入新的资金，合作再投资后，再归还前期的款项，但其还款方案并无可行性和近期实现的可能性。

（2）客观方面，宋某宇实施了诈骗的行为。

宋某宇及其所指使的下属的供述及被害单位陈述以及相关证人证言、库存单、仓储协议、鉴定意见等证实宋某宇作为某琦公司的董事长，指使多人在签订和履行合同的过程中，伪造中某公司印章，冒充中某公司人员，将他人的货物或已经质押给银行的货物又重复抵押给被害单位，以支付小额保证金的形式，骗取被害单位货款。

综上，宋某宇明知某琦公司没有履约能力却使用欺骗手段骗取信某公司等被害单位巨额资金，违背被害单位意愿，擅自将巨额资金用于归还其公司的债务或用于公司的运转，宋某宇具有诈骗的主观故意和客观行为，宋某宇的行为构成合同诈骗罪。

（二）保兑仓买方承担了大部分银行资金敞口，且无证据证明其在行为之初就无履约能力且具有非法占有的目的，买方不构成合同诈骗罪。

> **案例二：**高某合同诈骗、诈骗案【山东省东营市中级人民法院刑事判决书（2017）鲁05刑初10号】

山东东营中院审理认为，是否具有非法占有目的是认定合同诈骗罪、诈骗罪成立与否的关键。认定是否具有非法占有目的，应从有无履行能力、有无实际履约行为、没有履行合同的原因、履行态度是否积极、行为人事后态度等方面加以判断。纵观本案：

（1）从双方整体交易情况看，自2009年高某公司（保兑仓交易买方）与永某公司（保兑仓交易卖方）开始轮胎购销业务以来，双方购销额高达4.3亿元，永某公司已收回货款3.99亿元；2010年11月，双方开始采用厂商银（保兑仓）协议模式进行合作，陆续签订厂商银协议达12份，在厂商银协议下共开出承兑汇票5.6亿余元，绝大部分敞口由高某公司填平，未归还敞口5473万元，未履行部分占总额比重较小。

（2）从操作模式看，在厂商银协议履行过程中，双方均未完全按照协议履行厂商银协议，对于违规操作双方均明知，对利用厂商银协议开出银行承兑汇票亦是双方认可的付款方式。

（3）从履行能力看，虽有部分证据证明2013年3月后高某公司经营困难、经济状况恶化、低于成本价销售轮胎，但公诉机关并未提供高某公司账目等反映资产负债情况的证据，现有证据不能全面反映高某公司的实际经营状况和资产负债情况，尚不足以证明高某公司已丧失经营能力和无履行合同能力。

（4）从事后态度看，经营发生困难后，厂商银协议继续履行，高某公司以厂商银协议下开出的2000万元银行承兑汇票偿还了永某公司部分欠款，并提出用有抵押债务的土地与永某公司协商偿还其余所欠货款，永某公司虽拒绝，但仍能反映具有归还欠款的主观意愿。

（5）从责任承担看，厂商银协议虽约定在高某公司不能偿还敞口时，由永某公司承担归还敞口责任，但在案证据显示，绝大部分敞口永某公司尚未实际代偿，且涉案银行、高某公司、永某公司三方均操作不规范，敞口责任是否由永某公司承担尚不明确。

综上，山东省东营中院认为，公诉机关指控被告人高某犯合同诈骗罪、诈骗罪的事实不清，证据不能达到确实、充分的法定证明标准，诉讼代理人所提“高某构成骗取票据承兑罪”的意见亦不能成立，不能认定被告人高某有罪。依照《中华人民共和国刑事诉讼法》第一百九十五条第（三）项、《最高人民法院关于适用〈中华人民共和国刑事诉讼法〉的解释》第二百四十一条第一款（四）项之规定，判决：被告人高某无罪。

实务经验总结

（一）卖方被买方欺诈加入保兑仓交易，因银行不知情，卖方不能拒绝向银行承担担保责任。

在案例一中，宋某宇虚构其控制的A公司拥有货物，诱骗信某公司去买这批货物，然后再卖给宋某宇控制的另一家B公司，就信某公司与B公司之间的购销交易，银行介入，三方成立保兑仓业务合作。B公司支付银行一定比例的保证金后，银行开具以信某公司为收款人的银行承兑汇票，信某公司拿到汇票后背书给A公司，用于支付对A公司的货款，于是，该汇票就落入了宋某宇的控制。因保兑仓交易的特点是缴付一定比例的保证金就能够开出全额的汇票，而且银行到期不能拒绝兑付，所以，谁最终拿到了汇票，就拿到了兑付的汇票金额。

作为保兑仓交易的卖方要对银行的垫款承担保证责任，所以，上述案例中，信某公司就不可避免承担了B公司的还款责任，相当于宋某宇欺骗了信某公司为其向银行的融资承担了担保。那信某公司可能抗辩提出，自己是被债务人B公司欺骗提供了担保。但对于该欺骗事实，银行是善意不知情的，更没有与B公司恶意串通骗取信某公司提供担保，所以，信某公司不能不承担对银行的保证责任。

这一系列的违法行为都是宋某宇一手主导并指使其公司人员完成，在行为之初，宋某宇所控制的各家公司就已经连年亏损、资不抵债，所以，宋某宇肯定明知不可能到期归还银行垫款，却还要诱骗信某公司提供担保，其非法占有他人财物的目的显而易见，法院认定宋某宇构成合同诈骗罪是罚当其罪。

（二）根据过往的贸易背景、买方在发生债务危机后的行为以及卖方是否已经发生确定损失来认定买方是否具有非法占有的目的。

案例二中，法院认定不存在欺诈事实，不具有非法占有的目的，买方无罪，主要是从这几个方面考虑：

1. 基础购销合同的买卖双方此前就一直有贸易往来，而且金额高达数亿元，且买方基本上都能够履约付款。对于银行开出的5.6亿余元的承兑汇票，买方对绝大部分敞口都能填平，未归还敞口仅5473万元，未履行部分占总额比重较小，这说明买方有一定的履约能力和履约意愿，是在正经做生意。

2. 在买卖双方的交易中，虽然也存在卖方将汇票又交回给买方的情况（这说明双方有虚构一部分购销交易量的情况），但买方拿到兑付款项后，也都用于偿还对卖方的欠款，并没有用做其他用途。而且，在买方出现偿付危机后，也提出用其他方式偿还卖方货款，可见，买方并没有赖账的心态。

3. 在保兑仓交易中，银行已经介入买卖双方的交易中来，其也承担了防控风险的义务和责任，如果银行自身也有一定的违约和过失，其也应该承担一部分自己的资金损失，不能全额要求卖方承担其垫款损失。所以，案例二中，法院认为在三方均操作不规范的情形下，卖方是否担责以及担责多少尚不明确，且实际上卖方也还没有向银行担责，因此，要认定买方骗取卖方财物，证据并不充分。

纵观上述因素，其实最核心还是双方的既往贸易背景，一旦发现之前买方不诚信履约的情况就已经很严重，却还继续开展保兑仓交易，法院可能就倾向于认为买方具有非法占有的故意。

相关规定

《中华人民共和国刑法》

第二百二十四条　有下列情形之一，以非法占有为目的，在签订、履行合同过程中，骗取对方当事人财物，数额较大的，处三年以下有期徒刑或者拘役，并处或者单处罚金；数额巨大或者有其他严重情节的，处三年以上十年以下有期徒刑，并处罚金；数额特别巨大或者有其他特别严重情节的，处十年以上有期徒刑或者无期徒刑，并处罚金或者没收财产：

（一）以虚构的单位或者冒用他人名义签订合同的；

（二）以伪造、变造、作废的票据或者其他虚假的产权证明作担保的；

（三）没有实际履行能力，以先履行小额合同或者部分履行合同的方法，诱骗对方当事人继续签订和履行合同的；

（四）收受对方当事人给付的货物、货款、预付款或者担保财产后逃匿的；

（五）以其他方法骗取对方当事人财物的。

十七、保兑仓交易涉嫌刑事犯罪时，民事案件是否应中止审理？

阅读提示： 保兑仓交易中涉刑案件多发，不可避免会产生刑民交叉时民事程序是否中止的问题，不同主体基于各自的利益和立场，会有不同的意见主张，那么，法院对此一般是如何处理的？

裁判要旨

若依据民事案件中认定的案件事实足以做出裁判，则不属于“必须以另一案的审理结果为依据”的情况，应当继续审理。但若民事案件必须以相关刑事案件的审理结果为依据，而刑事案件尚未审结的，应当裁定中止民事诉讼。

基本案情[①]

卖方鄂某公司、买方准某公司和兴业银行签订了三方《合作协议书》。本案三方当事人合作模式系以卖方鄂某公司与买方准某公司之间购销合同为基础，以开立兴业银行承兑汇票方式支付货款的保兑仓业务模式。

（一）买方准某公司虚构资信材料，骗取银行资金。

经湖北省鄂州市中级人民法院（2017）鄂07刑初6号刑事判决查明，准某公司的法定代表人林某琰在明知准某公司严重资不抵债，无力偿还银行贷款的情况下，指使其公司工作人员提供虚假的企业财务报表、伪造的审计报告等资信材料，向兴业银行上海市北支行申请2.8亿元的授信额度，骗取银行资金归个人使用。准某公司、林某琰、吴某旺及王某军均已构成票据诈骗罪。而根据鄂州公安局西山分局对兴业银行上海市某支行经办人王某峰、张某阁等人所作询问笔录记载，该行工作人员未依规调查核实准某公司提供的贷款申请资料及财务状况即签注核实无误，同意授信。

（二）买方准某公司贿赂卖方工作人员、截留案涉汇票并进行虚假汇票背书贴现。

据准某公司业务经办人吴某旺向公安机关供述，在实际履约过程中，林某琰、

---

① 案件来源：武汉钢铁集团鄂某钢铁有限责任公司、兴业银行股份有限公司上海市某支行合同纠纷二审民事裁定书【最高人民法院（2018）最高法民终413号】。

吴某旺以贿赂手段买通鄂某公司经办人王某军后以与上述刑事案件相同手段骗取鄂某公司工作人员在《商品金额证明书》及回执单上加盖鄂某公司印章，截留案涉汇票并伪造鄂某公司印章进行虚假汇票背书贴现。

争议焦点

该案是否应当中止审理，待相关刑事案件审结后，再恢复审理？

法院裁判观点

最高人民法院认为：

鉴于上述事实可能影响本案合同性质与基本事实的认定，原审在未区分案涉各方当事人的过错责任的情况下，判令鄂某公司承担全部连带责任不当。因该刑事判决所涉刑事案件进入二审审理阶段，该一审判决尚未发生法律效力。因此在相关刑事案件审结前，本案应中止审理，在刑事案件查明的事实基础上，再依法裁判本案。

案例延伸阅读

案例一：翰某汇信息产业股份有限公司、华夏银行股份有限公司某分行合同纠纷再审审查与审判监督民事裁定书【最高人民法院（2019）最高法民申4144号】

本案中，翰某汇公司、华夏银行与群某科贸公司三方签订《未来提货权融资业务合作协议书》，其中约定翰某汇公司就银行承兑汇票的票面金额与累计发货的货款总金额之间的差额负有独立的差额退款义务。汇票到期发生垫款后，华夏银行主张翰某汇公司应承担差额退款责任。

翰某汇公司主张：

本案并非单纯的金融借款纠纷，而是民刑交叉的重大复杂案件。群某科贸公司和天某动漫公司的实际控制人肖某等人因涉嫌伪造印章、骗取银行承兑汇票已被南昌市公安局立案侦查且已经移送检察院审查起诉，目前尚未有审判结果，而该刑事案件的结果是本案责任认定的重要依据，因此本案应当中止审理并移送公安机关或检察机关。

华夏银行主张：

翰某汇公司提及的肖某、李某涉嫌伪造印章、骗取票据承兑罪刑案，方某、沈某琪涉嫌违规出具金融票证罪刑案，与本案均不属于同一法律关系，翰某汇公司认为本案应当移送公安机关处理或者中止审理，无事实及法律依据。本案中华夏银行针对翰某汇公司拒绝履行退款合同义务所提起的民事案件与上述两刑事案件所涉及罪名的犯罪构成及损失因果关系有本质区别，不属于同一法律关系，因此本案应继续审理。

最高人民法院认为：

本案是保兑仓交易中的银行主体在垫付汇票承兑款后主张其他交易主体还款引发的纠纷，翰某汇公司以本案涉及刑事犯罪为由，在实际收到汇票款的情况下主张中止审理本案并无依据。依据原审查明的事实，华夏银行已经向翰某汇公司的指定人员李某邮寄了银行承兑汇票，翰某汇公司也出具了盖有公司真实印章的《收款确认函》予以确认，即华夏银行已履行了合同约定的义务，因此收到票据款的翰某汇公司应当按照约定及时退回差额款项。

翰某汇公司在再审申请理由中提到华夏银行的工作人员在贷款业务中存在违规行为，但该违规行为存在于先前的贷款审核环节，不影响翰某汇公司作为保兑仓业务的卖方在收取票据款后需承担的票面金额与累计发货的货款总金额间的差额退还义务，因此本案无需中止审理，原审法院依法对翰某汇公司应承担的责任作出判决亦无不当。

案例二：河北哥某夫商贸有限公司、交通银行股份有限公司某分行金融借款合同纠纷二审民事判决书【福建省泉州市中级人民法院（2017）闽05民终3462号】

上诉人哥某夫公司在上诉请求中主张：

本案的事实为原审被告王某平等人伪造上诉人的企业相关公章，瞒骗被上诉人的贷款，已经涉嫌刑事犯罪，依法应中止审理。原审法院认定不存在中止审理的法定情形实属错误。

福建泉州中院认为：

本案无需中止审理。虽然公安机关立案受理哥某夫公司印章被伪造一案，但该法律关系与本案金融借款合同纠纷属不同法律关系，所涉法律事实不同。本案存疑的合同或凭证均加盖有哥某夫公司认可的公章或其法定代表人签章，足以认定。相关犯罪事实的审理和查明不会影响案涉合同的法律效力及当事人之间权利义务的认定，本案的处理并不以该刑事案件的审理结果为前提。故本案不符合法律关于中止审理的规定。

实务经验总结

（一）民事案件必须以刑事案件的审理结果为依据的，在刑事案件审结前，应当中止审理。

在保兑仓交易相关案件中，被告主张在申请贷款及汇票承兑过程中存在伪造资信资料、公章印章等情况，涉嫌刑事犯罪，应当中止民事诉讼审理的情况并不少见。依照《民事诉讼法》第一百五十条第（五）项的规定，若正在审理的民事案件必须以刑事案件的审理结果为依据的，在刑事案件审结前，应当中止审理。

如果银行在贷款审批、汇票交接、承兑等环节存在违反审查义务及合同义务的情况，而相关的事实必须在刑事案件中才可以查清，不排除法院会认为应当中止审理，在刑事案件查明的事实基础上审理民事案件。所以，银行应当注意在贷款审批和汇票出具、交接及承兑过程中核查相关资信材料及印章签字等，依约履行合同义务。

（二）哪些情形不需要中止审理？

在司法实践中，“民事案件的审理是否必须以刑事案件的结果为前提”仍是一个不确定的标准，需要依据案件的整体情况判断。在一些情形下，若民事案件事实中的义务、责任足以认定，则无须中止审理，如：

1. 贷款审批环节涉嫌违规犯罪不影响已实际承兑汇票的收款人承担差额退款义务。

如上述华夏银行所涉案例中，华夏银行向翰某汇公司的指定人员李某邮寄了银行承兑汇票，翰某汇公司也出具了盖有公司真实印章的《收款确认函》予以确认，最高人民法院因此判定翰某汇公司履行差额退款义务明确，即便在贷款申请和审批环节存在违规行为涉嫌犯罪，也不影响翰某汇公司民事责任的成立。

所以，虽然在前面的贷款审批环节存在违规涉嫌犯罪的行为，若后续的汇票交接、承兑严格依约完成，汇票收款人已经取得汇票款，则不影响汇票收款人履行差额担保义务，该义务与贷款审批环节所涉的犯罪事实并非同一法律关系，无须中止审理。

2. 责任人主张其公司被诈骗的犯罪行为与其所涉的具体保兑仓融资交易无法确定关联性。

在案例二中，买方公司作为融资人主张他人伪造公司印章向银行申请贷款，申请贷款并非公司真实意思表示，公司不应担责。但是，买方公司所提供的相关刑事案件资料并不能证明福建泉州中院所审理的针对这一笔具体交易的案件中买方公司的公章被伪造，且现有证据可以认定，存疑的合同或凭证均加盖有哥某夫公司认可的公章或其法定代表人签章，所以，该公司所涉的伪造印章、被诈骗的刑事案件与该民事案件无法确认关联性，相关刑事案件的审理不影响本案事实的认定，买方公司中止审理的请求未被支持。

相关规定

《中华人民共和国民事诉讼法》

第一百五十条 有下列情形之一的，中止诉讼：

（一）一方当事人死亡，需要等待继承人表明是否参加诉讼的；

（二）一方当事人丧失诉讼行为能力，尚未确定法定代理人的；

（三）作为一方当事人的法人或者其他组织终止，尚未确定权利义务承受人的；

（四）一方当事人因不可抗拒的事由，不能参加诉讼的；

（五）本案必须以另一案的审理结果为依据，而另一案尚未审结的；

（六）其他应当中止诉讼的情形。

中止诉讼的原因消除后，恢复诉讼。

《最高人民法院关于在审理经济纠纷案件中涉及经济犯罪嫌疑若干问题的规定》

第一条 同一公民、法人或其他经济组织因不同的法律事实，分别涉及经济纠纷和经济犯罪嫌疑的，经济纠纷案件和经济犯罪嫌疑案件应当分开审理。

第十条 人民法院在审理经济纠纷案件中，发现与本案有牵连，但与本案不是同一法律关系的经济犯罪嫌疑线索、材料，应将犯罪嫌疑线索、材料移送有关公安机关或检察机关查处，经济纠纷案件继续审理。

第十一条 人民法院作为经济纠纷受理的案件，经审理认为不属经济纠纷案件而有经济犯罪嫌疑的，应当裁定驳回起诉，将有关材料移送公安机关或检察机关。

《全国法院民商事审判工作会议纪要》

十二、关于民刑交叉案件的程序处理

会议认为，近年来，在民间借贷、P2P 等融资活动中，与涉嫌诈骗、合同诈骗、票据诈骗、集资诈骗、非法吸收公众存款等犯罪有关的民商事案件的数量有所增加，出现了一些新情况和新问题。在审理案件时，应当依照《最高人民法院关于在审理经济纠纷案件中涉及经济犯罪嫌疑若干问题的规定》《最高人民法院关于审理非法集资刑事案件具体应用法律若干问题的解释》《最高人民法院　最高人民检察院　公安部关于办理非法集资刑事案件适用法律若干问题的意见》以及民间借贷司法解释等规定，处理好民刑交叉案件之间的程序关系。

130. **【民刑交叉案件中民商事案件中止审理的条件】**人民法院在审理民商事案件时，如果民商事案件必须以相关刑事案件的审理结果为依据，而刑事案件尚未审结的，应当根据《民事诉讼法》第150条第5项的规定裁定中止诉讼。待刑事案件审结后，再恢复民商事案件的审理。如果民商事案件不是必须以相关的刑事案件的审理结果为依据，则民商事案件应当继续审理。

第二章　生产阶段的存货融资

存货融资是融资企业或出质人以其自有货物作为质押物从银行融资。由于动产（主要是原材料、产成品）的物流跟踪、仓储监管、抵质押手续办理、价格监控乃至变现清偿等方面都存在一系列问题，金融机构为了贷款安全，向来不愿意接受动产质押，但是在供应链背景下，由于核心企业的保证、回购作为保障，银行因此开展货物质押业务。

在传统的动产质押基础上，随着市场竞争以及各方尤其是出质人的需求，动态动产质押业务应运而生，又称为核定库存质押业务，较之静态动产质押（非定库存质押）最大的区别在于：质押物处于非封存可流动状态，出质人可以按约定的方式提取、置换、补新出旧；而传统的静态动产质押业务中，借款企业不得随意提取或更换其已质押给银行的货物，除非补入保证金、归还银行授信或者增加其他担保。在动态动产质押业务中，银行会根据存货的价值核定出最低价值控制线，当货物价值在控制线之上时，借款企业可自行向仓储监管方提出提货或者换货的申请；而当货物价值在控制线之下时，借款企业只能向银行提出申请，然后仓储监管方根据银行的指令进行提货或换货操作。

存货融资可以采取的质押方式，除了动产质押之外，也可以货物仓储所生的仓单进行仓单的权利质押，该权利质押由于与底层货物的状况密切相关，依赖于货物的价值变现，所以，本部分以存货质押指代存货和仓单质押这两种融资方式。

下文将就存货质押的业务流程、法律关系和风险防范问题作以介绍：

（一）业务流程

此业务流程包括：（1）中小企业向金融机构申请动产质押贷款；（2）金融机构委托物流企业对中小企业提供的动产进行价值评估；（3）物流企业进行价值评估，并向金融机构出具评估证明；（4）动产状况符合质押条件的，金融机构核定贷款额度，与中小企业签订动产/权利质押合同，与核心企业签订回购协议，并与物流企业签订仓储监管协议；（5）中小企业将动产移交物流企业；（6）物流企业对中小企业移交的动产进行验收，并通知金融机构发放贷款；（7）金融机构向中小企业发放贷款。

用图表表示如下：

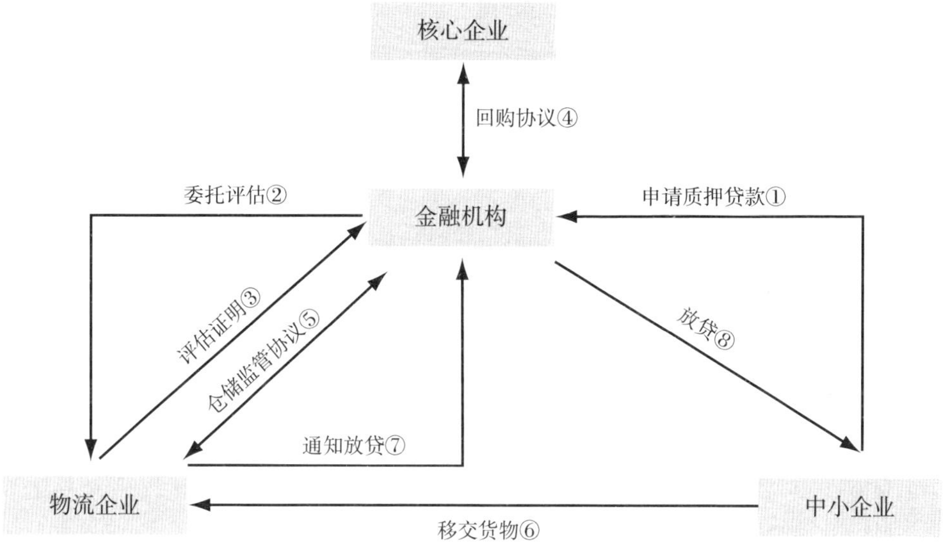

当然，上述业务流程中，当事人根据实际情况，也会有所调整，比如有的存货融资业务中就不存在核心企业的回购担保，仅有的担保措施就是存货质押。也有的用于质押的货物继续存放于出质人仓库，不存在银行与第三方的质押监管协议。

（二）法律关系

存货质押的实现一般需要仓储公司的介入，所以，基本法律关系包括贷款融资、存货质押和仓储监管三项法律关系。

动产质押的特征是质权人占有并妥善保管质押物，这些是由仓储公司代银行完成的，银行与物流仓储公司之间的仓储监管协议在性质上属于委托协议，如果仓储公司因自身原因导致货物毁损灭失，应该向银行承担损害赔偿责任。

同时，此仓储行为不是独立的，它是整个质押融资业务的一部分，仓储监管协议也不是独立的协议，而是融资协议的从协议。在“河南万某运业有限责任公司与中国工商银行股份有限公司某支行、项城市万某来面粉有限公司金融借款合同纠纷再审民事判决书”【河南省高级人民法院民事判决书（2016）豫民再197号】中，河南高院就指出“在本案中，贷款人与借款人的商品融资合同纠纷和贷款人、监管人之间的质物监管纠纷之间存在密切的牵连关系，原审合并处理，程序上并无不当。”

（三）银行的风险及防范

由于存货质押本身就存在操作风险、价格波动风险、仓储意外风险，以及价值变现难的问题，所以，银行在整个业务流程中的风险是一直存在的。这其中，比较突出的风险体现在如下方面：

1. 货物监管风险

在动态质押中，出质人为了物尽其用、取货方便，往往质押物会继续存放于出质人的库区、厂房，而非第三方物流监管方的仓储地点，此种情况下，有必要将质押物的存放地点与出质人的其他厂房、仓库进行隔断区别，确保质押物的仓库地理位置独立化、可分化。而且，由于厂房、仓库均是由出质人的工作人员来管理，银行所指定的物流监管公司的工作人员发挥监管的作用受到限制，所以，银行有必要选择值得信赖的监管方，若对合作监管方选择失当，或者监管方存在渎职问题，比如监管方与借款企业串通，自行出货、以次充好、以假充真，银行的资金安全将无法保障。

对此，有必要加强仓储监管协议中监管方的监管责任，参考中国工商银行股份有限公司某支行与兰溪市科某金属制品有限公司、浙江蓝某金属科技有限公司等金融借款合同纠纷案【浙江省兰溪市人民法院（2015）金兰商初字第1035号】中对监管方的义务条款，可以在协议中约定：监管方怠于履行监管职责，未能审查、核对出实际库存与质物种类、价格、最低要求通知书（代出质通知书）和借款人声称交付货物之间在数量上的巨大差异，造成质物短少，应当对质权人的损失承担赔偿责任。另外，在该案中，即便是借款人强行出库造成质物价值减损，法院也认为这并非属于不可抗力，仓储监管方也应该对此承担监管不力的责任。

2. 动态动产质押的货物价值账实不符

由于质物流动性的特征，可能存在的情况是质押合同中不能明确质物的品名、规格、型号等保证质物特定性的要素，导致实际质物的品名不清、种类繁多、清点不易。从现有的案例来看，也不乏账实不符，实际质物价值远远低于借款人所声称的价值的情况。另外，由于质物品种繁多，银行经办人员对相关货物所属行业不熟，就无法准确跟踪监督质物的市场价格走势，这也会导致质押不足。对此，应该注意加强质物的明确性和特定性，包括指派专人对货物进行定期或不定期的盘点，建立货物价格跟踪监管制度，一旦发现货物价值账实不符的情况，应该及时向银行通知，银行再要求出质人补充担保。

存货融资中涉及的问题远不止上述所谈到这些，本部分将通过实际发生过的涉及存货融资的相关案例，来展示存货融资业务中可能遇到的问题和纠纷，并通过分析法院的裁判思路，来为各方防范风险提供借鉴。

另外，本书在写作过程中恰逢我国《民法典》的出台，《民法典》中与存货融资相关的担保规定发生了一系列的变革，这些变革将不可避免地影响存货融资业务的开展，对此，本书将在此部分的末尾对相关重要规定予以梳理和分析。

一、质物真实性存疑且质物监管人未尽妥善保管义务的，应担何责？

阅读提示：质押监管法律关系中，质物监管人往往与出质人、债权人签订《动产质押监管合作协议》，债权人委托监管人监管出质人交付的质物，但事后发现所谓的质物实际上并不存在，或者有真实的质物，但是，监管人违规向出质人放货、因保管不善导致质物短缺，无论哪种情况，最终都导致债权人的质权无法实现，那么监管人应当承担何种法律责任？

裁判要旨

在质物监管法律关系中，仓储监管人违反合同约定的监管义务，导致质物毁损灭失，应向债权人承担违约赔偿责任。该违约责任应当为补充责任，而非连带责任或直接责任。监管人在质物监管合同中系帮助债权人实现质权的辅助人，而非债权实现的直接义务人。故在质物不存在、短缺、灭失的情况下，应当先由主债务人或者在先的过错方承担责任，不足部分由监管人承担补充赔偿责任。

基本案情①

2013 年 5 月 15 日，水某湖支行（甲方）作为质权人与信某和公司（乙方）作为出质人、商某储运公司（丙方）作为监管人三方签订《动产质押监管合作协议》，约定：乙方提供为甲方所认可的质物。商某储运公司代理水某湖支行占有、监管质物的场所定于湖北开某实业发展公司淮南分公司和铁四局第三工程处材料仓库；商某储运公司违反协议约定造成质物短损灭失、水某湖支行质权落空，导致质物不足质物最低价值的，应当承担不足部分的赔偿责任。

2013 年 5 月 16 日，信某和公司（甲方）与水某湖支行（乙方）签订《最高额动产质押合同》，约定：信某和公司以其存放于开某实业发展公司淮南分公司的煤炭和铁四局第三工程处材料仓库的精煤，评估值为人民币 1 亿元，折扣率为 70%，

① 案件来源：武汉市商某储运有限责任公司、汉口银行股份有限公司水某湖支行合同纠纷再审民事判决书【（2018）最高法民再 88 号】。

对水某湖支行在从 2013 年 5 月 16 日至 2014 年 5 月 16 日的期间内，在人民币 7000 万元的最高融资余额限度内，连续向信某和公司融资形成的债权，提供最高额动产质押担保。

2013 年 5 月 17 日，信某和公司将 6 万余吨煤存入监管方指定的仓库。商某储运公司予以确认。

2013 年 3 月、5 月及 2014 年 1 月、3 月商某储运公司向水某湖支行出具《台账》及《清单》载明质物数量及价值；但，2014 年 5 月 12 日，商某储运公司向水某湖支行出具《工作联席会》称，对开元洗煤厂存煤盘点预估为 2800 吨，并已要求信某和公司近期将差额部分补齐。

同年 6 月 23 日，水某湖支行复函称，商某储运公司承认开元洗煤厂内现存煤炭预估数为 2800 吨的事实已违反《协议》约定，有义务赔偿其全部损失。

争议焦点

在质押监管法律关系中监管人违反合同约定，未尽监管义务的，如何承担责任？

法院裁判观点

武汉中院认为：

第一，因水某湖支行作为质权人与信某和公司作为出质人、商某储运公司作为监管人在三方签订的《动产质押监管合作协议》中约定，在监管设立环节及整个监管过程中，商某储运公司代理水某湖支行收取、占有、监管质押合同项下质押财产；质物以《质押清单》列明的为准；自《查询及出质通知书（附确认回执）》到达商某储运公司并经商某储运公司确认之日起，质物移交至水某湖支行，由商某储运公司代理水某湖支行占有质物，并按本协议的规定履行监管责任；商某储运公司违反协议约定造成质物短损灭失、水某湖支行质权落空，导致质物不足质物最低价值的，应当承担不足部分的赔偿责任；商某储运公司占有、监管质物的存续期间，从质物由商某储运公司代理水某湖支行占有、监管时开始，至水某湖支行以向商某储运公司送达《解除质押监管通知书》方式通知商某储运公司全部质物解除质押时止；商某储运公司应当严格按照本合同的约定予以办理提货、换货手续并保证其监管下的质物价值始终不得低于质物的最低价值。故商某储运公司依合同的约定必须保证其监管下的质物价值始终不得低于质物的最低价值，如违反协议约定造成质物短损灭失、导致质物不足质物最低价值，致水某湖支行质权落空，应当承担不足部分的赔偿责任。

第二，关于本案质押物的灭失，商某储运公司一直主张系信某和公司强行出货导致，但其未提交证据予以证明，即使该事实属实，亦不能证明其全面履行了合同义务；商某储运公司亦未提交证据证明其依约及时通知水某湖支行并采取必要措施防止货物灭失，亦未提交证据证明其已向公安机关报警，履行了及时通知以及报警义务等适当应急措施。

质物灭失系因被告商某储运公司监管不力造成，监管方应依约就质物监管合同承担赔偿质押物损失或赔偿相应价款的违约责任。

湖北高院认为：

根据《动产质押监管合作协议》，商某储运公司作为监管人加入前述质押合同关系中，并成立三方合同关系。根据《动产质押监管合作协议》的约定，商某储运公司负有代水某湖支行收取、占有、监管并保证监管中的质物价值不低于水某湖支行所设定的最低价值的义务，义务期间自商某储运公司向水某湖支行出具《查询及出质通知书（附确认回执）》的确认回执时起至水某湖支行向商某储运公司出具《解除质押监管通知书》止。该约定符合《中华人民共和国物权法》所规定的观念交付形态，故自商某储运公司向水某湖支行出具确认回执后，商某储运公司即应履行上述合同义务。商某储运公司在一、二审中均称从未实际占有过质物，并在二审中进一步明确，商某储运公司向水某湖支行出具的《质物清单》《查询及出质通知书（附确认回执）》的确认回执、《信某和公司监管点质押物监管台账》等均为形式上出具，已构成对违反监管义务的自认。在动产质押监管法律关系中，质权人仅需提供证据证明质物短少即已完成证明义务，监管人需就自身不存在监管过错及存在免责事由承担举证责任。现质物仅余 2800 吨，商某储运公司未履行监管义务的自认已足以认定其应承担违约赔偿责任。商某储运公司未履行监管义务致现存质物仅余 2800 吨是客观事实，根据《动产质押监管合作协议》的约定，商某储运公司应对水某湖支行确定的最低价值 6000 万元与现存质物的差额部分承担赔偿责任。

最高人民法院认为：

质押监管合同兼具保管合同和委托合同的性质，对于质权人水某湖支行而言，商某储运公司作为其受托人监管质物，仅是帮助水某湖支行实现质权的辅助人，而非质权实现的直接义务人。故在质物短缺、灭失的情况下，应该先由主债务人偿还债务，不足部分由监管人承担补充赔偿责任。现引发本案纠纷的首要原因是债务人信某和公司不能清偿债务，因此，商某储运公司作为辅助义务人，根据其在质物移交和质物监管中的过错程度，对信某和公司及其他担保人仍不能清偿部分，应当承担相应的补充赔偿责任。此外，根据《中华人民共和国商业银行法》的相关规定，本案中质权设立即质物移交之时，水某湖支行作为专业金融机构应当审查信某和公司提交的足以证实质物所有权、质量、品质的资料（包括且不限于购销合同、增值税发票、报关单、货运单、质量合格证、买卖合同等）以确定质物权属、数量、价值。但水某湖支行作为债权人和质权人在质物移交时未到场核实清点确认质物，对自己质权的实现疏于管理并放任质权不能实现的风险放大，亦存在过错，也应承担相应责任。故综合本案具体情况，应判定商某储运公司对水某湖支行质权不能实现部分承担80%的补充赔偿责任为宜。

案例延伸阅读

案例一：大连倖某投资管理有限公司与中国外运辽宁储某公司等借款合同纠纷案【（2016）最高法民终650号】

最高人民法院认为：

大连谷某公司、倖某公司与辽宁储某公司对涉案质权不能设立所造成的损失均有过错，均应承担责任。

第一，对于出质人大连谷某公司而言：

根据《中华人民共和国物权法》第二百一十二条的规定，质权自出质人交付质押财产时设立。本案中，大连谷某公司与倖某公司签订《最高额动产质押合同》，合同成立并生效，但是大连谷某公司自始没有交付质物145400吨玉米，质权未设立。

第二，对于质权人倖某公司而言：

首先，根据合同约定可知，涉案质物应当首先由大连谷某公司交付倖某公司，然后再由倖某公司交由辽宁储某公司监管。因此，倖某公司在将质押监管物交付辽宁储某公司监管之前是知道或应当知道涉案质物是否存在的。

其次，根据《中华人民共和国物权法》第二百一十五条规定可知，质权人负有妥善保管质押财产的义务。但倖某公司未履行相应义务，倖某公司既未对质物实际库存情况进行审查，也不督促辽宁储某公司按照监管合同约定进行审查，即在签订《最高额动产质押合同》当天，向辽宁储某公司出具了盖有其公章及法定代表人名章的《代出质通知书》，该通知书不仅记载了质物名称、产地、重量，而且记载了货物库存情况。该行为一方面表明倖某公司对质物是否在库是知道或者应当知道的，另一方面也表明其不仅怠于履行其法定质物审查义务，而且对自己债权的实现疏于管理并听任债权不能实现的风险放大。对质物自始不存在致使质权不能设立所造成的损失，倖某公司本身存在明显过错，也应当承担相应责任。

第三，对于质物监管人辽宁储某公司而言：

首先，辽宁储某公司承担责任的性质应为违约责任。本案中，《动产质押监管协议》约定，辽宁储某公司应按照倖某公司要求核对质物权属和品质证明文件，按照《代出质通知书》列明的内容核查大连谷某公司交付的货物及现有的库存，监管期间，因各种原因质物发生短少、毁损、变质、灭失等可能影响倖某公司权益的情形，应在24小时内通知倖某公司，并采取适当的应急措施。但是，辽宁储某公司未按合同约定履行查验、核对、清点质物的义务及报告义务，造成倖某公司的质权因质物自始不存在而未能设立，对于因质权未设立而给倖某公司造成的债权不能实现的损失，应当承担相应责任。这种责任因违反合同约定义务而来，性质上属于违约责任。

其次，辽宁储某公司承担责任的方式应为补充赔偿责任。在债权债务及担保法律关系中，债务人是终局性义务人，担保人在替代债务人清偿债务后可以向债务人追偿，属于从义务人，二者依法或依约定而产生，都是债权人的直接义务人。相对于债务人与担保人而言，担保物监管人仅是帮助债权人实现债权的辅助人，而不是债权实现的直接义务人，其责任虽具有一定的独立性，但除因自身原因造成监管担保物灭失外，其责任需依附于债务人与担保人的直接责任，如果直接责任因清偿而消灭，由于债权人获得清偿而不存在损失，则其监管责任也相应消灭。所以其只可能是前述直接义务人后的辅助性补充性义务人。实践中，在以下两种情况中更应如此。一是债权产生在先并已陷入不能清偿风险。由于这种情况中债权不能清偿风险已在先产生，而担保物监管在后出现，债权并不是因信任担保权的保障及担保物监管人的监管而产生，债权不能实现的首要原因是债务人不能清偿债务，与担保物监管人的后续进入并不存在直接因果关系。二是债权人、担保人对质权不能设立存在过错且过错在先。由于这种情况中债权不能实现的首要原因除债务人不能清偿债务外，主要是债权人、担保人的在先过错导致质权没有设立，所以担保物监管人的后续进入对质权实质上已无法设立并不能产生根本性影响。上述两种情况中，担保物监管人的责任都只应是辅助性的补充性的。

本案中，一方面，涉案原始债权早在2013年5月、9月、12月及2014年5月已形成，且均已超过约定还款期限而未清偿。即使对于受让上述原始债权的倖某公司而言，其相当一部分债权的受让也发生在涉案《动产质押监管协议》签订时的

2014 年 6 月 4 日之前。涉案债权不能清偿风险发生在《动产质押监管协议》签订前，辽宁储某公司对涉案质物的监管在后出现，涉案债权并不是因信任大连谷某公司提供的质权保障及辽宁储某公司对质物的监管而产生，其不能实现的首要原因是债务人大连谷某公司不能清偿债务，与辽宁储某公司作为质物监管人的后续进入并不存在直接因果关系。

另一方面，涉案倖某公司质权因质物自始不存在而不能设立，首要原因在于在先的债务人大连谷某公司的虚假出质以及债权人倖某公司对债务人虚假出质的审查存在过错，辽宁储某公司作为质物监管人的后续加入只是将这种虚假出质状态延续下去，而不是因为辽宁储某公司的监管行为直接造成了虚假出质。因此，辽宁储某公司的责任应当排位在债务人大连谷某公司及相关担保人的直接责任之后，责任方式应认定为补充赔偿责任。倖某公司债权损失的具体数额在人民法院强制执行债务人大连谷某公司及其他担保人之后方可确定，辽宁储某公司应对人民法院对大连谷某公司及其他担保人强制执行并穷尽一切执行措施后仍不能清偿部分，承担补充赔偿责任。

最终判决认定：

1. 由于质押人大连谷某公司、质权人倖某公司、质物监管人辽宁储某公司对涉案质权不能设立均存在过错，三方均应承担相应的责任，且作为质物交付主体的大连谷某公司为主要责任，本院认为质物监管人辽宁储某公司对涉案质权不能设立给倖某公司造成的损失应承担的责任份额以不超过 30% 为宜。

2. 辽宁储某公司在人民法院对债务人大连谷某公司及其他担保人强制执行后倖某公司债权仍不能清偿部分，承担不超过 30% 的补充赔偿责任。

实务经验总结

（一）根据监管人监管质物是受谁委托确定质权是否有效设立

根据《全国法院民商事审判工作会议纪要》第 63 条关于流动质押设立的规定，流动质押的质权是否设立需要考量：其一，监管人是受债权人的委托还是受出质人的委托监管质物；其二，质物是否已交付债权人，即债权人是否已实际占有质物。

1. 如果监管人系受债权人的委托监管质物，则其是债权人的直接占有人，应当认定出质人完成了质物交付，质权有效设立；

2. 如果监管人系受出质人委托监管质物，表明质物并未交付债权人，应当认定质权未有效设立；

3. 如果三方在监管协议中约定监管人系受债权人的委托管理质物，但有证据证明其并未履行监管职责，质物实际上仍由出质人管领控制，则应当认定质物并未实际交付，质权未有效设立。债权人既可要求质押人承担违约责任也可要求未履行监管职责的监管人承担违约责任。

结合上述延伸案件，出质人实际并未交付质物，质权并未设立。但是，出质人、质权人、质物监管人三方对此均存在过错，虽然上述规定仅明确债权人既可要求质押人承担违约责任也可要求未履行监管职责的监管人承担违约责任，但是，债权人自身如果存在过错，也应按照与有过错规则自担一部分损失。

根据《民法典》第四百三十二条规定，质权人负有妥善保管质押财产的义务，其将保管义务转移给监管人行使，并不能免除其自身应该履行的相应义务，比如对质物实际库存情况进行审查，以及督促监管人按照监管合同约定进行审查等。

（二）监管人的责任为补充赔偿责任

《全国法院民商事审判工作会议纪要》第63条同时规定“监管人违反监管协议约定，违规向出质人放货、因保管不善导致质物毁损灭失，质权人请求监管人承担违约责任的，人民法院依法予以支持。”该规定未明确监管人如何承担违约责任，结合上述案例的判决结果，监管人应当承担违约损害赔偿责任，责任方式为补充责任。之所以为补充赔偿责任，原因包括：

1. 导致债权人无法实现债权的直接原因是债务人或担保人未清偿债务，债务人、担保人才是直接的责任人。相对于债务人与担保人而言，担保物监管人仅是帮助债权人实现债权的辅助人，而不是债权实现的直接义务人，其责任虽具有一定的独立性，但除因自身原因造成监管担保物灭失外，其责任需依附于债务人与担保人的直接责任，如果直接责任因清偿而消灭，由于债权人因获得清偿而不存在损失，则监管责任也相应消灭，所以监管人只可能是前述直接义务人后的辅助性补充性义务人。

2. 债权人、出质人对质权不能设立存在过错且过错在先。由于这种情况中债权不能实现的首要原因除债务人不能清偿债务外，主要是债权人、担保人的在先过错导致质权没有设立，所以担保物监管人的后续进入对质权实质上已无法设立并不能产生根本性影响。

（三）补充赔偿责任的承担是否以在先责任人的强制执行为前提条件

虽然上述第二个案件中，最高人民法院判决辽宁储某公司在人民法院对债务人大连谷某公司及其他担保人强制执行后倖某公司债权仍不能清偿部分，承担不超过30%的补充赔偿责任，似乎明确了应该以强制执行为条件。但是，第一个案件同样是最高人民法院的判决，却并未写明这个条件。

从保护债权实现的角度，不应该以强制执行为前提条件，只要直接责任人迟延未赔偿，债权人就可以向补充责任人主张赔偿。但是，补充赔偿责任实际上是以对在先责任人强制执行为前提条件的，所以，法律对质物监管人承担责任其实还是很优待的。

相关规定

《全国法院民商事审判工作会议纪要》

63.【**流动质押的设立与监管人的责任**】在流动质押中，经常由债权人、出质人与监管人订立三方监管协议，此时应当查明监管人究竟是受债权人的委托还是受出质人的委托监管质物，确定质物是否已经交付债权人，从而判断质权是否有效设立。如果监管人系受债权人的委托监管质物，则其是债权人的直接占有人，应当认定完成了质物交付，质权有效设立。监管人违反监管协议约定，违规向出质人放货、因保管不善导致质物毁损灭失，债权人请求监管人承担违约责任的，人民法院依法予以支持。

如果监管人系受出质人委托监管质物，表明质物并未交付债权人，应当认定质权未有效设立。尽管监管协议约定监管人系受债权人的委托监管质物，但有证据证明其并未履行监管职责，质物实际上仍由出质人管领控制的，也应当认定质物并未实际交付，质权未有效设立。此时，债权人可以基于质押合同的约定请求质押人承担违约责任，但其范围不得超过质权有效设立时质押人所应当承担的责任。监管人未履行监管职责的，债权人也可以请求监管人承担违约责任。

《中华人民共和国民法典》

第四百三十二条　质权人负有妥善保管质押财产的义务；因保管不善致使质押财产毁损、灭失的，应当承担赔偿责任。

质权人的行为可能使质押财产毁损、灭失的，出质人可以请求质权人将质押财产提存，或者请求提前清偿债务并返还质押财产。

二、质物自始不存在，金融机构的损失由谁承担？

阅读提示：存货融资属于动产质押，在交付质物、转移占有之后，质权始设立。在存货融资实务操作中，通常由出质人、金融机构、物流仓储公司三方签订一份质物监管协议，由物流仓储公司实际占有、保管质物，但是，如果事后发现质物自始根本就不存在，所有的仓单、仓单明细都是虚构的，那么，金融机构的贷款损失应由谁承担，金融机构自身是否存在过错？

裁判要旨

（一）由于出质人并未将质物实际交付于质权人和监管人，质物自始不存在，质权未设立，所以，出质人应对债务承担主要责任。

（二）金融机构在审贷过程中对质物的权属、价值及实现质权的可行性负有法定的审查义务，不能通过委托协议全部转移给监管人，若其怠于履行该法定义务，对其债权的实现疏于管理，使债权不能实现的风险放大，也应承担相应责任。

（三）监管人在质物监管合同中系帮助债权人实现质权的辅助人，而非债权实现的直接义务人。故在质物不存在、短缺、灭失的情况下，应当先由主债务人或者在先的过错方承担责任，不足部分由监管人承担补充赔偿责任。

基本案情[①]

（一）2013 年 7 月 15 日，法国某银行与某泓公司、某辉公司签订《货物管理三方协议》，约定：某辉公司同意依据信贷融资及质押协议将货物质押给法国某银行，由某泓公司对仓储在仓库的相关货物提供货物管理服务；某泓公司将依照协议约定就货物出具以法国某银行为存货人的仓单，在法国某银行为仓单持有人的情况下，仅根据法国某银行发出的有关放货指示对货物予以放货；某泓公司应自收到仓单时起至设置于货物之上的质押终止时止所发生的货物的丢失或损害对法国某银行承担赔偿责任，除非该丢失或损害是由于不可抗力事件或某泓公司不能合理控制的

① 案例来源：BNP PARIBAS（法国某银行）与某泓仓储物流（上海）有限公司仓储合同纠纷二审民事判决书【上海高院（2016）沪民终 183 号】。

其他原因造成的。

（二）某泓公司于2013年12月至2014年2月期间，依照以案外人青岛大港公司与蓬莱港公司名义出具的原始仓单向法国某银行出具了五份仓单，仓单所附质押通知中，某泓公司均确认已经收到全部质押货物，该质押货物属于出质人并储存在仓库内。

（三）2014年6月9日，某泓公司向法国某银行发送电子邮件，内容为质押监管协议下的五份仓单的储存地，即青岛港与蓬莱港的货物可能存在缺失、欺诈行为。

（四）2015年4月28日，根据司法鉴定中心的鉴定意见可知，前述以案外人青岛港和蓬莱港公司名义出具的原始仓单上的签字与印鉴均与检材不符，出质人某辉公司有可能进行了虚假出质。

（五）法国某银行向法院提起诉讼，请求作为货物监管人的某泓公司承担赔偿责任。

争议焦点

货物监管协议项下，因出质人原因导致质权未设立的，监管人是否应当承担责任以及承担何种责任？

法院裁判观点

上海高院认为：

系争《货物管理三方协议》系各方当事人的真实意思表示，且不违反法律、法规的禁止性规定，应为合法有效，各方当事人均应恪守。

法国某银行主张因某泓公司的违约行为，导致其对系争质押物的优先受偿权无法实现，应赔偿其损失。对此，本院认为，法国某银行的质权成立与否是其享有对质押物优先受偿权的前提。根据本案证据《司法鉴定意见书》《鉴定文书》可知，以案外人名义出具的原始仓单上的签字、印鉴与检材不符，真实性存在瑕疵。

一审中，法国某银行对《司法鉴定意见书》《鉴定文书》的真实性、合法性、关联性均无异议，而在二审中又主张该两份鉴定书的形成和采纳存在重大瑕疵，但并无相应的证据予以佐证。因此，根据鉴定书等相关证据材料可知，一审判决认为无法认定系争货物真实存在并无不当。

根据《中华人民共和国物权法》第二百一十二条的规定：质权自出质人交付质押财产时设立。法国某银行是系争货物的质权人，在某辉公司未实际交付质押物的情况下，法国某银行对系争货物的质权不能成立。

根据《货物管理三方协议》的约定，某泓公司对仓储在仓库的相关货物提供货物管理服务，是系争货物的监管人。如某泓公司作为质押物监管人因监管失职导致质权不成立，应当根据《货物管理三方协议》的约定承担责任。但应当明确的是，在债权债务及担保法律关系中，债务人是终局性义务人，担保人在替代债务人清偿债务后可以向债务人追偿，属于从义务人，二者依法或依约定而产生，都是债权人的直接义务人。

相对于债务人与担保人而言，质押物监管人仅是帮助债权人实现债权的辅助人，而不是债权实现的直接义务人，其责任虽具有一定的独立性，但除因自身原因造成监管担保物灭失外，其责任依附于债务人与担保人的直接责任，如果直接责任因清偿而消灭，由于债权人因获得清偿而不存在损失，则其监管责任也相应消灭。所以质押物监管人只可能是前述直接义务人后的辅助补充性义务人。

本案中，涉案质权因质物未交付而不能设立，首要原因在于债务人某辉公司的虚假出质，因此，某泓公司责任的承担应当排位在债务人某辉公司及相关担保人的直接责任之后，是一种补充赔偿责任。

法国某银行在质权未成立的情况下，质权人损失的具体金额应依照主合同履行情况予以确定。因某辉公司进入清算程序，法国某银行已经申报了相应债权。但是在损失尚未确定的情况下，法国某银行直接依据系争仓单所列货物价值主张相关权利，缺乏事实和法律依据。

案例延伸阅读

案例一：某物流集团上海有限公司与招商银行股份有限公司上海某支行、上海宏某实业有限公司、上海宝某储运有限公司、焦某明合同、侵权纠纷案【最高法院（2009）民提字第40号】

最高人民法院认为：

本案中招行某支行作为债权人与作为出质人的宏某公司签订了质押合同，并就质押合同项下的质物监管与某物流公司签订了监管协议，某物流公司作为监管人对质押合同项下的质物进行监管，但是事后发现质物根本就不存在。

第一，招行某支行对损失的产生是否存在过错？

根据《商业银行法》第三十五条、第三十六条规定，招行某支行在审贷过程中对质物的权属具有法定的审查义务。招行某支行认为，其对质物权属的审查以及质物的监管义务已经通过质物监管协议委托给了某物流公司。但是，在招行某支行与某物流公司签订质物监管协议之前，招行某支行就已经接受了宝铁公司出具的仓单附仓单明细，并办理了出质背书手续。而招行某支行在此过程中并没有对宏某公司提供的仓单项下的质物是否存在尽到审查义务，没有能够发现仓单项下的钢材不存在的事实。

在质物虚假的情况下，根据招行上海分行2004年4月26日批准的宏某公司的承兑申请，招行某支行与宏某公司签订银行承兑协议，并于同日将并不存在的质物交由某物流公司办理质物移交手续并实施监管。因此，招行某支行对于因质物虚假造成的损失，存在一定过错，应承担相应的责任。

第二，某物流公司是否应该对招行某支行的损失承担赔偿责任？

根据质物监管协议中招行某支行、宏某公司、某物流公司的三方声明，出质通知送达某物流公司视为质物移交招行某支行占有。可见，招行某支行并没有亲自参与办理质物移交手续，而是委托给监管人某物流公司，而质物监管协议和质物清单均载明质物系宏某公司自有，因此，作为专业监管人，某物流公司在接受宏某公司移交的质物时，应该对质物的权属进行审查。

可是，某物流公司在事实上并没有尽到该义务，其在办理质物移交手续时没有发现质物虚假的事实，将非宏某公司的钢材当作质物予以接受，且在质物监管协议中声明承兑协议项下的质物已验收完毕，质物已入其监管区域妥善保管，并开具质物清单交付招行某支行，导致招行某支行在质物不存在的情况下仍然对宏某公司开具的汇票予以承兑，从而遭受损失。

此外，对质物权属的审查，是监管人实施核库、监管的前提条件，然而某物流公司在日常监管中也没有尽到审查义务。在招行某支行等待放款的一个多月内，某物流公司与宝铁公司给招行某支行填发的仓单明细载明货主是宏某公司，在招行某支行承兑放款后，其与宝铁公司又先后三次给招行某支行填发了仓单明细，该仓单明细仍然载明货主是宏某公司，致使招行某支行一直未能发现质物虚假问题。

因此，某物流公司在接受质物以及日常监管中均没有尽到应有的审查义务，存在过错，对招行某支行因此造成的损失应该承担赔偿责任。

第三，双方各自承担责任的比例。

本案中，招行某支行与宏某公司于2004年4月27日签订了银行承兑协议、动产质押合同，并于同日与某物流公司签订质物监管协议，但直到一个多月后的6月11日才对宏某公司的汇票承兑付款。可见，某物流公司在招行某支行承兑付款前有足够的时间对质物权属进行审查。如果某物流公司在日常监管中尽到自己的审查义务，及时发现质物虚假的事实，则招行某支行也就不会在质物虚假的情况下仍然承兑付款，损失也就不会发生。

此外，根据2004年3月9日招行某支行与泓某公司签订的借款合同和招行某支行、某物流公司、泓瑞公司签订的质物监管协议，招行某支行于同日将其已经同意的与本案相同的担保质物委托某物流公司进行接收和监管。如果招行某支行在最初的借款审查中能够发现质物的虚假，其所有损失根本就不会发生；如果某物流公司在该批质物的接收和监管中能够发现质物虚假，则招行某支行在本案中也就不可能与宏某公司签订承兑协议并对汇票予以承兑。

但是某物流公司没有尽到审查义务，没有发现质物虚假的事实，导致招行某支行在向泓瑞公司发放贷款后，又对宏某公司的汇票进行承兑，造成了更大的损失。

鉴于上述事实，应认为某物流公司对招行某支行损失存在较大过错，应承担主要责任，招行某支行虽然也有过错，但相对较小，应承担次要责任。

案例二：大连保税区珠江某银行股份有限公司、中某发展股份有限公司合同纠纷二审民事判决书【辽宁省高级人民法院（2018）辽民终585号】

辽宁省高级人民法院认为：

本案争议焦点主要在于，珠江某银行、中某公司应否对涉案质权不能设立所造成的损失承担责任以及双方责任如何分担。

《中华人民共和国物权法》第二百一十二条规定："质权自出质人交付质押财产时设立。"本案中，出质人港湾某公司和质权人珠江某银行虽然均在该质押财产清单上加盖印章，确认案涉质押财产（23600吨玉米）已经出质人和质权人核实无误，但根据本案查明的事实，出质人港湾某公司并未将案涉质物实际交付于质权人珠江某银行和监管人中某公司，案涉质物自始不存在，致使珠江某银行与谷物公司签订的质押合同成立并生效但质权未设立。

《最高人民法院关于适用〈中华人民共和国担保法〉若干问题的解释》第八十六条规定："债务人或者第三人未按质押合同约定的时间移交质物的，因此给质权人造成损失的，出质人应当根据其过错承担赔偿责任。"据此，对因质权未设立给珠江某银行造成的损失，应当根据出质人谷物公司、质权人珠江某银行和质物监管人中某公司的过错程度，分别承担相应责任。

由于出质人谷物公司、质权人珠江某银行、质物监管人中某公司对涉案质权不能设立均存在过错，三方均应承担相应的责任，因谷物公司是涉案质物的出质人，同时也是本案的债务人，应对涉案债务承担全部责任。

至于珠江某银行的承担责任份额问题，珠江某银行作为金融机构对借款人的资信，保证人的偿还能力，抵押物、质物的权属和价值及实现抵押权、质权的可行性承担审查义务属于法定义务，不能通过委托协议全部转移给监管人中某公司，其怠于履行该法定义务，对其债权的实现疏于管理，使债权不能实现的风险放大，应承担主要责任。

由于中某公司未按合同约定履行查验、核对、清点质物的义务及报告义务，致使珠江某银行的债权不能实现，应承担相应的违约责任，其承担责任份额为以不超过给珠江某银行造成的损失30%为宜。

案例三：吉林银行股份有限公司长春某支行与中国外运辽宁储某公司合同纠纷一审民事判决书【吉林省高级人民法院（2018）吉民初15号】

吉林省高级人民法院认为：

辽宁储某公司承担责任的方式应为补充赔偿责任。因为，在债权债务及担保法律关系中，债务人是终局性义务人，担保人在替代债务人清偿债权后可以向债务人追偿，属于从义务人，二者依法或依约定而产生，都是债权人的直接义务人。相对于债务人与担保人而言，担保物监管人仅是帮助债权人实现债权的辅助人，而不是债权实现的直接义务人，其责任虽具有一定的独立性，但除因自身原因造成监管担保物灭失外，其责任需依附于债务人与担保人的直接责任，如果直接责任因清偿而消灭，债权人因获得清偿而不存在损失，则其监管责任也相应消灭。所以其只可能是前述直接义务人后的辅助性补充性义务人。

8.5万吨质物对应的质权因质物自始不存在而不能设立，首要原因在于在先的债务人大连谷某公司的虚假出质以及债权人吉林银行某支行对债务人虚假出质的审查存在过错，辽宁储某公司作为质物监管人的后续加入只是将这种虚假出质状态延续下去，而不是因为辽宁储某公司的监管行为直接造成了虚假出质。9.5万吨质物被作为出质人的大连谷某公司抽逃，大连谷某公司应负主要责任。

因此，辽宁储某公司的责任应当排位在债务人大连谷某公司的直接责任之后，责任方式应认定为补充赔偿责任。吉林银行某支行债权损失的具体数额在人民法院依据（2015）长刑二初字第12号刑事判决书与（2016）吉刑终187号刑事裁定书强制责令债务人大连谷某公司退赔并对其他担保人强制执行之后即可确定，辽宁储某公司应对人民法院对大连谷某公司及其他担保人强制执行并穷尽一切执行措施后仍不能清偿部分，承担补充赔偿责任。因此，质物监管人辽宁储某公司应承担的责任份额以不超过30%为宜。

实务经验总结

在质物自始不存在场合，出质人、质权人、监管人三方均有过错，三方的责任分配如下：

（一）出质人是主要责任人

出质人肯定是罪魁祸首，其虚构质物，交付了根本就不存在的所谓质物，应对金融机构的损失承担主要责任。

（二）金融机构未尽审查义务的过错与其风险防范

对金融机构而言，《商业银行法》已经明确规定“商业银行应当对保证人的偿还能力，抵押物、质物的权属和价值以及实现抵押权、质权的可行性进行严格审查。”那么，如果事后发现质物自始不存在，则银行自身也是有过错的，应自担一部分损失。

从本文所援引的四个案例来看，如何识别及防范虚构质物事件发生，是金融机构开展供应链金融业务中的一个重要风险防控问题。与应收账款的保理、质押融资不同的是，若应收账款是虚构的，在债务人与债权人合谋虚构场合，视为应收账款实际存在，债务人不能以应收账款虚假为由对抗金融机构的债权。但是，在质物虚构场合，质权无法设立，金融机构的债权就没有了质物担保。

所有的仓单、仓单明细都有可能是作假的，所以，银行有必要选择值得信赖的监管方，若对合作监管方选择失当，银行的资金安全将无法保障。

（三）监管人的补充赔偿责任

《全国法院民商事审判工作会议纪要》第63条规定“监管人违反监管协议约定，违规向出质人放货、因保管不善导致质物毁损灭失，质权人请求监管人承担违约责任的，人民法院依法予以支持。”

该规定适用于质物真实存在、监管人因监管不善导致货物毁损灭失时应承担违约责任。但是，对于质物自始不存在的情形，首要原因在于在先的债务人的虚假出质以及债权人对债务人虚假出质的审查存在疏忽过错，质物监管人的后续加入只是将这种虚假出质状态延续下去，而不是因为监管行为直接造成了虚假出质。因此，监管人的责任应当排位在债务人的直接责任之后，责任方式应为补充赔偿责任。

相关规定

《中华人民共和国民法典》

第四百二十九条 质权自出质人交付质押财产时设立。

《中华人民共和国商业银行法》

第三十五条 商业银行贷款，应当对借款人的借款用途、偿还能力、还款方式等情况进行严格审查。

商业银行贷款，应当实行审贷分离、分级审批的制度。

第三十六条 商业银行贷款，借款人应当提供担保。商业银行应当对保证人的偿还能力，抵押物、质物的权属和价值以及实现抵押权、质权的可行性进行严格审查。

经商业银行审查、评估，确认借款人资信良好，确能偿还贷款的，可以不提供担保。

三、质权有效设立，质物监管人的失职行为与其补充赔偿责任

> **阅读提示：**存货融资业务指基于金融机构委托第三方物流监管企业对借款人合法拥有的储备物、存货或交易应收的商品进行监管，以商品价值作为首要还款保障，为借款人提供的结构性短期融资业务。《全国法院民商事审判工作会议纪要》第63条第一款规定了存货融资业务中质权有效设立时，监管人的违约责任，第二款规定了质权未有效设立时，监管人的违约责任问题。就质权因质物自始不存在未有效设立的责任分配，在上一篇文章中做了详细解读。本文将就质权有效设立时，发生质物短少、毁损灭失等情形，监管人应承担的责任进行分析。

裁判要旨

（一）贷款银行与出质人、监管人三方签订的质押监管协议具有多重属性，包括作为存货融资合同的从合同，作为接受质权人指示监管货物的委托合同，以及作为监管人履行监管义务的保管合同。

（二）若债权人与债务人之间的借款法律关系及质押法律关系中没有约定监管人承担连带责任或保证责任，在监管人失职情形下，监管人仅在债权人向债务人申请强制执行且债权未获全部清偿的前提下承担补充赔偿责任。

基本案情①

（一）2015年5月，大理鸿某公司与浦发银行某分行签订融资额度协议及动产最高额质押协议。

（二）浦发银行某分行（甲方、质权人）、大理鸿某公司（乙方、出质人）、长某集团（丙方、监管人）签订了《汽车经销商网络融资车辆委托监管协议》，其中“鉴于”部分记载：“丙方受甲方委托对质押的融资车及汽车合格证进行监管。本协议中甲、丙方形成委托监管关系，丙方因监管不善导致甲方受损，需直接向甲方

① 案例来源：中国信达资产管理股份有限公司某省分公司、吉林省长某实业集团有限公司合同纠纷再审审查与审判监督民事裁定书【（2019）最高法民申1423号】。

承担全部监管责任，不得因任何合同关系对抗甲方。”

（三）浦发银行某分行依约向大理鸿某公司发放贷款，金额共计3680万元，大理鸿某公司用上述贷款购买了97台融资车辆，长某集团接收了上述融资车辆（含商品车、汽车合格证、钥匙），并向浦发银行某分行出具了《车辆及合格证监管确认清单》及《车辆及合格证监管确认书》，后大理鸿某公司陆续将销售回款12519795元交给了浦发银行某分行，浦发银行某分行依约释放了对应价值的融资车辆。

（四）长某集团监管下的59台车辆缺失，长某集团亦认可其对本案争议的59台车辆均未实际占有。浦发银行某分行主张本案所涉的59台车辆由大理鸿某公司私自出售。长某集团则主张是大理鸿某公司为长某集团提供保险柜的时候预留了密码和钥匙，使用伪造合格证和钥匙的犯罪手段偷走了真正的合格证和钥匙。

（五）浦发银行认为长某公司作为货物监管人未尽到监管质押物的义务，诉请长某公司对浦发银行未能实现债权的损失承担全部责任。

争议焦点

长某公司作为货物监管人是否应当对监管货物灭失承担赔偿责任？

法院裁判观点

最高人民法院认为：

关于原审判决长某公司承担补充赔偿责任是否正确的问题：

一方面，《委托监管协议》第六条约定：“合同任一方违反履行本协议的保证、责任或者义务给其他方造成损失的，应当赔偿受损方所遭受的实际损失”；“因长某公司原因造成质物毁损缺失，给甲、乙方造成经济损失的，长某公司应向甲、乙方承担赔偿责任”。从合同约定的文义来看，对于浦发某分行与鸿某公司之间的借款法律关系及质押法律关系，并无长某公司需要承担连带责任的约定，也无长某公司承担保证责任的约定，在此情况下，原审法院判决长某公司承担补偿赔偿责任，并无不妥。

另一方面，就本案当事人之间的法律关系而言，主合同债权债务关系为鸿某公司与浦发某分行的借款法律关系，从合同关系为鸿某公司与浦发某分行的质押法律关系，而长某公司与鸿某公司、浦发某分行的法律关系为监管案涉质物的法律关系。在此多重、多种法律关系中，在长某公司对于案涉监管既无担保约定又无连带责任的情况下，原审法院从本案实际，认为浦发某分行应首先向鸿某公司主张债权，且在债权未获清偿的情况下才能向长某公司主张补充赔偿责任。

关于原审法院适用责权义一致原则是否正确的问题。从本案合同实际履行的情况来看，即使长某公司完全且周延地履行了每日盘库工作，并完成对账及对车、证相符情况进行核对等合同约定的全部义务，亦无法避免鸿某公司采用恶意违约手段私售车辆的行为，更不能避免本案当事人鸿某公司采取违法手段实施恶意违约行为。故原审法院认定，相对于债务人、质押人及恶意违约人鸿某公司的直接责任而言，监管人长某公司虽存在违约行为和监管过失，但其只应在担保物价值范围及违约程度范围内承担相应的补充赔偿责任，符合本案实际。

且双方在庭审过程中均对长某公司每月仅收取 3000 元的监管费没有异议，该监管费与长某公司所承担的风险和义务不能形成正比，因此《委托监管协议》中约定的监管人的权利义务不能构成对价关系。根据公平原则，长某公司承担义务和责任范围应与其所享受的权利即本案收取的监管费一致，而不能过度超过其履行监管义务所收取的对价。因此，综合考虑以上因素，原审法院酌定监管人长某公司对人民法院强制执行债务人鸿某公司并穷尽一切执行措施后仍不能清偿部分承担不超过 30% 的补充赔偿责任，同时以质押财产价值的 30% 为限，并无不当。

案例延伸阅读

案例一：北京阜某投资有限公司、高某发委托合同纠纷再审审查与审判监督民事裁定书【最高院（2019）最高法民申 1163 号】

最高人民法院认为：

本案所涉《动产质押监管协议》系某农商行与志某远公司、阜某公司的真实意思表示，内容不违反法律法规的强制性规定，合法有效。

首先，关于阜某公司是否应当承担责任的问题。本案所涉质物系按三方约定的方式进行交付，虽存放于志某远公司仓库内，但由阜某公司依照合同约定占有并进行监管。质物于 2013 年 6 月 5 日移转于阜某公司占有，阜某公司向某农商行报送了 42 份质物监管报告。

根据《动产质押监管协议》第十五条约定，在监管期间，除不可抗力的事件外，质物毁损灭失或由于阜某公司未尽到保管责任导致质物变质、短少、受污染的，阜某公司就货物损失承担赔偿责任。本案所涉质物在监管期间丢失，依约应由阜某公司对质物损失承担赔偿责任。阜某公司申请再审称质物丢失系监管方式局限性所致，阜某公司不应承担违约责任，但并未提供证据加以证明，故最高院不予支持。

其次，关于阜某公司承担赔偿责任数额的问题。依据《动产质押监管协议》之约定，在监管期间，除不可抗力的事件外，质物毁损灭失或由于阜某公司未尽到保管责任导致质物变质、短少、受污染，给某农商行与志某远公司造成损失的，阜某公司应承担货物损失的赔偿责任。

根据阜某公司出具的《关于对出质人山东志博远国际贸易有限公司质物的监管报告》记载，阜某公司应确保其所监管的质物价值不少于 2600 万元。现价值 2600 万元的货物短少，其应向某农商行与志某远公司赔偿货物损失，且某农商行对此享有优先受偿权。根据（2014）淄商初字第 255 号民事判决，某农商行尚未受偿的债权为借款本金 1300 万元、利息 50300 元（计算至 2014 年 8 月 8 日，之后的利息按照流动资金借款合同的约定计算至判决确定的支付之日）、律师费 34000 元、诉讼费 106691 元并扣除某农商行已受偿部分。而根据《最高额动产质押合同》的约定，某农商行享有的该最高额动产质押所担保的债权最高余额为 1300 万元及实现质权的费用。对于超出部分，某农商行就涉案质物不享有因质权而产生的优先受偿权。虽然某农商行的债权已有生效判决判令志某远公司和担保人、保证人承担，但阜某公司、高某发没有就该债权的实际受偿情况提供证据，故一审判决认定某农商行的实际损失数额高于其享有质权优先受偿权数额，从而确定某农商行可以向阜某公司主张赔偿责任的金额，并驳回某农商行对于超出的部分诉讼请求，并无不当。最终判定阜某公司赔偿某农商行经济损失 1300 万元。

案例二：中海华某物流有限公司与中国工商银行股份有限公司某支行保管合同纠纷再审复查与审判监督民事裁定书【江苏省高级人民法院（2014）苏审三商申字第 075 号】

江苏省高级人民法院认为：

2011 年 10 月 24 日，某工行与伊某公司签订《商品融资合同》，约定：伊某公司向某工行借款人民币 400 万元，借款期限为 6 个月，伊某公司自愿将其所有的 3312 吨小麦提供质押担保，担保范围包括借款本金、利息、罚息、复利、违约金、赔偿金、保管费用、实现债权的费用和所有其他应付费用，质物交由中某公司进行监管。同时，伊某公司法定代表人黄某某及其妻徐某某提供保证。

2011 年 10 月 25 日，某工行（甲方、质权人）、伊某公司（乙方、出质人）、中某公司（丙方、监管人）三方为保障某工行与伊某公司签订的《商品融资合同》

的履行，伊某公司将其享有所有权的小麦质押给某工行，某工行和伊某公司均同意将质物（3312 吨小麦）交由中某公司监管，中某公司同意接受某工行的委托并按照某工行的指示监管质物，三方签订了《商品融资质押监管协议》，合同对权利义务作了明确约定。

协议第 2.6 条：在质物的转移占有过程中，甲乙双方根据融资合同的约定，向丙方出具《质物种类、价格、最低要求通知书（代出质通知书）》（见附件），丙方按照通知书列明的内容核查乙方交付的货物及现有的库存，如经核对，乙方交予的货物及实际库存与《质物种类、价格、最低要求通知书（代出质通知书）》记载相符，丙方接受乙方交付的货物，代表甲方占有货物，丙方向甲方签发《质物清单（代动产质押专用仓单）》（见附件）时，视为质物交付完成，质押生效。丙方应及时将《质物清单（代动产质押专用仓单）》抄送乙方，乙方认可《质物清单（代动产质押专用仓单）》的内容及其效力。实际交付占有的质物以《质物清单》列明的为准，如融资合同对质物的约定不明，或者约定的质物与实际交付的质物不一致的，以实际交付占有的质物为准。若三方无其他书面约定，丙方查核乙方交付货物主要依据表面审查、外观检查和单据审查的方法。

某工行、中某公司及伊某公司签订的《商品融资质押监管协议》系各方真实意思表示，依法成立，合法有效，各方应按照合同约定履行各自的义务。根据该协议第 2.6 条的约定，在质物的转移占有过程中，某工行、伊某公司根据《商品融资合同》的约定，向中某公司出具《质物种类、价格、最低要求通知书（代出质通知书）》，中某公司按照通知书列明的内容核查伊某公司交付的货物及现有的库存。

中某公司核查伊某公司交付货物主要依据表面审查、外观检查和单据审查的方法。从中某公司监管员在泰兴市公安局珊瑚派出所的陈述来看，其在现场核查质物时，并没有对筒仓的半径、高度等数据进行实际勘察，仅听信伊某公司法定代表人黄某某给出的筒仓半径、高度等数据，计算出筒仓容量及质物库存量，可见中某公司未尽上述协议第 2.6 条约定的核查义务，故质物的短少责任在于中某公司。

在质物的实际数量低于《质物种类、价格、最低要求通知书（代出质通知书）》约定的数量时，中某公司仍向某工行签发了《质物清单（代动产质押专用仓单）》，接收了质物。此后，中某公司仍未履行核查质物的义务，且未经某工行同意，擅自向伊某公司放货 1600.186 吨，致使质物进一步流失，从而导致某工行对质物的优先受偿权不能全部实现并产生实际损失。因此，根据《商品融资质押监管协议》第 13.1 条的约定，中某公司应承担赔偿某工行实际损失的责任。

泰兴市人民法院（2012）泰商初字第 0270 号生效民事判决已认定，伊某公司经某工行同意将现有库存小麦 1219.215 吨出售，变现款为 2304316 元，扣除 20 万元工人工资后的剩余款项 2104316 元，作为伊某公司偿还贷款本金。而且，某工行同意伊某公司从质物变现款中扣除工人工资 20 万元，系为及时处置质物，防止损失进一步扩大。因此，中某公司认为不应从质物变现款中扣除工人工资 20 万元，依据不充分。鉴于伊某公司、黄某某、徐某某未自觉履行上述判决，且经一审法院强制执行未能受偿，某工行的损失已实际存在并确定，故中某公司应当以某工行的实际损失承担赔偿责任。

法院认定某工行的实际损失为：本金 1895684 元、利息 162952.62 元（21011.11 元及自 2012 年 1 月 21 日起至判决确定给付之日即 2012 年 6 月 7 日止按合同约定利率计算的利息）、实现债权的费用（律师代理费 69350 元、案件受理费 19677.5 元），合计 2147664.12 元。该实际损失不超过中某公司应支付的小麦价值，据此判决中某公司于判决生效之日起十日内赔偿某工行人民币 2147664.12 元。

实务经验总结

（一）质物监管责任的来源

以前的《物权法》、《担保法》以及新实施的《民法典》均明文规定："质权人负有妥善保管质物的义务。因保管不善致使质物灭失或者毁损的，质权人应当承担民事责任。质权人不能妥善保管质物可能致使其灭失或者毁损的，出质人可以要求质权人将质物提存，或者要求提前清偿债权而返还质物。"该条规定质权人在收到质押物时应负有妥善保管的义务，否则要承担质押物因毁损、灭失而产生的不利法律后果。

金融机构作为质权人，在质物的占有、保管、监管方面肯定心有余而力不足，只能委托给专业的物流仓储公司，质物监管协议应运而生，该协议包含委托合同、保管合同、担保合同三重属性，属于混合合同。当质权人将质押物交给专业的监管人，监管人必然承继了质权人的监管义务，如质物非因不可抗力毁损、灭失，或无合同约定的免责事由，监管人必然要承担质物毁损、灭失而产生的不利后果。

（二）监管人履行监管义务的具体要求

质押监管协议中对监管人的义务约定一般都较为周全细致，从现有发生争议的案例来看，监管人的监管失职主要集中在交付接收、出货、放货环节，在这几个方面，监管人应该注意：

1. 在质物转移占有过程中，监管人应按照质权人、出质人出具的《质物种类、价格、最低要求通知书（代出质通知书）》列明的内容核查出质人交付的货物及现有的库存。在核查时，不应只依据表面审查、外观检查和单据审查的方法，或以出质人的单方说明替代实际核查，而应对质物的数量、质量等数据进行实际勘察，计算出质物的库存量，否则视为未尽核查义务。在质物的实际数量低于《质物种类、价格、最低要求通知书（代出质通知书）》约定的数量时，根据合同约定，就不应接收质物；同时，应向质权人、出质人及时说明情况。

2. 实务案例中，发生过质物被出质人的债权人哄抢以及被出质人强行出货甚至因此引发的暴力冲突事件，监管人应该及时报警，该报警记录日后可以作为其尽到监管义务的证据，减轻其赔偿责任。同时，未经质权人同意，监管人更不能擅自向出质人放货。

（三）确定监管人责任范围的规则

1. 原因力归责与过错归责：在质物毁损灭失情形，监管人的责任构成违约责任和侵权责任的竞合，应考虑监管人对于损失发生的原因力及其过错程度。如果存在在先的出质人恶意违约行为，且该行为才是质权人损失的直接原因，那么，监管人虽存在违约行为和监管过失，其也可以主张只在担保物价值范围及违约程度范围内，二者以孰低者为限承担补充赔偿责任；如果监管人的监管失职是损失发生的直接原因，则监管人应在担保物价值范围内承担补充赔偿责任。

2. 责权义一致原则：无偿的保管合同、委托合同项下，保管人、受托人均只在故意或者重大过失情形才应向权利人赔偿损失，体现了公平原则。在质物监管场合，监管人一般收取的费用也相对较低，比如上述第一个案例中，监管费仅3000元/月，所以，监管人承担义务和责任的范围应与其所享受的权利即收取的监管费一致，而不能过度超过其履行监管义务所收取的对价。因此，法院最终酌定监管人长某公司在承担不超过30%的补充赔偿责任的同时以质押财产价值的30%为限，前面的30%是考虑到了其对后果发生的原因力，后面的30%是考虑到了利益平衡。

（四）何谓补充赔偿责任

根据《民法典》相关规定，负有安全保障义务的主体，如宾馆、商场、银行、车站、娱乐场所等公共场所的管理人或者群众性活动的组织者，学校、幼儿园或者其他教育机构，劳务派遣单位等都可能会承担补充赔偿责任。

根据责任人承担责任的先后顺序，可以将广义的连带责任分为狭义的连带责任和补充责任。连带责任是指各责任人之间不分主次，任何一个人都无条件地对债务（或责任）承担连带责任。补充责任则是指连带责任人之间责任的承担有先后顺序，只有在第一责任人不承担或不能承担责任的情况下，其他的责任人才承担赔偿责任。补充赔偿责任包括两个方面的含义：一是顺位的补充，即首先应由直接责任人承担赔偿责任，直接责任人没有赔偿能力或者不能确定谁是直接责任人时，才由未尽安全保障义务的经营者或行为人承担赔偿责任；二是实体的补充，即补足差额。

必须注意的是，经营者或行为人在实体上的补充赔偿责任有一个重要的限制，即他只能在其能够防止或者制止损害的范围内承担补充赔偿责任。这意味着，经营者或行为人的补充赔偿责任的总额，不是以直接侵权人应当承担的赔偿责任的总额为限，而是根据补充赔偿责任人基于其自身过错所应当承担的赔偿责任额为限。当然，两者也可能一致，如经营者或行为人若尽到安全保障义务，损害结果根本就不会发生这种情形，说明经营者或者行为人对损失的发生具有直接的原因力，那么，经营者或行为人应当承担的责任范围与实际侵权人应当承担的责任范围完全一致。但在许多情形下，经营者或行为人的赔偿责任范围要小于实际侵权人的赔偿责任范围。

（五）结合本文案例说明补充赔偿责任所包含的两项含义

具体到质物监管人的责任，虽然并没有任何法律、行政法规规定监管人应承担补充赔偿责任，《全国法院民商事审判工作会议纪要》也没有规定监管人承担的是补充赔偿责任。但是，基于监管人履行辅助人的角色，其责任当然要次于主债务人，同时，监管人以其过错归责，其责任性质和范围也就只能是补充赔偿责任。

以本文案例说明如下：

如果主债务人存在在先的恶意违约行为，如本文第一案中出质人在向监管人提供保险柜的时候预留了密码和钥匙，使用伪造合格证和钥匙的犯罪手段偷走了真正的合格证和钥匙，此种情形下，监管人一方面在顺位上要次于直接责任人，另一方面，实体上也仅是差额补足，如本文第一案中监管人仅承担不超过30%的补充赔偿责任。

如果不存在在先的恶意违约方，如本文延伸阅读部分的两个案件，损失都是由于监管人未尽监管义务所致，那么，监管人虽还是存在顺位补充的抗辩，但在实体补足范围方面，一个案例是以动产质押所担保的债权最高余额1300万元承担责任，另一个案例是承担债权人的全部损失（此案中该全部损失小于质押财产的价值）。所以，总的来讲，若损失是由监管人违约行为直接引发，则监管人就应在担保财产的价值范围内承担债权人的全部损失。

（六）监管人的先诉抗辩权

一般保证的保证人在主合同纠纷未经审判或者仲裁，并就债务人财产依法强制执行仍不能履行债务前，对债权人可以拒绝承担保证责任，此为先诉抗辩权。

从上述最高人民法院的判决结果来看，补充责任人同样也享有该先诉抗辩权，即监管人对人民法院强制执行债务人并穷尽一切执行措施后第一债务人仍不能清偿部分承担补充赔偿责任。

相关规定

一、关于质权的设立

《中华人民共和国民法典》

第四百二十九条 质权自出质人交付质押财产时设立。

二、关于质押监管协议的混合属性

《中华人民共和国民法典》

第八百八十八条 保管合同是保管人保管寄存人交付的保管物，并返还该物的合同。

寄存人到保管人处从事购物、就餐、住宿等活动，将物品存放在指定场所的，视为保管，但是当事人另有约定或者另有交易习惯的除外。

第八百九十七条 保管期内，因保管人保管不善造成保管物毁损、灭失的，保管人应当承担赔偿责任。但是，无偿保管人证明自己没有故意或者重大过失的，不承担赔偿责任。

第九百一十九条 委托合同是委托人和受托人约定，由受托人处理委托人事务的合同。

第九百二十九条 有偿的委托合同，因受托人的过错造成委托人损失的，委托人可以请求赔偿损失。无偿的委托合同，因受托人的故意或者重大过失造成委托人损失的，委托人可以请求赔偿损失。

受托人超越权限造成委托人损失的，应当赔偿损失。

三、关于监管人的责任

《中华人民共和国民法典》

第四百三十二条 质权人负有妥善保管质押财产的义务；因保管不善致使质押财产毁损、灭失的，应当承担赔偿责任。

质权人的行为可能使质押财产毁损、灭失的，出质人可以请求质权人将质押财产提存，或者请求提前清偿债务并返还质押财产。

《全国法院民商事审判工作会议纪要》

63.**【流动质押的设立与监管人的责任】**在流动质押中，经常由债权人、出质人与监管人订立三方监管协议，此时应当查明监管人究竟是受债权人的委托还是受出质人的委托监管质物，确定质物是否已经交付债权人，从而判断质权是否有效设立。如果监管人系受债权人的委托监管质物，则其是债权人的直接占有人，应当认定完成了质物交付，质权有效设立。监管人违反监管协议约定，违规向出质人放货、因保管不善导致质物毁损灭失，债权人请求监管人承担违约责任的，人民法院依法予以支持。

如果监管人系受出质人委托监管质物，表明质物并未交付债权人，应当认定质权未有效设立。尽管监管协议约定监管人系受债权人的委托监管质物，但有证据证明其并未履行监管职责，质物实际上仍由出质人管领控制的，也应当认定质物并未实际交付，质权未有效设立。此时，债权人可以基于质押合同的约定请求质押人承担违约责任，但其范围不得超过质权有效设立时质押人所应当承担的责任。监管人未履行监管职责的，债权人也可以请求监管人承担违约责任。

四、金融机构善意取得质权要符合哪些条件？

阅读提示：在存货融资业务中，不同所有权人的存货可能集中存放于一个仓储公司的仓库内，表面上占有存货的仓储公司有很大可能都不是存货的所有权人，或者基于所有权保留的约定，导致拖欠货款的买受人并未实际取得货物所有权，这些情况都为道德风险埋下了温床，占有质物的非所有权人将货物出质以获得商业银行的贷款融资，那么，银行是否能主张其善意取得了质权呢？善意的标准如何确定？

裁判要旨

（一）存货融资业务中，针对仓储公司、贸易公司所出质货物的权属，商业银行应当进行重点、严格审查，不能仅凭其占有货物的外观认定质物的真实归属。

（二）质权的设立须以质物的特定化为前提，如果商业银行通过监管人的监管保证质物在流动的情况下，始终不低于约定价值；或者质物的品种、数量、存储地等实际情况发生了变更，银行通过监管人跟进确认了质物的真实变动情况，都可以视为质物已经满足了特定化的要求。

基本案情[①]

（一）龙海联某公司与金某辉公司签订《产品销售合同》，双方约定需方金某辉公司在付清货款前供方龙海联某公司保留货物所有权。龙海联某公司依约将货物运送至金某辉公司的仓库即漳州市龙祥北路 39 号仓库，货物为标示有“联某纸业”的包装纸，货款累加金额为 48971807.71 元，金某辉公司累计已付款 2398304.79 元，截止一审起诉之日金某辉公司仍拖欠龙海联某公司货款合计人民币 21832286.42 元。

（二）龙祥北路 39 号厂房及仓库系由金某辉公司向富某公司承租使用，富某公司作为出质人将上述包装纸与光大某支行签订质押合同，用来担保光大某支行对富

---

① 案例来源：联某纸业（龙海）有限公司与中国光大银行股份有限公司某支行、漳州金某辉包装有限公司等买卖合同纠纷申请再审民事裁定书【最高人民法院（2015）民申字第 1490 号】。

某公司的融资款，由南某公司作为监管人直接占有、保管上述包装纸。

（三）由于金某辉公司未能向龙海联某公司支付相应的款项，龙海联某诉请法院确认富某公司与漳州某银行之间的质权并未设立，龙海联某享有对相应货物的取回权。

争议焦点

光大某支行对诉争货物的质权是否成立？

法院裁判观点

最高人民法院认为：

（一）关于光大某支行对诉争货物的质权是否成立的问题

首先，应当查明质物是否已交付质权人的问题。

从光大某支行、富某公司以及南某公司三方签订的《仓储监管协议》的内容来看，该协议明确约定了自《查询及出质通知书》到达南某公司之日起，质物移交给光大某支行。南某公司应遵从光大某支行的书面指示以及该协议的约定处置质物，并对不遵守约定而造成的损失对光大某支行负责。

另外，尽管协议约定由富某公司支付仓储监管费用，但南某公司在监管期内承担的监管责任相对独立，不以仓储费用如期足额支付作为其承担监管责任的条件。

以上事实说明，在协议签订生效之后，质物已不受富某公司支配，而是由光大某支行委托南某公司占有、支配和监管。

从《仓储监管协议》的实际履行来看，质物每次进出库均有南某公司与富某公司的登记确认，以上事实有光大某支行在二审中提交的《质押物进仓单》、《抵/质押物库存表》等证据支持，证明南某公司受光大某支行委托，在约定的范围内实际履行了占有和监管质物的责任。二审法院通过对以上事实的认定，认为本案质物已完成交付，并无不妥。另外，质物已经完成交付，光大某支行能够占有和控制质物，故本案并不存在质物返还给出质人富某公司的情形。

其次，应当查明质物是否特定化的问题。

光大某支行和富某公司以通过约定质物的重量和单价的方式保证质物的价值总量，并通过南某公司的监管保证质物在流动的情况下，始终不低于约定价值。在这种情况下，质物应视为已满足特定化的要求。

（二）关于光大某支行是否善意取得质权的问题

光大某支行在对诉争货物设立质权时依合同约定审查了富某公司仓库权属证明、

富某公司与其他公司的购销合同、增值税发票（货权发票），以审查富某公司对质物是否享有所有权，且富某公司在《质押合同》、《仓储监管协议》、《质物清单》、《质押物进仓单》等文件中均确认其对质物合法所有，对于无需登记的动产，以占有为其公示方式，尽管本案存在金某辉公司使用仓库的可能，但金某辉公司于2013年3月4日向光大某支行出具的证明明确了仓库内的货物归富某公司所有，因此光大某支行有理由相信富某公司对质物享有所有权，光大某支行已尽到了审慎的注意义务。

在龙海联某公司未提出相反证据证明光大某支行存在恶意的情况下，应推定光大某支行善意取得质权。因此龙海联某公司关于光大某支行未尽审查义务，存在主观过错，无法善意取得质权的再审理由依据不足，不能成立。

（三）关于龙海联某公司对诉争货物的所有权问题

根据《中华人民共和国物权法》第一百零六条的规定，在本案中，即使龙海联某公司能够证明金某辉公司或者富某公司的行为属于无权处分行为，也不影响光大某支行善意取得诉争货物的质权，因此龙海联某公司认为其有权取回货物的再审理由不能成立。

案例延伸阅读

> **案例：**中信银行股份有限公司某分行、河南豫某物流有限公司金融借款合同纠纷再审审查与审判监督民事裁定书【最高人民法院（2019）最高法民申970号】

最高人民法院认为：

本案中信银行某分行是否善意取得案涉动产的质权，应当参照《中华人民共和国物权法》第一百零六条的规定予以判断。本案中，中信银行某分行与顺某公司签订的动产质押合同以双方签订的《人民币流动资金贷款合同》为基础，符合善意取得的有偿性要件。

根据案涉动产质押合同的约定，中信银行某分行采用间接占有的方式监管质物，监管人中某公司签发《质物清单》时，质物转移占有至中信银行某分行。《质物清单》与主合同不符的，以《质物清单》为准，并构成对主合同中相关内容的自动变更。

然而，原审已查明，在质物由小麦变更为玉米之后，中某公司并未依约向中信银行某分行出具《质物清单》。但不宜仅根据动产质押合同的约定认定其未占有质押动产，而应当结合实际进行综合考量。因为中某公司在监管场所悬挂了标识牌并派员进行了监管，使得中信银行某分行实质上占有了质物并使质权具备了公示外观，故应认定中信银行某分行已经通过中某公司对质物进行了占有和控制，符合善意取得的交付要件。

至于中信银行某分行在占有质物时是否善意，本院认为，根据本案已查明的事实，中信银行某分行和中某公司本身存在一系列的过失，并未达到善意的标准。

首先，中信银行某分行未对出质玉米的权属进行严格审查。顺某公司的营业执照所载明的经营范围包括仓储，作为一家粮食贸易企业，顺某公司的仓库中既可能存在自己的粮食，也可能存有他人的粮食。因此，无论是根据营业执照还是根据其粮食贸易公司的天然特性，中信银行某分行均应当严格审查质押粮食是否归顺某公司所有。中信银行某分行作为一方当事人，在对案涉玉米进行长期监管期间，却对质物的权属未尽到应有的注意义务。

其次，中信银行某分行取得质权的法律手续存在瑕疵。《质物清单》《入库单》《质物盘点表》《查询及出质通知书》等文件应当在何时出具、出具的意义等均在案涉动产质押合同中有明确约定，中信银行某分行应按照约定完成设立质押的程序，但在质物移转的过程中，中信银行某分行未要求中某公司出具标志着质物转移占有至中信银行某分行的《质物清单》显然属于重大过失。

最后，当质物由 2 号仓中的小麦变更为 5、6 号仓中的玉米之后，质物的品种和储存仓库均发生了变化，构成了质押合同主要内容即质押财产的变更，此时中信银行某分行应依约及时对变更后的质押财产的品种、价值、权属、交付及监管进行审查并通过《质物清单》予以确认。

但根据一、二审查明的事实，中信银行某分行并未履行上述义务，且《查询及出质通知书》《入库单》《货权及品质证明》等所记载的内容与中某公司从顺某公司处实际接收并保管的质物情况并不相符。

故原审认定的基本事实并不缺乏证据证明，中信银行某分行不能善意取得质权。同时，中信银行某分行的再审申请不符合《中华人民共和国民事诉讼法》第二百条规定的应当再审情形。

实务经验总结

在存货融资实务中，多发的是贸易或者仓储公司将其他公司存放于自己经营场所的货物出质以获得金融机构的融资，属于无权处分的一种。认定金融机构是否善意取得质权的条件有三:

（一）支付合理对价

银行发放了贷款即可认定其支付了取得质权的合理对价。

（二）质物转移交付给银行占有

金融机构一般都会委托专业的仓储公司占有、保管质物，质物一旦运至监管人指定仓库就可以认为质权人占有了质物。

实务中，质物在质押协议签订之前可能就已经存放于监管人的仓库，并不需要将质物从出质人经营场所运至监管人仓库。于此，出质人与债权人可以约定自质押人、债权人共同出具的《查询及出质通知书》到达监管人之日起，视为质物移交给了质权人；或者约定由监管人向债权人签发《质物清单》时，视为质物已移交债权人占有。

（三）银行应尽合理审查义务，审查质物的权属、价值、以及实现质权的可行性

《商业银行法》第三十六条第一款规定商业银行贷款应当对抵押物、质物的权属和价值以及实现抵押权、质权的可行性进行严格审查。那么，实务中，应该注意哪些审查的盲点呢？

1. 关于质物的权属

货物虽然存放于出质人的仓库，但是如果该公司本身就经营仓储业务或者本就是贸易公司，那么，存放于其仓库的货物就不一定都是该公司的货物。一般而言，要审查出质人公司的营业执照中是否包含“仓储”二字，或者公司名字中是否有“贸易”二字，如有，就应该引起足够注意，核实质物是否属于该出质人实际所有。

在上述中信银行案中，最高人民法院就认为作为一家粮食贸易企业，顺某公司的仓库中既可能存在自己的粮食，也可能存有他人的粮食。因此，无论是根据营业执照还是根据其粮食贸易公司的天然特性，中信银行某分行均应当严格审查质押粮食是否归顺某公司所有。中信银行某分行作为一方当事人，在对案涉玉米进行长期监管期间，却对质物的权属未尽到应有的注意义务。

但如果银行在审查过程中，仓储公司的承租人向银行确认仓库内的货物确实归仓储公司所有，如在上述光大某支行案中，承租人金某辉公司就向银行确认货物所有权归仓储公司富某公司所有，虽然其明显做了虚假陈述，但是，对于银行而言，审查到这一步就可以认定尽到了注意义务。

2. 实时跟进审查质物的品种、数量、价值等，以确保实现质权具有可行性

如果发现质物的品种、数量、存储地都与融资人和银行之间的约定不符，就可以认定质物不清晰，无法特定化，质权当然无法在原定的质物之上成立。

如果质物的品种、存储地等发生变更的，银行应该要求监管人重新出具书面文件进行确认，这样才能将质权延伸到变更后的质物之上。如果监管人失职不作为，没有及时进行盘点、核查、确认实际的质物情况，视为银行自己的失职，对于实际

的质物，也不能善意取得质权。这是因为虽然银行将其接收占有质物的义务委托给了监管人实际履行，但是，并不能排除银行才是这些义务的承担主体。

相关规定

《中华人民共和国民法典》

第三百一十一条 无处分权人将不动产或者动产转让给受让人的，所有权人有权追回；除法律另有规定外，符合下列情形的，受让人取得该不动产或者动产的所有权：

（一）受让人受让该不动产或者动产时是善意；

（二）以合理的价格转让；

（三）转让的不动产或者动产依照法律规定应当登记的已经登记，不需要登记的已经交付给受让人。

受让人依据前款规定取得不动产或者动产的所有权的，原所有权人有权向无处分权人请求损害赔偿。

当事人善意取得其他物权的，参照适用前两款规定。

第四百二十九条 质权自出质人交付质押财产时设立。

《中华人民共和国商业银行法》

第三十六条 商业银行贷款，借款人应当提供担保。商业银行应当对保证人的偿还能力，抵押物、质物的权属和价值以及实现抵押权、质权的可行性进行严格审查。

经商业银行审查、评估，确认借款人资信良好，确能偿还贷款的，可以不提供担保。

《最高人民法院关于适用〈中华人民共和国民法典〉有关担保制度的解释》

第五十五条 债权人、出质人与监管人订立三方协议，出质人以通过一定数量、品种等概括描述能够确定范围的货物为债务的履行提供担保，当事人有证据证明监管人系受债权人的委托监管并实际控制该货物的，人民法院应当认定质权于监管人实际控制货物之日起设立。监管人违反约定向出质人或者其他人放货、因保管不善导致货物毁损灭失，债权人请求监管人承担违约责任的，人民法院依法予以支持。

在前款规定情形下，当事人有证据证明监管人系受出质人委托监管该货物，或者虽然受债权人委托但是未实际履行监管职责，导致货物仍由出质人实际控制的，人民法院应当认定质权未设立。债权人可以基于质押合同的约定请求出质人承担违约责任，但是不得超过质权有效设立时出质人应当承担的责任范围。监管人未履行监管职责，债权人请求监管人承担责任的，人民法院依法予以支持。

五、存货融资中的虚假出质与重复质押问题

阅读提示：供应链金融业务中最大的风险就是事后发现担保标的物虚假，比如应收账款融资中虚构应收账款、存货融资中虚构库存。另一风险就是用同一标的物多次融资，如应收账款融资中将应收账款多次转让或质押，存货融资中将库存重复质押，重复融资其实也属于担保标的物虚假的范畴。

基本案情

本部分根据真实案情改编：

（一）某仓储公司承租了某粮贸公司的院内库房，用于存储其收购的水稻。杨某系该仓储公司的实际控制人以及该粮贸公司的法定代表人，杨某将仓储公司作为出质人，将存储于该仓储公司西库的3000吨水稻冒充15800吨质押给某银行，获得融资款2300万元。随后杨某又以仓储公司名义，以存储于东库的1000吨水稻冒充3300吨质押给该银行，获得融资款550万元。

（二）上述质押财产均存放在仓储公司承租的粮贸公司的库房中，为解决质押财产的交付问题，银行委托某监管人监管质物，二者签订《商品融资质押监管协议》，仓储公司将库房的西库、东库、北库均转租给了监管人，监管人派员实际监管质物。

（三）该监管人派出潘某盘点测量质押的水稻，在测量水稻质量的过程中，杨某为能多贷些款让潘某往多测，潘某最终出具了大于实际水稻质量的动产质押专用盘点表，因此才有上述的银行贷款2300万元和550万元。杨某给付潘某贿金3万元，后来潘某因此被法院生效判决认定为受贿罪。

（四）上述库房中的西库房发生胀库现象，西库存储的3000吨水稻被移至北库，北库亦属该监管人的监管仓库范围。

（五）出质人将移至北库的3000吨水稻，以上述粮贸公司的名义出质给某担保公司，获得融资款500万元。粮贸公司又与担保公司签订了北库的租赁协议，由担保公司派员监管北库的3000吨水稻。

（六）银行后来发现监管人本应监管的19100吨水稻严重缺失，经核实仅剩2800吨左右，故向法院提起诉讼，要求出质人仓储公司支付贷款本息，监管人对出

质人不能清偿的部分承担连带赔偿责任。

（七）在诉讼过程中，担保公司作为第三人加入，主张其对北库的3000吨水稻享有质权，变现款应优先用于清偿其贷款本息。

争议焦点

（一）杨某是否存在犯罪行为，构成何种罪名？

（二）若杨某构成犯罪，由仓储公司作为融资人、出质人与银行签订的融资合同以及质押协议是否因此无效？

（三）从西库移至北库的3000吨水稻的质权人是银行还是担保公司？

（四）监管人是否监管失职，若失职，应向谁承担什么责任？

（五）对于实际库存短少的情况，银行是否存在审核不严的问题，是否应该自担部分损失？

法院裁判观点

最高人民法院认为：

（一）杨某构成何种犯罪行为

杨某系仓储公司的实际控制人，采用虚作收粮票据、收购账目、贿赂盘点员潘某（已判刑）的手段，先后两次以仓储公司的名义与银行签订《商品融资合同》，贷款共计人民币2850万元，构成贷款诈骗罪。

（二）仓储公司与银行之间的协议的效力

虽然杨某以仓储公司名义两次在银行贷款的行为构成贷款诈骗罪，但是杨某的犯罪行为不必然导致银行与仓储公司签订的借贷合同和质押协议无效。因为银行相关工作人员并未参与杨某的诈骗行为，亦没有证据证明银行对杨某的诈骗行为明知或者应当知道，故银行接受仓储公司质押并向其发放贷款的意思表示真实，杨某的犯罪行为证明仓储公司在签订借贷和质押协议之时对银行存在欺诈，属于《合同法》第五十四条第二款调整范畴，银行未主张行使撤销权，人民法院不能依职权否定该合同的效力，仓储公司与银行之间的协议应认定有效。

（三）仓储公司对西库3000吨水稻的重复质押，银行而非担保公司享有质权

1. 质物已经实现了对银行的法律上的交付

仓储公司将库房转租给监管人，银行委托监管人监管质物，所以，仓储公司与银行已经实现了法律上对于质押财产的交付。同时，监管人委派人员进行了监管，对质押财产进行了现实的占有。

2. 银行未丧失对西库房3000吨水稻的占有

虽然存放于西库房的3000吨水稻转移至北库房，但由于北库房亦属于监管人的租赁范围，不能认定银行丧失了对3000吨水稻的占有。

3. 担保公司未占有质物，质权不成立

杨某将原西库房的3000吨水稻以仓储公司名义出质给银行后，又以粮贸公司名义出质给担保公司，构成重复质押。对于北库房的水稻，监管人租赁在先，粮贸公司与担保公司签订租赁合同在后，担保公司未合法取得使用权；对于案涉质押财产，银行委托监管在先，担保公司监管在后，担保公司未合法占有，故不能认定案涉质押财产已向担保公司交付。因此，根据《物权法》第二百一十二条关于“质权自出质人交付质押财产时设立”的规定，应认定担保公司对案涉3000吨水稻的质权不成立。

同时重复质押的行为违反了一物一权原则，一物一权原则要求同一标的物之上不能同时存在两个以上内容相同的质权。银行的质权设立在先，且已经实现对质押财产的排他性连续占有，因此，担保公司对案涉质押财产的质权未设立。

（四）监管人的失职与其责任承担

相对于借款担保的债权债务关系，银行委托监管人进行质物监管是相对独立的另一法律关系，法律并不禁止，亦符合社会分工细化的发展趋势与规律及行业惯例。专业仓储监管人依约对质物进行查核、占有和控制，委托监管的内容围绕贷前审查义务和实现质物占有而展开。在质权设立过程中，委托监管实质系辅助银行进行贷前审查。在委托监管法律关系中，银行与监管人的权利义务及责任承担可以根据二者之间的《商品融资质押监管协议》确定。

根据《商品融资质押监管协议》的约定，监管人在签发仓单，即质物占有转移前，负有核实质物与《出质通知书》记载的情况是否相符的义务。并且，其出具仓单后，亦负有保证在监管期间质物的实际情况应与仓单记载一致。监管人的监管范围涵盖了仓储公司两次出质的质物，其未对《出质通知书》上的粮食数量进行尽责任的核实，其出具的《动产质押专用仓单》载明的粮食数量与实际情况不符，违反了《商品融资质押监管协议》的约定，应承担相应的赔偿责任。

本案贷款发放的流程系监管人履行核实义务及质权成立在先，贷款合同签订和贷款实际发放在后。故案涉债权系债权人基于对监管人的专业监管能力及质权担保的信任而产生，监管人关于质物情况的报告，对债权人考量债权的实现是否存在风险以及决定是否放贷具有影响。监管人应谨慎、勤勉地履行监管义务。故监管人关于经三方认可未采用更为精准的核查方法进行质物核实，其自身不存在过错的理由不能成立。

《质押核实书》亦不能免除仓储公司的监管义务。仓储公司在申请贷款之初填写了两份《质押核实书》，内容为仓储公司承诺为案涉贷款提供质押担保，全部意思表示真实，并保证质物依法可以设定质押，未被依法查封、扣押或监管。《质押核实书》底部载明，“核实书由出质人签章后作质押合同附件留存”，故《质押核实书》为仓储公司作为出质人向银行进行质物权利无瑕疵的承诺，其后，银行针对质物价值能否覆盖对应贷款额度等出具意见。

《质押核实书》系银行在贷款担保法律关系中为贷款发放所进行的相关手续，质物情况是否属实、银行是否实际发放贷款，仍有赖于监管协议的适当履行。监管人并非贷款担保法律关系的当事人，《质押核实书》的存在并不意味着免除监管人在《商品融资质押监管协议》项下所应承担相应的监管义务，两者并非同一法律关系。监管人再审主张，银行签署了核实意见，由此产生的损失应由银行承担，监管人依据《质押核实书》可以免除责任，并无法律依据。

本案中，监管人承担责任的前提是在银行向债务人、担保人仓储公司主张权利之后，其债权仍然不能获得清偿。监管人未妥善履行《商品融资质押监管协议》项下的合同义务，且该行为与银行的质权不能完全实现具有关联，故监管人应当承担主要的补充赔偿责任。

（五）银行自身在对实现质权可行性审查时具有过错，应自行承担部分损失

根据《中华人民共和国商业银行法》第三十六条规定，商业银行贷款应对实现质权的可行性进行审查。即在贷款发放前，商业银行应核实质物的质量、数量是否符合质押合同的约定，确保质物的担保价值能够实现。该审查属于商业银行的法定义务。

本案中，银行、仓储公司、监管人到案涉仓库进行盘点，监管人向银行出具《拟质押商品初始盘点表》《出质意向清单》，表明银行、监管人在签订正式的监管协议之前，案涉水稻的监管工作已实际开展。银行和监管人在合作过程中，应各自恪守诚实信用原则行使权利和履行义务。在借款担保法律关系中，当债务人或担保人以不宜实际转移占有的大宗货物出质，商业银行委托专业监管机构核实并监管质物，仍然不能免除商业银行的注意义务。案涉粮仓中堆放的水稻，绝大部分为仓储公司虚假出质，银行未能提交充分的证据证明其已完全尽到注意义务。银行轻信监管人作出的核查结论，对于质押财产不足导致债权不能全部受偿的风险，应自行承担相应的损失。

根据上述情况，法院最终酌定监管人在银行债权不能清偿的范围内承担80%的赔偿责任，银行自行承担其余损失。

案例延伸阅读

案例一： 某银行股份有限公司与库伦旗佐某糖业有限公司金融借款合同纠纷一案二审民事判决书【（2019）最高法民终330号】

最高人民法院认为，案涉质物存放于出质人锦州佐某公司的仓库，某银行通过三方签订《动产监管协议》的形式，指定中某物流大连分公司租用锦州佐某公司的仓库进行监管，仓库租金只象征性的约定1元。某银行虽主张通过该方式，特别是交付了相关的协议、清单、报告书、台账等材料即实现了指示交付，但结合出质人锦州佐某公司未转移质物、不让监管人入库乃至驱逐监管人等情形，案涉质物仍由锦州佐某公司实际控制和支配，并未实现某银行直接或间接的有效控制。由于案涉质物交付形式不符合法律规定的质权设立形式，案涉质权未能依法设立。

案例二： 恒丰银行股份有限公司某建设路支行、某交运集团有限责任公司合同纠纷二审民事判决书【（2019）鲁民终351号】

该案裁判规则：质物权属的审核义务人是银行，而非监管人，监管人只负有对质物的客观占有及监管之责。

该案基本案情为：乔某辉通过事先踩点发现，华某烟台发电有限公司约10万吨山西煤炭储存于烟台市珠某储运有限公司珠玑火车站附近煤场里没有专人监管，存在漏洞。于是，乔某辉利用伪造的煤炭买卖合同、煤炭检测报告、增值税专用发票及场地租赁合同等虚假材料，谎称华某烟台发电有限公司存放于珠玑储运公司货场的煤炭系军盟公司所有，以上述煤炭作为动产质押向恒丰银行某建设路支行申请办理贷款，恒丰银行某建设路支行委托某交运集团作为第三方监管，并为烟台军某公司办理4张承兑汇票，共计4280万元。乔某辉取得承兑汇票后，通过他人办理了贴现，所得款项被其用于偿还个人借款及消费使用。上述承兑汇票到期后，恒丰银行某建设路支行代为偿还2996万元。

关于监管人是否负有审查质物权属的义务，山东省高级人民法院认为：

根据《中华人民共和国商业银行法》第三十六条规定，商业银行应当对保证人的偿还能力，抵押物、质物的权属和价值以及实现抵押权、质权的可行性进行严格审查。故对于质物权属的法定审查义务在于恒丰银行某建设路支行。恒丰银行某建设路支行系质物的接收主体，而对质物权属的审核是接收质物的必经程序。某交运集团出具确认回执、核库报告书、货押监管日登记表、出入库交接单等是履行其代恒丰银行某建设路支行对质物客观现状进行占有和控制的行为，建立在恒丰银行某建设路支行已经接收质物的基础上，并不涉及对质物权属的审查。

同时，恒丰银行某建设路支行、军某公司向某交运集团出具的《查询及出质通知书》亦载明，鉴于军某公司已将下列货物质押给恒丰银行某建设路支行，请某交运集团核实货物是否处于其占有和监管之下，亦可佐证某交运集团仅负有对质物的客观占有及监管之责，对于质物权属并无审核义务。恒丰银行某建设路支行主张某交运集团对于质物权属负有审核义务没有事实依据。

实务经验总结

（一）质权设立所要求的交付包括现实交付和观念交付中的简易交付，而不包含占有改定。

质权的设立以交付、转移占有为条件，简易交付、指示交付下，质物已经脱离了出质人的占有控制，而占有改定还是继续由出质人占有，不符合质权的设立条件。

实务中之所以会出现上述案例中出质人重复质押以获取更多融资款的情形，主要是因为质物还是在出质人的院内仓库，虽然质物由银行委托的监管人占有、监管，也能达到脱离出质人控制的目的，但是，在质物交付盘点过程中，出质人与监管人串通一气、弄虚作假，欺骗银行的情形屡见不鲜。

所以，质物依然在出质人仓库内，或者监管人通过承租出质人的仓库从而拥有对仓库的使用权，因在地理位置上质物并没有发生变动，所谓的交付其实都属于观念上的交付，确切地说，前者属于占有改定，后者属于简易交付。

为何屡屡发生监管人失职，真实质物少于约定质物的现象，主要的原因就在于这种观念交付，尤其是观念交付中的占有改定，并没有完全实现质权人对质物的实际占有，当然这也是存货融资的一个痼疾，毕竟资金方一般都不会有自己的仓库或者由己方派出的人员实际监管质物。在上述案例中，杨某在西库的3000吨水稻下方埋藏了河卵石，冒充水稻库存15800吨，在出质人的地盘上当然为出质人弄虚作假提供了极大的便利。

要从根本上防范质物虚假的风险，还是要在质物交付以及紧接着的盘点、核算环节引起足够重视，所以，有必要保证在质权设立过程中动产质押财产的交付程序和内容的完善。首先，应当完善质物转移占有的手续，如场地租赁协议、仓储协议、质押监管协议等。对相关协议中的名称、质量、价值、型号、折旧、投保方式等进行明确具体的约定。其次，质权人或受托监管方派专人进行实际监管质物的活动，对质物的出入库、置换、折旧必须及时在质物清单中注明，同时生成新的质物清单，经出质人签字并及时移送质权人。

（二）融资人构成贷款诈骗罪，其与银行之间的借款和担保法律关系并不因此无效，银行未行使撤销权的，融资和担保合同均继续有效。

对此，最高院在本文案例判决中已有非常详尽的说明，银行并没有参与融资人的诈骗行为，对于诈骗事实并不知情，其有权选择合同继续有效或者撤销合同，若未撤销合同，则融资和担保合同均继续有效，对借贷双方均具有约束力。

（三）动产质权因需要占有质物才设立，原则上不会产生重复质押的现象，但是大宗商品融资有其特殊性。

本来，质权自出质人交付质押财产时设立，未占有质物的，质权不成立。这是很容易判断的，且因为需占有质物，所以，理论上不可能产生重复质押的现象。

但是，在大宗商品融资业务中，重复质押的现象极为多发，根本原因还是质物没有实现现实交付，多是观念交付。因此，认定重复质押的质权归属时，法院往往以签订仓库租赁协议的时间先后，以及监管人接管的时间先后作为判断标准，时间在前的监管人所代表的金融机构才是质权人。

（四）对于虚假出质，银行存在审查失职过错，应自行承担部分损失。

《中华人民共和国商业银行法》第三十六条明确规定，商业银行应当对抵押物、质物的权属和价值以及实现抵押权、质权的可行性进行严格审查。在借款担保法律关系中，当债务人或担保人以不宜实际转移占有的大宗货物出质，商业银行委托专业监管机构核实并监管质物，仍然不能免除商业银行的注意义务。只要存在虚假出质现象，银行的义务和责任首先是第一位的，银行的义务属于不真正义务，不履行该义务，发生自担部分损失的法律效果。

（五）出质人虚假出质，得不偿失！

存货融资的根本风险就是出质人虚假出质，如果出质人为了获得融资，弄虚作假、以少充多、以次充好、强行出货，虽然暂时取得了一些利益，但是，从长远来看，一旦败露，行为人的刑事责任在所难免，公司将破产解散。所以，出质人必须坚持诚实守信的基本原则，以市场信用立足社会，保证质权人的合法权益，自己才能日益强盛。

相关规定

《中华人民共和国民法典》

第一百四十八条 一方以欺诈手段，使对方在违背真实意思的情况下实施的民事法律行为，受欺诈方有权请求人民法院或者仲裁机构予以撤销。

第二百二十六条 动产物权设立和转让前，权利人已经占有该动产的，物权自民事法律行为生效时发生效力。

第二百二十七条 动产物权设立和转让前，第三人占有该动产的，负有交付义务的人可以通过转让请求第三人返还原物的权利代替交付。

第二百二十八条 动产物权转让时，当事人又约定由出让人继续占有该动产的，物权自该约定生效时发生效力。

第四百二十九条 质权自出质人交付质押财产时设立。

《中华人民共和国商业银行法》

第三十六条 商业银行贷款，借款人应当提供担保。商业银行应当对保证人的偿还能力，抵押物、质物的权属和价值以及实现抵押权、质权的可行性进行严格审查。

经商业银行审查、评估，确认借款人资信良好，确能偿还贷款的，可以不提供担保。

《最高人民法院关于适用〈中华人民共和国民法典〉有关担保制度的解释》

第五十五条 债权人、出质人与监管人订立三方协议，出质人以通过一定数量、品种等概括描述能够确定范围的货物为债务的履行提供担保，当事人有证据证明监管人系受债权人的委托监管并实际控制该货物的，人民法院应当认定质权于监管人实际控制货物之日起设立。监管人违反约定向出质人或者其他人放货、因保管不善导致货物毁损灭失，债权人请求监管人承担违约责任的，人民法院依法予以支持。

在前款规定情形下，当事人有证据证明监管人系受出质人委托监管该货物，或者虽然受债权人委托但是未实际履行监管职责，导致货物仍由出质人实际控制的，人民法院应当认定质权未设立。债权人可以基于质押合同的约定请求出质人承担违约责任，但是不得超过质权有效设立时出质人应当承担的责任范围。监管人未履行监管职责，债权人请求监管人承担责任的，人民法院依法予以支持。

六、存货质押中刑民交叉案件的审理程序和合同效力认定

阅读提示：存货融资业务中的经济犯罪问题极为多发，不同主体基于不同的立场和利益诉求，有的会主张民事案件不受经济犯罪行为的影响，应该继续审理，而有的则会主张，应该驳回原告起诉，将案件移送公安机关，或者已经审理的应该中止审理，待刑事案件的审判结果作出后，再继续审理。本文结合存货融资中比较多发的几种违法犯罪问题，分析归纳司法实践中针对不同违法犯罪问题，民事案件程序是如何处理的。

司法裁判类型化总结

（一）存货融资质物监管纠纷中案涉出质人涉嫌经济犯罪并不会影响质押监管纠纷的继续审理

存货融资业务涉及两个法律关系：一是债权债务及担保法律关系，二是动产质押监管法律关系。在出质人虚假出质情形，金融机构往往寄希望于向监管人追责赔偿。但是，在对监管人责任案件的审理过程中，监管人往往提出出质人虚假出质，构成贷款诈骗罪等经济犯罪，案件应该移送公安机关处理，或者如果公安机关已经立案，案件应中止审理。

最高人民法院在其“中海华北物流有限公司与中国工商银行股份有限公司石嘴山支行等金融借款合同纠纷申请再审民事裁定书”【（2015）民申字第 1845 号】中指出：关于本案是否应当中止审理或移送公安机关的问题。案涉争议是因中某公司未依约履行监管责任导致质物受损而产生的民事赔偿责任纠纷，与崇川公司涉嫌的合同诈骗案，并非同一法律关系，也不是基于同一法律事实，本案的审理不以崇川公司涉嫌合同诈骗案的处理结果为依据。《最高人民法院关于在审理经济纠纷案件中涉及经济犯罪嫌疑若干问题的规定》第十条规定：“人民法院在审理经济纠纷案件中，发现与本案有牵连，但与本案不是同一法律关系的经济犯罪嫌疑线索、材料，应将犯罪嫌疑线索、材料移送有关公安机关或检察机关查处，经济纠纷案件继续审理。”该条规定表明公安机关或检察机关对非属同一法律关系的经济犯罪嫌疑的查处，不构成民事纠纷案件中止审理的事由。因此，即使崇川公司涉嫌合同诈骗案与本案在事实方面有一定的牵连，亦不影响本案民事纠纷的审理，本案不构成应

当移送公安机关以及中止审理的情形，中某公司该项申请再审理由不能成立。

最高人民法院在其作出的“大连俸某投资管理有限公司与中国外运辽宁储某公司等借款合同纠纷案”【（2016）最高法民终650号】中指出：《最高人民法院关于在审理经济纠纷案件中涉及经济犯罪嫌疑若干问题的规定》第一条规定，同一公民、法人或其他经济组织因不同的法律事实，分别涉及经济纠纷和经济犯罪嫌疑的，经济纠纷案件和经济犯罪嫌疑案件应当分开审理。本案审理的主要法律关系是俸某公司与辽宁储某公司基于《动产质押监管协议》而形成的合同关系。俸某公司作为委托方，辽宁储某公司作为受托方，双方之间的动产监管法律关系与俸某公司和大连谷某公司双方之间的债权债务及担保法律关系，不仅主体不同，权利义务关系不同，而且并非基于同一法律事实。因此，大连谷某公司及其法定代表人是否基于借款及担保事实涉嫌经济犯罪与本案审理的动产质押监管合同关系并无同一性，本案作为民事案件应当继续审理。辽宁储某公司关于本案因大连谷某公司及其法定代表人涉嫌经济犯罪应当移送公安机关处理的上诉请求没有事实和法律依据，不应支持。

从多数案件的判决结果来看，监管法律关系与债权债务及担保法律关系的主体、法律事实、法律关系均不同，对于所审理的监管纠纷涉及的监管人是否存在监管失职，应否承担违约责任问题，即便出质人存在经济犯罪行为，亦不影响对监管人违约责任问题的审理，所以，针对监管人违约责任的民事案件应该继续审理。

（二）出质人在质押过程中存在私刻公章重复质押以获取贷款的犯罪行为的，其经济犯罪行为不影响对借贷合同纠纷案件的审理

最高人民法院作出的“中国民生银行股份有限公司某分行、陕西金某阳农业科技集团有限公司破产管理人金融借款合同纠纷二审民事裁定书”【（2016）最高法民终487号】中，民生银行与金某阳公司之间从2010年开始到2014年8月，在持续五年的时间里，一直按照统一的动产质押融资的模式，持续开展授信业务合作。金某阳公司同时涉嫌骗取贷款行为，主要是用于质押的粮食存在重复质押等问题。一审法院适用《最高人民法院关于在审理经济纠纷案件中涉及经济犯罪嫌疑若干问题的规定》第十一条的规定：“人民法院作为经济纠纷受理的案件，经审理认为不属经济纠纷案件而有经济犯罪嫌疑的，应当裁定驳回起诉，将有关材料移送公安机关或检察机关。”裁定驳回了民生银行主张贷款债权的起诉。

民生银行主张一审法院适用法律错误，法院应当依据上述规定第十条，将犯罪嫌疑线索、材料移送有关公安机关或检察机关查处，经济纠纷案件继续审理。理由为：

首先，上诉人与被上诉人之间的纠纷，是典型的借款担保合同纠纷。

其次，本案中所签署的所有法律文件是真实的，提供的质押物也是真实存在的，授信及借款法律关系是真实的，部分合同或协议也已经履行完毕，是一个完整的民事法律行为。

最后，本案与涉嫌刑事犯罪案件所涉法律事实及法律关系并不完全一致。金某阳公司所涉嫌的骗取贷款行为，主要是质押的粮食存在重复质押等问题。这仅仅涉及本案案件事实中有关质押物部分，即金某阳公司涉嫌的刑事案件的事实与本案事实只有部分相同，只能说两案在个别事实部分存在一定关联性。

最高人民法院最终支持了民生银行的上诉主张，理由如下：

第一，本案与金某阳公司涉嫌犯罪的刑事案件并非基于同一法律事实。

第二，在民商事交易中，以同一标的物进行重复抵押或者质押，属于民事行为中的常见问题，可以适用相应的民商事法律及司法解释进行调整。本案中，没有证据证明民生银行某分行属于恶意取得质押权。民生银行某分行与金某阳公司之间自2010年起，一直存在借款合同法律关系，且在2013年之前双方签订的系列《综合授信合同》、《最高额质押合同》、《动产质押监管协议》等已履行完毕。至于重复质押带来的质押权效力问题，可以进行实体审理后作出民事裁判。

第三，本案中，如果金某阳公司为了让出借人民生银行某分行相信有担保，从而达到借款的目的，而存在私刻公章，提供重复质押物的行为，虽然该行为与借贷行为有关联，但是其本身不是借贷行为一个不可或缺的组成部分，其本身不是借贷行为。因此，即使金某阳公司存在上述涉嫌诈骗贷款等经济犯罪，不当然影响人民法院对本借贷合同纠纷民事案件的实体审理。依照《最高人民法院关于在审理经济纠纷案件中涉及经济犯罪嫌疑若干问题的规定》第十条关于“人民法院在审理经济纠纷案件中，发现与本案有牵连，但与本案不是同一法律关系的经济犯罪嫌疑线索、材料，应将犯罪嫌疑线索、材料移送有关公安机关或检察机关查处，经济纠纷案件继续审理”的规定，本案中，如果发现与本案有牵连的犯罪嫌疑线索、材料，应当将犯罪嫌疑线索、材料移送有关公安机关或检察机关查处，但是经济纠纷案件应当继续审理。

由上述案例可知，出质人在质押过程中私刻公章提供重复质押物的犯罪行为的，因质押本身并不是借贷行为的不可或缺的组成部分，所以，质押过程中涉及诈骗贷款的经济犯罪，并不影响对借贷合同纠纷民事案件的实体审理。

（三）存货融资中出质人、监管人的法定代表人滥用职权、越权代表行为构成犯罪的，不影响出质人或者监管人作为单位应当承担的法律责任

除了出质人虚构质物，构成贷款诈骗罪或者合同诈骗罪外，还存在公司法定代表人越权代表公司作出借贷出质的意思表示，与贷款人签订质押监管协议的情形。

在下面的案件中，出质人、监管人两家公司的法定代表人滥用职权、恶意串通，借用了公司的空白合同，与贷款人签订了质押监管协议，监管人主张该合同无效，其不应承担监管协议项下的义务和责任。

在最高人民法院作出的“南昌县某粮食管理所、江西省汇某典当有限公司质押合同纠纷再审审查与审判监督民事裁定书”【（2019）最高法民申3721号】中，汇某公司（质权人）、海某公司（出质人）和某粮管所（监管人）签订了《质押监管三方协议》，约定以指示交付的方式由某粮管所代替汇通公司实现对质物的占有。之后，三方主体由于对质物的存在与否以及质押监管协议的合同效力产生争议，诉至法院。

某粮管所主张《质押监管三方协议》无效，理由之一为原法定代表人胡某与海华公司法定代表人李某华恶意串通，越权签订了《质押监管三方协议》，损害了某粮管所的合法权益，为此，胡某被判处滥用职权罪。胡某未经其他负责人同意私自盖章，其行为系个人行为，由此产生的一切法律责任应当由胡某承担。且汇某公司的法定代表人应当知道不经上级主管部门的批准，某粮管所的所长不得对外签订合同。

最高人民法院认为，案涉《质押监管三方协议》上三方当事人均加盖了公章，且各方当事人的法定代表人亦均签名。虽某粮管所、海某公司的原法定代表人胡某、李某华之后因擅自越权签订上述协议被刑事判决判处滥用职权罪，但无证据显示汇某公司在签订上述协议时，明知胡某、李某华系越权订立合同。故原审判决依据《最高人民法院关于在审理经济纠纷案件中涉及经济犯罪嫌疑若干问题的规定》第四条“个人借用单位的业务介绍信、合同专用章或者盖有公章的空白合同书，以出借单位名义签订经济合同，骗取财物归个人占有、使用、处分或者进行其他犯罪活动，给对方造成经济损失构成犯罪的，除依法追究借用人的刑事责任外，出借业务介绍信、合同专用章或者盖有公章的空白合同书的单位，依法应当承担赔偿责任”的规定，确定某粮管所应当承担《质押监管三方协议》项下责任，并无不当。

由上述案例可知，在民事案件的实体审理中，坚持依据民事法律规范对合同效力进行判断，不因存在犯罪行为就一概否定合同效力，个人借用公司盖有公章的空白合同实施犯罪行为的，公司应该承担赔偿责任。

裁判要旨总结

总的来讲，刑民交叉案件，在程序上，如果能够确认刑事案件查明的事实不影响民事责任承担的，民事案件继续审理；实体上，坚持依据民事法律规范对合同效力进行判断，只要不存在合同无效情形，即便合同当事人的行为构成刑事犯罪，仍应认定合同有效。具体而言：

1. 与本案有牵连，但与本案不是同一法律关系的经济犯罪嫌疑线索、材料，应将犯罪嫌疑线索、材料移送有关公安机关或检察机关查处，经济纠纷案件继续审理。在存货融资业务中，涉及两个法律关系，出质人在借贷和担保法律关系中所涉的犯罪行为不影响对质押监管法律关系民事案件的审理。

2. 同一公民、法人或其他经济组织因不同的法律事实，分别涉及经济纠纷和经济犯罪嫌疑的，经济纠纷案件和经济犯罪嫌疑案件应当分开审理。出质人虽然在质押过程中涉嫌经济犯罪，但是，出质人同时作为借款人向银行贷款，就贷款法律关系而言，出质人质押所涉的经济犯罪并不影响对借贷合同纠纷案件的实体审理。

3. 与一般的涉及公司证照、印章类案件类似，存货融资业务中，公司中的法定代表人以单位名义实施犯罪行为，不影响合同的效力，公司一般都要担责。

相关规定

《最高人民法院关于在审理经济纠纷案件中涉及经济犯罪嫌疑若干问题的规定》

第三条　单位直接负责的主管人员和其他直接责任人员，以该单位的名义对外签订经济合同，将取得的财物部分或全部占为己有构成犯罪的，除依法追究行为人的刑事责任外，该单位对行为人因签订、履行该经济合同造成的后果，依法应当承担民事责任。

第四条　个人借用单位的业务介绍信、合同专用章或者盖有公章的空白合同书，以出借单位名义签订经济合同，骗取财物归个人占有、使用、处分或者进行其他犯罪活动，给对方造成经济损失构成犯罪的，除依法追究借用人的刑事责任外，出借业务介绍信、合同专用章或者盖有公章的空白合同书的单位，依法应当承担赔偿责任。……

第十条　人民法院在审理经济纠纷案件中，发现与本案有牵连，但与本案不是同一法律关系的经济犯罪嫌疑线索、材料，应将犯罪嫌疑线索、材料移送有关公安机关或检察机关查处，经济纠纷案件继续审理。

第十一条　人民法院作为经济纠纷受理的案件，经审理认为不属经济纠纷案件而有经济犯罪嫌疑的，应当裁定驳回起诉，将有关材料移送公安机关或检察机关。

七、输出监管模式中质权设立所需的交付条件

阅读提示：如前述文章所述，在存货融资业务中，很多情况下，质物仍存放于出质人享有所有权或使用权的厂区、仓库、场地内，由质权人租用该场地并委托监管人到租用场地对质物进行监管，这种监管模式又被称为输出监管模式，由于可以大幅度减少质物移交的成本，在实践中被广泛采用。然而，质权的设立以质物的有效交付为要件，输出监管模式中的质物交付不存在形式上的地点转移，是否能够被认为是有效交付，从而实现质权的设立？

裁判要旨

质权设立所要求的动产交付，应以质权人能够实际支配和控制质物为标准。在输出监管模式中，如果质权人可以通过监管人建立起对质物的实际控制和管领，则可以认定为有效交付，质权有效设立。

基本案情[①]

2010年6月9日，工行灵某支行（贷款人、质权人）与宏某公司（借款人、出质人），签订《商品融资合同》及《商品融资质押合同》。后，工行灵某支行向宏某公司提供两笔分别为450万元、550万元贷款，贷款到期日为2011年8月8日。

2010年6月18日，工行灵某支行（甲方、质权人）、宏某公司（乙方、出质人）、中外运山西分公司（丙方、监管人）签订《商品融资质押监管协议》，约定为保障《商品融资质押合同》的履行，甲方和乙方均同意将质物交由丙方监管，丙方同意接受甲方的委托并按照甲方的指示监管质物。

同日，宏某公司（出质人）与中外运山西分公司（监管人）签订《监管场地租赁合同》，约定宏某公司将其厂区出租给中外运山西分公司，租金为每年1元，租赁期间为一年，自2010年6月18日至2011年6月17日，厂房的用途为保管宏某公司出质给工行灵某支行的货物。

---

① 案例来源：中国工商银行股份有限公司灵某支行等与苏州市天某物资有限公司案外人执行异议之诉案【江苏省高级人民法院（2017）苏民终972号】。

2010 年 7 月 7 日，宏某公司、工行灵某支行向中外运山西分公司出具了《质物种类、价格、最低要求通知书（代出质通知书）》，载明：根据《商品融资合同》，出质人将原煤 9000 吨、精煤 14400 吨质押给质权人。

同日，中外运山西分公司向工行灵某支行出具《质物清单（代动产质押专用仓单）》，载明："本公司已按照相关协议于 2010 年 7 月 7 日接收下表货物并开始履行监管责任，本公司确认上述质物已存放在我公司拥有使用权的仓库/场地，上述质物确已在本公司的占有、保管、监督之下。"

贷款到期后，宏某公司未能按约清偿贷款，2011 年 6 月 3 日，得知苏州中院查封质押煤炭后，工行灵某支行派人至苏州中院主张优先受偿权。

争议焦点

工行灵某支行对涉案宏某公司煤炭是否享有质权？

法院裁判观点

江苏高院认为：

工行灵某支行通过委托第三方（中外运山西分公司）对宏某公司出质的煤炭进行监管的方式实现对涉案质物的占有。对本案上述事实，没有相反证据予以否定。在中外运山西分公司于 2010 年 7 月 7 日向工行灵某支行出具该质物清单后，即视为宏某公司将出质的煤炭交付工行灵石支行，并由中外运山西分公司实际进行监管。涉案质权已设立。

关于本案质物转移占有系通过质权人（工行灵某支行）委托第三方（监管方）与出质人签订租赁协议，质押物仍存放于出质人原厂区的问题，对大宗动产质押物的占有、管理，因受管理厂地等条件限制，质权人通过由监管方对质物进行占有、管理的方式实现对质押物的转移占有是社会经济活动中较通行的做法，不能以质押物仍存放于出质人原厂区为由认定质押财产未交付。

法院认定工行灵某支行对涉案宏某公司的出质煤炭享有质权，其优先受偿权应予保护。

案例延伸阅读

案例一：中国农业发展银行某市支行、上海浦东发展银行股份有限公司某分行金融借款合同纠纷再审民事裁定书【（2019）最高法民再 217 号】

2014年10月9日，第三人某浦发银行和被告某粮库签订了动产最高额质押合同及质押财产清单，约定质押财产为小麦21186.45吨。当日，某浦发银行、某粮库和中海物流签订了动产质押监管协议，约定某粮库出质的小麦由中海物流进行监管。

2015年5月25日，某浦发银行和被告某粮库签订了流动资金借款合同，约定某粮库向某浦发银行借款3000万元，借款用途为购玉米，借款期限为2015年5月25日至2015年11月25日。

质押担保合同订立后，某浦发银行委托中海物流对某粮库的东库全部予以租赁管理，并对其中的21186.45吨小麦实施监管，通过中海物流与某粮库签署质物清单的方式确认中海物流监管数量和范围，并在质物发生变化时约定以确认清单为准。

2016年4月19日，某浦发银行向某粮库发函，宣布借款提前到期并要求某粮库立即偿还借款。

原告某农发行与某粮库自2015年1月15日至7月28日签订了七份流动资金借款合同，某粮库共计向原告借款30800万元（其中包含8800万元小麦收购贷款），截止目前尚欠18872.42万元。

2015年9月23日，某粮库以由某农发行提供的8800万元小麦收购贷款形成的37076272公斤小麦库存抵押给某农发行，签订了浮动抵押合同，为流动资金借款合同提供担保。并于2015年10月9日在深州市工商行政管理局办理了动产抵押登记。

后，因某粮库到期未还款，本案原告某农发行提起诉讼，并主张其对某粮库存储的小麦享有抵押权。

第三人某浦发银行主张其中包含自己享有质权的小麦。

最高人民法院认为：

本院再审认为，本案争议焦点为某浦发银行是否有效实施了对质物的占有，其质权是否设立。

本案中，在某浦发银行、某粮库、中海物流三方签订的《动产质押监管协议》中，虽然约定中海物流受某浦发银行委托监管质押财产，但在中海物流与某粮库签订的《租赁及监管协议》中，约定由中海物流派驻监管人员履行监管职责，还约定中海物流委托某粮库对仓库进行管理、履行质物的保管、仓库维修维护以及安全保卫责任，中海物流租用某粮库的租金为一元，某粮库负责质物的安全，并承担质物灭失、损毁、失少、损耗的责任。从上述合同约定来看，存在质物象征性交付或占有改定的可能性，对于质物风险承担的约定亦有违《中华人民共和国物权法》第二百一十五条关于质权人应妥善保管质押财产的规定。

对于合同的实际履行情况，中海物流主张其通过签署质物清单、派驻工作人员控制粮食进出库、张贴权利标识等方式已经实现对质物的实际控制；某农发行则主张其可以随意进出粮库查看库存，未见到权利标识，中海物流并未实际控制质物。原审法院未能查明上述疑点，本案不能排除质物象征性交付或占有改定的合理怀疑。对于中海物流的监管费用、一元租金实际由谁支付及是否影响本案实际权利义务关系的认定，原审法院亦未查明并分析论证。上述情况涉及本案质物是否实际交付、中海物流是否对质物实施了有效占有、质物是否仍由某粮库管领控制等问题的认定，属于对当事人权利义务有实质性影响的基本事实。

本院认为，在原地交付大宗散货的流动质押或浮动质押交易中，对于质物的出质公示应采取严格标准，对于质权是否有效设立，应结合当事人的约定和实际履行情况认定，当有相反证据可能否定质权有效设立时，应持审慎严格的态度，对所涉事实进行细致查明和清晰认定。具体到本案，重审中应要求某浦发银行和某农发行分别详细说明实施监管或定期查库的具体人员、执勤时间、措施手段等，就不合常理之处予以解释、辩论、举证，查明本案质物的实际管领控制状态，进而认定中海物流的监管行为是否达到了有效交付的标准。

案例二：某银行股份有限公司与库伦旗佐某糖业有限公司金融借款合同纠纷一案二审民事判决书【（2019）最高法民终330号】

最高人民法院认为，案涉质物存放于出质人锦州佐某公司的仓库，某银行通过三方签订《动产监管协议》的形式，指定中铁物流大连分公司租用锦州佐某公司的仓库进行监管，仓库租金只象征性的约定1元。某银行虽主张通过该方式，特别是交付了相关的协议、清单、报告书、台账等材料即实现了指示交付，但结合出质人锦州佐某公司未转移质物、不让监管人入库乃至驱逐监管人等情形，案涉质物仍由锦州佐某公司实际控制和支配，并未实现某银行直接或间接的有效控制。由于案涉质物交付形式不符合法律规定的质权设立形式，案涉质权未能依法设立。

实务经验总结

质物转移占有是质权设立的必要条件，此处的质物的转移占有不限于质物的现实交付，还包括简易交付和指示交付两种观念交付方式，但不能采取占有改定的交付方式。而输出监管模式中的交付，由于质物仍然存放于原地，因此难以和占有改定、象征性交付相区分。根据上述裁判观点，只有能够认定监管人受质权人委托已经实现对质物的实际控制和管领时，才能确定质物已经有效交付，质权可以设立。因此在实务操作中，为确保质权有效设立，质权人应当注意：

（一）自己或委托监管人与出质人签署租赁协议，取得对监管场地的独占使用权。

此处的独占使用应当排除出质人、第三人的使用权，如有必要可以在存储质物的场地显著位置以标志牌等醒目方式表明该场所的合法且独占使用权人为监管公司，以实现质物存储地点在法律意义上的转移。

例如在上文最高人民法院的案例中，虽然质权人委托监管人对出质人的粮库东库全部予以租赁管理，并对其中的质物实施监管，但最高人民法院仍然指出需要结合监管人是否能够控制质物进出库、是否一定程度上排除了非监管人（特别是出质人）在监管场所的自由出入等因素判断质物的实际管领控制状态。可以看出，监管人是否取得对监管场地的独占使用权，是否排除出质人、第三人对监管场地的使用权对于判断监管人是否对质物实施了有效占有具有重要意义。

（二）建立完善的监管制度，确保监管人对质物的实际控制和管领。

银行委托监管人对质物进行监管，应当确保监管人已建立严格监管措施，监管人对质物的控制和管领尤其应当注意与出质人过去对质物的占有状态进行区分。例如，监管人应当指派专人对质物进行监管和保卫，通过着装、工作牌等区别于出质人员工，要求出质人员工不得随意进出监管场所；通过警戒线、栅栏等方式实现质物仓储地点与出质人其他货物仓储地点的明显隔离；通过设立标志牌、标签等醒目方式明确质物为特定质押合同项下质物；建立监管台账，定期对质物进行查验核对，严格管理质物的出入库时间、去向和状况，对异常情况及时处理并报告质权人。

（三）质物清单的出具说明监管人已实际接收质物，可以证明已完成质物交付，但应当注意保持质物清单和实际交付及控制情况的一致。

在质押监管协议的实际履行中，监管人在清点质物后通常会向质权人出具质物清单，表明自己已经接收清单内所列质物并开始履行监管责任。在诉讼中，质物清单可以作为证明质物交付事实的证据，在没有其他相反证据否定监管人对质物的实际控制时，质物清单出具的时点可以视为出质人完成质物交付并由监管人开始实际控制的时点。因此监管人应当特别注意依照实际的交付情况和自己对质物的控制情况出具质物清单。

相关规定

《中华人民共和国民法典》

第四百二十九条　质权自出质人交付质押财产时设立。

第四百三十二条　质权人负有妥善保管质押财产的义务；因保管不善致使质押财产毁损、灭失的，应当承担赔偿责任。

质权人的行为可能使质押财产毁损、灭失的，出质人可以请求质权人将质押财产提存，或者请求提前清偿债务并返还质押财产。

《最高人民法院关于适用〈中华人民共和国民法典〉有关担保制度的解释》

第五十五条　债权人、出质人与监管人订立三方协议，出质人以通过一定数量、品种等概括描述能够确定范围的货物为债务的履行提供担保，当事人有证据证明监管人系受债权人的委托监管并实际控制该货物的，人民法院应当认定质权于监管人实际控制货物之日起设立。监管人违反约定向出质人或者其他人放货、因保管不善导致货物毁损灭失，债权人请求监管人承担违约责任的，人民法院依法予以支持。

在前款规定情形下，当事人有证据证明监管人系受出质人委托监管该货物，或者虽然受债权人委托但是未实际履行监管职责，导致货物仍由出质人实际控制的，人民法院应当认定质权未设立。债权人可以基于质押合同的约定请求出质人承担违约责任，但是不得超过质权有效设立时出质人应当承担的责任范围。监管人未履行监管职责，债权人请求监管人承担责任的，人民法院依法予以支持。

八、出质人强行出库，监管人不存在过错的，不承担违约责任！

阅读提示：在存货融资交易中，监管人受质权人委托取得对质物的控制权后，有时仍会发生出质人强行提取质物的情况，监管人面对这种情况，应该怎么做才能认定其已经履行了监管义务？什么情况下，监管人对质物的灭失应当向质权人承担违约赔偿责任？

裁判要旨

质物监管协议中监管人承担违约责任以存在过错为构成要件，在出质人强行出库的情况下，如果监管人可以证明已及时通知、阻止、报警，已尽事实上最大可能积极履行监管义务的，则不存在过错，无需向质权人承担违约赔偿责任。

基本案情[①]

2014 年 7 月 10 日，某银行与库伦旗佐某公司签订《综合授信协议》，约定某银行给予库伦旗佐某公司综合授信一亿元。同日，某银行与锦州佐某公司签订了《最高额质押合同》。其中约定所担保的主债权为自 2014 年 8 月 14 日至 2015 年 8 月 11 日期间，在人民币 1 亿元的最高额内，某银行所享有的对债务人库伦旗佐某公司的债权。锦州佐某公司提供质物白砂糖 10000 吨、原糖 28100 吨。

2014 年 8 月 11 日，某银行（质权人）与锦州佐某公司（出质人）、中铁物流大连分公司（监管人）签订《动产监管协议》。质物存放于出质人锦州佐某公司的仓库内。按照某银行的指示，中铁物流大连分公司与锦州佐某公司签订了《仓库租赁协议》，租金为 1 元。中铁物流大连分公司指派工作人员在锦州佐某公司的仓库对质物进行监控。

2015 年 5 月以后，锦州佐某公司陆续出现不配合监管、转移质物、不允许中铁物流大连分公司盘库、驱赶监管员等情况，中铁物流大连分公司立即通知了某银行

---

① 案例来源：某银行股份有限公司、库伦旗佐某糖业有限公司金融借款合同纠纷二审民事判决书【最高人民法院（2019）最高法民终 330 号】。

并采取下列应急措施：（一）中铁物流大连分公司多次以电话和连续下达《风险告知函》《妨碍监管工作情形告知函》的形式向某银行告知相关情况。（二）安排监管人员 24 小时蹲守监控出库情况并实时通知某银行相关情况。（三）中铁物流大连分公司多次向锦州佐某公司下达《停止危险行为通知函》《消除妨碍监管通知函》。（四）中铁物流大连分公司先后两次将锦州佐某公司的强行出库行为向公安机关报警。

后，债务人库伦旗佐某公司未于票据到期日前偿还某银行票款，导致某银行垫款。某银行遂起诉请求债务人库伦旗佐某公司还款，并请求判令中铁物流大连分公司在质物丧失的范围内对某银行债权承担补充赔偿责任。

争议焦点

在出质人强行出库的情况下，中铁物流大连分公司是否应在质物丧失的范围内承担补充赔偿责任？

法院裁判观点

最高人民法院认为：

（一）本案《动产监管协议》属于委托合同，受托人承担违约责任的前提是存在过错。

本案中，案涉《动产监管协议》，主要内容为某银行概括委托中铁物流大连分公司处理与案涉质物有关的监管事务，属于委托合同。根据法律规定及双方合同约定，中铁物流大连分公司在对案涉货物监管的过程中负有的应是过错责任。

（二）本案监管人已尽事实上最大可能积极履行监管义务，不存在过错。

本案中，中铁物流大连分公司在监管过程中，发现监管货物存在被转移、强行出库及锦州佐某公司不配合监管、不允许盘库、驱赶监管员等情况时，采取打电话和连续下达《风险告知函》《妨碍监管工作情形告知函》的形式，及时通知了某银行；中铁物流大连分公司并多次向锦州佐某公司下达《停止危险行为通知函》《消除妨碍监管通知函》，先后两次作出将锦州佐某公司的强行出库行为向公安机关报警等应急措施。以上行为可见，中铁物流大连分公司已尽事实上最大可能积极履行监管义务，在不违反法律的情况下，已经履行通知、函告、报警等义务，穷尽监管能力和行为。

综上，中铁物流大连分公司在履行监管义务的过程中不存在过错，不应承担补充赔偿责任。

案例延伸阅读

案例一： 中信银行股份有限公司某分行等诉青岛中某物流有限公司金融借款合同、动产质押监管合同纠纷案【（2016）最高法民申978号】

2011年8月2日、2011年10月13日、2012年7月19日，中信某分行分别与光某集团公司签订三份《人民币流动资金贷款合同》，提供贷款共人民币49975179.59元。在每一笔贷款中，光某集团都以其财产设定质押，作为上述贷款的担保。中信某分行、光某集团公司一致同意由监管人中某物流公司对质物进行监管，三方共同签订三份《动产质押监管协议》。

2011年8月1日，中信某分行与光某轮胎公司签订《综合授信合同》，授信人民币2000万元，光某轮胎公司以其财产设定质押，作为上述授信项下贷款的担保。中信某分行、光某轮胎公司一致同意由监管人中某物流公司对质物进行监管，三方共同签订一份《动产质押监管协议》。

上述每一份《动产质押监管协议》均约定：（1）监管期间，中某物流公司应妥善、谨慎处理监管的质物，因各种原因质物发生短少、损毁、灭失等可能影响甲方权益的情形，丙方应当在24小时内通知甲方，并采取适当的应急措施；（2）中某物流公司违反上述约定造成中信某分行质权落空或质物价值不足质物最低价值的，承担不足部分的赔偿责任。

自2011年8月1日起，出质人光某集团公司、光某轮胎公司分别与中信某分行共同向中某物流公司签发首次出质通知书将全钢轮胎质押给质权人，请监管人按《动产质押监管协议》对质押货物进行监管。本案质物存放于光某集团公司的场地内，由中某物流公司派人员到现场监管。

自2012年7月3日至同年11月底，中某物流公司多次向中信某分行发函，提示出质人资信欠佳，监管风险加大，货物继续存入在现有仓库存在监管方无法控制的风险。中某物流公司的监管人员被强行赶出监管场所，质物被持续强行出货，中某物流公司报警后仍无法阻止。

后，出质人光某集团公司、光某轮胎公司被宣告破产，截至破产财产拍卖时，上述质物发生大量缺失。

原告中信某分行主张己方已履行放款及垫款义务，光某集团公司、光某轮胎公司未履行还款义务构成违约，并主张中某物流公司未履行监管义务导致质物灭失，应在丢失质押物的范围内承担直接赔偿责任。

监管人中某物流公司主张涉案货物发生了缺失是因为出质人强行将监管人方人员赶出监管场所后强行出货，因此过错完全在于出质人，中某物流公司没有任何的过错。

最高人民法院认为：

受托方中某物流公司在出质人光某集团公司强制出货之前，即已向中信某分行发出风险警示函，提示监管风险加大，建议将质物移库、增加锁具，其后亦依约多次提示风险并采取应急措施向110报案，当求助公权力尚且无法避免光某集团公司强行出货，中某物流公司不可能以暴力手段阻止不法行为，在代中信某分行履行监管质物过程中尽到了通知和阻止义务，受托方中某物流公司不存在过错，故无需向中信某分行承担赔偿责任。

案例二：中国外某河南公司与中国工商银行股份有限公司某支行保管合同纠纷再审申请案【（2014）民申字第1490号】

2010年3月23日，某工行（债权人、质权人）与金某公司（出质人）和外某公司（监管人）签订《商品融资质押监管协议》。其中约定：在监管期间，除不可抗力的事件、金某公司未依约告知外某公司质物的特殊保管要求的情况外，质物毁损灭失或由于外某公司未尽到保管责任导致质物变质、短少、受污染以及外某公司其他情形违反协议给某工行、金某公司造成损失的，承担货物损失的赔偿责任。借款到期后，金某公司未偿还借款本金1800万元及利息。质押物在监管期间已全部灭失。

原告某工行主张监管人外某公司未尽监管责任，要求其赔偿灭失质物相应价款1800万元及利息。

被告外某公司主张质押物灭失系金某公司强行出货所致，外某公司并无违约之处。

最高人民法院认为：

被告未能提供证据证明在金某公司强行出货时己方已经尽力控制监管现场，并尽快通知某工行，同时通知公安机关配合控制现场，即未能证明履行了及时通知以及报警等义务，因此不能证实其已全面履行了合同约定义务，因此应当承担货物损失的赔偿责任。

法院观点评述

在前述案例中，质权人往往主张，监管人任由出质人强行出库质物，未尽监管义务，属于违约，而违约责任不以过错为前提，所以，监管人应该承担监管责任。法院则认为监管人承担违约责任的归责原则是过错责任，如果监管人可以证明已尽到监管义务，则无需承担违约责任。

其实，无论将质物监管协议认定为委托合同、保管合同或仓储合同，根据以前的《合同法》以及现在实施的《民法典》规定，此类合同的违约责任均以当事人存在过错为构成要件，而不是无过错责任原则。最高人民法院在上述判决中指出，案涉《动产监管协议》的主要内容为质权人概括委托监管人处理与案涉质物有关的监管事务，属于委托合同，根据《民法典》第四百零六条规定，适用过错责任原则。

在出质人强行出货的情况下，监管人应当尽到何种监管义务方可证明己方不存在过错这一问题，如果监管人已经实施了诸如及时发现出质人的行为并及时通知质权人、警告出质人停止强行提取质物的行为、报警请求公权力介入制止出质人的不法行为等行动，法院一般会认为监管人已经尽力积极地履行所有监管职责，无需承担由于出质人强行出库使质物价值损失而最终无法满足债权的违约赔偿责任。

实务经验总结

对于监管人而言，为避免承担对质权人的违约责任，在出质人强行出库的情况下，应当注意实施下列行为：

（一）及时发现并向质权人履行风险提示义务

监管人首先应当及时通过电话联系、下达函件（如《风险告知函》）等形式向质权人告知情况，安排监管人员监控出库情况并实时通知质权人，充分履行风险提示义务。

（二）尽力阻止出质人强行出库的行为

从以往案例来看，监管人可以通过增加锁具等方式保护质物、下达函件（如《停止危险行为通知函》《消除妨碍监管通知函》）警示出质人法律责任等方式尽力阻止出质人的强行出库行为。

（三）通过报警等方式请求公权力制止

如果监管人能够报警，请求公权力帮助控制现场，但最终仍难免发生质物灭失的情况的，法院一般会认为监管人已经尽到了监管义务。

对于质权人而言，也不能将质物委托监管人监管后就以为高枕无忧，疏忽对出质人履约的监督，若收到监管人的通知，应当及时采取行动制止出质人的强行出库行为、转移质物存放地点或要求出质人及时补充质物等。

相关规定

《中华人民共和国民法典》

第八百八十八条　保管合同是保管人保管寄存人交付的保管物，并返还该物的合同。

寄存人到保管人处从事购物、就餐、住宿等活动，将物品存放在指定场所的，视为保管，但是当事人另有约定或者另有交易习惯的除外。

第八百九十七条　保管期内，因保管人保管不善造成保管物毁损、灭失的，保管人应当承担赔偿责任。但是，无偿保管人证明自己没有故意或者重大过失的，不承担赔偿责任。

第九百零四条　仓储合同是保管人储存存货人交付的仓储物，存货人支付仓储费的合同。

第九百一十七条　储存期内，因保管不善造成仓储物毁损、灭失的，保管人应当承担赔偿责任。因仓储物本身的自然性质、包装不符合约定或者超过有效储存期造成仓储物变质、损坏的，保管人不承担赔偿责任。

第九百一十九条　委托合同是委托人和受托人约定，由受托人处理委托人事务的合同。

第九百二十九条　有偿的委托合同，因受托人的过错造成委托人损失的，委托人可以请求赔偿损失。无偿的委托合同，因受托人的故意或者重大过失造成委托人损失的，委托人可以请求赔偿损失。

受托人超越权限造成委托人损失的，应当赔偿损失。

九、监管人可否根据委托合同规定行使任意合同解除权？

阅读提示：在质押监管协议的履行过程中，当出现出质人不配合监管、质物有毁损灭失的风险时，有时监管人会主张质押监管协议属于委托合同，作为受托人享有法定解除权，而向质权人发出解除通知，那么，质押监管协议是否可以由监管人单方行使合同解除权而被解除？在解除通知发出之后，若出现质物毁损灭失的情况，监管人是否可依此主张质押监管协议在之前已被解除，自己对合同解除后发生的质物毁损灭失没有责任？

裁判要旨

质押监管协议虽有一定的委托合同特征，但不是单纯的委托合同，因此不能适用委托合同中受托人和委托人均享有任意解除权的规定，即监管人不能行使任意解除权解除合同。

基本案情[①]

2014 年 3 月 27 日，康某公司（出质人）和中信银行（质权人）签订《最高额动产质押合同》，约定本合同项下担保的债权是中信银行依据与康某公司在 2014 年 3 月 27 日至 2015 年 3 月 27 日期间所签署的主合同而享有的一系列债权，康某公司提供 1.5 万吨的氧化铝及 800 吨铝合金作为质押担保。

同日，中信银行、康某公司、朝某物流公司签订《监管协议》，约定中信银行和康某公司均同意将质物交由朝某物流公司存储监管，朝某物流公司同意接受中信银行的委托并按照中信银行的指示监管质物。

2014 年 3 月 27 日、8 月 4 日、9 月 6 日，中信银行、康某公司、朝某物流公司在三份《质物清单》上签字盖章，朝某物流公司确认《质物清单》载明的质物已在监管人的占用监管之下。

2014 年 9 月 26 日，中信银行向朝某物流公司发出《质物处置通知书》，通知

---

① 案例来源：青海朝某物流有限公司与中信银行股份有限公司某分行等借款合同纠纷上诉案【（2015）民二终第 354 号】。

书载明，由于康某公司“无法偿还到期银行承兑汇票，我行将对该质押存货进行处置”，要求朝某物流公司提供质物的详情。

2014 年 10 月 10 日，中信银行与康某公司签订《38 号承兑协议》，中信银行以银行承兑汇票的方式向康某公司提供 3000 万元的借款。后中信银行以发现质物灭失为由，于 2014 年 10 月 22 日宣布承兑协议提前到期。中信银行与康某公司均称两张汇票到期后已依约兑付。

2014 年 10 月 13 日，朝某物流公司向中信银行、康某公司发出《函告》。其主要内容是：朝某物流公司对《38 号承兑协议》不知情，中信银行、康某公司也未委托朝某物流公司进行监管及支付监管费用，朝某物流公司的监管责任已经于 2014 年 10 月 10 日履行完毕，《监管协议》也履行完毕及终止。

2014 年 10 月 17 日，涉案质物已经全部灭失。

汇票到期后，康某公司未还款。中信银行起诉称，因质物在中信银行不知情的情况下全部灭失，康某公司也未承担还款相应责任，故请求判令康某公司向中信银行偿还借款本金 3000 万元及相关费用，朝某物流公司对上述款项承担连带赔偿责任。

争议焦点

《监管协议》是否已经解除，朝某物流公司是否应当向中信银行承担违约责任？

当事人意见

朝某物流公司主张，根据《合同法》第四百一十条委托人或者受托人可以随时解除委托合同的规定，朝某物流公司可以随时解除委托合同，朝某物流公司在 2014 年 10 月 13 日已经通过发出《函告》解除《监管协议》，合同解除后质物的灭失与朝某物流公司无关。

《监管协议》被解除后，中信银行完全可以自行监管或另行委托他人监管，中信银行申请诉讼保全时也应对质物采取诉讼保全措施，但中信银行没有自行监管也没有另行委托他人监管，更没有申请法院予以诉讼保全，中信银行明显怠于行使权利，因此造成的损失，中信银行无权要求朝某物流公司承担赔偿责任。

法院裁判观点

最高人民法院认为：

《监管协议》是为了履行涉案的《最高额动产质押合同》而订立的，不应单独解除，且根据《监管协议》的约定，中信银行和康某公司均同意将质物交由朝某物流公司“存储监管”，《监管协议》不是单纯的委托合同。故朝某物流公司认为依据《合同法》第四百一十条的规定，在其2014年10月13日发出《函告》后，《监管协议》已经解除的法律依据不足。作为监管人，朝某物流公司不能说明质物灭失的原因，属其未尽到监管义务，应依据《监管协议》的约定承担相应的违约责任。

案例延伸阅读

案例一：中国工商银行股份有限公司某支行、青岛中某海运物流有限公司仓储合同纠纷二审民事判决书【（2018）鲁02民终9871号】

2012年4月13日，某公司向工行某支行融资借款金额为1500万元，借款还款日是2012年10月13日。

2012年4月16日，中某公司、某公司、工行某支行签订《商品融资质押监管协议》一份，协议约定：工行某支行为质权人，某公司为出质人，中某公司为工行某支行的代理人，代理工行某支行监管质物，监管费由某公司支付。

2017年3月，不明人员搬运质物，中某公司发现后立即通知工行某支行，并向110报警。

2017年6月14日，中某公司已向某公司、工行某支行发出书面《合同解除通知书》，通知解除监管协议。监管费计算的截止日期为2017年6月15日，某公司拖欠监管费90.1万元。

中某公司起诉，（1）请求判令《商品融资质押监管协议》已于2017年6月15日确认解除；（2）请求判令某公司、工行某支行立即支付拖欠的监管费90.1万元；（3）请求判令中某公司对涉案质物享有留置权，有权在拖欠监管费范围内在该质物的拍卖、变卖价款中优先受偿。

工行某支行主张，中某公司应当按照《商品融资质押监管协议》合同约定继续履行监管责任。

山东青岛中院认为：

《商品融资质押监管协议》不属于典型的委托合同。工行某支行委托中某公司监管质押物，虽有一定的委托合同特征，但从监管协议内容来看，并非由中某公司简单完成委托事务，而是由中某公司动态履行监管质押货物的职责，系履行货物保管义务，更符合仓储合同性质。故中某公司不能依据委托合同关系来主张任意合同解除权。

并且，中某公司有权单方解除合同则会产生质押监管货物失控的危险。2017年3月，已有不明人员搬运质物，因中某公司及时通知上诉人，并及时报警避免了质物丢失。虽然涉案质物处于本院查封执行状态，但如无人员专门监管，必然导致质物流失，给工行某支行造成财产损失，也会导致中某公司不能实现留置权的后果。

案例二：中国民生银行股份有限公司某分行与中某运空运发展股份有限公司河南分公司、中某运空运发展股份有限公司确认合同有效纠纷二审民事判决书【（2016）豫01民终4993号】

2011年3月22日，民生银行某分行（甲方、质权人）、德某源诚公司（乙方、出质人）及中某运空运河南分公司（丙方、监管人）签订动产质押监管协议一份。其主要内容为，为保障质押合同及所担保的主合同的履行，乙方同意将其享有所有权的货物作为质押物质押给甲方，甲方和乙方均同意将质物由丙方保管，丙方同意接受甲方的委托并按照甲方的指示监管质物。

上述协议附件费用约定书载明，根据上述协议的约定，出质人德某源诚公司承担监管方对质物实施监管而发生的全部费用，一个贷款周期为人民币20万元，监管期间监管员的住宿、办公场所及必要的办公设施等均由出质人德某源诚公司免费提供。

2013年11月26日，中某运空运河南分公司向民生银行某分行发出解除/合同通知书一份，称民生银行某分行与第三人未按协议约定履行主要义务、支付监管费、第三人多次违约，故本合同通知书送达10天内，其将撤出监管。

2013年12月2日，民生银行某分行向中某运空运河南分公司回函称其列举的理由不构成解除《动产质押监管协议》的条件，故中某运空运河南分公司不得单方解除，该协议应继续履行。

民生银行某分行于2014年2月27日向河南省郑州高新技术产业开发区人民法院提起诉讼，请求依法判令中某运空运河南分公司发出的《解除合同通知书》无效，中某运空运河南分公司应继续履行《动产质押监管协议》。

河南郑州中院认为：

民生银行某分行、中某运空运河南分公司及第三人德某源诚公司签订的《动产质押监管协议》系双方当事人的真实意思表示，中某运空运河南分公司同意接受民生银行某分行的委托，作为其代理人，代理并按照其指示保管第三人德某源诚公司所出质的质押物，向其报告委托监管质物的情况，民生银行某分行与中某运空运河南分公司之间实质为委托合同关系。依照《合同法》第四百一十条规定，受托人可以随时解除委托合同。

同时，虽然双方协议约定由德某源诚公司免费提供监管期间监管员住宿、办公场所及必要的办公设施等条件，但德某源诚公司在一年后不再提供相应的条件，而民生银行某分行作为委托人，也未为中某运空运河南分公司实施监管提供必要的条件；故根据上述法律规定及本案相关事实，中某运空运河南分公司通知民生银行某分行解除双方所签订的《动产质押监管协议》，具有相应的事实根据和法律依据。

案例三： 兴业银行股份有限公司某分行诉中某运空运发展股份有限公司沈阳分公司等委托监管合同纠纷案【辽宁沈阳中院（2017）辽01民终4081号】

2013年6月18日，中某运沈阳分公司（丙方、监管方）与兴业银行某分行（甲方、质权人）、德某物资（乙方、出质人、借款人）签订《业务合作协议书》1份，约定：鉴于甲方愿意为乙方提供短期融资，乙方同意将其合法所有的货物质押给甲方，质押货物存放于丙方管理的仓库，甲方委托丙方占有、监管质押货物。

同日，三方签署《补充协议》，约定：由于乙方恶意违约、停产、倒闭等原因不能履行本协议时，丙方有权向甲方提出停止监管和处置质物的书面通知，甲方收到丙方发出的书面通知后，应在3个工作日内就终止协议和处置质物给予答复，如甲方未按期答复，丙方有权终止协议。

2013年6月18日，中某运沈阳分公司（甲方、监管方）与德某物资（乙方、出质人）签订《监管作业协议》，约定：甲、乙双方就《动产质押监管协议》项下为乙方的动产质押贷款提供质物监管服务的相关事项达成补充条款。乙方因业务需要，将乙方现使用的仓库和货场租赁给甲方，作为双方合作开展质押监管业务的仓储用地。乙方须为甲方派驻人员提供良好的工作及食宿等条件，并协助甲方做好日常的仓储管理工作。双方还签订了《费用约定书》，约定出质方每年支付监管费用24万元。

上述协议签订后，中某运沈阳分公司开始履行监管质物的职责。但德某物资仅向中某运沈阳分公司支付了一年监管费用。后监管场地停水、停电，中某运沈阳分公司为此多次向兴业银行某分行发函告知，兴业银行某分行对此未予处理。

2015年12月14日，中某运沈阳分公司向兴业银行某分行发出《解除合同通知书》，兴业银行某分行回复中某运沈阳分公司不同意解除合同。

中某运沈阳分公司对兴业银行某分行、德某物资提起诉讼，请求判令解除《业务合作协议书》；判令原告与被告兴业银行某分行办理质物交接手续；判令二被告支付监管费用约 40 万元及延期利息。

辽宁沈阳中院认为：

兴业银行某分行与德某物资、中某运沈阳分公司签订的《业务合作协议书》系三方当事人的真实意思表示，合法有效。根据该协议，中某运沈阳分公司系接受兴业银行某分行的委托，对兴业银行某分行享有质权的质押物实施占有和监管，兴业银行某分行与中某运沈阳分公司之间实质为委托合同关系。依据《中华人民共和国合同法》第四百一十条之规定，委托人或者受托人可以随时解除委托合同，故中某运沈阳分公司对该协议享有任意解除权。

同时，依据《补充协议》第五条之约定：在德某物资出现恶意违约、停产、倒闭等原因不能履行本协议时，中某运沈阳分公司有权向兴业银行某分行提出停止监管和处置质物的书面通知。现中某运沈阳分公司已基于监管场地停水停电不能满足监管条件和德某物资逾期不支付监管费用等恶意违约的行为，向兴业银行某分行多次发函，并提出书面解除通知，故中某运沈阳分公司要求解除《业务合作协议书》亦符合《补充协议》的约定。

法院观点评述

在质押监管协议的履行过程中，当出现出质人不配合监管、质物有毁损灭失的风险时，有时监管人会主张质押监管协议属于委托合同，受托人和委托人均享有法定解除权，而向质权人发出解除通知。在之后的诉讼中，若确实出现质物毁损灭失的情况，监管人会主张质押监管协议已经解除，自身对合同解除后发生的质物减损或灭失不承担违约责任。

从上文所述案例，可以发现法院并不都认可质押监管协议是单纯的委托合同，如前述案例中，就有法院认为质押监管协议同时也具有仓储合同、保管合同等其他合同的特点，监管人不能享有任意解除权。

对于支持任意解除权的情形，需要说明的是，如上文两个案例中，都是出质人须向监管人提供监管条件和支付监管费用，在这两项都无法实现的情况下，监管方提出了解除合同，所以，有理由认为，监管人解除合同在情理之中，法院估计是重点考虑到这个因素才支持监管人解除合同的主张。

整体而言，对于质押监管协议是否属于委托合同，监管人是否可以因此享有任意解除权，司法实践尚未形成统一的裁判观点。

实务经验总结

正如上文所言，监管人主张委托合同的任意解除权存在不被认可的风险，如果希望可以在出质人不配合监管、质权人不约束出质人的情况下，避免自身为质物减损承担责任，最好是在质押监管协议中提前约定特殊情况下监管人的解除权。

（一）在质押监管协议中约定监管人的单方解除权，在风险出现时可以及时退出协议。

通过在质押监管协议中约定由于出质人或质权人的原因导致监管人无法履行监管义务的情形下监管人的单方解除权，可以为监管人规避风险。例如，在一个法院判决书中，我们就发现质押监管协议中有如此约定："当出质人或第三人采取任何可能改变或损害质权人针对质物的任何权利的行为，质权人经监管人通知后怠于行使权利；或发生实质性妨碍监管人履行监管义务的事项，例如监管地点不再符合监管要求等情形，导致监管人难以按照约定履行监管义务且质权人未采取有效措施改变现状的，监管人可以书面告知质权人和出质人终止本协议"，该案的审理法院四川成都中院认可在发生质物被第三方强行出库，监管人告知质权人后质权人无所作为的情况下，监管人向质权人发出解除通知后，质押监管协议已经解除。

（二）即使行使解除权也要做好质物交接工作，避免后续责任。

即使监管人认为己方享有法定解除权或约定解除权，并已经发出解除通知，也应当和质权人做好质物交接工作，如果质权人不配合交接，监管人最好留存可以证明合同解除时质物情况的各项证据，以避免后续发生质物减损时，监管人难以证明是解除前还是解除后发生的情况。

例如，江苏高院在（2016）苏民终1405号判决书中指出，"中某公司向江苏银行某支行发出《解除动产质押监管协议通知书》后离场，离场时既未与委托人江苏银行某支行进行质物交接，亦未对现场留存的质物进行清点。因中某公司撤场时未对当时尚存的质物进行清点交接，故相关质物丢失的责任应由中某公司承担。"

相关规定

《中华人民共和国民法典》

第五百六十二条　当事人协商一致，可以解除合同。

当事人可以约定一方解除合同的事由。解除合同的事由发生时，解除权人可以解除合同。

第九百一十九条　委托合同是委托人和受托人约定，由受托人处理委托人事务的合同。

第九百三十三条　委托人或者受托人可以随时解除委托合同。因解除合同造成对方损失的，除不可归责于该当事人的事由外，无偿委托合同的解除方应当赔偿因解除时间不当造成的直接损失，有偿委托合同的解除方应当赔偿对方的直接损失和合同履行后可以获得的利益。

十、动产抵押权与质权竞存，以对抗效力产生的先后清偿！

阅读提示：在质押融资中，出质人将已经设立抵押的商品再次出质，或者将依然存放在出质人原仓库内的已出质商品再次抵押给他人的情况时有发生，此时应当如何确定动产抵押权与质权的清偿顺序？

裁判要旨

动产抵押权与质权竞存的，应以动产抵押权和动产质权具备对抗效力的时间先后顺序，即抵押权登记与质物交付的时间决定同一动产上抵押权和质权竞存时的顺位。

基本案情[①]

2011 年 10 月 25 日，建行某支行与菊某高科公司签订《流动资金贷款合同》，借款金额人民币 1.2 亿元。同日，双方签订《抵押合同》，约定菊某高科公司将其所有的存放于公司 1 号仓库及租赁洋塘工业园 B、C 仓库内的 5559.02 吨甜叶菊干叶抵押给建行某支行，双方于 2011 年 11 月 3 日办理了动产抵押登记。

由于上述借款菊某高科公司未能按时归还，2012 年 10 月 22 日，建行某支行与菊某高科公司又签订一份《流动资金贷款合同》，借款金额人民币 1.2 亿元，用于借新还旧。

同日，双方签订甜叶菊干叶《抵押合同》，约定菊某高科公司用其所有的存放在其公司 1 号仓库约 5559.02 吨甜叶菊干叶为上述借款进行抵押担保，并办理了抵押登记。

2011 年 11 月 29 日，某农商银行与菊某高科公司、某物流公司三方签订《商品融资质押监管协议》，约定菊某高科公司为本案借款 8400 万元向某农商银行提供的质押物由某物流公司监管。

2011 年 12 月 12 日，某物流公司向菊某高科公司与某农商银行出具《出质通知书（回执）》，载明其已收到存放于菊某高科公司 1 号仓库内的 10426.08 吨质物，

---

① 案例来源：江西某农村商业银行股份有限公司、中国建设银行股份有限公司某支行第三人撤销之诉二审民事判决书【（2017）最高法民终 216 号】。

并将依约对质押货物进行监管，严格履行其在监管协议中的义务。

2012 年 12 月 11 日，《商品融资质押监管协议》约定的监管期限届满。在此之前，某农商银行、菊某高科公司与某物流公司未再签订新的商品融资质押监管协议。

2013 年 1 月 12 日，某农商银行与菊某高科公司、辉腾公司签订《商品融资质押监管协议》，约定辉腾公司对菊某高科公司质押物（存放于 1 号仓库与 C 仓库的甜叶菊干叶）进行监管，监管期 1 年。在监管到期后，三方续约，辉腾公司对质押物继续监管。

后，江西高院 17 号民事判决，建行某支行对拍卖、变卖菊某高科公司所有的存放于该公司 1 号仓库内的甜菊叶干叶（约 5559.02 吨）所得价款，在本案借款本金及利息范围内享有优先受偿权。

原告某农商银行起诉请求，改判由某农商银行对存放于菊某高科公司 1 号仓库的甜叶菊干叶（约 5559.02 吨）的拍卖、变卖所得价款享有优先受偿权。

争议焦点

建行某支行和某农商银行在同一动产上已登记抵押权与质权竞存时的优先顺位。

法院裁判观点

最高人民法院认为：

（一）建行某支行抵押权和某农商银行的质权设立的情况

1. 建行某支行的抵押权

建行某支行发放的第二笔贷款并非是前一笔贷款的延续，而是借新还旧。因此，贷款的抵押也非继续抵押，原抵押权因主债权受清偿消灭而消灭，新设立的抵押权于新《抵押合同》生效时，即 2012 年 10 月 22 日时设立，于同日登记时起对抗善意第三人。

2. 某农商银行的质权

某农商银行于 2011 年 12 月 12 日设立的质权由于质物交还于出质人而消灭，新质权于 2013 年 1 月 12 日重新设立。

某农商银行最初的质权自 2011 年 12 月 12 日某物流公司实际占有案涉质物时设立。

后，某农商银行与某物流公司的《商品融资质押监管协议》于2012年12月11日到期，某物流公司与某农商银行在前述协议到期前并未续签新的质押监管协议。由于案涉质物可以变动且在出质期间存放于债务人的仓库内，某农商银行未举示充分证据证明某物流公司在合同约定的监管期间届满后基于其委托继续合法有效占有质物，应当认定作为质物的甜叶菊干叶已返还给债务人菊某高科公司。在此情形下，即使某物流公司在监管期间届满后继续占有存放于菊某高科公司仓库内的甜叶菊干叶，且某农商银行与菊某高科公司对其占有行为均予以追认，亦不能发生使某农商银行保持其合法间接占有质物的状态、维系其质权对抗效力的法律后果。

2013年1月12日，某农商银行、菊某高科公司、辉腾公司签订《商品融资质押监管协议（滚动质押）》，约定辉腾公司接受某农商银行的委托，对菊某高科公司出质的甜叶菊干叶进行监管。同日，辉腾公司开始履行监管职责。鉴于案涉质物可以依约变动，某农商银行亦未举示充分证据证明菊某高科公司先后向其出质的质物完全相同，故应认定某农商银行先后委托某物流公司、辉腾公司占有的质物并不一致。在此情形下，某农商银行的质权于新监管人辉腾公司实际履行监管职责，即2013年1月12日重新设立。

（二）动产抵押权与质权竞存的，应以动产抵押权和动产质权具备对抗效力的时间先后顺序，决定同一动产上抵押权和质权竞存时的顺位

物权法虽未明确规定同一动产上依法成立的抵押权与质权竞存时的受偿顺序，但结合物权法关于动产抵押权与动产质权对抗效力产生时间的规定，应以动产抵押权和动产质权具备对抗效力的时间先后顺序，决定同一动产上抵押权和质权竞存时的顺位。抵押登记在先则抵押权顺位在先，动产占有在先则质权顺位在先。

综上，建行某支行的抵押权于2012年10月22日设立并登记，某农商银行的质权设立于2013年1月12日，建行某支行抵押权发生对抗效力的时间早于某农商银行的质权，建行某支行应优先于某农商银行受偿。

案例延伸阅读

案例： 中信银行股份有限公司某分行与中国银行股份有限公司长沙市某支行等案外人执行异议之诉纠纷上诉案【（2018）湘民终7号】

2013年6月18日，中信银行某分行与凯某纸业公司签订了《最高额动产质押合同》、《最高额抵押合同》，由凯某纸业公司提供价值5750万元的纸张为该公司的贷款提供最高额抵押和最高额质押担保，质押担保的主债权是2013年6月18日至

2014 年 6 月 18 日期间因凯某纸业公司向中信银行某分行因授信而发生的一系列债务。

2013 年 7 月 3 日，双方办理了抵押登记，备注为本抵押为浮动抵押，抵押人与抵押权人向工商局提供的抵押物清单，仅为本次设立浮动抵押时时点上的抵押物。

后因凯某纸业公司未按约定归还借款，中信银行某分行向一审法院提出诉讼。一审法院于 2014 年 8 月 18 日作出民事判决，中信银行某分行有权以凯某纸业公司价值 5750 万元的纸张作为抵押物折价或者申请以拍卖、变卖该抵押物所得的价款优先受偿。

后凯某纸业公司未能履行上述判决，中信银行某分行申请强制执行。执行过程中，4、5 号仓库因案外人中国银行某支行等提出异议未能处置。

另查明，2013 年 12 月 30 日，质权人中国银行某支行与出质人广誉公司签订《最高额质押合同》，约定将广誉公司 4、5 号库房的纸张以及 3 号厂房二楼仓库的纸张质押给中国银行某支行，为中国银行某支行与广誉公司之间自 2013 年 12 月 25 日起至 2016 年 12 月 25 日止签署的各合同项下的债务提供质押担保，担保债权之最高本金余额为 1500 万元，星沙物流公司对上述质押纸张进行监管。

湖南高院认为：

双方争议的焦点是：中国银行某支行对 4、5 号仓库的纸制品是否享有排除强制执行的民事权益，即案涉两份生效判决所确定的优先受偿权的权利指向是否为同一标的物；若是，如何处理。

（一）两个生效判决所确定的优先受偿权的权利指向是否为同一标的物

标的物特定化后，中信银行某分行的浮动抵押权转化为固定抵押权，中信银行有权就以拍卖抵押财产所得的价款 8716008 元优先受偿。根据中信银行某分行与凯某纸业公司签订的抵押合同的约定，凯某纸业公司仓库存放的纸张，只要价值不超过 5750 万元，均属于浮动抵押财产范围。由于凯程纸业 4、5 号仓库存放的纸张经拍卖价值为 8716008 元，未超过设立浮动抵押权时约定的浮动抵押物价值 5750 万元，故拍卖的纸张均为确定的抵押财产。

根据现有证据，中国银行某支行不能证明其质押财产即 4、5 号仓库的纸制品不属于凯程纸业，该质押财产被包括在凯某纸业公司抵押给中信银行某分行的抵押财产范围内。

（二）中国银行某支行对长沙市黄花镇黄龙新村（国际空港工业园）4、5 号仓库的纸制品不享有排除强制执行的民事权益

中信银行某分行享有的抵押权于 2013 年 7 月 3 日办理了抵押登记，中国银行某支行享有的质权于2013年12月30日方设立，现中国银行某支行对执行生效文书确定的优先受偿权提出异议，但并不能证明其具有对抗该优先受偿权的权利。

综上，在认定中国银行某支行质押财产被包括在凯某纸业公司抵押给中信银行某分行的抵押财产范围内的情况下，中国银行某支行对4、5号仓库的纸制品不享有排除强制执行的民事权益。

实务经验总结

上文案例中确定动产抵押权和质权的清偿顺序的方法与《全国法院民商事审判工作会议纪要》的观点一致，后又为《民法典》第四百一十五条所确定。面对同一动产上存在抵押权和质权的清偿冲突的情况，质权人若希望债权能得到充分保障，应当注意几点：

（一）通过前期调查查清质押的动产上是否设立了抵押权等其他权利负担

由于动产抵押权需登记后方能和质权相对抗，因此可通过查询动产抵押登记了解情况，如果动产上已经设立抵押权并登记，可以要求出质人解除抵押或者提供其他动产作为质物。

需要说明的是，国务院已于2020年12月印发《关于实施动产和权利担保统一登记的决定》，明确规定我国动产及权利担保统一登记平台设立，对于生产设备、原材料、半成品、产品的抵押，在中国人民银行征信中心动产融资统一登记公示系统自主办理登记。所以，此后，债权人可以在该系统上查询动产的抵押登记情况。

（二）对于已设立的质权，质权人应保障对质物监管的持续性，以免质权的对抗效力由于质物归于出质人而消灭

在前文案例中，最高人民法院指出，在质权人与监管人的质押监管协议到期后未续签，且质物存放于债务人的仓库中，难以证明质权人在监管期间届满后依然有效占有质物，应当认定质物已经返还给出质人，根据担保法司法解释第八十七条第一款规定，“质权人将质物返还于出质人后，以其质权对抗第三人的，人民法院不予支持。”最高人民法院认为由于质物已经返还出质人，即不能发生使质权人保持其合法间接占有质物的状态、维系其质权对抗效力的法律后果。而之后由质权人、出质人和新监管人重新签订监管协议，是重新设立了质权，此时质权的公示时间推迟到了新监管人实现对质物的控制之时。

因此对于质权人而言，应当注意始终保持对质物的管领控制，即使更换新监管人，也应当保存证据证明新旧监管人交接的时间内质权人始终保持对质物的有效占有，比如交接期间由质权人自行安排人员监管质物或者原监管期间延续至交接之时。

相关规定

《中华人民共和国民法典》

第四百一十五条 同一财产既设立抵押权又设立质权的，拍卖、变卖该财产所得的价款按照登记、交付的时间先后确定清偿顺序。

第四百二十九条 质权自出质人交付质押财产时设立。

《全国法院民商事审判工作会议纪要》

65.**【动产抵押权与质权竞存】**同一动产上同时设立质权和抵押权的，应当参照适用《物权法》第199条的规定，根据是否完成公示以及公示先后情况来确定清偿顺序：质权有效设立、抵押权办理了抵押登记的，按照公示先后确定清偿顺序；顺序相同的，按照债权比例清偿；质权有效设立，抵押权未办理抵押登记的，质权优先于抵押权；质权未有效设立，抵押权未办理抵押登记的，因此时抵押权已经有效设立，故抵押权优先受偿。

根据《物权法》第一百七十八条规定的精神，担保法司法解释第79条第1款不再适用。

十一、所有权保留交易中的质押监管是非多！

阅读提示：在一起案例中，发生这样的事情：出质人将已出售给他人但保留所有权的货物作为质物设立质押，后又因为买受人不支付货款，为转嫁损失而在贷款还清后起诉质权人和监管人返还质物，若不能返还则需承担赔偿责任，是否可行？监管人是否需要承担责任？

裁判要旨

在贷款还清、监管结束后，出质人以解除监管、释放质物为由要求质权人和监管人返还质物，目的在于转嫁其不能收回货款的损失，有违诚信，该质物的灭失与质押监管无关，质权人和监管人无需承担责任。

基本案情①

2011年8月26日，兴某公司与案外人长某公司签订钢材销售合同，由兴某公司出售累计13000吨钢材给长某公司用于建造船舶，并约定货款未付清前，钢材所有权归兴某公司所有。

9月10日，兴某公司与某工行签订商品融资合同，约定兴某公司向某工行借款2000万元用于购买钢材，借期12个月，兴某公司提供质押担保，双方约定由元某公司履行质押物的监管责任。

兴某公司提供的质押物钢材分别存放于扬城港、扬州新港和长某公司仓库。

由于长某公司仓库内的钢材是兴某公司销售给长某公司的钢材，为此，长某公司于2011年9月14日向元某公司出具承诺书，承诺：1. 同意押品存放于仪征市十二圩长某公司内，确保押品不短缺；2. 每天将出入库计划上报现场监管员；等等。9月16日，元某公司（质物监管人）与兴某公司签订仓库租赁协议，约定元某公司租用兴某公司位于长某公司的仪征市十二圩仓库作为质押物监管区，租赁费1元。元某公司受某工行委托监管质押物。

---

① 案例来源：元某资产监管有限公司与扬州兴某钢铁有限公司、中国工商银行股份有限公司扬州某支行合同纠纷再审民事判决书【（2018）苏民再202号】。

后由于长某公司未及时给付货款，自 2012 年 4 月起兴某公司与长某公司发生纠纷，公安机关多次接到报警电话前往长某公司处理双方的冲突，并制止兴某公司强行拖走长某公司内的钢材。

2012 年 9 月 27 日，兴某公司偿还某工行全部借款本息，同时监管到期。

2013 年 2 月 16 日，兴某公司向某工行提出申请，要求提取存放于长某公司、扬城港及扬州新港的钢材，解除质押监管。某工行于 2 月 18 日向元某公司签发提货通知书。元某公司收到通知书即否认长某公司内存在由其监管的质押物，另两处质押物已释放。

后兴某公司提起本讼，主张质权人某工行和质物监管人元某公司因保管不善致使存放于长某公司的质物灭失，应当共同承担赔偿责任。

争议焦点

存放于长某公司的钢材的灭失原因是什么？谁应对此承担责任？

法院裁判观点

江苏高院认为：

元某公司的监管期限截止 2012 年 9 月 27 日，涉案的 2000 万元贷款于 2012 年 9 月 20 日到期，兴某公司于 2012 年 9 月 27 日还清本息。由于涉案质押系拟制转移占有的动态质押，质物并不实际转移占有，因此，质押担保的债权获得清偿后，元某公司只需退出兴某公司承租的扬城港、扬州新港及长某公司仓库即可完成质物的释放。

后来纳入质物范围的存放于长某公司的 682. 171 吨钢材系兴某公司销售给长某公司的所有权保留的货物。根据仪征市公安局十二圩派出所出具的情况说明，因长某公司不肯支付货款，兴某公司依据其与长某公司的钢材销售合同于质押监管期内的 2012 年 4 月 12 日将其中的钢板自行取回，另外的钢材被长某公司加工成约 600 吨船用分段，在质押监管期限届满，元某公司退出监管后的 2012 年 10 月 12 日，该部分 600 吨船用分段依然存在于长某公司，三天后兴某公司发现钢材灭失。在贷款还清、监管结束、长某公司的 682. 171 吨钢材灭失数月后，兴某公司以解除监管、释放质物为由要求某工行和元某公司返还该 682. 171 吨钢材，目的在于转嫁其向长某公司赊销钢材而不能收回货款的损失，有违诚信，该 682. 171 吨钢材的灭失与涉案的质押监管无关，兴某公司要求某工行和元某公司承担该损失没有事实与法律依据，不能成立。

法院观点评述

在本案中，江苏高院首先确认在输出监管模式中，监管期限届至后，监管人以退出监管场地的方式即可完成质物的释放。

后又结合质权设立的过程、出质人与案外人的买卖合同、质押监管协议的履行、监管期限届满后时隔数月出质人才发出提货申请等情况，综合认定全案事实，推翻了一审和二审要求监管人承担无法返还质物的赔偿责任，准确地指出出质人提起诉讼的目的在于转嫁其向买受人赊销钢材而不能收回货款的损失，该批货物虽然曾经作为质物由监管人监管，但其灭失与涉案的质押监管无关，监管人无需承担责任。

实务经验总结

（一）在接受质押之前，尽调了解出质人对质物的处分情况

在存货质押中，销货方往往会采取所有权保留的方式，担保自己的货款债权，在买方未足额支付货款之前，货物所有权仍归卖方所有，同时，又将该货物出质以获得融资。此种情况下，卖方的所有权其实仅是形式上的名义所有权。若货物已经交付于买方，存放于买方仓库，那么，货物就存在被买方处分的可能，这就给质押监管人的监管带来极大的不确定因素。

比如上述案件中，钢材存放于买方长某公司仓库，虽然长某公司未支付货款，但是，其仍将600多吨的钢材进行了其他的加工，导致钢材在客观上已无法返还于卖方。本案对质权人而言，有利的是，出质人已经还清了贷款本息，所以，质权人无须实现质权。若出质人逾期未能还款，在质物因买方不法行为已经灭失的情况下，质权人也将面临质权无法实现的损失。

所以，质权人有必要了解质物是否存在其他权利负担，或者是否已经被进行了实际的处分，此种处分是否将成为质权实现的潜在风险或者障碍。

（二）监管人应明确其监管的截止日期，在退出监管时应注意清点质物、留下记录

一方面，质物监管的截止日期对监管人责任界定至关重要，如上述案件中，导致质物灭失的原因一部分是监管期内出质人自己强行出库所致，另一部分是在监管期限届满之后，买方长某公司的加工行为所致，对于监管人而言，监管期限届满，其不再履行监管责任，之后发生的质物毁损灭失与其不再有关。

另一方面，监管人在监管质物的全过程均应当制定完善的监管制度，建立监管台账，在监管期限届止退出监管场所时，应当注意清点质物留下记录，和质权人、出质人确定监管期限届至自身无须再负监管责任，以避免将来的风险。虽然在输出监管模式中，监管人只需要退出监管场所即相当于释放质物，但监管人还是有必要和质权人、出质人协商并作出释放质物的书面文件。

（三）如果出质人有私自转移、处分质物的行为，监管人应当及时留下记录并报告质权人

在上述案件中，在监管期内，出质人已经有转移、处分库内货物的行为，但由于监管人只需要保证质物的价值在质权人要求的最低价值之上即可，在限额以上的质物出库、以其他货物替换质押的货物等行为是允许的。但监管人也应当注意对出质人的行为留下书面记录、和质权人保持及时沟通，对可能出现的出质人的违约行为保持警惕，如此，才能最大限度保证自己免予被追究监管责任。

相关规定

《中华人民共和国民法典》

第四百三十二条 质权人负有妥善保管质押财产的义务；因保管不善致使质押财产毁损、灭失的，应当承担赔偿责任。

质权人的行为可能使质押财产毁损、灭失的，出质人可以请求质权人将质押财产提存，或者请求提前清偿债务并返还质押财产。

第六百四十一条第一款 当事人可以在买卖合同中约定买受人未履行支付价款或者其他义务的，标的物的所有权属于出卖人。

十二、监管人在接收质物时承担的是形式审查还是实质审查义务？

阅读提示：在存货融资业务中，监管人在接收质物时需对质物进行审查，并在审查结束后，向质权人出具质物交接清单等文件。监管人审查义务的具体范围一般会在质押监管协议中列明，一般包括审查质物的品名、数量、价值、质量及权属等，而审查的方法则包括单据审查和外观检查。监管人的审查义务是形式审查还是实质审查，若后续因为质物质量、数量不合约定标准造成质权人无法实现质权的，监管人是否承担相应的赔偿责任？

裁判要旨

（一）监管人应当依照协议约定履行对质物的品名、数量、质量、价值、权属等的审查义务，若监管协议约定监管人核查质物依据表面审查、外观检查和单据审查等方法，在表面审查、外观检查和单据审查等方法无法确定质物的质量是否符合出质人承诺标准时，监管人一般不承担因质物的质量不符合出质人承诺标准给贷款人造成的损失。

（二）也有法院认为监管人对质押财产的核查是独立的权利和义务，即使商业银行未依照法律规定履行核实质押财产义务亦不能成为监管人未尽核查义务的免责事由。质押监管协议中约定的监管人核查质物主要依据“表面审查、外观审查和单据审查的方法”，不能免除监管人的核查义务。

基本案情[①]

2013 年，晨某公司向工行某支行申请贷款 12000000 元。同年 6 月 18 日，晨某公司向工行某支行提供了二份虚假产品质量检验，工行某支行在未对该检验报告真实性进行核实及未委托检测机构对质押物的质量进行鉴定的情况下，该行的工作人员王某平、祝某飞（客户经理）在该二份虚假检验报告上签写了“经审查本检验

---

① 案例来源：中国邮政速递物流股份有限公司某分公司、中国工商银行股份有限公司某支行保管合同纠纷再审审查与审判监督民事裁定书【（2020）最高法民申 1712 号】、中国工商银行股份有限公司某支行、中国邮政速递物流股份有限公司某分公司保管合同纠纷二审民事判决书【（2019）新民终 333 号】。

中样品蜡油由本人王某平和客户经理祝某飞与借款人共同抽样送往巴州产品质量检验所检验，本人对送检样品的真实性负责”的字样。

2013 年 7 月 15 日，工行某支行与晨某公司签订了《商品融资合同》，约定：晨某公司向工行某支行借款 12000000 元，并约定晨某公司为此提供质押担保，质押物交由某物流公司进行监管并由其出具相关保管凭证。

同日，工行某支行（甲方、质权人）与某物流公司（丙方、监管人）、晨某公司（乙方、出质人）签订了《商品融资质押监管协议》。其中第 2.6 条约定，三方若无其他书面约定，某物流公司核查晨某公司交付货物及现有库存签发《动产质押专用仓单》，主要依据表面审查、外观检查和单据审查的方法。

协议签订后，工行某支行、晨某公司向某物流公司出具了《出质通知书》载明“出质人将价值 21720000 元的蜡油 3300 吨，500 吨的润滑油、基础油出质给工行某支行，某物流公司根据《商品融资质押监管协议》的约定对质押物进行监管。”

2013 年 7 月 15 日，某物流公司出具了《出质通知书（回执）》及《动产质押专用仓单》，其上载明“本仓单记载事项以货物入库时表面审查，外观检查结果为依据。本仓单构成对质物转移占有完成，质押生效的确认。”并加盖市场部公章。

涉案的质押财产在某物流公司监管期间出油口封铅未发生任何变动。

2014 年 1 月 17 日，某物流公司发现质物数量不符，向工商银行发了一份突发事件通知函，载明“晨阳项目应于 2014 年 1 月 15 日结束监管，我公司与某工行客户经理祝某飞联系，了解到企业未按时还款，1 月 16 日上午我公司监管员对负责监管的质押物进行了实际测量，在现场监管的所有油罐设备、设施正常、出油口封铅完好的情况下，现有留存物只有 1635.35 吨、短缺 2137.7 吨，12372300 元，与三方协议中共同测定的质物数量严重不符。晨某公司现已承认在我公司监管人员不知情的情况下，采取非法手段私自窃取质物销售，具体细节正在进一步核实，我公司现已对剩余质物进行控制。”

遂后某物流公司向巴州公安局报案，巴州人民检察院以晨某公司、李晓林涉嫌骗取贷款罪向一审法院提起公诉。

一审法院作出（2016）新 28 刑初 15 号刑事判决书，认定晨某公司为获取银行贷款，晨某公司法定代表人李晓林与其他股东采取往质押油罐中注水，虚增油品吨数，伪造 12 份质押油品质量检验报告的手段取得银行贷款，构成骗取贷款罪。

截止 2018 年 3 月 20 日，晨某公司尚欠工行某支行本金 8311767.96 元。

工行某支行向一审法院起诉请求：1. 判令某物流公司承担质押物损失的赔偿责任 12200000 元；2. 判令某物流公司承担本案保全费、诉讼费、执行费等实现债权的费用。

争议焦点

某物流公司审查质物的责任是实质审查还是依据表面、外观、单据审查，某物流公司应否承担违约赔偿责任？此外，工行某支行在贷款发放过程中存在的过错是否影响对监管人责任的认定？

当事人意见

某物流公司辩称，根据权利义务对等基本原则，某物流公司仅收到 120000 元的监管费，其在接收、监管质物时，只应尽到普通的审慎监管义务，根据《商品融资质押监管协议》的约定，某物流公司在出具仓单时并不需要对质物进行实质审查。该质押财产系工行某支行和晨某公司对涉案质押财产的真实性确认后才将其交付给某物流公司，某物流公司在监管期间对经单方确认封存的油罐未做出任何可能减少质物价值的不当行为，不存在过错。

法院裁判观点

新疆高院认为：

（一）监管人负有质物审查义务，本案质物存储于油罐内，监管人在接收质物时如仅进行外观审查，无法对质物油品种类及储量有准确的了解。

某物流公司作为质押财产接收人，对质押财产进行核查既是合同权利，也是作为工行某支行的受托人应尽的合同义务。涉案质押财产存储在晨某公司的油罐中，在质权设立的过程中没有转移存储，而对于油罐的储存方式特点，某物流公司在代为接收占有质押财产时如不借助相应技术方法就不能对储油罐中的油品种类及储量有准确的了解。

某物流公司认为其仅负有《商品融资质押监管协议》第 2.6 条约定的核查义务，但该条约定的“表面、外观、单据审查的方法”并无更为明确的约定，本案中的质物为存储在油罐中的不同品种的油品，如仅按照第 2.6 条约定的核查义务，某物流公司对质物就不能有准确的了解。

（二）《商业银行法》所规定的银行对质物的核实义务与《商品融资质押监管协议》中约定的监管人对质物的核实义务责任来源不同，彼此独立。工行某支行在贷款发放过程中存在的过错，不影响本案质物损失责任的认定。

某物流公司主张依照《商业银行法》和《贷款通则》的规定，对本案质物的实质审查义务责任在工行某支行。对此本院认为，《商业银行法》和《贷款通则》规定银行对担保财产负有的核实义务属于法律对银行贷款行为的管理性规范，银行违反这些规定依法应承担相应的行政或者民事责任，并不当然影响《商品融资质押监管协议》的效力以及当事人依约应当承担的违约责任。因此，本案中工行某支行对质押财产核实的义务来自法律的规定，而某物流公司基于《商品融资质押监管协议》的约定，某物流公司与工行某支行各自承担的质押财产的核实的责任来源不相同；并且在《商品融资质押监管协议》中并未约定某物流公司对质押财产的核实义务与工行某支行对质押财产的核查义务之间存在依附关系，某物流公司对质押财产的核查是独立的权利和义务，即使工行某支行未依照法律规定履行核实质押财产义务亦不能成为某物流公司未尽核查质押财产义务的免责事由。

最高人民法院认为：

从《商品融资质押监管协议》的约定看来，某物流公司负有两部分义务：一是核查质押物与《出质通知书》是否相符，根据核查情况签发《动产质押专用仓单》，代工行某支行占有质押财产；二是在监管期内对质物进行监管，定期向工行某支行提交质押状况报告。

晨某公司向油罐中注水虚增油品吨数，根据某物流公司于 2014 年 2 月 10 日出具的《突发事件通知函》记载，有 3 个油罐不同程度存在以水代油情况，油罐内储存物质最高位面除少量浮油外均为冰状物质。某物流公司只要在核查时尽到注意义务理应能发现注水情况。某物流公司作为质物监管人未审慎核查实际质物与质物清单中的质物是否一致，就出具《动产质押专用仓单》，违反协议约定。该协议第 2.6 条约定的某物流公司核查质物主要依据“表面审查、外观审查和单据审查的方法”，不能免除某物流公司的核查义务。

案例延伸阅读

案例一：中国工商银行股份有限公司某支行诉中国邮政速递物流股份有限公司某分公司委托合同纠纷再审案【最高法院（2016）最高法民申 3304 号】

该案案情与前述案件类似，出质人鑫某公司为了获取贷款，安排工作人员向质押的燃料油罐体注水，将“燃料油”虚增至24253.94吨，后经司法鉴定，用于质押贷款的燃料油实际仅有1650.6吨。

质权人工商银某支行认为监管人邮政物流某分公司未尽到监管职责，起诉请求判令邮政物流某分公司赔偿其贷款损失。

新疆高院认为：

1. 根据《商业银行法》等的规定，商业银行负有对担保财产的真实性进行核实的法定义务，不能因约定免除。

商业银行可以提供信用贷款，也可以提供担保贷款，但是当商业银行决定提供担保贷款时，就必须负有对担保财产的真实性进行核实的义务，而且此种义务属于法定义务，不允许当事人自行免除。涉案《商品融资质押监管协议》虽然约定工商银某支行委托邮政物流某分公司占有质押财产并负责根据约定进行监督、管理，但并未约定由邮政物流某分公司代理工商银某支行履行对涉案质押财产的真实性进行核实的内容。从工商银某支行提供涉案借款的过程可以看出，工商银某支行在提供涉案借款过程中只是轻信鑫某公司提供的资料，而并没有自行对质押财产的真实性进行认真审查，其未认真履行对涉案质押财产的真实性进行核实的义务，对涉案借款被鑫某公司等人骗取的结果负有过错。

2. 监管协议约定监管人只需依照表面审查、外观检查和单据审查的方法审查质物，因此监管人并未违反协议约定。

涉案质押财产属于需要运用特殊方式进行储存的液体，从表面和外观上看不出涉案质押财产不真实的情形。工商银某支行在对涉案质押财产的真实性予以确认后将其交付给邮政物流某分公司，涉案质押财产也曾多次被用作质押财产进行借款（包括工商银某支行的其他借款业务），邮政物流某分公司接收涉案质押财产后并未进行任何变动，由工商银某支行和鑫某公司出具的《代出质通知书》对涉案质押财产的真实性予以确认，邮政物流某分公司通过单据审查方法也看不出涉案质押财产不真实的情形。

因此，邮政物流某分公司对涉案质押财产进行的审查符合当事人的约定，并无违约行为。邮政物流某分公司按照合同约定的方法对涉案质押财产进行了审查，虽然未能发现涉案质押财产不真实的情形，但其对此并无过错，故不应当承担本案的民事责任。

案涉质物的实际价值远远低于工商银某支行放贷时认定的价值，并非由于邮政物流某分公司在监管质物期间未尽监管责任导致质物毁损灭失或变质、短少、受污染所致，而是因为质物移转占有之前、工行某支行审批贷款时，未尽对质物价值的谨慎注意义务，未自行委托专业机构进行质物价值鉴定，未严格监督取样和送检过程，轻信了鑫某公司送来的检验报告。鑫某公司及其主管人员构成骗取贷款罪，已被依法判处刑罚。邮政物流某分公司并无违约行为，对于工行某支行的贷款被鑫某公司骗取没有过错，工行某支行要求邮政物流某分公司赔偿其未能收回的贷款本息损失，缺乏事实和法律依据，二审法院未予支持，并无不当。

案例二：广东南粤银行股份有限公司某分行诉广东保某得供应链服务有限公司等借款合同纠纷案【广东广州中院（2017）粤01民终24113号】

在该案中，为了骗取贷款，被告人陈某明通过提供虚假的煤炭质量检测报告等证明文件的方式，骗取银行承兑汇票金额。被告人陈某明供述道：监管人保某得公司派员到韶关煤场抽样检验时，我安排下属林某朋在保某得公司监管员不知情的情况下另外送一份质量好的煤炭样本到该检测所检验，当出具检测报告时，林某朋用质量好的检测报告代替保某得公司送检的检测报告提供给银行，使陆某顺公司顺利地从银行以煤炭质押的形式获取贷款。

原告南粤银行某分行认为保某得公司没有履行审查质物、验收质物的监管义务，导致质押物的质量与出质时严重不符，造成了南粤银行某分行的损失，故保某得公司应根据《监管合作协议》的约定承担连带清偿责任。

广州市中级人民法院认为：

对此争议，根据查明的事实，本院认为，首先，《货物质押仓储监管合作协议》第2.4.4条约定，保某得公司承担的监管义务与责任包括审查质物的价值、数量、质量，保证提货、换货后的质物最低价值符合协议规定。但是，《货物质押仓储监管合作协议》并未对如何“审查”质物作出明确约定。保某得公司提供的证据表明，其在接受监管时已审查陆某顺公司提交的相关资料，审查了涉案质物煤炭的数量，对于质物的质量和价值，其也派出工作人员送检，并出具《质物清单》，但因陈某明在保某得公司监管员不知情的情况下用质量好的检测报告替代了保某得公司送检的检测报告，才使得涉案质物的价值自始与出质时约定的价值不符。据此，原审法院认定保某得公司已尽到了对质物的审查义务，并无不当。

法院观点评述

本文前面两个案例，均是由新疆高院审理的案件，且案情十分类似。均为出质人向质物（蜡油、燃油）内注水，伪造质量检测证明，骗取银行贷款；监管人在接收质物时均未发现这一情况，后银行的质权无法实现，引发纠纷。

但两案中，新疆高院却做出了近乎相反的判决。关于监管人对质物的审查义务，在第一个案例中，新疆高院认为由于油品封存于油罐中且油品的种类不同，监管人在接收质物时如仅进行外观审查，不通过技术手段，无法对质物油品种类及储量有准确的了解，违反了监管人应当承担的审查义务。最高法院也指出监管人提供的报告写明，油罐内储存物质最高位面除少量浮油外均为冰状物质，也即在接收质物时，某物流公司只要在核查时尽到注意义务理应能发现注水情况。然而在第二个案例中，新疆高院却认为协议中仅约定监管人只需通过协议约定的表面审查、外观检查和单据审查的方法审查质物，而由于质物存放在油罐中，通过上述方法监管人显然无法发现质物的问题，因此不存在过错。

此外，关于质权人未尽到对质物的审查义务是否影响监管人应承担的责任这一问题，在第一个案例中，新疆高院认为，《商业银行法》所规定的银行对质物的核实义务与质押监管协议约定的监管人对质物的核实义务责任来源不同，彼此独立，银行在贷款发放过程中的过错，不影响监管人对质物损失责任的承担。然而在第二个案例中，虽然没有明确指出银行审查义务与监管人审查义务的关系，但新疆高院和最高法院的裁判观点都认为银行在发放贷款时轻信出质人提供的质量检测报告，没有谨慎核实质物才是导致银行损失的主要原因，监管人不存在过错。

不过，在第一个案例中，监管人除了在接收质物时未审查出质物存在的问题以外，在监管过程中，也未发现出质人利用地下管道从油罐中将大量的储油导出用于生产，并将产品运出厂区向外销售的行为，造成质物灭失，也即监管人在监管过程中也存在监管不善的问题，这一点可能也影响了法院的判决。

实务经验总结

总体而言，对于监管人接收质物时应当承担的审查义务的程度目前仍然没有一个十分统一的标准，因此监管人应当注意防范风险。

（一）监管人应当注意在质押监管协议中明确监管人的具体审查义务，避免仅有“外观检查、单据审查”等责任模糊的表述。

监管人的审查义务一般由质押监管协议所确定，范围包括审查质物的品名、数量、价值、质量及权属等，操作方法一般会列举为单据审查、外观审查，但通常不会说明单据审查、外观检查的具体内容。为避免后续风险，监管人可以和质权人具体约定监管人审查质物的操作方法、所依据的审查材料等。

（二）若合同中没有明确约定审查义务的具体内容，那么监管人应当尽量采取相对审慎的审查，避免质物的明显质量或数量瑕疵。

首先，监管人应当进行基础的单据审查，审查与质物相关的合同、单据、证书等，例如购销合同、增值税发票、报关单、货运单、质量合格证书、商检证明等书面材料。

其次，需要在监管现场对质物外观作进一步核查，确定数量等，有必要时应当委托有资质的检验机构对质物进行检验，不能轻信出质人提供的质量检测证明，例如在前文第三个案例中，法院认为监管人不仅审查了单据等书面材料，并且也通过抽样送检等措施审查了质物的质量和价值，尽到了审查义务，不存在过错。

（三）一旦发现质物在交付之初即存在瑕疵，监管人可以提出质权人未尽质物审核义务的责任抗辩。

根据上述延伸案例一中最高法院的裁判观点，监管人可以主张：案涉质物的实际价值远远低于银行放贷时认定的价值，并非由于监管质物期间未尽监管责任导致质物毁损灭失或变质、短少、受污染所致，而是因为质物移转占有之前、银行审批贷款时，未尽对质物价值的谨慎注意义务，未自行委托专业机构进行质物价值鉴定，监管人并无违约行为，对于银行的贷款被融资人骗取没有过错，不应承担监管失职责任。

相关规定

《中华人民共和国商业银行法》

第三十六条　商业银行贷款，借款人应当提供担保。商业银行应当对保证人的偿还能力，抵押物、质物的权属和价值以及实现抵押权、质权的可行性进行严格审查。

经商业银行审查、评估，确认借款人资信良好，确能偿还贷款的，可以不提供担保。

《最高人民法院关于适用〈中华人民共和国民法典〉有关担保制度的解释》

第五十五条第一款　债权人、出质人与监管人订立三方协议，出质人以通过一定数量、品种等概括描述能够确定范围的货物为债务的履行提供担保，当事人有证据证明监管人系受债权人的委托监管并实际控制该货物的，人民法院应当认定质权于监管人实际控制货物之日起设立。监管人违反约定向出质人或者其他人放货、因保管不善导致货物毁损灭失，债权人请求监管人承担违约责任的，人民法院依法予以支持。

十三、同一批货物上既有仓单质押又有存货质押，质权人到底应该是谁？

阅读提示：存货（仓单）质押融资的风险事件频发，其中重复质押问题就一直挥之不去。重复质押的表现形式有多种，包括在同一批货物上同时存在多个动产质押，或者同时有多个仓单质押，或者动产质押与仓单质押同时存在，混合在一起。这些竞存的质押可能是同一个出质人设立的，也可能是不同的出质人所为。重复质押的形式虽多有不同，但其不变的一点就是始终用同一批货物为不同的贷款担保。那么，面对同时竞存的多个质押，如何确定真正的质权人？哪个主体应该优先受偿？本文结合新疆高级人民法院、最高人民法院就一个案件的判决来分析重复质押中质权主体的确定问题。

裁判要旨

（一）在A公司与B公司共同使用一个场地、厂区、同一班人马的情形下，B公司的债权人依据B公司和监管人加盖公章出具的仓单认为B公司对仓单项下货物享有所有权，并不存在过错，其仓单质权依法设立。

（二）对于质物权属的审查，B公司的债权人银行根据《商业银行法》第三十六条规定的严格审查义务并非没有边界，且该严格审查义务出于维护商业银行利益及金融秩序的目的，系商业银行自我防范风险的制度要求，并非赋予相对方施以抗辩的权利。

基本案情[①]

浦某公司与乌某实业公司于2015年4月30日签订第60号《购销合同》、于2015年5月25日签订第78号《购销合同》，乌某实业公司分别从昆某公司和金某公司购买的钢坯销售给浦某公司，货物交付后存放在浦某公司的两个仓库，这两个

① 案例来源：某铁路局实业开发总公司诉新疆浦某钢铁制品有限公司等买卖合同纠纷案【（2017）最高法民申704号】；新疆昊某国际贸易有限公司诉新疆昊某实业有限公司等买卖合同纠纷案【（2017）新民撤1号】；乌鲁木齐银行股份有限公司某支行等诉某铁路局实业开发总公司等买卖合同纠纷案【（2016）新民终405号】。

仓库是浦某公司专为乌某实业公司划出，用于存放乌某实业公司的上述合同货物，两个仓库一个存放钢坯，另一个存放钢坯的产成品（带钢、电极扁钢、焊管），然后将产成品质押给乌某实业公司。自第60号《购销合同》签订后乌某实业公司即派本单位工作人员对原材料库区和产成品库区进行监管。

2015年6月11日，天某公司与浦某公司签订一份《监管货物场地租赁合同》，浦某公司将其米东库区的五处区域租赁给天某公司作为监管库使用，监管库中的货物完全由天某公司监管，浦某公司无权对监管区域内的上述货物进行任何处置。

2015年6月26日，乌鲁木齐银行某支行与昊某公司签订了《汇票承兑合同》，昊某公司提供仓单质押，仓单项下货物即为上述天某公司监管的库内货物，货物由天某公司监管。2015年7月6日，昊某公司和乌鲁木齐银行某支行就仓单项下存货在米东区工商行政管理局办理了动产抵押登记。

后因浦某公司未能全额支付乌某实业公司货款，后者诉至法院要求浦某公司清偿债权且主张要对质物优先受偿。乌鲁木齐银行某支行作为第三人参与诉讼，并主张其享有仓单质权，应对仓单项下货物优先受偿。

诉讼中各方确认：浦某公司交给乌某实业公司使用和管理的原材料库区、产成品库区与浦某公司租赁给天某公司的场地系同一场地，乌某实业公司使用和管理的产成品库区堆放的质押物即带钢、电极扁钢、焊管与天某公司监管的仓单项下货物系同一批货物。

争议焦点

乌某实业公司还是乌鲁木齐银行某支行享有对涉案货物的优先受偿权？

法院裁判观点

（一）一审法院：质权人为乌某实业公司而非乌鲁木齐银行某支行

1. 乌某实业公司的存货质权成立

鉴于该批质押物数量多、重量大不易移动，浦某公司在其厂区内划定两块场地，一块为原材料库区，一块为产成品库区，均归乌某实业公司管理和使用，并将产成品入产成品库区，由乌某实业公司监管。上述行为可以认定出质人浦某公司已将质押物交付质权人乌某实业公司，乌某实业公司的质权成立且生效。

2. 昊某公司对仓单项下货物不享有所有权，乌鲁木齐银行某支行未能严格审查质物权属，其仓单质权不成立

（1）昊某公司自己盖章的仓单不能作为其享有仓单项下货物所有权的权利凭证

从本案查明的事实来看，昊某公司并非钢铁生产企业，该批货物系由浦某公司生产，在没有该批货物购货合同、付款凭证等情况下即没有证据证明昊某公司取得该批货物所有权，仅以昊某公司自己盖章出具的仓单不足以认定仓单项下货物归属于昊某公司。

（2）银行对质物权属未尽严格审查义务

根据《中华人民共和国商业银行法》第三十六条规定，银行负有对质物权属的严格审查义务。现乌鲁木齐银行某支行仅凭昊某公司自己盖章的仓单就认为昊某公司对仓单项下货物享有所有权，显然未尽到严格审查义务。因此在昊某公司对仓单项下货物所有权不明的情况下设定的仓单质押权不能成立。

（二）二审新疆高院：质权人为乌鲁木齐银行某支行而非乌某实业公司

1. 乌鲁木齐银行某支行的仓单质权合法有效

（1）乌鲁木齐银行某支行与昊某公司之间的行为符合仓单质押的基本流程，且仓单项下存货明确且特定

根据原审查明的事实，2015 年 6 月 10 日，乌鲁木齐银行某支行、昊某公司对第三方监管企业天某公司共同对质押仓单所记载的货物进行清点。2015 年 6 月 11 日，天某公司与浦某公司签订《监管货物场地租赁合同》，约定浦某公司无权对监管区域内的相关货物进行任何处置。2015 年 6 月 26 日、7 月 30 日，乌鲁木齐银行某支行、昊某公司、天某公司签订《仓单质押监管协议》，天某公司和昊某公司并共同签字盖章出具了两份仓单，并签订了《仓单质押监管确认书》（回执）。2015 年 7 月 6 日，昊某公司和乌鲁木齐银行某支行就仓单项下存货在米东区工商行政管理局办理了《动产抵押登记书》。上述行为或事实符合仓单质押的基本流程，且仓单项下存货的品名及数量清楚明确。

（2）没有证据证明仓单项下货物的所有权人是浦某公司而非昊某公司

根据原审查明的事实，浦某公司与昊某公司属于共同使用一个场地、厂区、同一班人马两块牌子，浦某公司使用昊某公司的地磅及磅单进行钢坯的过磅验收。在浦某公司与天某公司签订的《监管货物场地租赁合同》中，双方对监管区域内的货物是明确的，并约定浦某公司无权进行任何处置。故目前并没有确凿的证据可以证实仓单质押合同项下货物的所有人即为浦某公司，而非昊某公司。

（3）银行对质物权属的审查并不具有过错

在没有确切证据证实仓单质押合同项下货物所有权人即为浦某公司的情况下，并基于浦某公司与昊某公司之间如前所述的关联关系，乌鲁木齐银行某支行依据昊

某公司和天某公司加盖公章出具的仓单认为昊某公司对仓单项下货物享有所有权，并不存在过错。乌鲁木齐银行某支行对仓单记载的用以质押担保的货物在质押担保范围内享有优先受偿权。

2. 乌某实业公司的存货质权不成立

（1）质物到底是钢坯还是钢坯的产成品并不明确，导致质权设立的交付时间无法确定

浦某公司与乌某实业公司在两份《购销合同》中均约定，乙方（浦某公司）在其厂区内为甲方（乌某实业公司）划出专供合同存货的两块场地库区，一块用于存放钢坯（原材料库区），一块用于存放乙方以钢坯为原料加工后作为质押物的完成品（产成品库区）。乙方提货后将其加工生产为产成品，并用产成品作为质押物入产成品库区，质押物入库时甲方填写《质押物入库单》，双方签字确认。乙方向甲方全额付款后，甲方按付款全额相对应的数量填写《质押物出库单》，双方签认后，质押物出库。乙方在未付清货款前，钢坯（质押物）所有权保留在甲方，自乙方付清货款后钢坯（质押物）所有权转移至乙方。《中华人民共和国物权法》第二百一十二条规定“质权自出质人交付质押财产时设立”，根据上述合同约定，合同项下约定的质押物是钢坯还是以钢坯为原料生产加工后的产成品并不明确，必然导致质押物交付时间的不确定。

（2）《质押物入库单》及《质押物出库单》上未载明质物名称，无法认定乌某实业公司对涉案存货享有质权

从双方对购销合同中有关“质押”约定内容的履行情况来看，乌某实业公司在原审中提交了《质押物入库单》及《质押物出库单》，用以证明合同中有关“质押”约定内容已实际履行，其享有的质权有效成立。但《质押物入库单》、《质押物出库单》中仅记载了质押物的数量、重量及入库、出库时间，没有注明质押物的名称，且在浦某公司一、二审均未到庭对合同履行及出质情况进行确认的情况下，依据现有证据，本院难以认定乌某实业公司已对其主张的带钢、电极扁钢，焊管等物品的质权有效成立。

（三）最高法院再审

乌某实业公司向最高法院提起再审，其再审申请被驳回。

（四）第三人撤销之诉

在上述新疆高院二审判决做出之后，又一个第三人昊合公司向新疆高院提起第三人撤销之诉，主张其对昊某公司享有钢坯货款债权，昊某公司向其提供了6594.28 吨带钢作为质物，该质物包含于乌鲁木齐银行某支行享有优先受偿权的仓

单记载的货物中，要求撤销（2016）新民终405号生效民事判决。

新疆高院认为昊合公司与昊某公司之间是动产质押，从其提供证据显示质权设立的流程看，昊某公司将质物转移给昊合公司占有时对质物带钢未做任何标记，未使之特定化，故无法认定昊合公司已对其主张的带钢的质权有效成立。

法院观点评述

上述案件，涉及一物三质的重复质押问题，浦某公司与昊某公司共同使用一个场地、厂区、同一班人马两块牌子，浦某公司、昊某公司的共同的实际控制人将乌某实业公司销售的货物进行重复质押获得融资，这里面涉及乌某实业公司对钢坯的所有权保留和对钢坯及其产成品的存货质押、乌鲁木齐银行某支行的仓单质权、昊合公司的存货质权。

（一）法院否定两个主体的质权的原因在于质物不特定

法院最终否定了乌某实业公司和昊合公司的存货质权，主要理由还是集中于质物不特定，比如法院认为乌某实业公司的《质押物入库单》《质押物出库单》中没有注明质物名称，质物到底是钢坯还是钢坯的产成品以及质物交付的时间都不确定；昊某公司将质物转移给昊合公司占有时对质物带钢未做任何标记而使之特定化，因此无法确认质权成立。

所以，法院认为在质物可能属于浦某公司，也可能属于昊某公司的情况下，银行依据仓单记载的存货权属发放仓单质押贷款，已经尽到审查义务，并没有过错，其仓单质权有效成立。

（二）同一批货物上既有仓单质押又有存货质押时，如何确定优序规则？

《最高人民法院关于适用〈中华人民共和国民法典〉有关担保制度的解释》第五十九条第二款："出质人既以仓单出质，又以仓储物设立担保，按照公示的先后确定清偿顺序；难以确定先后的，按照债权比例清偿。"

根据上述规定，质权要确定优序规则，首先要审查质权是否设立，从而具有公示对抗性，然后再看设立的先后顺序。本文案件中，法院的裁判就是以质权是否有效设立来确定最终的质权人，如果在先的乌某实业公司的质物清晰、特定，质权当然能够设立，在后的银行的仓单质权若有效设立，也只能是排在乌某实业公司的质权之后受偿。

实务经验总结

本案中存在一个实质上不公平的情况，那就是三级法院均认可涉案质物或者仓单项下的货物是乌某实业公司销售给浦某公司的，法院在支持了乌某实业公司对浦某公司的货款债权的前提下，认定银行因审查无过错取得了仓单质权。

当初乌某实业公司为了保障其对浦某公司销售货物的债权，设定了所有权保留和产成品的质押两项保障措施，但是，最终都没有起到应有的担保效果，导致货款债权人的担保权利落空，这其实是不公平的，因为最初如果没有货款债权人提供货物，也就不会有后面的仓单质押。

那么货款债权人应如何保障其债权，设定担保措施呢？

结合《民法典》及《最高人民法院关于适用〈中华人民共和国民法典〉有关担保制度的解释》中关于所有权保留的规定，若所有权保留出卖人在该动产交付后十日内办理了该动产保留所有权公示，其根据《民法典》第四百一十六条的规定，将优先于买受人的其他担保物权人优先受偿。

民法典及其担保解释都认可了所有权保留的担保功能，且符合登记条件的债权人享有的是价款的超级优先权，所以，目前，我国统一的动产担保登记系统已经建立，货款债权人以后就可以采取此种保留所有权并登记公示的方式保障其货款债权的实现。

相关规定

《中华人民共和国民法典》

第四百一十六条 动产抵押担保的主债权是抵押物的价款，标的物交付后十日内办理抵押登记的，该抵押权人优先于抵押物买受人的其他担保物权人受偿，但是留置权人除外。

《最高人民法院关于适用〈中华人民共和国民法典〉有关担保制度的解释》

第五十七条第二款 买受人取得动产但未付清价款或者承租人以融资租赁方式占有租赁物但是未付清全部租金，又以标的物为他人设立担保物权，前款所列权利人为担保价款债权或者租金的实现而订立担保合同，并在该动产交付后十日内办理登记，主张其权利优先于买受人为他人设立的担保物权的，人民法院应予支持。

第五十九条第二款 出质人既以仓单出质，又以仓储物设立担保，按照公示的先后确定清偿顺序；难以确定先后的，按照债权比例清偿。

第五十九条第三款 保管人为同一货物签发多份仓单，出质人在多份仓单上设立多个质权，按照公示的先后确定清偿顺序；难以确定先后的，按照债权比例受偿。

十四、仓单项下货物处于浮动状态，监管人的义务有何不同？

阅读提示：浮动抵押优势明显，抵押人保留了利用抵押物从事生产和经营的自主经营权。而在存货质押和仓单质押中，实践中也发展出浮动质押模式，质权人对质物的占有和控制从对物的物理控制，转变为对质物在预警线以上的交换价值的控制。对于融资企业而言，浮动质押对企业的生产经营活动影响较小；对于银行等贷款方而言，浮动质押扩大了客户群体，促进了融资业务的发展。因此，浮动质押已经成为一种常见的融资担保方式。本文引入一个仓单质押中质物处于浮动状态的案例，来分析此类质押中监管人的监管义务问题。

裁判要旨

在浮动质押中，质押物在不同阶段可以以不同的形式存在，并且可以相互置换，只要质押物的价值在一个合理的范围内浮动以控制风险即可，质物监管人的监管义务的核心是对仓单项下货物总价值进行控制，而不是对单项货物的数量及相应价值进行控制。

基本案情[①]

2008 年 7 月 10 日，广发行与广某公司签订《综合授信额度合同》、《最高额权利质押合同》，并与金某信公司、广某公司签订《质押监管协议书》，广某公司以金某信公司出具的四张仓单为广发行对广某公司的债权提供质押担保。

2008 年 9 月 18 日，金某信公司向广某公司出具四张仓单【编号：xxxA、B、C、D】。质押仓单项下货物品种为不锈钢板、冷轧卷板、钢管与钢网等，其中不锈钢板 348 吨，冷轧卷板 859.05 吨；质押物总价值为人民币 1357.155 万元。广某公司将该四张仓单背书给广发行占有，广发行依法享有质权。

广发行制定并印发予金某信公司的《关于规范动产抵（质）押第三方监管业务日常操作规范》第七条及第十条分别载明：“监管员应做好质押物价值下限控制，

---

① 案例来源：广发银行股份有限公司某分行诉佛山金某信物流有限公司仓单质权纠纷案【（2015）粤高法审监民提字第 108 号】。

当质押物总值低于货值下限的110%时，必须出具书面提示通知授信客户及经办支行。”“监管员在完成监管工作的前提下，应对企业的经营状况进行必要的了解，监管公司每月定期汇总向我行通报（通报内容包括但不限于……质押物核定价格是否过高、出入库对比情况……应及时向我行反映）。”

整个《质押监管协议书》履行期间，上述仓单项下的质押物单价恒定且库存质押物均有入库及出库记录。广发行曾签发涉案《提货通知书》，指示金某信公司放出价值288万元的货物。

2010年8月10日，广某公司被裁定进入破产清算程序。广某公司破产管理人在处置广某公司资产过程中，于2010年12月22日清点质押仓单项下货物时发现：《质押物库存清单》记载不锈钢板348吨，实际剩余171.278吨；《质押物库存清单》记载冷轧卷板859.05吨，实际剩余638.769吨。按《质押物库存清单》核定单价计算，不锈钢板丢失造成2721518.80元（15400元/吨×176.722吨=2721518.80元），冷轧卷板丢失造成的质押权利损害为1541967元（7000元/吨×220.281吨=1541967元），上述合计为4263485.80元。质押物不锈钢板及冷轧卷板的实际库存的账面价值合计为7109064.2元（171.278吨×15400元/吨+638.769吨×7000元/吨）。

广发行认为金某信公司未尽监管义务，导致质押仓单项下钢材丢失，起诉要求其赔偿广发行质押仓单项下货物损失4263485.80元。

金某信公司主张，其监管责任的核心是对仓单总价值进行监管，广发行并未证明仓单总价值存在减少的事实，因此金某信公司无需承担赔偿责任。

争议焦点

广发行是否有权就仓单项下单项货物的数量及价值减少向金某信公司索赔？

法院裁判观点

（一）一审法院：支持广发行的赔偿请求

关于金某信公司抗辩认为其监管的标的物是质押仓单的账面价值并非质押仓单项下货物的数量。对此，首先，从金某信公司向广某公司出具的仓单及质押物库存清单来看，其上明确记载了质押物的品名、数量、核定单价以及质押物的价值。显然，在单价已定的情况下，如不监管质押物的数量，金某信公司无法对质押物的实际价值进行有效的监管。

其次，根据《质押监管协议书》中的约定，金某信公司的监管责任之一为“承担仓单记载的商品的监管责任，包括按照合同法和广某公司与金某信公司之间的仓储保管合同处理仓单记载的商品。”上述关于金某信公司监管职责的约定，并没有排除金某信公司对质押物数量的监管责任。其在监管期间未能按照《质押监管协议书》的约定履行监管职责，已构成违约，并应承担相应的责任。

（二）二审佛山中院：在广发行未能提供证据证明除不锈钢板及冷轧卷板外的其他质物账面总价值也低于价值标准的情形下，其针对单项货物价值损失的赔偿请求无法得到支持

广发行诉请金某信公司承担违约责任的事实依据为：广某公司实际库存的不锈钢板、冷轧卷板数量少于编号为 xxxA、B、C、D 的四张仓单载明的不锈钢板及冷轧卷板数量，即金某信公司应保持不锈钢板、冷轧卷板的实际库存数量与仓单载明的数量一致。

如上所述，涉案质押存在多次因货物（仓单）置换导致的货物进出仓的事实，亦存在金某信公司按涉案《提货通知书》的指示放货的事实，上述四张仓单项下单项货物的实际库存数量与仓单记载的相应货物数量必定存在差异。因此，广发行提出本案诉请的事实依据本身即不成立。

而且，即使按照价值监管进行严格计算，以上述四张仓单价值减去《提货通知书》载明的提货价值，再减去不锈钢板及冷轧卷板的实际库存价值，金某信公司仅须保证其他质物账面总价值不低于 358.24758 万元（1357.154 万元 - 288 万元 - 7109064.2 元）即可。

然而，广发行在本案中不能提供证据证明除不锈钢板及冷轧卷板外的其他质物账面总价值确低于上述数值。结合以上论述，本案中无证据显示作为受托人的金某信公司在履行涉案《质押监管协议书》的过程中违背委托人广发行的意志并因此导致广发行的利益受损。广发行以仓单项下单项货物数量及相应价值减少为由诉请金某信公司承担赔偿损失的违约责任，无事实及法律依据，二审法院予以驳回。

（三）广东省检察院对二审判决提出抗诉

广东省检察院提出抗诉，主张因监管人、出质人、质权人均对仓单总价值的减少存在相应的过错，应根据其各自的过错承担相应的过错责任。二审判决将仓单总价值减少的损失全部判归广发行承担，属于认定的基本事实缺乏证据证明。

（四）广东高院再审维持二审判决

广东高院再审认为：根据本案协议约定可知，本案质押为浮动质押，在质押权存续期间质押财产的数量出现变动正是浮动质押的特征体现。二审判决认为金某信公司在涉案《质押监管协议书》项下监管义务的核心是对仓单项下货物总价值进行控制，而不是对单项货物的数量及相应价值进行控制，在广发行未能举证证明仓单项下货物总价值减少的前提下，仅以不锈钢板与冷轧卷板这两项货物与《质押物库存清单》中所记载的数量与价值不符为由，向金某信公司主张赔偿责任，事实依据不足。维持二审判决。

实务经验总结

（一）仓单质权的实现与仓单项下货物的价值紧密相关，货物监管才是仓单质押的核心问题

仓单质押虽然是一种权利质押，但是，这种权利能否实现与其项下的货物价值紧密相关，离开了货物本身，仓单就是一纸空文。在仓单质押中，虽然只需要交付仓单即可设立仓单质权，但是，更重要的是对其项下的货物进行有效监管，保证货物的价值达到一定金额标准。

在上述案件中，二审法院认定，广发行没有对缺失其签发出货通知书情形下的货物多次出库提出异议，最后却以金某信公司违规放货导致质物价值减少为由要求金某信公司赔偿损失，于理相悖。所以，并不是设立了仓单质押，就可以放松或者无视仓单项下的存货，只有货物充足，仓单质押才具有担保价值。

（二）存货融资可选择仓单质押＋浮动质押的模式，且本案中的浮动质押条款可资借鉴

通过仓单这一权利质押方式，出质人可避免货物的占有转移。虽然浮动质押在民法典中并未明确规定，但其在实践中已经应用广泛。通过浮动质押而非固定质押方式，可避免对出质人正常生产经营活动的影响。

浮动质押中，质押物在不同阶段可以以不同的形式存在，并且可以相互置换，只要质押物的价值在一个合理的范围内浮动以控制风险即可，出质人保留了利用质押物的自主经营权。

关于浮动质押，上述案件中《质押监管协议书》的下述条款表述就很好地体现了浮动质押的特征，可在此类协议中借鉴采纳：

该协议书第七条“提货与出仓、出库”中约定：“甲方（广某公司）以等额现款或等值货物（或仓单）置换质押仓单的，用于置换的现款或等值货物（或仓单）视为新的质押物。自动适用本协议，甲方和乙方（广发行）无需另外签订新的合同或协议，也无需甲方特别授权。”

第九条“仓单项下货物变动的处理”中约定：“原仓单项下货物部分提取或其他原因导致仓单项下货物变动，丙方（金某信公司）不必开具新的仓单或在原仓单上进行批注，但不影响甲方的质权，原仓单仍作为质押物对主合同项下债权进行担保，各方不再另签合同，自动适用本协议，各方按本协议行使权利，履行义务。”

（三）浮动质押中对于重要的单项货物的数量价值也应该设置预警线

如果仓单项下质物品种繁多，除了对于质物总体价值有一个最低控制标准外，还应该对于那些价值高的、比较容易计量的质物品种的价值和数量设定警戒线标准，如此，在单项货物价值减少的时候，质权人也可以要求监管人承担责任。

本案中，广发行其实就是吃了这个亏！

质物中包括不锈钢板、冷轧卷板、钢管与钢网等，但是钢管与钢网在库存中存放散乱，不集中，导致无法盘点，价值无法准确计量，只有不锈钢板、冷轧卷板这两种质物存放整齐，数量变化容易计算。所以，这两种的数量和价值的减少实质上影响广发行的质权实现，但协议中只有一个质物总体价值标准的约定，没有单就这两种质物有任何约束，导致法院认定，在没有证据证明质物总体价值不足的情况下，单这两项数量价值减少并不能说明监管人存在违约监管行为。

相关规定

《中华人民共和国民法典》

第四百四十一条 以汇票、本票、支票、债券、存款单、仓单、提单出质的，质权自权利凭证交付质权人时设立；没有权利凭证的，质权自办理出质登记时设立。法律另有规定的，依照其规定。

《最高人民法院关于适用〈中华人民共和国民法典〉有关担保制度的解释》

第五十五条 债权人、出质人与监管人订立三方协议，出质人以通过一定数量、品种等概括描述能够确定范围的货物为债务的履行提供担保，当事人有证据证明监管人系受债权人的委托监管并实际控制该货物的，人民法院应当认定质权于监管人实际控制货物之日起设立。监管人违反约定向出质人或者其他人放货、因保管不善导致货物毁损灭失，债权人请求监管人承担违约责任的，人民法院依法予以支持。

在前款规定情形下，当事人有证据证明监管人系受出质人委托监管该货物，或者虽然受债权人委托但是未实际履行监管职责，导致货物仍由出质人实际控制的，人民法院应当认定质权未设立。债权人可以基于质押合同的约定请求出质人承担违约责任，但是不得超过质权有效设立时出质人应当承担的责任范围。监管人未履行监管职责，债权人请求监管人承担责任的，人民法院依法予以支持。

第五十九条第一款 存货人或者仓单持有人在仓单上以背书记载“质押”字样，并经保管人签章，仓单已经交付质权人的，人民法院应当认定质权自仓单交付质权人时设立。没有权利凭证的仓单，依法可以办理出质登记的，仓单质权自办理出质登记时设立。

十五、"仓单收益权转让＋仓单质押"融资模式涉及哪些法律问题?

阅读提示: 近年来,以转让和回购标的权利的收益权进行融资,并以标的权利进行抵押/质押来增信担保的融资方式,在金融领域应用广泛。就存货融资领域而言,除了将存货进行动产质押外,也可以储存货物生成的仓单进行融资,除了传统的仓单质押外,实践中还发展出一种新型的融资模式,利用仓单收益权的转让与回购进行借贷操作,同时用相应仓单质押担保仓单收益权转让人的回购义务,即仓单收益权转让＋仓单质押融资模式,此融资模式有何特征,其法律基础是什么,是否有效?在风控方面,应注意什么风险?本文将以国投瑞某资本管理有限公司与金某岛(北京)网络科技股份有限公司的系列争议案件为例进行探讨。

基本案情[①]

(一)国投瑞某公司发起设立国投瑞某资本大宗商品投资系列专项资产管理计划,以专项资产管理计划资金投资金某岛公司监管体系下仓单的收益权。

(二)霄某公司作为甲方(转让方与回购方)、国投瑞某公司作为乙方(受让方)、金某岛公司作为丙方(仓单监管方)共同签订《仓单收益权转让与回购协议》,约定:

1. 甲方将其在丙方监管体系下仓单的收益权,即由仓单及仓单下货物派生的全部权利和利益(下称仓单收益权)作为转让标的转让给乙方,转让价款为5000万元整;并在6个月后回购其转让给乙方的仓单收益权。

2. 丙方未能及时以不低于甲方应支付的仓单收益权回购价款之价格处置仓单及仓单下之货物时,乙方有权要求丙方以该价格向乙方回购该仓单收益权。

(三)三方签订了《电子仓单质押合同》《电子仓单质押监管三方协议》,约定:

1. 甲方以其自有的存放于丙方仓库中的货物所对应的电子仓单向乙方提供质

① 案例来源:国投瑞某资本管理有限公司一审民事判决书【(2018)京02民初223号、(2018)京02民初224号】;国投瑞某资本管理有限公司与金某岛(宁夏)网络科技股份有限公司等合同纠纷一审民事判决书【(2018)京0102民初34739号】。

押担保，丙方对电子仓单项下的货物履行保管、监管责任。

2. 甲方违约时，乙方有权处分质押电子仓单，处分措施包括但不限于委托丙方处置质押电子仓单或仓单项下的全部或者部分货物，或将电子仓单转让给丙方或其他买受人。

（四）协议签订后，国投瑞某公司向霄某公司支付价款5000万元，并且获得霄某公司在乙方系统内生成的电子仓单作为质押，后霄某公司、金某岛公司均未履行仓单收益权回购义务。

争议焦点

三方签订的数份协议是否有效，国投瑞某公司要求霄某公司、金某岛公司共同承担回购责任的诉讼请求能否得到支持？

法院裁判观点

三方签订的《仓单收益权转让与回购协议》《电子仓单质押合同》《电子仓单质押监管三方协议》合法有效，仓单收益权转让交割手续依约完成。霄某公司、金某岛公司均未向国投瑞某公司履行回购义务，理应承担相应的违约责任。

本案延伸分析

（一）"仓单收益权转让 + 仓单质押"融资模式的交易实质

债权人国投瑞某公司设立了一项资产专项计划，将从投资人处募集而来的资金投资购买了霄某公司的仓单收益权，约定霄某公司将来回购仓单收益权，国投瑞某公司由此回收其投资，回购债务的增信措施就是继续用该仓单质押以及金某岛公司承担保证责任。

关于仓单收益权是否可以转让引发的上述融资模式的交易实质的讨论，本文归纳如下：

1. 仓单收益权可以独立于仓单进行转让，仓单质押实为空壳担保。

无论从法理上是否认可仓单收益权独立于仓单转让，现实中，仓单收益权转让操作已经比较普遍，并成为一种融资工具。那么，问题是在仓单收益权被转让后，该仓单是否还有价值，是否还能设立质押？

质押是以质物的交换价值担保债权实现，质物的交换价值，是其收益权实现的结果。如果收益权已经从质物中被掏空，那么，这个质物本身已经没有了交换价值，根本就是一个徒有虚名和外壳的物或者权利，以此空壳设定质押，质权人取得的质押完全就是不足额担保，或者说这种增信措施根本无法起到担保的作用！

由此可以进一步认为，上述案件中，国投瑞某公司作为资产管理人，其没有对质押增信措施的有效性和充分性尽到必要的审慎注意义务。若霄某公司、金某岛公司经过强制执行仍无力偿债，最终受损的就是广大投资人，投资人完全可以追究国投瑞某公司未尽谨慎注意义务的赔偿责任。

2. 仓单收益权无法独立存在，不具有可转让性，仓单质押有效设立。

虽然收益权转让在金融领域大行其道，但是这一现象并不被很多法律学者认可。他们从纯粹的法理学角度认为，已经类型化的权利，其权能无法独立转让，按照财产权法定的原则，财产的收益权无法从财产权利中分化独立出去，比如股权收益权、仓单收益权均无法与股权、仓单本身分离，收益权不具有独立转让性，所谓收益权转让其实是一种幻觉。

沿着这个思路，可以认为仓单收益权并没有脱离仓单被转让出去，仓单收益权转让与回购交易的实质是纯粹的借贷，因为受让人并没有买到什么，那么，在该仓单上设定的质押就是设定在一个完整有效的仓单之上，属足额担保，至少不会因为内里被掏空而导致担保不足。

《全国法院民商事审判工作会议纪要》第 89 条第一款："信托公司在资金信托成立后，以募集的信托资金受让特定资产或者特定资产收益权，属于信托公司在资金依法募集后的资金运用行为，由此引发的纠纷不应当认定为营业信托纠纷。如果合同中约定由转让方或者其指定的第三方在一定期间后以交易本金加上溢价款等固定价款无条件回购的，无论转让方所转让的标的物是否真实存在、是否实际交付或者过户，只要合同不存在法定无效事由，对信托公司提出的由转让方或者其指定的第三方按约定承担责任的诉讼请求，人民法院依法予以支持。"

仓单收益权的转让对应的是该条规定的所转让的标的物并非真实存在这种情形，司法裁判规则是，不在乎转让标的物是否真实存在，只要协议约定转让方或第三方负有回购义务和责任，且交易合同不存在无效事由，债权人的债权和回购人的债务就合法有效。

所以，仓单收益权无法真实转让，并不影响债权债务关系的有效性，债权人在其主债权未受清偿时有权要求实现仓单质权。

3. 本文观点

本文认为，根据《最高人民法院关于适用〈中华人民共和国民法典〉有关担保制度的解释》第六十一条第四款规定："以基础设施和公用事业项目收益权、提供服务或者劳务产生的债权以及其他将有的应收账款出质……”，资产收益权应限于基础设施和公用事业项目这类可以在所有权之外反复产生收益的资产之上。

仓单作为一种权利凭证，其只能通过处分实现其收益价值，其本身与其收益就是合二为一的，无法独立出去。这从已经失效的《担保法》第七十五条规定的可以质押的权利类型中就可以看出，该条仅是将仓单和不动产收益权并列作为可以质押的权利类型。如果仓单收益权可以转让，那也可用于质押，显然《担保法》第七十五条并未规定仓单收益权或者其他权利的收益权可用于质押。

所以，仓单收益权的转让实际上就是一个伪概念，或者认为仓单收益权转让就是仓单转让，或者认为仓单收益权转让与回购交易实际上就是借贷行为。如果将仓单收益权的转让认定为仓单转让，那么在转让之后，转让人就已经丧失仓单这一权利，无法在其上再设定质押，质权不成立；如果认为是借贷关系，则仓单质押就可有效设立。

（二）仓单质押融资中金融科技平台公司的角色及其权利、义务和责任

近年来，一些金融科技公司推出一种系统软件，专门针对存货/仓单质押融资提供智能仓储服务，基于对存货的管控，相应的金融服务也衍生出来。科技公司与资金方合作，由资金方为该科技公司的仓储客户提供融资。之所以资金方愿意向金融科技公司的仓储客户出借资金，是因为资金方信任科技公司提供的智能仓储服务的安全可靠性，认为科技公司能管住融资人的存货。

这类科技公司类似于金某岛公司的业务模式，其智能仓储服务系统中会生成一份电子仓单，存货人用该电子仓单向资金方申请质押融资。同时，资金方为了保障其资金回收安全，在其债权无法受偿时，也会要求科技公司承担处置仓单或仓单项下存货的义务。在仓单或存货无法在限定期限内处置变现时，资金方会要求科技公司承担兜底的担保责任，如本文案件中金某岛公司的义务和责任就是如此。

所以，整个交易中，科技公司的角色包括质押监管人、处置质物的受托人、保证人。当然，权利与义务往往是对应的，科技公司在每个角色下也享有相应的权利，如在质押监管的角色中，因受资金方委托监管存货，可以收取监管费用；在处置质物的角色中，可以将处置所得款项中的一部分作为处置费用；在保证人角色下，其也可以要求融资人提供反担保。

相关规定

《中华人民共和国民法典》

第四百四十条 债务人或者第三人有权处分的下列权利可以出质：

（一）汇票、本票、支票；

（二）债券、存款单；

（三）仓单、提单；

（四）可以转让的基金份额、股权；

（五）可以转让的注册商标专用权、专利权、著作权等知识产权中的财产权；

（六）现有的以及将有的应收账款；

（七）法律、行政法规规定可以出质的其他财产权利。

《最高人民法院关于适用〈中华人民共和国民法典〉有关担保制度的解释》

第五十九条第一款 存货人或者仓单持有人在仓单上以背书记载“质押”字样，并经保管人签章，仓单已经交付质权人的，人民法院应当认定质权自仓单交付质权人时设立。没有权利凭证的仓单，依法可以办理出质登记的，仓单质权自办理出质登记时设立。

第六十一条第四款 以基础设施和公用事业项目收益权、提供服务或者劳务产生的债权以及其他将有的应收账款出质，当事人为应收账款设立特定账户，发生法定或者约定的质权实现事由时，质权人请求就该特定账户内的款项优先受偿的，人民法院应予支持；特定账户内的款项不足以清偿债务或者未设立特定账户，质权人请求折价或者拍卖、变卖项目收益权等将有的应收账款，并以所得的价款优先受偿的，人民法院依法予以支持。

《全国法院民商事审判工作会议纪要》

89. **【资产或者资产收益权转让及回购】第一款** 信托公司在资金信托成立后，以募集的信托资金受让特定资产或者特定资产收益权，属于信托公司在资金依法募集后的资金运用行为，由此引发的纠纷不应当认定为营业信托纠纷。如果合同中约定由转让方或者其指定的第三方在一定期间后以交易本金加上溢价款等固定价款无条件回购的，无论转让方所转让的标的物是否真实存在、是否实际交付或者过户，只要合同不存在法定无效事由，对信托公司提出的由转让方或者其指定的第三方按约定承担责任的诉讼请求，人民法院依法予以支持。

十六、大宗商品交易所要为其指定交收仓库的违规放货行为买单!

阅读提示: 大宗商品交易所作为中介机构，连接交易商（融资人）、银行、仓库三方，通过中间仓业务为交易商办理现货的质押融资交易，在此过程中，商品交易所要承担什么义务和责任，如果其指定的交收仓库违规向第三人放货，商品交易所是否向银行承担违约赔偿责任?

裁判要旨

交易所不仅对中间仓交易进行线上监管，也负有现货监管义务，若其未完全恰当履行监管义务，与货物灭失之间存在相当的因果关系，则应当承担相应的赔偿责任，责任范围应与其过错程度和原因力大小相适应。

基本案情①

某交所与指定交收仓库（本案的巨某仓库和成某仓库）之间的协议，指定仓库负有妥善保管货物的义务，无某交所的《仓库提货凭单》，仓库不能向交易商放货。

某交所制定的针对交易商、指定交收仓库等参与现货交易的主体的监管规则，明确交易所对仓库具有监管职权。

某交所、川某集团、招商银行签订《三方协议》，根据约定，招商银行向川某集团共计发放贷款180447600元，川某集团将其从卖方受让而来的《仓库存货凭证》对应的53360吨螺纹钢质押给招商银行，某交所对仓库存货凭证下现货商品履行监管义务。

货物在监管期间，两个仓库的货物在没有某交所的提货单的情况下，被仓库违规放货给第三人。

招商银行就货物丢失与某交所进行交涉，要求某交所妥善履行货物监管义务。

招商银行向法院提出诉讼请求，要求川某集团清偿中间仓业务交易融资借款本

① 案例来源：招商银行股份有限公司某分行、四川省川某集团有限公司金融借款合同纠纷二审民事判决书【（2019）最高法民终1990号】；招商银行股份有限公司某分行、四川省川某集团有限公司金融借款合同纠纷一审民事判决书【（2018）津民初19号民事判决】。

金及利息；要求某交所在《仓库存货凭证》项下未解除质押的36980吨螺纹钢现有价值范围内对川某集团的债务承担连带赔偿责任。

争议焦点

某交所对川某集团的债务应否承担赔偿责任？

法院裁判观点

一审天津市高级人民法院裁判观点：

《三方协议》系三方真实意思表示，且不违反法律、行政法规强制性规定，亦属合法有效。川某集团将《仓库存货凭证》出质给招商银行，质押标的物为《仓库存货凭证》，而不是《仓库存货凭证》项下的货物。《三方协议》的目的是确保招商银行权益的安全和实现，内容明确约定某交所办理出质《仓库存货凭证》的鉴证、质押登记过户、冻结等手续，对《仓库存货凭证》下现货商品的品种、数量、质量等进行监管，故某交所不仅对中间仓交易进行线上监管，也负有现货监管义务。

（一）某交所中间仓交易的线上监管义务

《三方协议》约定，某交所办理出质《仓库存货凭证》的鉴证、质押登记过户、冻结等手续；及时将鉴证后的《仓库存货凭证》原件交付招商银行；冻结20%的保证金，川某集团违约后配合招商银行划转保证金。

在川某集团与招商银行签订四份借款合同前，川某集团在某交所交易平台分四次买入螺纹钢共计53360吨。就该部分货物川某集团取得巨龙库、成实库开具的17份《仓库存货凭证》。某交所确认仓库出具的存货凭证可以用于交易并作质押标记。川某集团按照招商银行的要求将上述17份《仓库存货凭证》进行出质，某交所依约进行鉴证，在办理质押登记手续后将《仓库存货凭证》原件交与招商银行。买入货物前，川某集团已向交易账户存入申报买入货物金额的20%保证金，某交所将保证金冻结。川某集团收到贷款后，将上述款项拨付到川某集团在某交所开立的交易账户，某交所将该款项拨付给卖方。借款合同到期后，因川某集团未能偿还借款，某交所按照招商银行的要求，向招商银行完成了四笔保证金的扣划义务。据此，原审法院认为某交所依约履行了线上监管义务。

（二）某交所的现货监管义务

1.《三方协议》约定，当川某集团违约时，某交所应协助招商银行变卖《仓库存货凭证》项下货物。招商银行先后向某交所出具数份《解除仓库存货凭证质押登记的申请》，申请办理共计 18315 吨螺纹钢的解除质押登记手续。在上述货物中，除各方当事人均认可的 2014 年 11 月 3 日的 1480 吨、11 月 27 日的 455 吨解除质押登记申请因无对应货物而未履行外，其余货物均由某交所办理解除质押登记手续并开具提货单，相应的货款已由招商银行收取。因此，某交所依约完成了协助招商银行变卖《仓库存货凭证》项下货物的义务。

2.《三方协议》约定，某交所保证其所开具的提货单是提取《仓库存货凭证》项下商品的唯一凭证。《三方协议》《指定交收仓库管理办法》《指定交收仓库协议书》均约定，川某集团不得擅自提出提货申请，仓库按照某交所规定的程序，接到某交所的《仓库提货单》后为交易商办理提货及过户手续。根据仓库工作人员陈述及川某集团向案外人开具的提货单等证据证实，川某集团在实际履行过程中存在违反《三方协议》约定，擅自向仓库发出提货申请的情形，仓库也存在违规向川某集团及案外人放货的情形。因在案证据不能证明某交所存在未经招商银行许可，擅自开具提货单的情形，招商银行亦未提交证据证明某交所存在私自授权他人开具提货单，或者授意仓库未经某交所开具提货单或对违规开具的提货单予以放货的情形，故不能依据川某集团存在违约行为、仓库存在违规操作，即推定某交所违反了其所开具的提货单是提取商品唯一凭证的保证义务。

3.《三方协议》约定，某交所知悉可能损害出质《仓库存货凭证》及其项下货物价值或安全的信息后应及时告知招商银行。2014 年 9 月 25 日，某交所出具《风险提示函》，将川某集团债务风险告知招商银行。2014 年 11 月 3 日，招商银行申请解质 1480 吨货物但未能出售回款，招商银行作为直接收款方，此时对货物信息应当知悉。据此，可以认定某交所并不存在提前知悉货物丢失信息而未及时告知招商银行的违约情形。

4. 在具体的货物交易买入过程中，某交所协助招商银行对现货商品的品种、数量、质量进行核对，以利于交易的开展。某交所制定的《现货交易管理办法》《指定交收仓库管理办法》《保证金管理办法》等规定及《指定交收仓库协议书》，对交易商、指定交收仓库的行为均提出了明确具体的要求，用于约束交易商、指定交收仓库，达到完善商品交易市场秩序的目的。

（三）某交所对川某集团的债务应否承担赔偿责任

1.《三方协议》第六条约定，如出质《仓库存货凭证》项下商品损毁、灭失，某交所承诺配合招商银行共同向川某集团、仓储方要求赔偿。在仓库向川某集团及案外人放货后，招商银行并未依据上述约定，向川某集团、仓库主张货物灭失的赔偿责任，而是依据《三方协议》第9.7条约定，认为某交所未按协议规定履行各项义务，导致招商银行丧失质权，并向某交所索赔。依据以上条款，某交所承担赔偿责任的前提是其未适当履行各项义务导致招商银行丧失质权，如其适当履行合同义务，或者履行合同义务虽存在瑕疵但不是导致招商银行丧失质权的原因，货物灭失后，招商银行只能向川某集团、仓库追责。

2. 招商银行主张，《现货交易管理办法》《指定交收仓库管理办法》《保证金管理办法》《指定交收仓库协议书》等规定了某交所对货物品种、数量、质量的监管义务，某交所违反了《三方协议》第2.3.8条“切实履行其他有利于确保招商银行质权安全和实现”的义务，应承担赔偿责任。某交所就其功能定位而言，系为交易商提供中介、交割、结算、咨询等服务的大宗商品交易市场。《现货交易管理办法》规定交易商应履行接受某交所监管的义务，某交所对交易活动进行监督管理，交易商对其进行的交易活动及结果承担法律责任，违反规定的交易商、指定交收仓库等关联方，某交所有权给予处罚。《指定交收仓库管理办法》规定仓库每月报送库存统计资料等义务及禁止行为，某交所对仓库进行监督管理，仓库及工作人员应遵守该办法，违反规定的，某交所有权给予处罚。《保证金管理办法》规定的内容亦属于指定交收仓库应履行的义务。《指定交收仓库协议书》规定某交所享有对指定交收仓库参与的商品交收业务进行监督、管理及定期巡检，收取风险质押金的权利。可见，上述管理办法及相关协议，规定了交易商、指定交收仓库的义务及违约责任，并未就某交所违反监督管理职责应承担的违约责任作出规定或约定，故招商银行关于某交所违反了《现货交易管理办法》等规定中的相关义务，应承担违约责任的主张，理据不足，原审法院不予支持。

综上，某交所已经履行了《三方协议》项下的义务，且不存在导致招商银行丧失质权的违约行为，招商银行要求某交所承担赔偿责任的主张缺乏依据，原审法院不予支持。

二审最高院裁判观点：

（一）某交所是否适当履行了现货监管义务？

1. 某交所违反相关规定，未能在《三方协议》履行期间与案涉仓库保持指定交收仓库关系，未与案涉仓库签订《担保合同》。根据《现货交易管理办法》第五十条、《指定交收仓库管理办法》第三条、第六条的规定，某交所与指定交收仓库之间应签订《指定交收仓库协议书》以及《担保合同》。

2. 依据一审认定的事实，2011年9月13日，某交所和通宇公司签订了《指定交割仓库协议书》，指定交割仓库包括成实库，期满后双方确认协议顺延到2014年

9月12日止。2011年9月13日，通宇公司与成实公司签订《指定交割点协议书》，约定成实库为某交所的指定交割点，协议有效期一年，到期后如双方无异议，自动顺延一年（至2013年9月12日）。2014年9月13日，某交所与通宇公司续签合同，附件中的指定交收仓库不包括成实库。由此可见，某交所与成实库在2014年9月13日之后已不存在指定交收仓库的合同关系。同时某交所始终未与成实库、巨龙库签订《担保合同》，导致某交所对案涉仓库违规行为的约束弱化，仓库在实施违约出库行为时缺乏应有的谨慎和顾忌。

3. 某交所未依照规定向两家仓库收取风险质押金或风险保证金。《指定交收仓库管理办法》第九条规定，指定交收仓库的义务包括按照和交易所的约定向交易所缴纳风险质押金。《保证金管理办法》第二条规定，风险保证金是指指定交收仓库向交易所缴纳的用于保证该指定交收仓库按照交易所规定和相应的《指定交收仓库合作协议》约定履行义务的专项资金；第六条规定，保证金的金额不低于50万元不高于200万元；第十条规定，保证金用于担保仓库从事如下行为产生的责任：未按交易所规定办理货物入库、出库和转存；因保管不当，引起储存商品变质、损毁、灭失。《保证金管理办法》第十一条规定，交易所将视情况扣除部分或全部保证金，用于抵充仓库违约行为给交易所或交易商造成的损失或仓库应当承担的其他责任。某交所未依照相关规定对案涉仓库收取风险质押金或保证金，是仓库敢于实施违规行为的成因之一，放大了质物灭失的风险。

4. 某交所未适当履行监管义务，在巡检、抽查、按月接收报送库存统计资料等方面管理缺位。《三方协议》第2.3.1条明确约定了某交所应对现货商品的品种、数量、质量进行监管。《指定交收仓库管理办法》第九条规定，指定交收仓库应认真做好库存货物品种、规格等细项的库存报表，每月须准确、及时地向交易所报送指定商品仓储库存统计资料。

5.《指定交收仓库管理办法》第十一条规定，交易所对指定交收仓库的监管制度包括：（1）自查制度，各指定交收仓库根据交易所的规定自查，并且填写交易所提供的《自查记录表》；（2）定期巡检制度，交易所定期对指定交收仓库的各项相关活动进行检查，并做好详细记录；（3）交易所抽查制度，交易所根据掌握的情况或交易商的反映，随时对各指定交收仓库的一项或多项工作进行抽查，并做好详细记录；（4）年审制度，交易所制定考核标准，每一年度对指定交收仓库的工作做一次年度检查。某交所在二审庭审中自认，其查库只是去仓库大体看一下，不对货物具体数量进行检查，关于自查、巡检、抽查、年审、按月接收报送库存统计资料等亦没有完整记录。

6. 某交所违反了《三方协议》的约定以及《指定交收仓库管理办法》的相关规定，未全面恰当地履行对现货的监管义务。2014 年 7 月 3 日，巨龙库的案涉货物就已被违规提走；数月后的 2014 年 11 月，成实库又违规向川某集团等放出全部案涉货物。这两次违规出库行为相隔约四个月，在此期间内，某交所未通过巡查、抽查等方式发现巨龙库质物灭失情况，导致其和招商银行在长时间内不掌握案涉货物违规出库的情况，错过了采取适当措施防止损失进一步扩大的有利时机。

7. 知悉质物存在可能灭失的风险后，某交所未及时履行核查和监管义务。根据一审查明事实，2014 年 12 月 1 日和 2014 年 12 月 4 日，招商银行知悉存货凭证项下可能存在已无对应货物的重大风险时，两次要求某交所进行核实并反馈货物情况，但某交所仅仅回函表示已要求指定的交收仓库尽快核实，并未自行前往现场核查。某交所明知发生了存货凭证项下已无对应货物的重大风险，却仅以发函的方式敷衍了事，在交收仓库未予以反馈的情况下仍未进行现场核查，违反了《三方协议》中有关切实保障招商银行债权安全和实现的约定。

（二）某交所的违约行为与质物灭失之间是否存在因果关系？

某交所应明知其切实履行现货监管义务是保证招商银行债权安全与实现的前提，也是《三方协议》项下最核心的义务，但其对案涉交收仓库在合同签订、履行和监管等方面未严格执行协议约定和其制定的内部规则的规定。某交所未与指定交收仓库签订有效的《指定交收仓库协议书》，未能在《三方协议》履行期内保持与案涉仓库的指定交收关系，未签订《担保合同》，未要求指定交收仓库缴纳任何风险质押金或风险保证金，亦未严格履行对指定仓库进行巡检、抽查、年审、按月接收报送库存统计资料等监管义务，导致涉案仓库管理不到位，不能切实保证其开具的提货单是提取《仓库存货凭证》项下货物的唯一凭证，对案涉货物的灭失具有过失，应承担相应的违约责任。

本案中，质物灭失主要的、第一位的原因是川某集团违规开具提货单以及两个仓库违规放货，但某交所未完全恰当履行监管义务也给川某集团和两个仓库实施违规行为提供了机会、创造了条件，如果某交所尽到了现货监管义务，则本案的损害结果可能不发生或者减轻，因此某交所的不作为也是造成案涉货物违规出库的原因力之一，属于次要的、第二位的原因，与货物灭失之间存在相当的因果关系，应当承担相应的赔偿责任，责任范围应与其过错程度和原因力大小相适应。某交所关于没有现货监管能力的抗辩不能成为免除其现货监管义务以及违反义务应当承担相应责任的理由。原审判决关于“某交所已经履行了《三方协议》项下的义务，且不存在导致招商银行丧失质权的违约行为”的认定是错误的，本院予以纠正。

应当指出的是，招商银行作为专业的金融机构，接受没有法律明文规定的仓库存货凭证作为质押品，应当预见到其中存在的风险。其参与中间仓交易后，未依照《借款合同》的约定对信贷资金使用情况和川某集团有关经营、财务活动进行监督，在川某集团贷款逾期后未及时对存货凭证项下货物采取措施或者督促某交所切实履行监管货物的责任，导致损失扩大，与质物灭失之间亦存在一定的因果关系。

综上，根据公平原则和诚实信用原则，本院酌定，在依法强制执行川某集团财产后仍不足以赔偿招商银行损失的，某交所在川某集团欠付招商银行本金97112828.39元的20%（即19422565.68元）的范围内向招商银行承担补充赔偿责任。招商银行诉请判决某交所在《仓库存货凭证》项下未解除质押的36980吨螺纹钢现有价值范围内对川某集团的债务承担连带赔偿责任，缺乏事实与法律依据，本院不予支持。

法院观点评述

二审最高人民法院与一审天津高院持完全不同的观点，最高人民法院认为某交所在现货监管义务的履行上是有重大瑕疵的，主要理由是其没有对指定交收仓库尽职监管。而天津高院一方面认为导致招商银行资金损失的原因是川某集团和仓库的违约和违规放货行为，某交所并未违规开具提货单，所以，银行损失与某交所无关；另一方面天津高院认为交易所与仓库之间的监管规定或协议都没有规定或约定交易所未尽监管职责要承担什么责任，所以，即便交易所没有完全尽到监管职责，也无法得出应该由其承担违约责任的结论。

上述一审法院的观点其实是没有认识到交易所的地位与角色，交易所是监管方，在交易商、交收仓库的三方关系中，交易所是占优势地位的监督管理方，仓库要向交易所支付风险保证金，接受交易所的各项巡检以及资格认定，涉案仓库也是交易所指定的，只有这些指定的仓库才有资格开具仓库存货凭证，才能作为交易所审核货权的凭证，交易商才能进而实现存货融资目的。所以，仓库的违规放货行为绝不是与交易所无关，交易所未能尽职监管为仓库违规放货行为提供了条件和机会，一审法院认定的交易所与指定交收仓库的违规放货行为无关明显忽略了交易所的监管者角色。另外，基于交易所的优势地位，在其制定的监管规定以及与仓库的协议中，交易所不可能为自己设定未尽监管职责的责任。

二审最高法院就扭转了一审法院的认识，首先对照交易所的各种监管规定得出交易所未能切实尽职的结论，接着认为这种失职与交易商（借款人）的违约行为和仓库的违规放货行为之间存在相当因果关系，所以，应该承担赔偿责任。同时，考虑到银行对自己的损失也负有一定的过错，导致损失扩大，所以，法院最后酌定交易所应该承担借款人欠付本金的20%的补充赔偿责任。此裁判意见符合交易所的角色地位以及兼顾了各方的过错。

实务经验总结

（一）大宗商品交易所与指定交收仓库之间是什么关系，是否应为仓库的违规行为负责？

通过最高法院的裁判结论可知，交易所对于指定交收仓库的违规行为难辞其咎，这就要求交易所加强对仓库的监管，切实承担其监管职责。交易所的监管职责一般包括：

1. 督促指定交收仓库做好存货物品种、规格等细项的库存报表，贯彻每月准确、及时地向交易所报送指定商品仓储库存统计资料的监管规定。

2. 交易所对指定交收仓库的监管制度包括：（1）自查制度，各指定交收仓库根据交易所的规定自查，并且填写交易所提供的《自查记录表》；（2）定期巡检制度，交易所定期对指定交收仓库的各项相关活动进行检查，并做好详细记录；（3）交易所抽查制度，交易所根据掌握的情况或交易商的反映，随时对各指定交收仓库的一项或多项工作进行抽查，并做好详细记录；（4）年审制度，交易所制定考核标准，每一年度对指定交收仓库的工作做一次年度检查。

3. 通过向指定交收仓库收取风险保证金的方式督促仓库履行义务，比如用于担保仓库按交易所规定办理货物入库、出库和转存；妥善保管，防止储存商品变质、损毁、灭失。在仓库违约行为给交易所或交易商造成损失的情况下，交易所有权扣除部分或全部保证金。

（二）商品交易所负有的现货监管义务与存货融资中的质押监管义务无异。

交易所作为中介机构，其所组织开展的将指定交收仓库开具的《仓库存货凭证》进行质押的交易融资模式并非仓单质押，交易所仍负有对现货的监管义务，这种质押模式下的质物监管与存货质押中监管人的义务和责任无异，区别仅是交易所的现货监管义务并非由交易所直接履行，而是由其所监管的指定交收仓库来完成。所以，交易所的监管义务并非简单的线上监管，也不是对存货凭证进行鉴证、冻结、质押登记等程序上的协助性操作。

（三）商品交易所对提货权的控制。

交易所登记确认的《仓库存货凭证》是权属凭证，其开具的《仓库提货单》是提取存货凭证项下商品的提货凭证，这种权属凭证与提货凭证相分离的设计必然包含风险，比如本案中，债务人川某集团就自行制作了提货单，仓库依此向案外人发货。交易所应该向其指定交收仓库进行足够的告知和说明，说明只有交易所开具的提货单才是仓库放货的唯一凭证，其他任何第三人都无权要求仓库放货。

（四）商品交易所的责任范围应与其过错程度相当。

交易所作为货物监管方，其责任应与其过错程度相适应，在银行一方也存在过错的情况下，应该谨慎确定交易所的责任比例，所以，交易所可以以债权人的与有过错作为减轻自己责任的理由。

相关规定

《中华人民共和国民法典》

第四百二十五条 为担保债务的履行，债务人或者第三人将其动产出质给债权人占有的，债务人不履行到期债务或者发生当事人约定的实现质权的情形，债权人有权就该动产优先受偿。

前款规定的债务人或者第三人为出质人，债权人为质权人，交付的动产为质押财产。

《大连商品交易所标准仓单管理办法》

第三条 交易所建立电子仓单系统，对本办法规定的与标准仓单有关的各项业务进行管理。交易所、会员、境外经纪机构、指定交割仓库、指定质量检验机构、相关银行等标准仓单业务参与者应当通过电子仓单系统办理与标准仓单有关的各项业务。

第五条第一款 标准仓单是交易所指定交割仓库按照交易所规定的程序提交注册申请后，经交易所注册的符合期货合约规定质量标准的实物提货凭证。

十七、在间接占有的存货上进行的重复质押，谁才是真正的质权人？

阅读提示：在仓单质押领域，重复质押一直是困扰债权人的敏感问题。动产质权的设立要求转移占有，所以，在存货能够实现真正的转移占有时，重复质押基本上没有生长空间。但是，在仓单质押中，货物均存放于第三方仓库，这就为违法行为提供了温床，出质人可能在设定了仓单质押之后，又通过违法手段办理出库手续，进而开具新的仓单，再次为第三人设定仓单质押，那么，如何确定真正的质权人？本文以一个出质人对其存货进行三次质押为例，来说明仓单或其项下存货设立质权的条件。

裁判要旨

出质人以间接占有的财产出质的，质押合同自书面通知送达占有人时视为移交。在物流公司并未得到任何关于存货方将存货质押给第三人的通知的情况下，动产质权不成立。仓单质押需要交付权利凭证，无须通知占有人。

基本案情①

2010 年 6 月 11 日，璟某行公司与交通银行某分行签订商品融资质押合同，质物为两辆不同型号的汽车，建某物流公司为监管人。

2011 年 6 月 15 日，章某华出借 1000 万元给陈某（璟某行公司法定代表人）用于璟某行公司向交通银行某分行偿还贷款，璟某行公司提供质押担保，质物还是之前质押给交通银行某分行的两辆汽车，陈某将建某物流公司出具的《仓单》背书转让给章某华。

2011 年 6 月 16 日，章某华在替璟某行公司偿还交通银行某分行的贷款后，取得交通银行某分行出具的《提货通知书》，该两份《提货通知书》上加盖“交通银行股份有限公司某分行授信合同专用章”印章，并有银行工作人员的签名。同日，

---

① 案件来源：章某华与建某物流集团有限公司侵权纠纷上诉案民事判决书【（2014）闽民终字第 80 号】。

璟某行公司提供加盖有交通银行某分行预留印章及授权人员签字的《提货通知书》（系伪造）及《出仓通知书》向建某物流公司办理了讼争车辆出仓手续。

2011 年 6 月 17 日，建某物流公司应璟某行公司要求重新开具《仓单》，璟某行公司将本案讼争车辆质押给民生银行厦门分行。

2011 年 12 月 26 日，章某华向建某物流公司发出提货通知遭拒，遂起纠纷，章某华诉讼主张建某物流公司在履行监管义务中存在重大过错应对其承担侵权赔偿责任。

争议焦点

章某华要求建某物流公司承担侵权的主张是否成立？

法院裁判观点

二审福建高院认为：章某华无权利基础，侵权之诉不成立。理由如下：

（一）车辆出质没有向物流公司发送通知，致章某华的车辆质权不成立

《中华人民共和国担保法》第六十四条："出质人和质权人应当以书面形式订立质押合同。质押合同自质物移交于质权人占有时生效。"《最高人民法院关于适用〈中华人民共和国担保法〉若干问题解释》第八十八条："出质人以间接占有的财产出质的，质押合同自书面通知送达占有人时视为移交。占有人收到出质通知后，仍接受出质人的指示处分出质财产的，该行为无效。"根据上述规定，章某华与璟某行公司签订的机动车辆质押合同应当书面通知建某物流公司，通知到达建某物流公司之时质押合同才生效。而在 2011 年 6 月 17 日，建某物流公司应璟某行公司要求办理涉案车辆出仓手续之前，建某物流公司并未得到任何关于璟某行公司将涉案车辆质押给章某华的通知，章某华与璟某行公司签订的机动车辆质押合同当时并未生效。因此，章某华对于涉案车辆并不享有质权。

（二）仓单虽背书但未经物流公司签章，致章某华的仓单质权不成立

璟某行公司将两份仓单质押给了章某华，并经过背书，但未经保管人建某物流公司签章，《中华人民共和国合同法》第三百八十七条规定："仓单是提取仓储物的凭证。存货人或者仓单持有人在仓单上背书并经保管人签字或者盖章的，可以转让提取仓储物的权利。"根据该规定，璟某行公司将仓单背书给章某华不发生法律效力，因此，章某华并不享有仓单的质权。

（三）因无权利前提，章某华主张的侵权之诉不成立

本案章某华主张的是侵权之诉，但其所主张的受到建某物流公司侵害的对于涉案车辆及仓单的质权并未发生法律效力。因此，无论建某物流公司在对于涉案车辆保管上有无过错，章某华的诉讼请求都不能成立。

案例延伸阅读

案例一：中国农业发展银行某分行营业部等与湖北富某棉业集团股份有限公司等借款合同纠纷上诉案【湖北省黄冈市中级人民法院（2016）鄂11民终544号】

法院裁判观点：动产质押未通知实际占有人，质权人也没有实际占有质物的，质权不成立。

关于棉花质押是否生效，黄冈中院认为：

动产质押与仓单质押设立的条件不一样，动产质押本质上要进行动产交付，仓单质押要将权利凭证交付质权人。本案争议的九批棉花存储在富华仓储公司，实际保管人是富华仓储公司。某农发行营业部与富某棉业公司签订《最高额动产质押合同》后，双方约定的棉花质押并未书面通知富华仓储公司，某农发行营业部虽与蓝某保安公司签订了《保安服务合同书》，而事实上蓝某保安公司未实际占有并控制该批棉花。故本案争议的九批棉花因未交付给某农发行营业部，质押未生效。

案例二：杨某英与浙某小贷公司质押合同纠纷案【四川省高级人民法院（2015）川民终字第838号】

法院裁判观点：虽未发送出质通知，但实际占有人知道质押关系的，质权成立。

四川高院认为：杨某英与浙某小贷公司签订的二份《质押合同》合法有效。杨某英虽未向古某酒业公司送达书面通知，但古某酒业公司与浙某小贷公司签订的《委托保管合同》载明“因保管物系丙方（杨某英）根据宜宾浙瑞（2013）质字第013-1、012-1号《质押合同》提供的质物，原已由丙方委托甲方保管，因此本合同经甲、乙、丙三方签字生效”，可见古某酒业公司知晓杨某英和浙某小贷公司之间的质押关系。杨某英与浙某小贷公司在二份《质押合同》中约定“贷款人与质物保管人古某酒业公司签订《委托保管合同》成立之时，视为出质人已将质物移交贷款人”，因浙某小贷公司与古某酒业公司签订《委托保管合同》是杨某英与浙某小贷公司在《质押合同》中约定的内容，杨某英虽未在《委托保管合同》上签字，但对该二份《委托保管合同》的效力予以认可，浙某小贷公司亦认可质物已交付并发放了贷款，故杨某英与浙某小贷公司签订的二份《质押合同》所涉质物已交付，质权已成立。

案例三：中国建设银行股份有限公司广州某支行与广东蓝某能源发展有限公司等信用证开证纠纷再审案【最高人民法院（2015）民提字第126号】

法院裁判观点：设定提单质权，有意思表示，且交付提单，提单质权即可设立。

该案争议焦点是建行某支行与蓝某能源公司之间到底设立了何种质权？

二审广东高院认为：建行某支行与蓝某能源公司之间的意思表示是就提单项下的煤炭设定了动产质押，并进一步认为动产质权的设立应以出质人交付质押财产为要件，尽管《信托收据》中存在将处置涉案煤炭的价款用于偿还建行某支行借款的内容，蓝某能源也将提单交付给建行某支行，但并没有证据证明建行某支行或蓝某能源将涉案煤炭设定质权情况通知承运人，故建行某支行对涉案煤炭不享有质权。

再审最高法院认为：建行某支行与蓝某能源公司之间达成了设立提单质押的合意，并进一步认为建行某支行持有提单，提单可以设立权利质权，有关合同既有设定担保的一般约定，又有以自己的意思处分提单的明确约定，应当认定建行某支行享有提单权利质权。

法院裁判观点评述

（一）以间接占有的动产设定质押，需通知占有人，方能设定动产质权。

在上述章某华案件中，出质人将第三人占有的质物出质，需向第三人发送出质通知，才能视为将质物移交给了质权人。该案中，因为出质人璟某行公司没有向建某物流公司发送这样的通知，导致章某华没有取得质权，法院的说理非常明确。

（二）仓单质权的设立仅需仓单交付即可，无须保管人签章。

在章某华案件中，关于以仓单质押，福建高院认为仓单背书但没有经过保管人签章，导致质权不成立，依据是《合同法》第三百八十七条："仓单是提取仓储物的凭证。存货人或者仓单持有人在仓单上背书并经保管人签字或者盖章的，可以转让提取仓储物的权利。"但是，该条规定针对的是仓单转让，并不是仓单质押。

根据《民法典》第四百四十一条："以汇票、本票、支票、债券、存款单、仓单、提单出质的，质权自权利凭证交付质权人时设立；没有权利凭证的，质权自办理出质登记时设立。法律另有规定的，依照其规定。"仓单质押只需交付仓单即可，并不需要保管人签章，法院以此为由认定仓单质权不成立，值得商榷！

需要说明的是，《最高人民法院关于适用〈中华人民共和国民法典〉有关担保制度的解释》第五十九条第一款："存货人或者仓单持有人在仓单上以背书记载'质押'字样，并经保管人签章，仓单已经交付质权人的，人民法院应当认定质权自仓单交付质权人时设立。没有权利凭证的仓单，依法可以办理出质登记的，仓单质权自办理出质登记时设立。"该条所规定的"保管人签章"并不是对仓单质权设立的要件规定，仅是说明这种情况下可以认定仓单质权设立，并不能反过来认为只有满足质押背书、保管人签章、仓单交付这三个条件，仓单质权才设立，因为《民法典》对于仓单质权的设立就只规定了交付这一个条件。

在上述延伸阅读的其他案件中，法院均明确阐明动产质押与仓单/提单质押设立的条件不一样，动产质押本质上要进行动产交付，仓单质押要将权利凭证交付质权人。

实务经验总结

（一）协议中要明确是以仓单质押还是以仓单项下的动产质押

由于以仓单质押和以仓单项下的货物质押，均指向的是仓单项下货物的价值，所以，很多时候当事人对以动产质押还是以仓单质押并不在意，导致对于质权是否设立存在争议。法院若认定是动产质押，即便出质人移交了仓单，也会以没有向实际占有人通知出质为由认定动产质权未设立，如上述的建行某支行案件中，二审法院就认定虽然蓝某能源已经将提单交付给建行某支行，但并没有证据证明建行某支行或蓝某能源将涉案煤炭设定质权的情况通知承运人，故建行某支行对涉案煤炭不享有质权。

（二）质权设立须满足的两个要件

当事人在设定仓单质权时，一定要满足两个要件：一是双方签订了设立权利质押的书面合同；二是满足物权公示要件，将权利凭证交付质权人，这两个条件缺一不可。

之所以要求有书面合同，是因为仅有交付这种公示方式，并不能确定双方之间达成的是何种法律关系，交付的基础法律关系可以是委托保管关系、买卖关系、质押关系，所以，只能通过当事人之间的合同约定来确定法律关系的性质。

在上述建行某支行案件中，虽然有提单的交付，但是，当事人之间是让银行获得提单项下煤炭的所有权还是煤炭的动产质权抑或是提单质权，在几个法院的审理中几经周折。这与当事人之间的意思表示不清、条款模糊不无关系，最后法院是通过合同解释的方法确定提单质权在当事人的合意范围之内，才认定了提单质权的设立。

（三）动产质押中占有人知晓可替代通知

对于间接占有动产出质的，即便没有出质通知，但是有证据证明占有人知晓出质人与质权人之间签订质押合同，同时间接占有人与质权人签订了委托保管合同或者类似协议的，可以认为质权已经设立。

相关规定

《中华人民共和国民法典》

第二百二十七条 动产物权设立和转让前，第三人占有该动产的，负有交付义务的人可以通过转让请求第三人返还原物的权利代替交付。

第四百四十一条 以汇票、本票、支票、债券、存款单、仓单、提单出质的，质权自权利凭证交付质权人时设立；没有权利凭证的，质权自办理出质登记时设立。法律另有规定的，依照其规定。

第九百一十条 仓单是提取仓储物的凭证。存货人或者仓单持有人在仓单上背书并经保管人签名或者盖章的，可以转让提取仓储物的权利。

《最高人民法院关于适用〈中华人民共和国民法典〉有关担保制度的解释》

第五十九条第一款 存货人或者仓单持有人在仓单上以背书记载“质押”字样，并经保管人签章，仓单已经交付质权人的，人民法院应当认定质权自仓单交付质权人时设立。没有权利凭证的仓单，依法可以办理出质登记的，仓单质权自办理出质登记时设立。

《中华人民共和国海商法》

第七十一条 提单，是指用以证明海上货物运输合同和货物已经由承运人接收或者装船，以及承运人保证据以交付货物的单证。提单中载明的向记名人交付货物，或者按照指示人的指示交付货物，或者向提单持有人交付货物的条款，构成承运人据以交付货物的保证。

十八、电子仓单质押的效力及如何实现交付?

阅读提示：电子仓单作为电子商务领域的金融服务创新产品，是仓单的一种表现形式，一般多是大宗商品交易所或者一些引入智能仓储的物流公司的系统可以向存货人提供电子仓单。在仓单质押融资中，适用权利质押的一般规定，存货人要向债权人交付电子仓单这一权利凭证才能设定质押，但电子仓单作为一种数据电文，具有无形性和电子化的特征，无法像传统纸质仓单一样进行物理空间上的交付，那如何实现电子仓单的交付？另外，在电子交易平台系统中生成的电子仓单若欠缺某项要素是否会影响仓单质押的效力？本文引入上海浦东新区法院的一则相关案例以及结合《最高人民法院关于适用〈中华人民共和国民法典〉有关担保制度的解释》来探讨这个问题。

裁判要旨

（一）电子仓单具有无形性和电子化的特征，无法像传统纸质仓单一样进行物理空间上的交付，但这并不妨碍其交付的实现，其可以通过电子交互的方式完成交付。

（二）电子仓单是将存货凭证录入交易所系统后自动生成，电子仓单生成系由当事人协议安排，电子仓单的编号在仓单质押合同中亦明确列明，即使电子仓单存在形式瑕疵，也不影响仓单作为权利凭证所具有的物权效力。

基本案情①

深圳某公司与平安银行某分行、豫某金属冶炼公司之间签订了《委托贷款合同》，约定深圳某公司委托平安银行某分行向豫某金属冶炼公司发放委托贷款20000000元，豫某金属冶炼公司向深圳某公司提供《注册仓单质押合同》中约定的注册仓单作为担保。

深圳某公司与西双版纳公司签订了《注册仓单质押业务合作协议》，深圳某公司对注册仓单质押申请进行审核，审核通过后通知西双版纳公司完成设质并启动质

① 案件来源：栾川县豫某金属冶炼有限责任公司等诉上海平欣资产管理有限公司等金融借款合同纠纷案【（2017）沪01民终6125号】。

物监管，西双版纳公司接设质通知后将该批质押信息纳入质押监控清单，并将系统截屏图发送至深圳某公司指定邮箱，启动价格监控及实物商品监管，前述动作完成后深圳某公司按与融资客户约定的方式放款。

西双版纳公司指定某物资公司的仓库为该交易所钼精矿的指定交割仓库。商品验收入库后，某物资公司向存货人出具存货凭证，在接到存货人要求将指定库存商品制成西双版纳公司注册仓单的指令后，该物资公司回收相应的存货凭证，在西双版纳公司的电子仓单系统中制作电子仓单。

西双版纳公司将前述《委托贷款合同》对应的三份《注册仓单质押合同》项下约定出质给深圳某公司的注册仓单备注为“质押”，后西双版纳公司将上述备注为“质押”的系统截屏发送至深圳某公司指定邮箱。

深圳某公司的贷款到期后，豫某金属冶炼公司未依约归还委托贷款合同项下的本金及利息，遂成讼。

争议焦点

深圳某公司对涉案注册仓单是否享有质权?

当事人意见

被告豫某金属冶炼公司主张质权不成立，理由是其并未收到过仓单，某物资公司亦未出具过仓单，故债权人提交的纸质仓单真实性无法核实，且其上记载的仓库地址与实际仓库无法对应，无填发人、填发地和填发日期，“交割仓库签发”一栏亦为空白，无任何保管方的任何签字、盖章或确认，不满足仓单所需的法定要件。

法院裁判观点

(一) 电子仓单是除纸质仓单之外的其他合法形式的仓单

根据我国《物权法》第二百二十四条规定，以仓单出质的，质权自权利凭证交付质权人时设立。该条并未将权利凭证限定为纸质凭证，因此，以仓单为质押标的物的，质押物仓单可以是除纸质之外的其他形式。因此，本案当事人采用电子仓单形式与约有据，与法无悖。

(二) 涉案电子仓单是当事人协议安排下在系统中自动生成的结果，即便存在形式瑕疵，也不影响其作为权利凭证具有物权的效力

豫某金属冶炼公司称，贷款人提供的仓单电子打印件不符合仓单的形式要件。

对此本院认为，从涉案电子仓单形成的过程来看，涉案电子仓单系将存货凭证录入西双版纳公司系统后自动生成，且该涉案电子仓单生成系由当事人协议安排，电子仓单的编号在《注册仓单质押合同》中亦明确列明；因此，即使涉案电子仓单存在形式瑕疵，也并不影响仓单作为权利凭证所代表物权的效力。

（三）涉案电子仓单质押符合质权设立的两个条件

根据《物权法》第二百二十四条规定，仓单质押的，当事人应当订立书面合同，质权自权利凭证交付质权人时设立。因此，仓单质押成立的两个法定条件是：1. 当事人签订书面的质押合同；2. 权利凭证交付。对于《注册仓单质押合同》的效力，各方当事人均未提出异议，故质押合同依法有效。

质押合同中列明了涉案电子仓单编号，明确在涉案电子仓单上设立质权。因此，豫某金属冶炼公司关于在涉案电子仓单上设立质押的意思表示真实、明确。

关于权利凭证交付，豫某金属冶炼公司主张因其未向贷款人交付过仓单，故质押成立缺少法定要件，质押不成立。对此本院认为，本案当事人采用的是电子仓单，电子仓单的形式决定了该类型仓单只能通过电子交互的方式完成交付，而无法完成物理空间上的交付。本案中，西双版纳公司将备注为“质押”的电子注册仓单的系统截屏发送至深圳某公司指定邮箱，自该截屏文件到达贷款人指定邮箱之时，即完成了权利凭证的交付。因此，本案仓单质押设立的法定要件均已满足，仓单质押成立。

实务经验总结

（一）电子仓单属于一种有效的仓单形式，与纸质仓单具有同等法律效力。

随着信息技术的发展，传统的纸质仓单逐渐将被电子仓单所取代，而电子仓单本身的效力问题没有得到足够的重视，比如上述案件中，债务人就完全否认电子仓单的存在，完全以纸质仓单的有无和记载认定该案中质权是否设立。

以前的《合同法》和现在实施的《民法典》均对数据电文作为合同的书面形式有明确规定，如《民法典》第四百六十九条第三款规定：“以电子数据交换、电子邮件等方式能够有形地表现所载内容，并可以随时调取查用的数据电文，视为书面形式。”何为数据电文？《电子签名法》第二条第二款规定：“本法所称数据电文，是指以电子、光学、磁或者类似手段生成、发送、接收或者储存的信息。”

关于数据电文的文书效力问题，《电子签名法》第三条规定：“民事活动中的合同或者其他文件、单证等文书，当事人可以约定使用或者不使用电子签名、数据电文。当事人约定使用电子签名、数据电文的文书，不得仅因为其采用电子签名、数据电文的形式而否定其法律效力。”

所以，数据电文与纸质合同具有同等法律效力，仓单是仓储物的存货凭证，是存货人与保管人之间的一种债权凭证，同时也是存货人对其存货的物权凭证，无论是纸质仓单还是电子仓单都是仓储合同有效成立的凭证，无论何种仓单形式，存货人所享有的权利都是相同的。

（二）结合民法典担保解释谈电子仓单的记载要素与其质押效力问题。

已经失效的《合同法》第三百八十六条规定了仓单的应载事项，但是，并没有规定缺失某个记载事项的仓单无效。实践中，仓储物流企业往往并不使用“仓单”这个概念，而是用“入库单”“出库单”代替，且没有统一规范的仓单格式与要素标准，由此引发一些关于仓单效力的诉讼争议，司法实践中也存在审判不统一的情况。

2013 年 12 月 31 日，国家标准委批准的《仓单要素与格式规范》正式发布，其中将仓单要素分为必备要素和可选要素，但是，该规范并不是法律、行政法规，违反该规范并不会产生仓单无效的法律后果。

2021 年开始实施的《民法典》继续沿用了《合同法》第三百八十六条关于仓单应载事项的规定内容，对于记载不全的仓单效力问题同样没有提及。

而 2020 年 11 月 9 日发布的《最高人民法院关于适用〈中华人民共和国民法典〉担保部分的解释》（征求意见稿）却对这一问题进行了解释规定，其中第五十八条第一款规定：“仓单必须记载民法典第九百零九条规定的事项。当事人以不符合该条规定的仓单出质的，人民法院应当认定仓单质押无效。”但是，该规定却在后来正式发布的《最高人民法院关于适用〈中华人民共和国民法典〉有关担保制度的解释》中被删除，可见，欠缺仓单要素的仓单效力问题仍处于不确定状态。

但是，为了减少争议，建议在日后的电子仓单质押业务中，在电子交易系统中进行仓单注册的时候，应至少填入包括《民法典》第九百零九条所规定的八项要素。系统自动生成的电子仓单，也要包括这八项内容，以免缺失哪一项导致电子仓单或电子仓单质押的效力出现不被认可的风险。

（三）关于电子仓单质押的交付

仓单质押作为权利质押的一种，需要交付权利凭证以设定质押。电子仓单具有无形性和电子化的特征，无法像传统纸质仓单一样进行物理空间上的交付，但这并不妨碍其交付的实现。

参考上述案件的操作流程和各方交易合同的约定，融资人将其存货入库到电子交易平台指定的物流仓库，由仓储方出具入库单。然后仓储方根据存货人的指令，在商品交易所的电子交易平台系统中注册仓单信息，商品交易所将生成的电子仓单备注为“质押”，后将上述备注为“质押”的注册仓单系统截屏发送至质权人指定邮箱，并将备注为“质押”的注册仓单纳入质押监控清单，最后由仓储方对电子仓单项下的货物进行监控。这种流程设计，应视为电子仓单权利凭证的交付。

另外，商品交易所为其从事现货交易的会员和交易商提供了专门的电子交易平台，在该电子交易平台中对仓单状态标识为“质押”，因此，该记载标识在实际交易过程中可供融资人、质权人、电子交易市场其他相关方进行查询和发起相关交易指令，如此，可认为仓单质押具有了公示效果。

上述关于电子仓单交付的操作可以为同行业所借鉴和采纳，除了商品交易所的电子交易平台之外，实践中也有一些新兴的科技公司，自行研发电子交易平台系统，与仓储公司、银行合作，仓储公司可以在该系统中为其存货客户生成电子仓单，存货人以该电子仓单向银行申请质押贷款，由银行向存货人授信。

相关规定

《中华人民共和国民法典》

第四百六十九条 当事人订立合同，可以采用书面形式、口头形式或者其他形式。

书面形式是合同书、信件、电报、电传、传真等可以有形地表现所载内容的形式。

以电子数据交换、电子邮件等方式能够有形地表现所载内容，并可以随时调取查用的数据电文，视为书面形式。

第九百零九条 保管人应当在仓单上签名或者盖章。仓单包括下列事项：

（一）存货人的姓名或者名称和住所；

（二）仓储物的品种、数量、质量、包装及其件数和标记；

（三）仓储物的损耗标准；

（四）储存场所；

（五）储存期限；

（六）仓储费；

（七）仓储物已经办理保险的，其保险金额、期间以及保险人的名称；

（八）填发人、填发地和填发日期。

《中华人民共和国电子签名法》

第二条 本法所称电子签名，是指数据电文中以电子形式所含、所附用于识别签名人身份并表明签名人认可其中内容的数据。

本法所称数据电文，是指以电子、光学、磁或者类似手段生成、发送、接收或者储存的信息。

第三条　民事活动中的合同或者其他文件、单证等文书，当事人可以约定使用或者不使用电子签名、数据电文。

当事人约定使用电子签名、数据电文的文书，不得仅因为其采用电子签名、数据电文的形式而否定其法律效力。

前款规定不适用下列文书：

（一）涉及婚姻、收养、继承等人身关系的；

（二）涉及停止供水、供热、供气等公用事业服务的；

（三）法律、行政法规规定的不适用电子文书的其他情形。

第四条　能够有形地表现所载内容，并可以随时调取查用的数据电文，视为符合法律、法规要求的书面形式。

十九、质物被法院财产保全，质押监管是否还要继续？

阅读提示：在存货/仓单质押融资业务中，如果融资方到期未能清偿债务，债权人采取司法途径追债，将不可避免会向法院申请对存货或者仓单项下货物进行财产保全，以保证将来对货物进行折价、拍卖、变卖清偿债权。那么，一旦法院对货物采取财产保全措施，是否监管方就无须再监管货物，存货方也无须再向监管方支付监管费用，若货物在查封后发生毁损灭失，是否与监管人无关？这些与法院保全查封质物有关的问题，本文以多个司法案例来说明，试图对质押监管业务提供指导和借鉴。

裁判要旨

诉讼中的财产保全是人民法院为避免判决难以执行或者造成当事人其他损害，根据对方当事人的申请或案件的需要，对相关财产采取查封、扣押、冻结等措施，其与商业上的监管行为在性质、目的、方式等方面存在差异。在存货/仓单质押业务中，质权人对出质人的起诉及诉讼中的财产保全并不能替代质押监管行为，亦不代表质押货物监管义务的结束。

案情介绍①

金某岛公司（甲方）与某公司（乙方）的合作合同约定：乙方通过甲方向建行某分行申请1500万元的融资，融资业务模式为仓单融资，监管方为与甲方合作的金融机构指定的第三方物流商中某公司，中某公司对某公司存放于中某公司仓库的铅精矿（含银）进行监管，某公司以向建行某分行交付的中某公司生成的电子仓单设定质押担保。某公司应向金某岛公司支付综合监管费。

此后，某公司未能全部清偿银行贷款，也未向金某岛公司全部支付综合监管费。建行某分行将某公司及其担保人起诉至福田区法院。2016年7月29日，建行某分行提出财产保全申请。2016年9月22日，福田区法院对某公司的上述货物予

① 案例来源：深圳市凯翔实业发展有限公司等与青州智运贸易有限公司合同纠纷二审民事判决书【（2018）京01民终4917号】。

以保全查封。

审理中，某公司主张建行某分行于 2016 年 7 月 29 日查封货物后，监管职责已经终止。

争议焦点

在仓单项下货物被财产保全之后，存货人是否还应支付货物的监管费用?

法院裁判观点

北京市海淀区人民法院认为：

某公司主张金某岛公司的监管义务在建行某分行 2016 年 7 月 29 日向法院起诉某公司时已经结束，但金某岛公司的监管义务是基于某公司以仓单对建行某分行的债务提供质押而对仓单项下货物产生，起诉及财产保全行为并不代表建行某分行质押权利的实现，亦不代表质押货物监管义务的结束。因现尚无法确定金某岛公司停止履行监管职责的具体时间，故本案中一审法院计算综合监管费至本案应诉材料送达某公司之日。此后至监管终止之日发生的综合监管费，某公司可另行主张。

二审北京一中院认为：

关于金某岛公司的监管义务在建行某分行于 2016 年 7 月 29 日向法院起诉时是否已结束的问题，根据民事诉讼法的相关规定，诉讼中的财产保全是人民法院为避免判决难以执行或者造成当事人其他损害，根据对方当事人的申请或案件的需要，对相关财产采取查封、扣押、冻结等措施。其与商业上的监管行为在性质、目的、方式等方面存在差异。本案中，金某岛公司的监管义务是基于某公司以仓单对建行某分行的债务提供质押而对仓单项下货物产生，起诉及诉讼中的财产保全行为并不代表建行某分行质押权利的实现，亦不代表质押货物监管义务的结束。一审法院的相关认定并无不当，本院予以支持。

案例延伸阅读

裁判规则一：法院保全查封质物后发生的质物缺失，监管人仍应承担监管责任。

案例一：中某华东物流有限公司与交通银行股份有限公司某分行委托监管合同纠纷上诉案【江苏省高级人民法院（2015）苏商终字第 00335 号】

该案中，中某公司作为质物监管人，主张2012年8月30日原审法院查封5733.5吨质物后，中某公司实际已无法履行监管，对于质物在此后的毁损灭失，中某公司没有过错，质权人某交行因质物灭失而遭受的损失应当由造成质物灭失的实际行为人承担相应法律责任。

江苏高院认为，合同约定中某公司按合同约定办理完毕全部质物的提取手续后，监管期间终止，故查封时中某公司的监管期仍未终止，因此，无论查封与否，中某公司对上述钢材仍应履行保管义务。

中某公司在两份质物进仓单上盖章确认收到质物共计6087.715吨，但至（2012）锡商初字第0151号案件执行时仅余766.3698吨，中某公司并无证据证明系不可抗力造成，按照上述合同约定应向某交行进行赔偿。

案例二：招商银行股份有限公司福州某支行与上海中某物流配送有限公司合同纠纷一审民事判决书【福建省福州市中级人民法院（2018）闽01民初260号】

该案中，因债务人未履行还款义务，质权人诉至法院，并申请对质物财产保全，法院对案涉质物进行查封，查封后案涉质物仍由中远物流进行监管。质权人以质物交付时的重量与最后法院强制执行时的质物重量之差乘以质物拍卖执行时的单价作为其损失，起诉监管人中远物流，主张其承担赔偿责任。

福州中院认为，钢材缺失重量共计25496.411吨（出质重量34235.541吨－处置重量8739.13吨），其中因被告监管不力导致的钢材缺失的重量共计18584.803吨，因钢材锈蚀及未过磅称重导致的钢材缺失共计6911.608吨（25496.411吨－18584.803吨）。前者系被告过错所致，被告应承担全部的赔偿责任。后者系因原被告双方过错所致，双方各承担50%的责任。故被告应就22040.607吨（18584.803吨+6911.608吨*50%）钢材灭失承担责任。原告主张被告按质物拍卖处置成交的单价1265.86元来计算缺失质物的赔偿单价，合情合理，故被告应就质物减少向原告赔偿27900322.777元（22040.607吨*1265.86元）。

被告虽辩称其曾多次向原告发函提示钢材存在减少的风险，但均未能证明相应函件已经送达原告，故对其相应辩解，本院不予采纳。被告还辩称其自2013年起未收到质押监管费，其应参照无偿保管的相关规定仅对因故意或重大过失导致保管物丢失的情况承担赔偿责任，但案涉监管协议约定被告有权向出质人收取质押监管费，亦有权在出质人不缴纳质押监管费的情况下依约变价案涉质物取得质押监管费，故案涉监管不属于无偿监管，对被告的相应辩解，本院不予采纳。

裁判规则二：保全查封后，即便质物无法出库流转，监管义务亦应继续履行。

> **案例三：**上海中某物流配送有限公司、招商银行股份有限公司福州某支行合同纠纷二审民事判决书【福建省高级人民法院（2018）闽民终1573号】

福建高院认为，虽然案涉钢材后来因涉诉被保全无法出库流转，但此时钢材仍处于中远物流的监管之下，根据《动产质押监管协议》第4.3条和第4.3.1条的约定，质物发生变质或其他损害时中远物流有通知义务，但中远物流未提供证据证明有履行通知义务，亦有责任，其主张只能追究其晚通知1个月所造成的损失，缺乏合同或法律依据，不予支持。

> **案例四：**松原市鑫某物资有限责任公司与前郭县阳某村镇银行股份有限公司财产损害赔偿纠纷二审民事判决书【吉林省高级人民法院（2020）吉民终213号】

吉林高院认为，阳某村镇银行提出财产保全申请，要求扣押鑫某物资公司所有的、现存放于该公司院内，由中某仓储公司保管的煤炭。2018年3月7日下午，前郭县人民法院进行现场勘查，并制作《现场勘查情况》，并由阳某村镇银行、鑫某物资公司、中某仓储公司的在场人员签字。同日，前郭县人民法院关于煤炭情况对中某仓储公司监管队长杨光进行询问，杨光陈述我们公司负责监管质押物，阳某村镇银行将质押物交给我们，我们24小时住岗监管。现有煤炭数量与我们监管员进仓记录上的数量基本相符，但是煤炭经过风吹日晒会有损耗，而且测算也会有一定的误差，具体误差出入不会太大。同日，前郭县人民法院作出（2018）吉0721民初1476号民事裁定，扣押上述煤炭22000吨，扣押期限二年，扣押期间，煤炭继续由中某仓储公司负责保管。

裁判规则三：自法院保全查封开始，监管人对查封的质物的监管责任已由协议约定的监管责任转化为法院指定的监管责任，监管人应继续承担监管责任。

> **案例五：**中国光大银行股份有限公司哈尔滨某支行与中某运空运发展股份有限公司等合同纠纷上诉案【黑龙江省高级人民法院（2019）黑民终409号】

黑龙江高院认为，关于《动产质押监管协议》监管期间质物的损失金额问题。按照光大银行某支行与中某运黑龙江分公司、菊某生物公司签订的《动产质押监管协议》第三条约定，案涉质物的监管期间为中某运黑龙江分公司根据《动产质押监管协议》代理光大银行某支行控制质物并对其承担质物监管责任的时间区段，该监管期间源自协议约定，系中某运黑龙江分公司按照《动产质押监管协议》的约定履行监管义务的期间。而自2014年6月23日哈中院以（2014）哈民四商初字第40－1号民事裁定查封质物，并以（2014）哈民四商初字第40－1号协助执行通知书通知中某运黑龙江分公司负责监管查封期间的玉米、煤炭之日起，中某运黑龙江分公司对查封的玉米、煤炭的监管责任已由协议约定的监管责任转化为法院指定的监管责任，至此，《动产质押监管协议》约定的监管期间亦已结束。一审法院以此时质物的价值与协议约定的最低监管额之间的差额，即以1053.9713万元确认《动产质押监管协议》监管期间质物的损失金额符合协议约定及法律规定。

裁判规则四：法院对涉案质物财产保全后，监管继续，监管费用亦应继续支付。

案例六：天某港交易市场有限责任公司与天津中某兴业国际贸易发展有限公司等合同纠纷上诉案【天津市第二中级人民法院（2017）津02民终2627号】

该案中，天津银行于2015年9月28日向一审法院申请诉前财产保全，一审法院经审查予以照准，并对案涉抵押物采取了查封措施。关于监管费，法院认为，监管协议于2016年8月31日终止履行，则中某兴业公司应当按照协议约定的每年21万元的标准支付监管费。按照前述标准，2015年3月18日至2016年8月31日产生的监管费用为312410.96元。

裁判规则五：法院对涉案质物保全查封后，义务人不支付监管费用的，监管人可主张解除质物监管合同。

案例七：某资产管理有限公司与广州中某海运物流有限公司合同纠纷一审民事判决书【广东省中山市第一人民法院【（2018）粤2071民初3792号】

该案中，中某公司要求解除《动产监管合同》，主要理由为出质人天某公司拒不支付监管费；另一理由为《动产监管合同》项下押品已被法院查封。2016年2月2日，中山市中级人民法院依据广发银行的申请查封了涉案押品，自此《动产监管合同》项下押品已成为法院的查封财产；2017年8月，中山市中级人民法院根据天某公司的申请分别将存放在各监管车间的被查封押品集中堆放查封。因法院在查封时没有要求被告协助监管查封财产，故被告没有监管法院查封财产的职责，客观上也没有监管法院查封财产的能力。依照《中华人民共和国民事诉讼法》第一百一十一条第一款第（三）项的规定，被法院查封的财产任何人未经允许不得处分、隐藏、转移、毁损；同时，中山市中级人民法院也已判决确认了广发银行对涉案押品享有质权。因此，广发银行对涉案押品的质权已得到了充分保障，被告退出监管不会影响广发银行对涉案押品的合法权益。

广东省中山市第一人民法院认为，天某公司在中某公司多次催告后未按约定支付监管费，迟延履行主要债务，中某公司在发送告知函、催告函后天某公司仍未按约定支付；自 2015 年 10 月至中某公司于 2017 年 11 月 6 日发出解除合同通知书，中某公司在长达两年时间未收到监管费。在天某公司已经长期停产，质押物被法院查封的情况下，中某公司向广发行中山分行多次发出风险提示书、律师函后，再提出《解除合同通知书》并给予合理期限后解除合同，中某公司在合同解除后继续无偿监管合同项下押品两个月有余，中某公司依照合同法及相关司法解释的规定依法行使合同解除权，理据充分，本院予以支持。广发行中山分行及资产公司先后作为质押权人在出质人天某公司已经停产拒不支付监管费用的情况下均未向中某公司支付监管费用，诉求中某公司继续履行《动产监管合同》理据不足，本院不予支持。

法院观点评述

（一）质物保全查封情形下监管人所处的两难境地

在债务人和其他担保人都未履行还款义务的情况下，质权人诉至法院，才会涉及对涉案质物的财产保全，这个时候，质押监管或许已经到期，或许还未到期。一般的质押监管协议，都约定由出质人支付监管费用，所以，在质物已经被保全的时候，说明出质人资金状况不佳，已经无能力或者拒不向监管人支付监管费用。在法院保全查封质物后，出质人往往也会随即表明法院查封后无须监管人继续监管，自己也无须付费。但是，质押监管协议一般都约定质押监管的终止以办理完毕全部质物的提取手续、质权人通知或者同意终止为前提，事实上，质权人此时一般都不会同意监管终止。

法院的裁判观点是监管人在质物查封后还应继续监管，保全查封措施并不能替代监管，查封仅是质物被固定，无法再流转，而且在仓库门外贴上查封的纸条，仅是一个象征性的标识，法院也不会留守人员进行现场监管，所以，还是继续需要监管人承担监管义务。但是，监管人却无法得到出质人支付的监管费用，质权人又不会替代支付，所以，造成监管人处于两难境地，在没有付费的情况下，进行“无偿”监管。

（二）监管人是否有权解除质押监管合同，以及是否应继续承担监管义务和责任？

有的监管人提出出质人拒不支付监管费用，在质物已经查封的契机下，其有权主张解除，法院认为此时要求监管人继续监管，是不公平的，就支持了合同解除的诉求。

但更多的情况是，法院认为根据合同约定，是否解除应由质权人决定，因解除监管合同的条件未成就，监管人不能单方解除合同，还应继续监管。在查封后的质物监管中，对于质物缺失，监管人还应承担赔偿责任。比如在上述案件中，虽然监管人抗辩提出自己是无偿监管，不应承担或者应该减轻责任，但法院却认为监管责任不受影响，监管人依照合同有权另案主张监管费，同时有权留置质物优先实现其监管费债权。

实务经验总结

（一）质押监管费用由出质人支付改为质权人支付。

造成质押监管人两难境地的主要原因是监管费用的支付义务人与监管的委托人不一致，由出质人支付监管费用无法保证费用得到有效落实。司法实践中，法院普遍认为质押监管协议是一种委托合同，而非保管合同，监管人接受质权人的委托占有、审核、保管、监督质物，但是协议中一般却约定监管费用由出质人支付，由此造成各种监管不力以及监管不到位的负面后果，业内对此多有诟病，改由质权人支付的呼声越来越大。相信在各方沟通呼吁的情况下，一些有话语权的物流仓储龙头企业将能改变这一现状。

（二）法院保全查封后，对质物的监管工作，监管人应该留足证据以待日后向出质人追索债权。

出质人往往主张质物处于法院查封状态，依照《民事诉讼法》第一百一十一条第一款第（三）项的规定，被法院查封、冻结、清点的财产任何人未经允许不得变卖、隐藏、转移、毁损，所以，这个时候对质物的监管已经没有必要，法院查封完全可以替代监管。但是，法院在做出保全裁定的同时，一般也会向监管人送达协助执行通知书，要求对质物继续监管，此种法院指定监管与质押监管协议约定的监管并无不同。监管人对其监管工作应该保留证据，比如质物发生变质或其他损害时履行的通知义务，以便日后向出质人主张费用支付。

（三）监管人在质物被查封后适时提出解除合同主张。

根据《民法典》第五百六十三条关于债务人根本违约、债权人享有法定合同解除权的规定，当事人一方迟延履行主要债务，经催告后在合理期限内仍未履行的，对方当事人可以解除合同。

在上述案例中，在质物已被查封后，出质人已经拒绝支付监管费用达两年之久且出质人已经长期停产，不会再提取或者补进质物，质物价值此时已经能够确定，原来的动态质押实际上成了静态质押，法院在查封时也没有要求监管人协助监管查封财产，所以，监管人退出监管也具有一定合理性。此时，监管人就可以提出解除质押监管协议的主张，并与出质人结算监管费用。

（四）对于质物自然损耗与监管人过错导致的损失应该进行区分，监管人对质权人承担过错赔偿责任。

在上述延伸阅读的案例二中，质权人以交付质押的质物重量减去执行处置时的质物重量之差要求监管人承担赔偿责任，但经过监管人的举证，法院计算并扣除了自然损耗导致的质物缺失重量，对于质物的剩余缺失，认为质权人也有一半的过错，监管人只对剩余质物缺失的一半损失承担赔偿责任。所以，这就提示监管人，在此类责任范围的计算中，应有清晰、理性的认识，可以提出“不具有原因力”或者“质权人与有过错”的抗辩主张。

（五）监管人可以通过对质物行使留置权以清偿其监管债权。

出质人未能向质权人还款，也拖欠监管人的监管费，质权人对于质物享有优先清偿权。而质物在监管人在管领控制之下，对于出质人应该支付的监管费用，根据《民法典》第四百五十六条规定，“同一动产上已经设立抵押权或者质权，该动产又被留置的，留置权人优先受偿。”质物监管人的留置权应优先于质权人的质权受偿。在法院案例中，监管人的此项留置权已被认可。若法院已经根据质权人申请查封质物的，监管人的监管费应该在质物拍卖、变卖价款中优先得到清偿。

相关规定

《中华人民共和国民法典》

第四百五十六条 同一动产上已经设立抵押权或者质权，该动产又被留置的，留置权人优先受偿。

第五百六十三条 有下列情形之一的，当事人可以解除合同：

（一）因不可抗力致使不能实现合同目的；

（二）在履行期限届满前，当事人一方明确表示或者以自己的行为表明不履行主要债务；

（三）当事人一方迟延履行主要债务，经催告后在合理期限内仍未履行；

（四）当事人一方迟延履行债务或者有其他违约行为致使不能实现合同目的；

（五）法律规定的其他情形。

以持续履行的债务为内容的不定期合同，当事人可以随时解除合同，但是应当在合理期限之前通知对方。

《最高人民法院关于适用〈中华人民共和国民法典〉有关担保制度的解释》

第五十五条第一款 债权人、出质人与监管人订立三方协议，出质人以通过一定数量、品种等概括描述能够确定范围的货物为债务的履行提供担保，当事人有证据证明监管人系受债权人的委托监管并实际控制该货物的，人民法院应当认定质权于监管人实际控制货物之日起设立。监管人违反约定向出质人或者其他人放货、因保管不善导致货物毁损灭失，债权人请求监管人承担违约责任的，人民法院依法予以支持。

《中华人民共和国民事诉讼法》

第一百一十一条 诉讼参与人或者其他人有下列行为之一的，人民法院可以根据情节轻重予以罚款、拘留；构成犯罪的，依法追究刑事责任：

……

（三）隐藏、转移、变卖、毁损已被查封、扣押的财产，或者已被清点并责令其保管的财产，转移已被冻结的财产的；

……

二十、武汉假黄金质押事件中涉及的融资、保险法律问题分析

阅读提示：2020 年 6 月末，媒体报道的武汉假黄金事件是一起典型的涉存货质押质物虚假的案例，由于涉案金额巨大引发社会各界广泛关注。该事件牵涉信托、融资担保、黄金、保险几大领域的专业问题，非常具有代表性。在此类质押担保业务中，考虑到质物本身的风险问题，也有融资人引入保险措施，试图增加与金融机构的合作机会，所以，该案对存货质押业务中引入保险措施具有非常典型的教育和风险警示意义。本文拟结合目前媒体披露的事实，对其中涉及的质押担保、保险问题予以分析。

案情介绍①

通过媒体报道的信息，我们总结事件始末应该是：

1. 2018 年，武汉金某实业集团有限公司（以下简称“金某集团”）通过增资和收购股权以 69.98 亿元获得三某集团有限公司 99.97% 股份。

2. 该 69.98 亿元中有 42 亿元是向外寻求的融资，金某集团旗下子公司金某珠宝公司向长安信托、民生信托、北方信托、安信信托等在内的多家信托公司融资，相应的集合资金信托计划的风控措施包括三项：

（1）金某珠宝提供黄金进行动产静态质押，质押实物黄金直接保存于武汉本地商业银行（中国工商银行）保管箱中，保管箱封存，质押期间内，不进行查库，保管箱不开封。

（2）金某珠宝公司对质押物黄金向中国人民财产保险股份有限公司某分公司（以下简称“人保财险某分公司”）和中国大地财产保险股份有限公司某分公司进行了投保，被保险人为金某珠宝公司，民生信托为保险单项下第一受益人。

人保财险某分公司与金某珠宝公司订立的保险合同条款为在银保监会正式备案的《财产基本险条款（2009 版）》（下称“保险合同”）。其中保险合同第 5 条明确约定：“在保险期间内，由于下列原因造成保险标的的损失，保险人按照本保险合同的约定负责赔偿：（一）火灾；（二）爆炸；（三）雷击；（四）飞行物体及其他

① 因本案事实尚未完全披露，笔者基于媒体报道事实，同时也提出了一些假设，在此基础上进行了学理分析，不对事实本身负责，仅供圈内学人探讨。

空中运行物体坠落。”由于保险合同第 7 条将“盗窃、抢劫”责任免除，武汉金凰附加投保了“盗窃、抢劫风险”。

同时，该保险单特别约定部分记载：“如（标的黄金）质量和重量不符合保单约定，即视同发生保险事故，由保险人承担全部赔偿责任。”

对于质押的黄金，信托公司与人保财险和大地财险为共同管理人，只有“指纹+身份证件+钥匙”验证通过时，存放黄金的保管箱方可开启。

（3）保证担保：公司法人代表贾志宏承担个人无限责任保证担保。

3. 2019 年开始，有多家媒体曝出金某珠宝的经营情况开始恶化，多期信托计划出现逾期。

4. 该逾期情况触发了信托计划中融资人预期违约条款，各家信托公司开始宣布信托计划贷款合同提前到期，并提起司法程序，并对质押的黄金申请财产保全。受理法院（武汉市中级人民法院）依法对部分质押黄金进行了查封。2020 年 5 月 22 日，法院向信托公司送达的检测报告显示，质押黄金质量和重量不符合保险单约定。

5. 由于所质押的黄金已被投保，信托公司转而向承保的保险公司要求索赔，结果遭拒。

法律问题分析

（一）何谓静态质押？

黄金属于动产，质权在交付给质权人之后设立，本案质权人为信托公司，但信托公司没有直接占有黄金，而是委托工商银行武汉分行在其保管箱中保管，信托公司持有保管箱钥匙及密码，通过此种方式实现间接占有。

静态质押与动态质押相对，区别就是在质押期间，质押物是否具有流动性，静态质押中，质押物是特定物，始终是封存保管，不会被替换。而动态质押中的质押物始终处于进库、出库的物流链之上，质押的是物的价值，只要物的价值保持在一个标准线之上即可。

本案为静态质押，质押物黄金是特定物，即封存在保管箱中的黄金。质押属于担保物权的一种，《物权法》第一百七十四条规定：“担保期间，担保财产毁损、灭失或者被征收等，担保物权人可以就获得的保险金、赔偿金或者补偿金等优先受偿。被担保债权的履行期未届满的，也可以提存该保险金、赔偿金或者补偿金等。”

在质押期间，质押物毁损灭失，质权人可以就获得的保险金优先受偿，即质权人对质押物的优先受偿权及于其代位物保险金。

（二）虚假黄金投保下的合同效力

在法院查封之后，检测出黄金虚假，但在投保当时，据媒体报道，是由保险人主持了质押黄金交付的全过程，包括但不限于质押黄金的出库、检测、运输、清点、封存过程。

可知，保险公司在接受投保之时是对黄金进行了检测的，那为何后来在法院主持下的检测就检测出虚假黄金，黄金在封存过程中是密闭封存，不开箱的，可以推定，黄金还是那批黄金，只是保险公司当时检测存在问题，或者是抽检，幸好检测到了其中的真黄金；或者是检测机构检测水平、技术不够没有发现。

无论何种情况，都可以推定金某珠宝用了假黄金冒充真黄金投保了财产基本险和附加险。对于保险人而言，在投保之时，要向投保人询问投保标的的有关情况，投保人的如实告知义务以保险人询问为前提。那投保人是否可以主张保险人没有问黄金是真是假，所以，自己就没有义务告知黄金其实是假的呢？

这也太荒谬了！

保险合同奉行最大诚信原则，对于黄金本身的真假，不是保险人需要询问的范围，而是默认应该为真的，投保人用假黄金投保，虚构保险标的，违反了诚信原则，涉嫌保险诈骗罪。

所以，一方面，该保险合同因违反法律禁止性规定而无效。另一方面，也可以认为保险合同欠缺保险标的物，合同自始不成立。

当然这个结论的前提是限定在财产基本险的框架下。

（三）保单特别约定与保险合同性质

涉案保险合同条款为在银保监会正式备案的《财产基本险条款（2009 版）》，该保险合同是仅对发生火灾、爆炸、雷击、飞行物体及其他空中运行物体坠落这四种保险事故下的保险标的的毁损灭失承担保险责任。但是，特别约定中记载如（标的黄金）质量和重量不符合保单约定，即视同发生保险事故。

如果发生前四种保险事故，那肯定会导致黄金数量或者质量不符合保单约定，保险事故肯定就会发生，不存在视为发生保险事故的问题，该特别约定似乎是废话，但可能并非如此，对特别约定的不同理解会导致该保险合同的性质存在以下两种可能的解释：

1. 若“质量”以黄金为真为前提，保险性质为财产基本险

讨论黄金的真假问题，在财产基本险中没有意义，因为从现有事实来看，无论真假，都应该是没有发生过火灾、爆炸、雷击、飞行物体及其他空中运行物体坠落、盗窃、抢劫的保险事故，媒体报道保险公司也是以此拒赔。

根据文义解释和体系解释方法，我们认为，此处的视为发生保险事故，应该不是限于前四种保险事故下的质量和数量不符合保单约定。考虑到黄金等贵重金属产品在保管过程中可能会存在变质问题，比如媒体报道过很多类似案例，消费者从银行购买的黄金，经过几年后，黄金严重生锈或者表面出现了不明原因的红斑。所以，从这个角度考虑，也可以推定保险公司应该是因此对黄金本身的质量和数量进行了承保。

2. 若“质量”包括黄金的真假问题，则保险性质为信用保证保险

同时，“质量”也可以理解为包括真假问题，那可否认为保险公司对于黄金本身的真假进行了承保，其自知黄金或真或假，所以，保险公司并没有被投保人欺骗，这其实是对被保险人信用风险进行了承保，若按此理解，那么，可能就不存在上面的虚假投保以及合同效力瑕疵问题。在此基础上，该特别约定属于对被保险人的信用保证保险，已经超出了财产基本险的范畴，保险公司未按照规定使用经批准或者备案的保险条款，涉嫌违规经营。

（四）对“质量”的不同解释下的保险人责任

若对“质量”的解释是在黄金为真的前提下的变质、生锈、红斑等质量问题，那保险公司可以主张并未出现此类变质的保险事故而拒赔。

若对“质量”的解释包含对黄金真假的问题，那保险公司是否可以主张该特别约定违反了《保险法》第一百三十五条的规定因此无效，所以，保险公司无责？

根据保险合同的不利解释原则，应该按照对投保人、被保险人有利的原则来解释保险条款，所以，特别约定中的“质量”包含黄金真假的质量问题，《保险法》第一百三十五条规定为银保监会对保险公司的管理性规定，而非效力性规定，不影响合同效力。

如果没有因为上面提到的虚构保险标的导致合同无效，或者因不存在保险标的导致合同不成立的情形。保险公司就是对黄金本身或真或假的信用风险进行了承保，那么，即便保险公司存在行政违法行为，也不免除其保险赔偿责任。

（五）财产保险合同约定受益人是否有效？

媒体报道，保险公司拒赔的理由除了未发生保险事故外，还包括信托公司并非适格的索赔主体，有权索赔主体应该是被保险人金某珠宝。

对此，虽然财产保险合同没有受益人的概念，但是，近年来，已经有很多法院支持受益人的索赔主张，理论基础是被保险人对其财产权益的转让。而且，该保单中也明确记载了信托公司的第一受益人身份。所以，保险公司关于受益人无权索赔的主张站不住脚，当然，这可能是保险公司的缓兵之计。

（六）该案涉嫌哪些刑事违法行为？

1. 如上述，若金某珠宝提供了虚假黄金投保，根据《刑法》第一百九十八条第一款“（一）投保人故意虚构保险标的，骗取保险金的”，其对保险公司涉嫌保险诈骗罪。

2. 对信托公司而言，黄金作为底层资产，是信托公司提供资金的重要信赖基础，根据《刑法》第一百九十三条关于“贷款诈骗罪”的规定，金某珠宝涉嫌“（四）使用虚假的产权证明作担保”，涉嫌构成贷款诈骗罪。

3. 如果信托公司内部还能查出在审查批准该贷款过程中，相关经办人员在尽职调查工作中未尽审慎职责的，相关人员可能会构成违法发放贷款罪。

4. 在投保之初，保险公司还对黄金做了检测，未发现黄金有假的事实，所以，还可能涉及检测机构提供虚假检测报告的刑事责任。

二十一、存货融资所涉的动产担保在《民法典》中的规则革新

存货融资中所谓的存货多为融资企业持有的流动资产，一般为原材料、半成品、产品。用存货进行融资，就是用存货进行担保从而获得金融机构的贷款。在我国的担保法体系中，就这类存货动产的担保，包括动产抵押、动产质押以及仓单质押。融资企业将存货进行仓储，由仓储方出具仓单，融资企业通过仓单质押获得融资，其实是存货融资的延伸，也属于存货融资的范畴。

就动产抵押而言，根据动产在担保过程中是否处于浮动状态，可以分为动产的固定抵押和浮动抵押。在动产质押中，根据相同的分类标准，也可以分为静态质押和流动质押。

上述分类中，“浮动抵押”是《物权法》和《民法典》都明确规定的规则，“静态质押”是这些法律所暗含的规则，《物权法》和《民法典》所规定的质押其实指的就是静态质押，也可以称为固定质押，即质押交付后，质物处于静止、固定状态，不能返还或者出库。“流动质押”首次出现在《全国法院民商事审判工作会议纪要》第63条，是对实务操作的认可和明确。

那么，在存货融资领域，浮动抵押和动态质押在法律上有何不同?

首先，抵押和质押的成立条件不同，浮动抵押不要求转移占有，抵押人无须向抵押权人交付存货，登记仅是对抗要件，而非抵押权的生效要件。质押是以交付为生效要件，虽然国家一直在推动动产质押登记体系建设，但是，登记并非质押生效的要件。

其次，就浮动抵押而言，《物权法》《民法典》均未规定在抵押期间，抵押物的价值要始终保持在一个警戒线之上，言下之意，货物在抵押期间是可以根据正常的生产需要进出的，《物权法》早就规定，浮动抵押权不得对抗正常经营活动中已支付合理价款并取得抵押财产的买受人。所以，在抵押权实现的情形发生之后，才会确定抵押财产的价值，通俗而言，就是到时候抵押物有多少是多少。

但是动态质押却不是这样，虽然法律没有明文规定，但实践中，动态质押合同中都会设定一个货物总价值的控制线，货物可以出库，但不能低于一个标准，如果低于控制线了，出质人就要补货，否则，债权人是不允许出库的。

如此一来，浮动抵押显得比动态质押更没有保障，担保力度不够。当然，浮动抵押自有其存在的必要性和合理性，多被个体工商户、农业生产经营者所采用。而在大宗商品融资领域，普遍适用的是流动质押，质押所要求的交付，一般

是由出质人将存货交付给资金方委托的物流仓储企业，仓储企业受资金方的委托监管质物。

就存货融资所涉的担保规则，《民法典》在《物权法》《担保法》及其司法解释的基础上有所扬弃。不同于国外将动产担保规则集中规定的体例安排，我国的动产担保规则散见于《民法典》的抵押、质押部分，在抵押部分也是将动产抵押和不动产抵押穿插规定，并未独立分开各设章节。所以，存货融资的担保规则，既包括抵押的一般规则，也包括专门规定的动产抵押的规则，然后当然也包括动产和权利质押的规则。由于《民法典》就权利质押基本上延续了《物权法》《担保法》《全国法院民商事审判工作会议纪要》的规定，所以，本文就只探讨抵押和质押部分涉及存货融资的规则革新。

（一）"买卖不破抵押"

《民法典》第四百零六条：抵押期间，抵押人可以转让抵押财产。当事人另有约定的，按照其约定。抵押财产转让的，抵押权不受影响。

抵押人转让抵押财产的，应当及时通知抵押权人。抵押权人能够证明抵押财产转让可能损害抵押权的，可以请求抵押人将转让所得的价款向抵押权人提前清偿债务或者提存。转让的价款超过债权数额的部分归抵押人所有，不足部分由债务人清偿。

《物权法》第一百九十一条：抵押期间，抵押人经抵押权人同意转让抵押财产的，应当将转让所得的价款向抵押权人提前清偿债务或者提存。转让的价款超过债权数额的部分归抵押人所有，不足部分由债务人清偿。抵押期间，抵押人未经抵押权人同意，不得转让抵押财产，但受让人代为清偿债务消灭抵押权的除外。

两相对比，《物权法》规定抵押物能否转让由债权人决定，《民法典》规定抵押人可以不经债权人同意转让抵押财产，当然，另有约定不能转让的除外。转让后，抵押权存续，即买受人在拥有所有权的物之上承受抵押负担，买受人成为新的抵押人。

若存货已经设立了浮动抵押，本来浮动抵押中，抵押人就可以不经债权人同意转让存货，而且在浮动抵押中，抵押人转让存货的，抵押权也不及于已经卖出的货物，买受人不再承担抵押负担。所以，这一条对于存货的浮动抵押没有影响。

若存货设定了固定抵押，比如抵押人将一批原材料进行了抵押，根据该条规定，抵押人就可以不经债权人同意转让抵押物，由此促进了物的流转，方便了抵押人的生产经营。但是对债权人而言，虽然抵押权在这批原材料上继续存在，但也会产生诸如确认新的抵押人的主体信息、送达信息以及若有诉讼或仲裁，将要变更当事人等，会给债权人带来一定的不便。所以，如果债权人不愿意承受这些，也可以事先与抵押人约定未经债权人同意抵押人不能转让抵押物。

（二）动产抵押权对正常经营活动中的买受人无追及效力

《民法典》第四百零四条：以动产抵押的，不得对抗正常经营活动中已经支付合理价款并取得抵押财产的买受人。

《物权法》第一百八十九条第二款：依照本法第一百八十一条规定抵押的，不得对抗正常经营活动中已支付合理价款并取得抵押财产的买受人。

《物权法》第一百八十一条：经当事人书面协议，企业、个体工商户、农业生产经营者可以将现有的以及将有的生产设备、原材料、半成品、产品抵押，债务人不履行到期债务或者发生当事人约定的实现抵押权的情形，债权人有权就实现抵押权时的动产优先受偿。

如在“买卖不破抵押”部分所述，在动产浮动抵押中，在抵押物确定之前，抵押物本就可以自由买卖，所以《物权法》第一百八十九条第二款规定其实没有实际意义。

《民法典》将《物权法》中专门适用于浮动抵押的规则扩大适用于所有的动产抵押中，比如其他类型动产的抵押（如车辆、航空器、船舶这类特殊动产的抵押）以及动产的固定抵押。

《民法典》第四百零四条可以说是其第四百零六条一般规则的例外，原因是“买卖不破抵押”规则对动产难以适用，动产本身的强流通性决定了，要求买受人查询动产之上是否存在抵押未免过于严苛，而且，一般也查询不到，因为动产抵押并不要求登记才能生效，所以，要求买受人承受抵押的负担，并不符合动产交易的实际特征。《民法典》顺势而为，结合善意取得制度，很干脆地阻断了所有动产抵押权在正常经营活动中的追及效力。

根据《民法典》第四百零四条规定，在所有的动产抵押中，买卖即可阻断抵押权，但要注意满足该条规定的三个条件：抵押人是在正常经营活动中转让抵押物、买受人已经支付合理对价、买受人占有抵押物。

当然，《民法典》第四百零六条规定的约定不得转让的一般规则继续适用于动产抵押，即如果抵押人与债权人在协议中约定抵押人无债权人同意不能转让抵押物的，该约定有效，若抵押人转让了抵押物，买受人只有在符合善意取得的条件下才能取得抵押物的所有权，即买受人不知道或不应当知道出卖人与其债权人之间有不得转让的约定，若抵押权人能够证明买受人知道或应当知道该约定的，则抵押权继续存续，买受人不能对抗抵押权。

（三）虽未禁止流担保，但其效力其实被否定

《民法典》第四百零一条：抵押权人在债务履行期限届满前，与抵押人约定债务人不履行到期债务时抵押财产归债权人所有的，只能依法就抵押财产优先受偿。

《民法典》第四百二十八条：质权人在债务履行期限届满前，与出质人约定债务人不履行到期债务时质押财产归债权人所有的，只能依法就质押财产优先受偿。

《物权法》第一百八十六条：抵押权人在债务履行期届满前，不得与抵押人约定债务人不履行到期债务时抵押财产归债权人所有。

《物权法》第二百一十一条：质权人在债务履行期届满前，不得与出质人约定债务人不履行到期债务时质押财产归债权人所有。

对于流担保（流押和流质的统称），《民法典》并未禁止此类行为，按照法无禁止即自由的原则，当事人之间约定的流担保条款并不是无效的，但是否有效呢？虽然《民法典》没有明确，但是按照其规定，债权人只能“依法”就抵押或质押财产优先受偿，所以还是回到了担保权实现的法定轨道上来。言下之意，当事人之间关于担保物权属直接转移的事先约定并没有实际发挥效力。

那么，当事人是否还有其他方法迅速以物抵债呢？

《全国法院民商事审判工作会议纪要》44.【履行期届满后达成的以物抵债协议】当事人在债务履行期限届满后达成以物抵债协议，抵债物尚未交付债权人，债权人请求债务人交付的，人民法院要着重审查以物抵债协议是否存在恶意损害第三人合法权益等情形，避免虚假诉讼的发生。经审查，不存在以上情况，且无其他无效事由的，人民法院依法予以支持。

流担保与以物抵债的区别就是，前者是在履行期届满之前达成的以物抵债约定，而后者是在债务人逾期后达成的相同约定，仅是协议达成的时间不同。所以，尽管流担保效力不被认可，当事人也可以通过到期之后签订以物抵债协议的方式迅速实现债权。

（四）在先的租赁要转移占有才能对抗在后的抵押权

《民法典》第四百零五条：抵押权设立前，抵押财产已经出租并转移占有的，原租赁关系不受该抵押权的影响。

《物权法》第一百九十条：订立抵押合同前抵押财产已出租的，原租赁关系不受该抵押权的影响。抵押权设立后抵押财产出租的，该租赁关系不得对抗已登记的抵押权。

存货融资中的存货也可能是生产设备、交通工具，这类动产租赁非常普遍。《民法典》对《物权法》的改变是，原来并不要求租赁物的转移占有，只要租赁关

系成立在先即可对抗在后的抵押权，也就是“抵押不破租赁”，租赁关系继续在抵押物上存续，对抵押权人而言，如果在抵押权实现的时候租赁关系尚未结束，该抵押物的价值显然要被折损。

所以，如果对租赁关系不做更为明确的界定的话，“抵押不破租赁”规则就容易引发道德风险，在抵押成立之后，抵押人与第三人故意把租赁合同的日期写的早于抵押成立日。

为了规避此类倒签租赁合同的问题，《民法典》做了更为合理的规定，除了租赁合同签订的时间早于抵押成立日之外，还要求转移占有的日期也要早于抵押成立日，如此，才能对抗在后的抵押权。

（五）抵押权与质权竞存或两个抵押权同时竞存时的优先顺位规则

《民法典》第四百一十四条：同一财产向两个以上债权人抵押的，拍卖、变卖抵押财产所得的价款依照下列规定清偿：

（一）抵押权已经登记的，按照登记的时间先后确定清偿顺序；

（二）抵押权已经登记的先于未登记的受偿；

（三）抵押权未登记的，按照债权比例清偿。

其他可以登记的担保物权，清偿顺序参照适用前款规定。

《民法典》第四百一十五条：同一财产既设立抵押权又设立质权的，拍卖、变卖该财产所得的价款按照登记、交付的时间先后确定清偿顺序。

《物权法》第一百九十九条：同一财产向两个以上债权人抵押的，拍卖、变卖抵押财产所得的价款依照下列规定清偿：

（一）抵押权已登记的，按照登记的先后顺序清偿；顺序相同的，按照债权比例清偿；

（二）抵押权已登记的先于未登记的受偿；

（三）抵押权未登记的，按照债权比例清偿。

《全国法院民商事审判工作会议纪要》64.【浮动抵押的效力】企业将其现有的以及将有的生产设备、原材料、半成品及产品等财产设定浮动抵押后，又将其中的生产设备等部分财产设定了动产抵押，并都办理了抵押登记的，根据《物权法》第199条的规定，登记在先的浮动抵押优先于登记在后的动产抵押。

《全国法院民商事审判工作会议纪要》65.【动产抵押权与质权竞存】同一动产上同时设立质权和抵押权的，应当参照适用《物权法》第199条的规定，根据是否完成公示以及公示先后情况来确定清偿顺序：质权有效设立、抵押权办理了抵押登记的，按照公示先后确定清偿顺序；顺序相同的，按照债权比例清偿；质权有效设立，抵押权未办理抵押登记的，质权优先于抵押权；质权未有效设立，抵押权未办理抵押登记的，因此时抵押权已经有效设立，故抵押权优先受偿。

根据《物权法》第一百七十八条规定的精神，担保法司法解释第七十九条第一款不再适用。

由于抵押不以交付为要件，因此才有可能同一财产上同时存在两个抵押权或者抵押权与质权并存。通过这种重复抵押、质押的操作，可以最大化地发挥存货的融资功能。《民法典》继承了《物权法》和《全国法院民商事审判工作会议纪要》所确立的竞存担保物权的优先顺位规则，根据上述规定，可以得出以下结论：

第一，虽然动产抵押不以登记为成立要件，但是，在认定优先顺位时，还是要以登记为确定优先的条件，登记在先的，才能优先清偿。两个抵押都未登记的，也不按抵押合同生效的时间先后来确定优先顺位，而是按照债权比例平等清偿。

第二，若质押交付之后，出质人又以该质物抵押的，则无论后面的抵押是否登记，质押都是优先的，这里即便抵押权进行了登记，也没有抵押权善意取得的适用空间。实务中确实会发生先质押交付后，出质人又以该质物为第三人设定抵押登记的，因在先的交付难以查询，且抵押又不要求交付，所以，在后的抵押权人很有可能是善意的，但是，只要质权人能够证明其交付时间早于抵押登记时间，善意的在后抵押权人也无法优先受偿。

第三，若在先的质押没有交付，而在后的抵押也没有登记，那么因为质权不成立，根据动产抵押登记对抗原则，抵押有效设立，具有优先受偿权。

第四，虽然现在登记的同时发生已经不可能了，毕竟登记系统会记录到秒，所以《民法典》第四百一十四条第一款第一项取消了《物权法》第一百九十九条“时间相同”的规定。但质押的交付和抵押登记可能会同时发生，此时，应按照债权比例清偿。

通过上面这种优先顺位规则的确立，在先的担保权人的权利不会受到影响，在后的担保权人也能通过查询登记的方式（特指先后两个抵押和“先抵后质”的情况），预知自己的权利状态，进而提前做出规划，比如降低授信额度或者提高融资利率。

（六）动产价款债权的超级优先权

《民法典》第四百一十六条：动产抵押担保的主债权是抵押物的价款，标的物交付后十日内办理抵押登记的，该抵押权人优先于抵押物买受人的其他担保物权人受偿，但是留置权人除外。

该条规定是《民法典》的首创！

根据该条规定，只要所担保的债权是该动产抵押物的价款，且在交付后10日内办理了抵押登记，该抵押权就优先于买受人的其他所有担保物权人，比如其他的抵押权或者质权，不论其他的担保物权的登记或者交付是否先于该价款债权抵押权的登记时间。因为留置权是增加抵押物本身的价值的，所以，留置权作为法定抵押权是最优先的，当无异议。

该条适用的存货融资场景：

1. 因为该条所担保的价款债权人可以是该抵押物的卖方，也可以是为买受人支付抵押物的价款提供融资的贷款人，在预付款融资或者存货融资中，比如为融资人支付货物价款提供授信的银行，通过开具银行承兑汇票的方式向卖方先行支付货款，然后由买方在拿到货物之后10日内将该批货物办理抵押，以担保银行的债权，此时，银行就具有了超级优先权，不论买方是否在此之前将该批货物为其他债权人办理了存货质押或者抵押登记。

2. 在先设定了浮动抵押情形下，比如融资人已就其存货向债权人设定了浮动抵押，在抵押过程中，融资人又向银行融资购买了一批原材料，并且在收到货物后10日内为银行办理了抵押登记，那么，在浮动抵押确定抵押物价值的时候，就此批原材料的价值，应由银行优先受偿，剩余的才由浮动抵押权人受偿。这也为融资人已经为他人设定浮动抵押后，又进行融资购买原材料提供了便利，因为提供价款资金的债权人的债权是优先于在先的浮动抵押权的，在先的浮动抵押权并不会给在后的价款债权人的债权实现带来障碍。但是，物极必反，如果已经设定了浮动抵押，却在后面不断购买存货时，为其他债权人设定价款债权抵押权，那么就会使在先的浮动抵押权落空。

这里要重点强调的是，在后的抵押权优先于在前的浮动抵押，仅限于价款债权抵押权，如果是其他的在后抵押权，根据《全国法院民商事审判工作会议纪要》第64条规定，在先的浮动抵押权优先。

3. 在存货先买后质押的情形下，融资人若以存货质押方式向金融机构申请融资，金融机构就有必要审查这批存货是否是融资人自己全额支付货款买到的，还是通过其他融资方式贷款买到的，如果是贷款买到的，这批存货上就可能会存在一个价款债权的超级优先权，金融机构的质权将只能次后行使。

总结：以上是对《民法典》中涉及动产担保物权的规定，存货融资作为动产担保在大宗商品融资领域的一种具体业务形式，也要遵守上述统一的动产担保规则。上述规则对于存货融资中容易发生的诸如一物多质、先抵后卖、先租后抵等问题均有明确规定，为实践提供了明确的制度保障。

第三章　销售阶段的应收账款融资

融资人若享有对他人的应收账款，可以将该应收账款进行权利质押融资，也可以进行保理融资。

（一）应收账款质押融资

《应收账款质押登记办法》中规定的应收账款是指“权利人因提供一定的货物、服务或设施而获得的要求义务人付款的权利以及依法享有的其他付款请求权，包括现有的和未来的金钱债权，但不包括因票据或其他有价证券而产生的付款请求权，以及法律、行政法规禁止转让的付款请求权。”就供应链金融而言，如果中小企业向核心企业供货之后，货款回收可能存在一定周期，这样就产生对核心企业的应收账款，中小企业可以将此应收账款债权用于质押融资，同时，金融机构还会重点考察核心企业的资信能力，由核心企业提供保证担保之后，接受中小企业的质押融资申请。供应链金融背景下的应收账款质押融资的特征是银行更多关注的是下游买方的还款能力、交易风险以及整个供应链的运作状况，而并非只针对融资企业的资信状况进行风险评估。

此种融资模式的具体运作流程：（1）中小企业（上游企业、销货方）与核心企业（下游企业、购货方）进行货物交易；（2）核心企业向中小企业发出应收账款单据，成为货物交易关系中的债务人；（3）中小企业用应收账款单据向金融机构申请质押贷款；（4）核心企业向金融机构出具应收账款单据证明，以及付款承诺书；（5）金融机构贷款给中小企业，中小企业成为融资企业；（6）中小企业融资后，用贷款购买原材料和其他生产要素，以继续生产；（7）核心企业将预付账款金额支付到融资企业在金融机构指定的账号；（8）应收账款质押合同注销。

上述业务流程用图表表示如下：

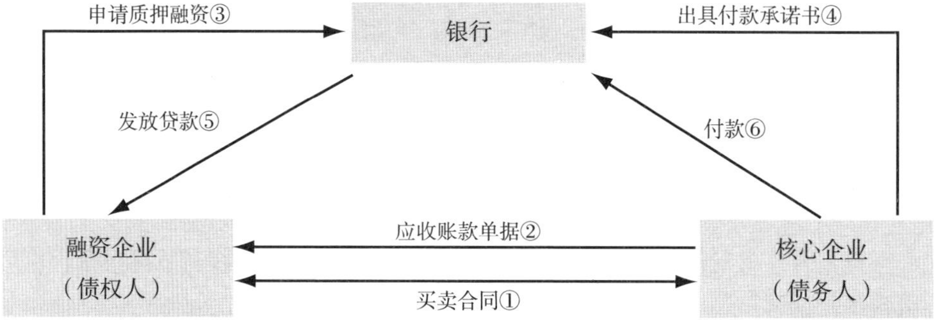

（二）保理融资

根据《中国银行业保理业务规范》第四条第二款规定：保理业务是一项以债权人转让其应收账款为前提，集融资、应收账款催收、管理及坏账担保于一体的综合性金融服务。债权人将其应收账款转让给银行，不论是否融资，由银行向其提供下列服务中的至少一项：（1）应收账款催收：银行根据应收账款账期，主动或应债权人要求，采取电话、函件、上门催款直至法律手段等对债务人进行催收。（2）应收账款管理：银行根据债权人的要求，定期或不定期向其提供关于应收账款的回收情况、逾期账款情况、对账单等各种财务和统计报表，协助其进行应收账款管理。（3）坏账担保：债权人与银行签订保理协议后，由银行为债务人核定信用额度，并在核准额度内，对债权人无商业纠纷的应收账款，提供约定的付款担保。（4）保理融资：以应收账款合法、有效转让为前提的银行融资服务。

1. 保理与应收账款质押的区别

根据上述规定，保理同应收账款质押一样都是债权人对其应收账款债权的一种处分，保理商或者质权人都可以向应收账款中的债务人主张支付。同时，二者也存在如下区别：

（1）对应收账款的处分方式不同

虽然不排除在保理融资中供货商从保理商处获得融资，此时，保理中的应收账款转让可以视为一种担保，但是应收账款由保理商所有的唯一目的并非是对供货商获得的融资的担保，保理中不存在主从合同之分。而应收账款质押合同是从合同，是为担保主债务合同的履行而存在。

（2）所取得的权利性质不同

通说认为，保理属于一种债权转让，在无追索权的保理中，供货商退出债权债务关系，由保理商取得应收账款债权。在有追索权的保理中，也可以将追索条款视为是为供货商设置了一种回购担保义务。所以，保理商取得的是一项债权，该债权对应收账款债务人而言属于普通债权。而应收账款质押中质权人取得的是担保物权，具有对次债务人在应收账款额度内的优先受偿权。

（3）权利成立的条件不同

保理并不需要对应收账款权利人的转让进行公示，而应收账款质押需要在征信中心办理质押登记公示后，质权人才取得对应收账款质押权。

（4）对应收账款债务人主张权利的条件不同

保理中，银行通过受让债权，取得对债务人的直接请求权，在有追索权的保理中，在应收账款债务人发生信用危机，不能清偿债务时，保理商才有权向供货方追索融资款项或者预付款项。而应收账款质押中的质权人只能在主债务人不能清偿债务时才能向次债务人主张实现质权。

2.《民法典》关于保理合同的规定

《民法典》于2021年1月1日起正式实施，其中增加保理合同为有名合同。保理作为应收账款融资的主要交易模式，在供应链金融领域发挥着举足轻重的作用。

在《民法典》将保理合同正式收编之前，以前的银监会和后来合并的银保监会、地方金融监管局都曾经发布过针对银行保理和商业保理的规定和监管规定；此外，有地方法院（如天津高院）也出台过审理保理合同纠纷案件的审判委员会纪要，专门针对保理合同纠纷案件中遇到的各种问题进行了统一规定，为保理业务的开展提供了指导。

那么，此次《民法典》关于保理合同的规定存在哪些新的制度革新，以及条款文义背后奉行什么逻辑规则，下文逐条予以归纳分析。

第七百六十一条　保理合同是应收账款债权人将现有的或者将有的应收账款转让给保理人，保理人提供资金融通、应收账款管理或者催收、应收账款债务人付款担保等服务的合同。

解读

1. 该条明确保理合同所转让的标的为现有的或者将有的应收账款。

依债权在转让时是否已真实成立，可将待转让之债权分为已成立债权及尚未成立债权，已成立之债权除法定或约定不得转让的外，均具备相应可转让性；尚未成立之债权，应属将来发生之债，其对应基础法律关系一部或全部尚未完全成立，故该种将来债权是否具备可转让性尚需视具体情况予以分析。

2. 民事主体不能将乌有之权利转让他人，但如果民事主体对该种将来债权具有合理期待的，则此种期待即成为一种期待权益，受法律保护。

并非所有民事主体之期待均受法律保护，期待如缺乏合理性的，则民事主体不能因此种期待而生相应期待利益，其行为效力不应被法律所承认。故特定将来债权是否具备期待利益，其转让行为是否受法律保护，应以该特定将来债权是否具有足够合理可期待性为判断依据。

3. 将来债权是否具有合理可期待性质，应以此类将来债权是否具有相对确定性为主要判断依据。如该种将来债权毫无可确定因素的，则对该种将来债权的期待亦难言合理，民事主体亦不得因此而生相应期待利益。

4. 这种相对确定性一般以债权人的经营状况和历史交易数据为根据来判断，这就要求历史交易数据的披露和记载应为真实、合法、有效且完整，一旦发现存在虚假记载，则将来债权也不具有可确定性，对其期待也不具有合理性，因而不具有转让予他人的基础。

第七百六十二条 保理合同的内容一般包括业务类型、服务范围、服务期限、基础交易合同情况、应收账款信息、保理融资款或者服务报酬及其支付方式等条款。

保理合同应当采用书面形式。

解读

1. 保理合同的签订主体和实务操作模式

传统保理中，保理合同由应收账款债权人与保理人双方签订，或者有时债务人也加入签订三方协议。但是，在反向保理中，实务操作是首先由应收账款债务人（核心企业）与保理人签订反向保理合作协议，约定由保理人给予核心企业一定金额的授信额度，该等额度用于核心企业向保理人推荐的供应商提供保理融资，核心企业同意并确保应收账款到期时将款项支付予保理人；然后由核心企业的供应商与保理人签订具体额度的反向保理协议。

2. 保理合同的必要条款，应该包括基础交易合同情况、应收账款信息、保理融资款或者服务报酬及其支付方式

之所以要明确约定基础交易合同情况和应收账款信息，是因为应收账款才是还款来源；债权人出卖的是应收账款，应以应收账款的价值来确定转让价款，不应该将保理人发放的贷款金额作为转让价款的计算依据，否则，就成为名为保理实为借贷。

实务中，法院往往会审查保理合同是否对上述要素做了明确，以及约定的内容是否符合一个典型保理合同的要件，如果缺少了这些基本的必要条款，就可能被认定为名为保理实为借贷。

第七百六十三条　应收账款债权人与债务人虚构应收账款作为转让标的，与保理人订立保理合同的，应收账款债务人不得以应收账款不存在为由对抗保理人，但是保理人明知虚构的除外。

解读

该条明确了在基础合同因债权人和债务人双方通谋实施的虚伪意思表示而无效的情况下，保理业务合同并不当然因此而无效。理由如下：

1. 虽然债务人接到债权转让通知后，债务人对让与人的抗辩，可以向受让人主张，但在债务人与让与人存在通谋的情况下是否仍然享有抗辩权，虽然法律并没有明确规定，但是，当事人从事民事活动，应当遵循诚信原则，恪守承诺，如果允许明知转让虚假债权的债务人以转让债权不存在来抗辩，则明显有违诚实信用等民法基本原则。

2. 双方当事人通谋所为的虚假意思表示，在当事人之间发生绝对无效的法律后果，但在虚假表示的当事人与第三人之间并不当然无效。当第三人知道该当事人之间的虚假意思表示时，虚假表示的无效可以对抗该第三人；当第三人不知道当事人之间的虚假意思表示时，该虚假意思表示的无效不得对抗善意第三人。

保理人要注意：

虽然该条明确虚构应收账款的债务人不能对抗保理人，但是，保理人被骗贷之后，很大可能是难以实现债权，债务人根本无力支付。所以，债权人与债务人双方串通骗取贷款对保理人来讲，将是防不胜防，比如债务人对应收账款转让通知的书面确认函、对债权转让的无异议函、放弃抗辩、抵销权等的承诺函都会是整个骗局的一部分。

第七百六十四条　保理人向应收账款债务人发出应收账款转让通知的，应当表明保理人身份并附有必要凭证。

解读

之所以要表明保理人身份和附有必要凭证，是因为债权转让如果不通知债务人，则对债务人不发生效力，如果日后债务人不当给付，比如未支付至指定银行账户，而是仍旧支付至原债权人的银行账户或者支付至原债权人的其他银行账户，而未支付至保理人的银行账户，则保理人有权要求债务人赔偿相应损失。

第七百六十五条 应收账款债务人接到应收账款转让通知后，应收账款债权人和债务人无正当理由协商变更或者终止基础交易合同，对保理人产生不利影响的，对保理人不发生效力。

解读

一旦通知了债务人，则原来的双方法律关系成为三方法律关系，任何两方私自的另外约定不对第三方发生效力，除非该约定对第三方有利。

第七百六十六条 当事人约定有追索权保理的，保理人可以向应收账款债权人主张返还保理融资款本息或者回购应收账款债权，也可以向应收账款债务人主张应收账款债权。保理人向应收账款债务人主张应收账款债权，在扣除保理融资款本息和相关费用后有剩余的，剩余部分应当返还给应收账款债权人。

第七百六十七条 当事人约定无追索权保理的，保理人应当向应收账款债务人主张应收账款债权，保理人取得超过保理融资款本息和相关费用的部分，无需向应收账款债权人返还。

解读

1. 有追索权保理中，原债权人负有保证保理人能够实现债权的义务和责任，类似于债务承担、连带责任保证。

2. 在担保法领域禁止流押、流质，在债务履行期届满前，债权人不得与债务人约定债务人不履行到期债务时抵押或质押财产归债权人所有，但是，保理的基础是债权转让，是独立的主合同，不是主债权债务合同的从合同，保理人取得的就是对债权的所有权。如果当事人约定了无追索权保理，即便日后保理人取得了高于保理融资款本息和相关费用的金额，也无需向应收账款债权人返还。所以，这里奉行的是"对心甘情愿者没有不公正"、风险自担、信守合同的商事交易规则。

第七百六十八条 应收账款债权人就同一应收账款订立多个保理合同，致使多个保理人主张权利的，已经登记的先于未登记的取得应收账款；均已经登记的，按照登记时间的先后顺序取得应收账款；均未登记的，由最先到达应收账款债务人的转让通知中载明的保理人取得应收账款；既未登记也未通知的，按照保理融资款或者服务报酬的比例取得应收账款。

解读

该条明确了对同一笔债权进行多次转让时如何确定权利人的问题，类似于物权变动中的一物二卖或者一物多买。应收账款转让属于准物权行为，上述确认权利的规则可以概括为登记的优于未登记的、在先登记的优于在后登记的、在先的转让通知优于在后的通知、未登记且未通知的债权平等原则。

第七百六十九条 本章没有规定的，适用本编第六章债权转让的有关规定。

解读

根据特别法优于一般法的原则，保理合同的基础法律关系就是债权转让关系，所以，在保理合同部分有特别规定的，适用保理合同规定；没有规定的，适用债权转让的规定。

（三）应收账款融资案件中的相关争议点

实务中，此类案件的法律争议问题包括但不限于：

1. 应收账款本身的真实性问题

以应收账款出质的，当事人应当订立书面合同，质权自信贷征信机构办理出质登记时设立。所以，登记是应收账款质权的成立要件。

按照《应收账款质押登记办法》规定，信贷征信机构即为中国人民银行征信中心，此中心仅对应收账款债权作形式审查，做过质押登记也不能保证债权的真实性，如在一起相关案件中【湖北省武汉市江汉区人民法院（2015）鄂江汉民二初字第01361号】，虽然已经在中国人民银行征信中心办理应收账款债权质押登记，但是对于原告质权人提交的《应收账款质押贷款三方合作协议》和《应收账款质押通知书回执》，被告次债务人对其签章提出异议并经鉴定均是伪造的，且对出质人的应收账款的真实性予以否认，原告也不能举证证明该应收账款客观真实，最后法院判决质权人的应收账款质权不成立。

2. 在质押融资中，融资企业违约后，银行对次债务人的权利性质界定

在质押融资人无法清偿陷于迟延之后，银行有权就债务人和次债务人一并起诉，也可以在应收账款到期后，直接单独要求次债务人还款，银行可以直接从该支付中获得清偿。

在供应链金融背景下的应收账款质押较一般的应收账款质押的区别在于除了融资企业的应收账款质押之外，核心企业，即买方企业通常也会提供保证担保，所以，在融资企业违约后，银行除了有权要求应收账款债务人还款之外，还有权要求其承担连带保证责任。但如果应收账款债务人没有提供连带保证担保的，质权人不能在要求债务人履行应收账款支付义务外主张其承担保证责任，如在中国民生银行股份有限公司某分行与安徽省皖某运销有限责任公司、江苏省苏某能源集团有限公司等金融借款合同纠纷案件【江苏省高级人民法院（2014）苏商终字第0267号】中，法院就认为，应收账款债务人作出的《应收账款债务人确认函》，仅承诺应收账款到期后直接付至质权人指定的账户，并未作出对本案借款向债权人提供担保的意思表示。因此，质权人主张应收账款债务人承担连带清偿责任无事实和法律依据。

3. 债务人能否以其普通债权抵销应收账款债务

质押登记办理完毕，质权设立后，即便应收账款债务人对出质人也享有债权，通常为普通债权（因为如果是担保物权，债务人也没有必要通过抵销来实现），债务人也不能通过抵销来实现其普通债权。在上述“中国民生银行股份有限公司某分行与安徽省皖某运销有限责任公司、江苏省苏某能源集团有限公司等金融借款合同纠纷案件”中，债务人主张其已经因行使对出质人的债权抵销权导致应收账款消灭，但是，法院认为债务人的债权属于普通债权，而质权人对应收账款享有优先受偿权，在未经质权人同意的情况下，债务人不能以抵销的方式优先实现其普通债权，该抵销无效，质权人对应收账款的优先受偿权不受影响。

但是，对上述判决观点，本文认为值得商榷。应收账款债权的质押与保理转让虽有不同，但是，无论是转让还是质押，都不应该影响债务人的权利地位。在债权转让中，债务人有权将其对原债权人的抵销权向受让人继续主张，那么，在应收账款质押中，债务人也应该享有此项权利。

4. 质押融资中管辖法院的确定

如果出质人与应收账款债务人的住所地分属两地，根据主合同和担保合同发生纠纷提起诉讼应当根据主合同确定案件管辖的法律规定，应当以融资人而非应收账款债务人所在地确定管辖法院。在一起相关案件中【最高人民法院（2015）民二

终字第209号民事裁定书】，最高法院就根据此条规定驳回了应收账款债务人对管辖异议的上诉主张。

（四）银行的风险防范措施

鉴于实务中存在的银行无法实现应收账款的可能性，银行有必要在几个方面注意风险防范：

1. 严格审查融资企业对买方企业的应收账款的真实性、合法性，中国人民银行征信中心仅仅是进行形式审查，不对应收账款债权的真实性负责。

2. 与融资企业、应收账款债务人签订三方协议，要求买方企业对融资企业的债务提供连带责任保证，这样银行的债权就有了双重保障。

3. 如果银行仅与融资企业签订了质押合同，在办理质押登记之后，应该向应收账款债务人发送质押通知，并要求债务人出具确认函，如果未向债务人发送通知，债务人对出质人清偿债务仍属有效。

4. 对应收账款债务人企业的资信状况建立实时审查监督机制，一旦发现其信用风险，可以要求融资企业增加担保。如果融资企业与买方企业之间的购销合同中存在对买方的加速到期条款，那么应收账款债权将加速到期，银行对应收账款的优先受偿权也将可以提前实现。

5. 在质押融资中，尽量保证应收账款债权的履行期限先于银行债权到期，否则，在融资企业已经陷于履行迟延的情况下，应收账款债权还未届履行期，买方企业还可以行使履行抗辩权，银行的债权将无法及时实现，虽然此时可以计算迟延利息，但毕竟会给债权的实现带来不确定性。

上述问题和风险防范措施都仅是冰山一角，在本书这部分将为读者尽可能全面地展示应收账款融资中会出现的争议问题，并分析针对这些问题的最权威的司法裁判结论，从中总结归纳各方防范风险的经验教训。

一、以虚假应收账款出质，虽已办理质押登记，质权也不成立！

> **阅读提示：** 应收账款是虚构的，但在中国人民银行征信中心办理了质押登记，具有权利外观，该质权是否设立，质权人能否要求次债务人履行债务？

裁判要旨

即便应收账款已经在中国人民银行征信中心办理质押登记，具有合法的权利外观，但是，应收账款质押作为担保物权，应以质物真实存在且可特定化为前提，如果应收账款所依据的基础法律关系是虚构的，则应收账款质权不成立。

基本案情[①]

2013 年 3 月 18 日，某农商行（甲方）与宏某公司（乙方）、某市二医院（丙方）签订应收账款质押协议书。约定：一、本协议所述的应收账款范围如下：丙方与甲方基于医疗器械购销关系所产生的乙方在丙方的应收账款 3648 万元。二、甲方同意乙方授信人民币叁仟万元，期限 24 个月，用乙方在丙方的前述应收账款作质押。……甲、乙、丙三方在合同上签字、盖章。其中丙方的签字人为其法定代表人王某祥。

应收账款质押已经在中国人民银行征信中心办理质押登记。

因宏某公司未按约定偿还贷款本息，某农商行诉至法院。

另案湖北省宜昌市西陵区人民法院作出（2017）鄂 0502 刑初 12 号刑事判决书，查明：2017 年 5 月 26 日，王某祥担任某市二医院院长期间，利用职务便利为宏某公司、某远公司等单位或个人在物品采购、项目合作、支付款项、贷款担保等方面提供帮助，已构成贪污罪、骗取贷款罪。据查明，2013 年 3 月 18 日，曹某玉带领银行工作人员找到时任院长的王某祥，王某祥在明知某市二医院没有 3648 万元的应收账款的情况下，仍在应收账款质押协议书上签字确认。实际上，截止 2013 年 12 月 26 日，某市二医院欠付宏某公司骨科耗材款 193247 元。

---

① 案件来源：某市第二人民医院、湖北某农村商业银行股份有限公司借款合同纠纷再审审查与审判监督民事裁定书【（2019）最高法民申 2721 号】。

争议焦点

以虚假应收账款出质的，质权人能否对《协议》中约定的款项享有优先受偿权？

法院裁判观点

一审湖北宜昌中院认为：

“应收账款质押的前提，应当是存在真实的‘应收账款’，包括已经存在的债权和将来可能发生的债权。但如果当事人已经在合同中载明，所谓‘应收账款’即是指已经存在的债权，而该债权事实不存在，即使质权人与出质人已经办理了出质登记，此时所谓的‘应收账款质押权’没有了保护的客体，当然更谈不上优先受偿的可能，故应否定其效力。”基于以上分析，某市二医院仅欠宏某公司 193247 元，故某农商行仅可对该应收账款主张优先受偿权。

二审湖北高院认为：

2013 年 3 月 28 日，某农商行、宏某公司、某市二医院签订《协议》，并办理了质押登记，应收账款质权已设立。按照《中华人民共和国民法总则》第六十一条：“依照法律或者法人章程的规定，代表法人从事民事活动的负责人，为法人的法定代表人。法定代表人以法人名义从事的民事活动，其后果由法人承受。”王某祥的签字行为导致的法律后果应由某市二医院承受。由于《协议》所盖公章是在市二医院的办公场所，使某农商行有充足理由相信该《协议》及债权的真实性。即使《购销合同》与《协议》上的公章为某市二医院伪造，但某农商行亦属被欺诈方。在某农商行并无恶意的情况下，即使宏某公司、某市二医院之间买卖关系不真实，但因王某祥的签字确认，故《协议》仍合法有效，某农商行依法对已有效设立质权的 3648 万元应收账款享有优先受偿权。

某市二医院向最高人民法院申请再审，最高人民法院认为：

应收账款本质上属于合同之债，故应收账款出质时债所对应的基础交易关系应当真实合法并且特定，而质权作为一种担保物权，其设立必然以质物存在为前提。

在本案中，宏某公司主张的 3648 万元的应收账款属于虚假债权，虽然在中国人民银行征信中心办理质押登记，但仅具有合法的权利外观，但由于基础法关系是虚构的，导致应收账款无法特定化。二审法院仅从应收账款质押完成登记，即认定该质权成立，进而判决某农商行就该虚假应收账款享有优先受偿权，缺乏事实依据和法律依据，且事实上无法得到履行。

案例延伸阅读

案例一：上诉人中国银行股份有限公司某分行与被上诉人自贡市高某机械制造有限公司普通破产债权确认纠纷二审民事判决书【四川省自贡市中级人民法（2018）川03民终612号】

该案的争议焦点为：中行某分行对高某机械公司在东某公司的应收账款18193100元是否具有优先受偿权。

法院认为，虽然案涉《应收账款质押合同》的签订系中行某分行与高某机械公司的真实意思表示，且该质押合同在中国人民银行征信中心办理了应收账款质押登记，中行某分行的应收账款质权从形式上已设立，但从本案实际情况来看，质押合同中约定"出质人应向质权人交付与应收账款相关的债权凭证。……出质人应就应收账款出质事项自本合同签订之日起15日书面通知应收账款债务人，并向质权人提供通知回执或其他表明出质人已履行通知义务的证明文件"，高某机械公司向中行某分行提供其与东某公司的对账函以证明其应收账款的真实性，但依据东某公司向破产管理人出具的复函，表示没有出具过高某机械公司所提供的对账函，且经东某公司核查，高某机械公司提供的所签合同号系东某公司与其他公司签订的，且合同金额也不一致，结合自贡市高新技术产业开发区国家税务局的复函，证明高某机械公司提供的与东某公司签订的合同项下应收款项所涉及的发票号为NO. 01390196 – NO. 01390219共计24张增值税发票，在国税查询系统中并不存在的事实，表明中国人民银行征信中心的变更登记表中所反映用于应收账款金额27000000元质押所对应的合同和增值税发票存在虚假不真实的情况，因而现有证据不能证明中行某分行与高某机械公司签订《应收账款质押合同》时所依据的应收账款真实存在，且也无证据表明高某机械公司将此应收账款设定质权后书面通知过东某公司，故据此建立在该应收账款基础上的质权尚未真正设立，中行某分行对高某机械公司在东某公司的应收账款不享有质权。

案例二：中信银行股份有限公司某分行诉广东华某酒业有限公司等金融借款合同纠纷案【广东省东莞市中级人民法院（2016）粤19民初74号】

生效判决认为，华某经济公司与中信银行某分行签订编号为xxx《最高额应收账款质押合同》，约定华某经济公司以应收账款为华某经济公司、某盈公司、某科公司、华某酒业公司、晟某公司提供质押担保，应收账款质押虽然在中国人民银行征信中心进行了登记，但登记证明也记载登记一般由质权人或委托他人办理登记，登记内容的真实性、合法性和准确性由登记当事人负责，且华某经济公司、中信银行某分行均没有提供应收账款真实存在的相关凭证，也没有提供次债务人确认应收账款的凭证，故本院认为中信银行某分行要求确认对华某经济公司的应收账款享有优先受偿权证据不充分，不予支持。

案例三：中国信达资产管理股份有限公司某分公司与江苏兴某利纺织科技有限公司等金融借款合同纠纷上诉案【江苏省高级人民法院（2015）苏商终字第 00021 号】

江苏高院认为，兴业银行某分行虽然与兴某利公司、意某公司签订了《应收账款最高额质押合同》，但是上述两份合同中并无应收账款的债务人盖章确认，且合同附件中的质押物清单上应收账款的债务人名称、权利证书编号、金额、期限等内容均为空白。兴业银行某分行虽然在中国人民银行征信中心办理了出质登记，但办理该登记是兴业银行某分行单方即可完成，且中国人民银行征信中心对于用于出质的应收账款是否客观真实并不作实质审查，在兴业银行某分行不能进一步举证证实其所享有的应收账款的具体权利内容要素的情形下，其主张对兴某利公司、意某公司出质的应收账款享有优先受偿权，缺乏事实依据和法律依据。

案例四：中某重工（深圳）融资租赁有限公司、中国银行股份有限公司某分行金融借款合同纠纷二审民事判决书【最高人民法院（2019）最高法民终 1973 号】

该案争议焦点：中国银行某分行对中某重工深圳公司提供质押的融资租赁应收租金是否享有优先受偿权？

法院认为，中国银行某分行与中某重工深圳公司签订的《质押合同》约定，以中某重工深圳公司享有的赛格科技园机械式立体停车库、广州南方报业 289 园区立体停车项目、济南“上海花园”道路绿地公共停车场、西安铭城国际社区车位项目等立体车库项目融资租赁应收租金为该案主债务提供质押担保，该质押已办理了登记，该质权已依法成立。中某重工深圳公司提出，初始登记表中没有具体的应收账款，因此该质押登记无效。该质押登记记载的交易业务类型为“应收账款质押”，并无具体的应收账款登记栏，中某重工深圳公司以未登记具体的应收账款为由主张质押无效无法律依据，不能成立。

案例五： 平安银行股份有限公司某分行与武某资源集团有限公司等借款合同纠纷上诉案【湖北省高级人民法院（2016）鄂民终28号】

湖北高院认为，以应收账款出质的权利质权必须以用作质押登记的基础合同关系真实、合法、有效为前提，如果基础合同关系无效，应收账款质押登记当然无效。根据《中华人民共和国民事诉讼法》第六十四条的规定，当事人对自己提出的主张，有责任提供证据。本案中，平安银行某分行提交了《应收账款质押通知确认书》《询证函》及两份基础合同等证据，用以证明本案应收账款质押登记有效。庭审中，武某原料分公司及武某资源公司对上述证据的真实性提出了异议，认为证据材料上的公司印章及个人签名涉嫌伪造，并提交了证明公司撤销、印章实际使用情况及合同签订情况的相关证据。在武某原料分公司及武某资源公司已经提交相关证据证明《应收账款质押通知确认书》《询证函》及两份基础合同上所加盖的公章此前已经作废，其对质押双方的应收账款合同上公章的真实性予以否认时，作为主张消极事实的当事人，不应承担举证责任。此时应由主张质权成就的平安银行某分行进一步举证证明基础合同的真实性，或其已经履行相关核实基础合同真实存在的证据。平安银行某分行作为质权人，既不申请法院对上述印章及签名的真实性进行鉴定，也未后续提交证据证明其对应收账款的真实性履行了合理的审查义务。考虑到双方的举证情况，并结合本泰公司的庭审陈述，依据优势证据原则，应认定本案用作质押的基础合同关系不真实，导致本案应收账款质押登记无效。至于中国人民银行征信中心的质押登记效力，其目的是设立质权及对抗第三人，由于应收账款质押登记是通过互联网以电子方式进行，由质权人登录应收账款质押登记公示系统的地址进行操作，中国人民银行征信中心仅负责运行、维护应收账款质押登记系统，并不承担对登记内容的实质审查义务。因此，中国人民银行征信中心的登记、公示内容是否真实、有效，仅具有对抗第三人的效力，并不影响对质押法律关系效力的认定。综上，平安银行某分行主张对本泰公司质押的应收账款享有优先受偿权，没有事实和法律依据，不予支持。

案例六： 上海浦东发展银行股份有限公司某分行、武汉钢铁集团某钢铁有限责任公司金融借款合同纠纷二审民事判决书【湖北省高级人民法院（2018）鄂民终1091号】

该案中，涉案《应收账款质押合同》《应收账款质押登记协议》系华某公司与浦发银行某分行事后补签。签约时，华某公司实际并不享有对中某一公司桥隧工程公司、武汉建某股份有限公司、武钢集团某重型装备材料有限公司、武汉某市政工程有限公司的应收账款债权。

湖北高院认为，浦发银行某分行要求对华某公司出质的应收账款在6000万元范围内享有优先受偿权的主张，因其就该权利所形成的基础法律关系是否客观存在，并未举示证据证实，且经其庭审自认，无论是涉案《应收账款最高额质押合同》《应收账款质押登记协议》签订之时，又或是在该两份协议的履行过程中，浦发银行某分行均未核实该部分应收账款的真实状况。该诉请亦不予支持。

案例七：广发银行股份有限公司某分行与满某首成（本溪）实业有限公司等金融借款合同纠纷上诉案【（2019）最高法民终1445号】

最高人民法院认为，应收账款作为一种债权，在基础交易关系当事人之外，并不具有对外的公示要件，因此该权利内容和有效存在除了合同当事人之外，第三人很难知悉，仅凭出质人单方提供的材料或说明难以确保该债权的客观真实存在，故在设立应收账款质权时应由质押担保的主债权人负担该权利真实性的核实义务。在质押担保的主债权人怠于核实该应收账款客观真实性的情况下，则该应收账款并不客观真实存在及存在抵销权等抗辩的风险，应由质押担保的主债权人自行承担，而不能由应收账款基础交易关系的债务人承担。

本案应收账款质权虽然已经登记，但是在广发银行某分行不能提供证据证明案涉应收账款客观真实存在的情况下，则广发银行某分行在设立案涉应收账款质权时疏于核实该应收账款客观真实性的风险，应自行承担；在广发银行某分行不能提供证据证明满某公司对国某公司享有1.49亿元应收账款债权的情况下，广发银行某分行主张对该无法确定客观真实性的1.49亿元应收账款债权行使优先受偿权的上诉请求，缺乏理据，本院不予支持。

实务经验总结

（一）应收账款质押以登记为生效要件，但即便办理登记，也不能保证质权的有效设立。

应收账款质押登记具有“设权”的作用，未经登记，质权无法设立。但是，即便已经办理登记，如果发现应收账款虚假、无法特定化，也将导致质权未有效设立。

《应收账款质押登记办法》第十条第一款：“登记内容包括质权人和出质人的基本信息、应收账款的描述、登记期限。”但对应收账款的描述因为缺乏规范性指引，导致应收账款登记一定程度上存在混乱情况。

实践中，对于应收账款的描述五花八门，导致登记信息与应收账款的真实情况无法明确对应，存在仅登记出质人与次债务人的基础合同，而未将《质押合同》进行登记的情况，同时，也存在登记了《质押合同》，而未登记其《权利清单》的情况。如果登记内容不特定，无法锁定应收账款，如未登记质押的金额、内容、期限等，将导致应收账款质权无法设立。

所以，对于质权人而言，应该重视应收账款质押登记的记载事项，一方面，要保证所记载的应收账款基础法律关系的真实、合法、有效性；另一方面，所记载的内容应该详实，能够与应收账款债权对应，具有唯一指向，以此保证日后质权的实现。

（二）即便质押登记内容记载不详，但是，质押合同若能够将应收账款特定化，则质权可有效设立。

在上述延伸阅读案例四最高法院裁判的案例中，法院未支持出质人提出的未登记具体的应收账款、质押无效的抗辩意见，主要理由在于出质人与质权人的质押合同中已经明确了应收账款的范围和对象，应收账款能够特定化，所以，即便登记记载内容不详，但也不影响质权的设立。

相关规定

《中华人民共和国民法典》

第四百四十五条第一款 以应收账款出质的，质权自办理出质登记时设立。

《最高人民法院关于适用〈中华人民共和国民法典〉有关担保制度的解释》

第六十一条第二款 以现有的应收账款出质，应收账款债务人未确认应收账款的真实性，质权人以应收账款债务人为被告，请求就应收账款优先受偿，能够举证证明办理出质登记时应收账款真实存在的，人民法院应予支持；质权人不能举证证明办理出质登记时应收账款真实存在，仅以已经办理出质登记为由，请求就应收账款优先受偿的，人民法院不予支持。

《应收账款质押登记办法》

第八条 应收账款质押登记由质权人办理。质权人办理质押登记的，应当与出质人就登记内容达成一致。

质权人也可以委托他人办理登记。委托他人办理登记的，适用本办法关于质权人办理登记的规定。

第十条 登记内容包括质权人和出质人的基本信息、应收账款的描述、登记期限。

出质人或质权人为单位的，应当填写单位的法定注册名称、住所、法定代表人或负责人姓名、组织机构代码或金融机构编码、工商注册号、法人和其他组织统一社会信用代码、全球法人机构识别编码等机构代码或编码。

出质人或质权人为个人的，应当填写有效身份证件号码、有效身份证件载明的地址等信息。

质权人可以与出质人约定将主债权金额等项目作为登记内容。

二、应收账款质押后，债务人还能行使抵销权吗？

> **阅读提示：**应收账款债务人能否以其对债权人（出质人）的普通债权抵销依法设立质押的应收账款债权？

裁判要旨

应收账款债务人的抵销权不因应收账款已被质押而受到任何影响，如果债务人行使抵销权的条件成就，当然有权继续行使抵销权，因此导致应收账款债务消灭。

基本案情[①]

2013年3月14日，民生银行某分行与苏某公司签订《流动资金贷款借款合同》一份，约定民生银行某分行向苏某公司发放贷款2000万元，期限为12个月。皖某公司于同日向民生银行南某分行出具《应收账款债务人确认函》，确认基础合同项下的应收账款为4852.1324万元，期限至2013年12月31日，民生银行某分行依约向苏某公司发放贷款2000万元。

截至2014年2月13日，苏某公司因逾期还款，民生银行某分行宣布贷款提前到期，后将苏某公司、皖某公司均诉至法院。

庭审中，皖某公司提出其行使抵销权，应收账款债务已经消灭的主张。

争议焦点

应收账款债务人皖某公司能否向质权人民生银行某分行提出应收账款债务已被抵销的抗辩？

法院裁判观点

江苏徐州中院认为：

皖某公司虽辩称该应收账款已因其向苏某公司行使抵销权而消灭，但皖某公司

---

① 案例来源：中国民生银行股份有限公司某分行与安徽省皖某运销有限责任公司、江苏省苏某能源集团有限公司、孙某通、徐某宇等金融借款合同纠纷一审民事判决书【（2013）徐商处字第273号】。

据以主张抵销的债权属于普通债权，而民生银行某分行对上述应收账款享有优先受偿权，在本案债务未获清偿或质押权人未同意的情况下，皖某公司无权以抵销的方式优先实现其对苏某公司的普通债权，即其在本案借款本息数额范围内的抵销对质权人无效。故皖某公司以其对苏某公司的普通债权，抵销已设立质押的应收账款债权无效。

法院观点评述

上述法院观点值得商榷。应收账款即便被质押，也不因质押而变得不再是普通债权，因已被质押就剥夺债务人本有权行使的抵销权没有任何法律根据。即便是债权转让，原债权人已经退出债的关系的情况下，根据原《合同法》第八十三条规定，债务人尚有权向新的债权人行使其对原债权人的抵销权。更何况是在质押情形，原债权人并未退出，债务人的权利和地位更没有任何减损的理由。

案例延伸阅读

在下面案例中法院的观点才是对这一问题的准确解读：

案例一：中国农业银行股份有限公司某分行与上海金某国际经贸发展有限公司、佳某控股集团有限公司、浙江佳某聚酯有限公司、浙江佳某高仿真化纤有限公司应收账款质权纠纷申请再审民事裁定书【最高人民法院（2012）民申字第1019号】

裁判观点：应收账款债务人的抵销权不因是否被债权人出质而受到任何影响。

该案的基本法律关系：金某公司以其对纵某公司的应收账款向农行某分行设定了质权，同时，纵某公司向农行某分行提供了保证担保。即，农行某分行不仅是保证担保的债权人，还是应收账款的质权人。

浙江高院在该案二审中认为：本案的争议焦点为纵某公司对金某公司行使担保追偿权所形成的债权与其所负金某公司的债务是否可以抵销以及纵某公司在本案是否实际行使了抵销权；农行某分行对金某公司享有的质权是否优先于纵某公司（笔者注：纵某公司后经重整，名称变更为佳宝公司）的担保追偿权。

（一）关于纵某公司的抵销权是否成就的问题

根据我国《合同法》第九十九条的规定，当事人互负到期债务时可以行使抵销权。因此，纵某公司与金某公司之间是否有抵销权的存在，取决于双方是否互负到期债务。在本案中，农行某分行向纵某公司破产管理人申报担保债权，同时金某公司对纵某公司享有的债权也进行了申报。由于纵某公司进入破产重整程序，纵某公司对农行某分行担保债务的清偿和对金某公司债务的清偿，均基于债权人表决通过并由法院裁定批准的破产重整计划，纵某公司对农行某分行和金某公司的债务清偿比例和清偿时间均为一致，纵某公司一旦清偿了担保债务，其担保追偿权即产生，不以是否经过诉讼为前提。因此，可以认定纵某公司与金某公司存在互负到期债务的事实。而且，重整计划对纵某公司可向金某公司抵销相应债权的情形作出了明确规定，对全体债权人均应有相应约束力。

（二）关于农行某分行对金某公司享有的质权是否优先于纵某公司担保追偿权的问题

本案中，纵某公司系出质人金某公司的债务人，纵某公司又为金某公司向农行某分行的借款提供了担保。纵某公司履行担保义务后，有权向金某公司追偿。根据本案各方当事人的关系，出质人金某公司和出质人的债务人纵某公司之间的互负债务，是一种直接的债权债务关系，而农行某分行与纵某公司之间并没有直接的债权债务关系，纵某公司行使其抵销权并无任何法律障碍。质权人能否实现质权取决于出质人提供的应收账款是否真实存在，应收账款被抵销而导致债权消灭，质权也将归于消灭。

农行某分行向最高院提起再审，最高人民法院支持了上述浙江高院的判决。

> **案例二：**无锡市某科技金融创业投资集团有限公司与江苏华某坞投资发展有限公司质权纠纷申诉、申请民事裁定书【江苏省高级人民法院（2017）苏民申2133号】

法院裁判观点：债务人先前承诺放弃抵销的，不得再向质权人主张抵销权。

法院认为："方某公司发送的《应收账款询证函》明确载明，对华某坞公司的应收账款3838574元将出质给某科技公司。华某坞公司盖章的《回复》也明确载明，华某坞公司已知悉上述应收账款出质事宜，对该应收账款及其质押没有任何异议，并承诺放弃主张任何抗辩或抵销。因此，华某坞公司提出的应收账款不存在、应收账款未到期、对应收账款抵销等抗辩意见，与其上述承诺不符，故本院不予采纳。"

反观该案观点，如果债务人没有放弃抵销，当然有权向质权人提出债务已被抵销的抗辩。

案例三： 交通银行股份有限公司某分行、攀枝花市钛某化工有限公司质权纠纷二审民事判决书【四川省高级人民法院（2018）川民终1122号】

法院裁判观点：应收账款质押未通知次债务人，次债务人有权对出质人行使抵销权。

四川高院认为：

交行某分行（质权人）、钛某公司（出质人、应收账款债权人）于2015年5月8日在中国人民银行征信中心办理了应收账款质押登记，质押权有效设立。然而，交行某分行、钛某公司均认可未就质押事宜通知过四极化工（应收账款债务人）。钛某公司于2016年3月22日被裁定进入破产程序，因钛某公司与四极化工存在长期的互相滚动贸易，四极化工在抵销相互的债务后，向破产管理人申报债权，管理人最终确定四极化工对钛某公司享有153万元的债权。在四极化工并不知晓应收账款被质押的情形下，钛某公司破产时四极化工有权选择抵销债务。

该案中，应收账款所涉双方互负债务，一方仅以自己对对方的供货量，来确定自己对对方的债权金额，该计算并不准确和客观，以该债权金额设定的质押属于以有争议的债权设定的质押，并不能保证质押的有效性，因为应收账款金额的大小并不确定和特定。

案例四： 中国工商银行股份有限公司某支行、安徽太某洋电缆集团有限公司金融借款合同纠纷二审民事判决书【安徽省芜湖市中级人民法院（2019）皖02民终2512号】

芜湖中院认为：

应收账款质押权的设立不以通知次债务人为生效条件，次债务人基于与质押人的债权债务关系而享有的权利义务关系均不受影响，债务人仍然享有该债务的抗辩权和抵销权。应收账款质权设立时，应遵循诚实信用原则。如出质人明知对应收账款债务人负有同种债务，仍将应收账款出质的，应收账款债务人对出质人拥有的法定抵销权应优于应收账款质权得到保护。本案中太某洋公司（应收账款债务人）债权设立在先，太某洋公司主张全部抵销不仅符合法律规定，且彰显公平。综上本案质权设立，但不能约束次债务人太某洋公司，工行某支行无权对案涉应收账款优先受偿。

实务经验总结

（一）被质押的应收账款债权可因债务人行使抵销权而消灭，进而导致质权不成立

若抵销权对应债权先于应收账款债务到期的，则债务人当然有权行使抵销权进而导致应收账款债务消灭，应收账款质押作为担保物权，应以质物真实存在且可特定化为前提，如果应收账款因抵销而消灭，则应收账款质押不成立；相反，若应收账款债务先于抵销权对应债权到期的，质权人主张实现应收账款质权时，债务人不得主张抵销权。

（二）出质人和质权人应对应收账款是否存在抵销事由施加必要的注意

对出质人而言，如果出质人明知其对应收账款债务人负有同种债务或必将负同种债务，仍将应收账款出质的，因应收账款债务人行使法定抵销权而导致质权人的质权无法实现时，质权人应有权向出质人主张赔偿。

对质权人而言，为了自己的利益考虑，也应该对应收账款是否存在抗辩事由或者可于抵销的情形进行必要的关注和审查，一旦发现出质人对债务人也有到期债务应于履行的情况下，就要对应收账款质押这种增信措施施加足够的注意，以防止日后利益受损。

（三）要关注应收账款债务人是否存在放弃抵销权的意思表示

在包括应收账款债务人在内的三方当事人签订应收账款质押协议之时，或者在应收账款质押已经设立，通知应收账款债务人之时，如果债务人当时没有提出抵销抗辩，但也没有表示放弃抵销权，只能表明其对应收账款债务事实的确认，不代表其放弃行使抵销权。

如果债务人先前明确承诺放弃主张任何抗辩或抵销，则在质权人行使应收账款质权时，债务人不得以应收账款债务已被抵销为由拒绝履行债务。

相关规定

《中华人民共和国民法典》

第五百四十九条 有下列情形之一的，债务人可以向受让人主张抵销：

（一）债务人接到债权转让通知时，债务人对让与人享有债权，且债务人的债权先于转让的债权到期或者同时到期；

（二）债务人的债权与转让的债权是基于同一合同产生。

第五百五十七条 有下列情形之一的，债权债务终止：

（一）债务已经履行；

（二）债务相互抵销；

（三）债务人依法将标的物提存；

（四）债权人免除债务；

（五）债权债务同归于一人；

（六）法律规定或者当事人约定终止的其他情形。

合同解除的，该合同的权利义务关系终止。

第五百六十八条 当事人互负债务，该债务的标的物种类、品质相同的，任何一方可以将自己的债务与对方的到期债务抵销；但是，根据债务性质、按照当事人约定或者依照法律规定不得抵销的除外。

当事人主张抵销的，应当通知对方。通知自到达对方时生效。抵销不得附条件或者附期限。

三、融资人对其应收账款债权的处分方式是转让还是出质?

阅读提示：应收账款债权人可以通过债权转让或者出质来获得融资，在质押场合，也有可能会向债务人发送债权转让通知，告知债务人新的收款账号，那是否可以因此认定融资人是将应收账款转让给了债权人?

裁判要旨

融资人的行为属于应收账款转让还是质押，需要综合考虑各方面因素探究当事人真实意思表示，不能仅根据其中一个协议或者通知的名称来确定。虽然协议或者通知上可能会出现“债权转让”的字眼，但并不能因此认定当事人之间达成的一定就是债权转让法律关系。

基本案情[①]

2013 年 2 月 18 日，某市河堤管理处与嘉某公司签订《建设工程施工合同》，河堤管理处将 XX 项目发包给嘉某公司，合同价款 51975154.42 元。哈某投公司为付款方。后嘉某公司向唐某伦借款 27571433 元，到期后，借款本息均未偿还。2014 年 8 月 7 日，嘉某公司与唐某伦签订《应收账款质押协议》《应收账款质押登记协议》，并办理了相关登记。该协议所质押担保的唐某伦对嘉某公司享有的债权为借款本金及利息，借款本金为 27571433 元。

2014 年 11 月 3 日，嘉某公司向河堤管理处出具《债权转让通知书》，载明：根据嘉某公司与唐某伦 2014 年 8 月 7 日签订的《应收账款质押协议》约定，河堤管理处所欠的 XX 项目的应收账款已质押给唐某伦，应收账款直接支付给唐某伦，并附唐某伦开户行名称及收款账号。嘉某公司在《债权转让通知书》加盖公章，并交给唐某伦邮寄给河堤管理处。同年 11 月 17 日，嘉某公司向河堤管理处发出《通知函》告知对《债权转让通知书》内容不予确认，其不得向唐某伦支付工程款。

---

① 案例来源：唐某伦、某市河道堤防管理处债权转让合同纠纷再审审查与审判监督民事裁定书【（2019）最高法民申 1116 号】。

唐某伦主张其已经受让了嘉某公司对河堤管理处的全部应收账款，要求河堤管理处清偿51975154.42元债务。

争议焦点

唐某伦与嘉某公司是否达成债权转让合意?

法院裁判观点

黑龙江高级人民法院认为：

首先，唐某伦与河堤管理处及哈某投公司并无基础合同关系。唐某伦虽出示了其向河堤管理处邮寄的加盖嘉某公司公章的《债权转让通知书》，但嘉某公司否认该债权转让给唐某伦。

其次，从该《债权转让通知书》的内容看，虽名为债权转让，但内容中未体现转让事宜，而是基于双方此前签订的应收账款协议的约定，告知债务人如何付款问题。

最后，根据《中华人民共和国合同法》第八十条第一款“债权人转让债权的，应当通知债务人。未经通知，该转让对债务人不发生效力”的规定，嘉某公司将涉案工程款债权转让给唐某伦，也应当通知债务人河堤管理处及哈某投公司，否则，其转让行为对河堤管理处及哈某投公司不发生效力。而且，无论是由债权人还是受让人向债务人发出债权转让通知，其前提必须是转让人与受让人已形成债权转让合意。本案中，唐某伦虽然向河堤管理处发出了《债权转让通知书》，但在河堤管理处向嘉某公司核实债权转让事宜时，嘉某公司不予认可，故在河堤管理处及哈某投公司看来，唐某伦和嘉某公司并未形成债权转让合意，故该《债权转让通知书》并不能产生债权转让通知的效力。

唐某伦随后向最高人民法院提出再审申请。

最高人民法院认为：

首先，嘉某公司于2014年8月7日与唐某伦签订《应收账款质押协议》，并办理相关登记。而唐某伦主张该《应收账款质押协议》的约定实际上是一种债权转让，嘉某公司将其对河堤管理处的应收账款债权转让给唐某伦。但《应收账款质押协议》从协议名称到具体约定，均未体现出嘉某公司将其应收账款转让给唐某伦的明确意思表示。

其次，《应收账款质押协议》第七条约定：唐某伦对嘉某公司享有的债权为借款本金27571433元及利息，嘉某公司以其对河堤管理处的应收账款作为对唐某伦借款本息的质押担保。嘉某公司在《应收账款质押协议》中确认对河堤管理处的应收账款债权为51975154.42元，而唐某伦对嘉某公司的借款本金仅为27571433元，嘉某公司为清偿对唐某伦的27571433元债务，将其对河堤管理处的51975154.42元应收账款债权转让给唐某伦，亦不符合常理。

最后，《应收账款质押协议》虽然约定了应收账款支付的款项必须划入唐某伦账户，但这是协议双方关于质押协议履行（账款监管）的约定，不能据此认定嘉某公司具有将应收账款债权转让给唐某伦的意思表示。嘉某公司向河堤管理处发出《通知函》表示不确认《债权转让通知书》，否认唐某伦所称债权转让的效力，也相应否认其有转让债权的意思表示。

案例延伸阅读

案例： 华侨永亨银行（中国）有限公司广州某支行、烟台丰某包装有限公司（原烟台海尔丰某包装有限公司）金融借款合同纠纷再审审查与审判监督民事裁定书【（2017）最高法民申1572号】

最高人民法院在该案中认为：

《银行信贷函》约定，华侨永亨银行某支行向广州丰某公司提供多种银行信贷；关于《应收账款转让协议》，双方明确约定签署该协议的目的是为了持续保障借款人适当、准时履行及遵守银行信贷函或其他融资文件所载的一切义务。从《应收账款转让协议》的内容看，关于被担保债务，双方明确约定是指根据贷款合同及其他金融文件，广州丰某公司应向华侨永亨银行某支行支付的债务；关于应收账款，双方明确约定是指由广州丰某公司根据本协议向华侨永亨银行某支行转让对债务人享有的付款请求权及相关权利、利益和救济。根据上述约定及华侨永亨银行某支行未就案涉应收账款转让支付过转让价款这一事实，可以认定广州丰某公司与华侨永亨银行某支行签订《应收账款转让协议》的真正目的并非是“转让”应收账款，而是担保案涉借款债务的履行。最高院从该转让协议的目的，是否支付合理对价从而判断，虽名为“转让协议”，但实际上是应收账款质押关系。

实务经验总结

（一）为何产生此类性质争议

债权转让与质押的区别在于，转让之后，受让人有权直接要求债务人清偿全部债务；而质押情形，质权人只有在债务到期，出质人不能清偿债务时才能要求行使质权，而且，行使质权的范围不能超过所担保的主债权的范围。所以，对资金贷方而言，往往更愿意认为是应收账款的转让而非质押。

同时，由于转让与质押存在共性，即应收账款的清偿回款都会支付给资金贷方的账户或者受资金贷方监管的融资人的账户，所以，就更不好确定是债权的转让还是质押，当事人之间往往也会因此产生争议。

（二）法院认定的参考因素

通过对此类案例的检索分析发现，即便当事人之间存在债权转让协议、债权转让通知这类字眼的法律文书，法院在认定行为性质时，还是会综合考虑合同目的、协议的文义内容、是否支付转让款、借贷金额与应收账款金额的大小比较，同时重点考虑融资人一方的意思等，作出一个更趋于当事人真实意思表示的认定。

这也提示应收账款融资的各方参与人，在前期协商谈判和协议的拟定过程中，要注意不同行为性质所产生的不同法律效果，尽可能地目的明确、用语准确。

相关规定

《中华人民共和国民法典》

第四百四十五条第一款　以应收账款出质的，质权自办理出质登记时设立。

第四百六十六条　当事人对合同条款的理解有争议的，应当依据本法第一百四十二条第一款的规定，确定争议条款的含义。

合同文本采用两种以上文字订立并约定具有同等效力的，对各文本使用的词句推定具有相同含义。各文本使用的词句不一致的，应当根据合同的相关条款、性质、目的以及诚信原则等予以解释。

第五百四十五条　债权人可以将债权的全部或者部分转让给第三人，但是有下列情形之一的除外：

（一）根据债权性质不得转让；

（二）按照当事人约定不得转让；

（三）依照法律规定不得转让。

当事人约定非金钱债权不得转让的，不得对抗善意第三人。当事人约定金钱债权不得转让的，不得对抗第三人。

第五百四十六条　债权人转让债权，未通知债务人的，该转让对债务人不发生效力。

债权转让的通知不得撤销，但是经受让人同意的除外。

四、以尚未确定且存在争议的应收账款出质的效力认定

> **阅读提示：** 质押财产作为质权的标的物，应该是特定的，在应收账款质押中，融资人若以尚未确定且存在争议的债权设立应收账款质押，其效力如何认定？

裁判要旨

融资人以尚未确定且存在争议的债权与金融机构签订应收账款质押合同，即便已经在中国人民银行征信中心办理出质登记的，应收账款质权也存在未设立的风险，或者虽已设立但清偿主张不被支持的风险。

基本案情[①]

2011 年 9 月 27 日，华某公司与德某煤业公司签订《信托贷款合同》，约定德某煤业向华某公司借款 12 亿元，期限为 2 年，并发放贷款 1139800000 元。

2014 年 11 月 30 日，华某公司与德某煤业公司签订《信托贷款合同补充协议》《应收账款质押合同》，德某煤业将西山煤电集团公司及焦煤集团并购德顺等四公司的过程中产生的过渡期利益对应的应收账款出质给华某公司，其中，应收账款质押合同约定，应收账款金额不低于人民币 8 亿元。

争议焦点

华某公司与德某煤业公司之间应收账款质押担保关系是否存在？

法院裁判观点

广东省高级人民法院认为：

关于质押关系。因华某公司与德某煤业公司之间签订有《信托贷款合同补充协议》《应收账款质押合同》，且已在中国人民银行征信中心办理了出质登记，华某

---

① 案例来源：孝义市德某煤业有限责任公司、薛某平金融借款合同纠纷二审民事判决书【最高人民法院（2018）最高法民终 773 号】。

公司对德某煤业公司出质的应收账款质权已有效设立，华某公司主张对此享有优先受偿权，有合法根据。

关于德某煤业公司与德顺等四公司之间是否存在应收账款、存在多少应收账款的关系。虽然德某煤业公司在《应收账款质押合同》中承诺，所质押的应收账款的金额不低于8亿元，且通知了西山煤电集团公司、焦煤集团、德顺公司等债务人。但该不低于8亿元应收账款仅为德某煤业公司的单方承诺，并未得到西山煤电集团公司、焦煤集团以及德顺公司等债务人的确认，且债务人对此提出了抗辩，即华某公司与德某煤业公司在《信托贷款合同补充协议》《应收账款质押合同》载明的应收账款，属于尚未确定且存在争议的债权。

另外，基础债权债务关系所涉的相关协议中当事人均约定争议解决方式为提交太原仲裁委员会仲裁。

最终法院仅确认华某公司对德某煤业公司出质的应收账款享有优先受偿权。对于华某公司要求判令该应收账款不低于8亿元，以及判令德顺等四公司向其直接支付不低于8亿元应收账款的诉讼请求，在该案中未予审理。

案例延伸阅读

案例一：贵州银行股份有限公司某分行、贵州普某斯普睿特能源发展有限公司金融借款合同纠纷二审民事判决书【（2017）黔民终462号】；贵州银行股份有限公司某分行、贵州普某斯普睿特能源发展有限公司金融借款合同纠纷一审民事判决书【（2015）遵市法民初字第196号】。

贵州遵义中院认为：

能设定质押的应收账款应为确定的债权，确定不是指数额、履行期间等的确定，而是指债权人可切实享有的债权，即债权人已履行主要的义务，并据此对债务人享有相应的付款请求权。

根据《中华人民共和国物权法》第二百一十条第二款第三项关于“质权合同一般包括下列条款：（三）质押财产的名称、数量、质量、状况”的规定，即质押合同应当详细载明应收账款的有关要素：包括金额、期限、支付方式、债务人名称地址、产生应收账款的基础合同以及合同履行程度等，故质押财产的数量及状况等作为质押合同的必备条款，应当在合同中进行约定，在欠缺质押财产条款又不能补正或推定的情况下，质权不成立。且作为债权质押，系以特定债权担保其他债权，具有确定性的特征，即使是针对未来的债权，也应存在基础法律关系而确定其在将来一定期限内会产生、债权金额亦可根据基础关系的相关因素而得以预见。即如果用于提供担保的基础债权不能被特定化，就相当于实物质押中的质押物本身的大小、尺寸、坐落等属性不确定，故必然导致质押因质押物缺陷而无法成立并生效。

本案中，虽然贵州银行某分行与普某斯公司签订了《质押合同》并办理了相应的应收账款质押登记手续，但从普某斯公司提供质押的应收账款看，虽然明确《电煤合同》项下的货款价值 14250 万元，但同时又明确“本合同《质押权利清单》记载的或双方另行约定的质押权利的价值（下称“暂定价值”），均不表明质押权利的最终价值，其最终价值为质权人处分质押权利所得价款在扣除各项税费后的净额。若以质押权利抵偿质权人债权的，上述暂定价值并不作为质押权利抵偿质权人债权的依据，届时质押权利的价值应由双方协商一致或依法公平评估确定”的约定，表明普某斯公司提供质押的债权应属不明确具体，且签约时普某斯公司对鸭某公司并非实际享有 14250 万元货款的债权，对应收账款的数量及状况等基本要素均未明确，故双方虽对涉案质押合同办理了质押登记，但质权并未有效设立。

贵州高院认为：

案涉《质押合同》，约定普某斯公司用其与鸭某公司签订的 048 号《电煤合同》中的应收供煤款予以出质，并于 2013 年 6 月 8 日在中国人民银行征信中心对设定质押的应收账款进行了登记，登记期限为 1 年，到期日期为 2014 年 6 月 7 日，主合同金额为 1000 万元，质押合同金额为 14250 万元，该质权依法设立。

至 2014 年 3 月 10 日止，鸭某公司共应付普某斯公司 2013 年度购煤款总计 20235314.09 元。对此，贵州银行某分行认为是 048 号《电煤合同》项下购煤款，属质押应收账款，而鸭某公司则辩称系多份电煤合同项下应付购煤款，本院认为，因鸭某公司该应付购煤款 20235314.09 元，远低于 048 号《电煤合同》项下及质押合同金额 14250 万元，本院认定上述 20235314.09 元全部为质押应收账款，贵州银行某分行在债权范围内依法对该款享有优先受偿权。

案例二：中国光大银行股份有限公司某分行、广州华某百川科技有限公司金融借款合同纠纷二审民事判决书【广东省广州市中级人民法院（2018）粤 01 民终 18632 号】

该案中，光大银行某分行请求确认其对案涉质押物即编号为 xxx－14016、ZBS－14017 的购销合同项下应收账款享有质权的优先受偿权，元某橡胶公司则抗辩主张，华某百川公司对其不存在应收账款，光大银行某分行要求就此实现质权没有事实和法律依据。

广州中院认为：

虽然光大银行某分行与华某百川公司已就案涉应收账款质押订立了书面协议，办理了出质登记，但是，对于应收账款的出质以及出质的应收账款是否客观存在，其具体金额、履行期限、支付方式和条件等，光大银行某分行并没有与作为“应收账款债务人”的元某橡胶公司进行过告知和确认，其质权对元某橡胶公司依法不发生效力；而直至光大银行某分行提起本案诉讼，乃至本案一审法庭辩论终结时，光大银行某分行仍不能提供充分证据证实华某百川公司在元某橡胶公司处存在应收账款并因此享有合法有效的债权，其关于质权的主张即成为“无源之水、无本之木”。相反，元某橡胶公司二审提交的证据显示，山东省高密市人民法院已就元某橡胶公司与华某百川公司之间的买卖合同纠纷作出一审判决，判决书中并未确认华某百川公司对元某橡胶公司享有债权，反而是华某百川公司要向元某橡胶公司返还货款和支付违约金，故此，光大银行某分行现主张对案涉购销合同项下应收账款享有优先受偿权缺乏事实和法律依据，一审法院不予支持并无不当。

案例三：中国信达资产管理股份有限公司某分公司、浙江宇某厨具有限公司金融不良债权追偿纠纷二审民事判决书【浙江省高级人民法院（2018）浙民终91号】

该案的争议焦点在于信达某分公司是否有权就宇某厨具公司对九某公司的应收账款、宇某厨具公司对奔腾公司的应收账款分别在最高债权余额5500万元范围内优先受偿。

浙江高院认为：

根据《应收账款质押登记办法》第八条之规定，应收账款质押登记由质权人办理。中国人民银行征信中心作为应收账款质权的登记机构，对应收账款本身不负实质审查义务。故在应收账款质权纠纷中，应对应收账款的真实性、应收账款债务人的抗辩等进行全面审查。本案中，浙商银行于2013年10月22日办理质权登记，质押的应收账款为宇某厨具公司从2013年10月21日至2014年10月21日对九某公司、奔腾公司的应收账款，但登记资料并未载明应收账款对应的基础合同，浙商银行亦未对宇某厨具公司与九某公司之间、宇某厨具公司与奔腾公司之间是否存在应收账款等进行核查。根据原审查明的事实，虽然宇某厨具公司在2013年10月21日至2014年10月21日期间与九某公司存在业务往来，但九某公司和信达某分公司对宇某厨具公司是否存在对九某公司的应收账款等基础事实存在重大争议。同时，对于宇某厨具公司与奔腾公司之间是否存在应收账款及具体数额，信达某分公司亦未提交相应证据。故原审判决未支持信达某分公司关于对案涉应收账款在5500万元最高余额范围内优先受偿的主张并无不当。

案例四：北方魏某峁煤电有限责任公司等与中国银行股份有限公司沈阳某支行等金融借款合同纠纷上诉案【辽宁省高级人民法院（2017）辽民终742号】

辽宁高院认为：

关于中行某支行主张对质押被告魏某峁公司、锡某煤炭公司、神某公司应收账款应否享有优先受偿权的问题。中行某支行虽与某煤建公司签订了《最高额质押合同》，但中行某支行仅向法庭提供了质押合同中所涉及的施工合同复印件两份，且中行某支行当庭陈述称“对魏某峁公司主张应收账款享有优先受偿权的数额依据是合同的评估价，对锡某煤炭公司、神某公司主张应收账款享有优先受偿权的数额依据是某煤建公司口头提供的数额。”魏某峁公司、锡某煤炭公司、神某公司均对中行某支行所主张对应收账款享有优先受偿权提出抗辩。作为应收账款质押的债权不能系概括性或浮动，应具体明确应收账款的债务金额。中行某支行虽然在中国人民银行征信中心办理了出质登记，但办理该登记系中行某支行单方即可完成，且中国人民银行征信中心对于用于出质的应收账款是否客观真实并不作实质审查，在中行某支行不能进一步举证证实其所享有的应收账款的具体权利内容要素的情形下，其主张对某煤建公司出质的魏某峁公司、锡某煤炭公司、神某公司应收账款分别享有优先受偿权缺乏事实依据和法律依据。

案例五：北京中某村科技融资担保有限公司、深圳市中某康讯电子有限公司股权质权纠纷二审民事判决书【广东省深圳市中级人民法院（2017）粤03民终20772号】

深圳中院认为：

在质权人主张就应收账款优先受偿时，次债务人未到庭对所涉应收账款提出抗辩。确认所设应收账款的真实性主要考察如下两点：

首先，质权人对应收账款真实性的审查程度：一是应收账款存在真实的贸易背景，即应当考察应收账款基础交易的真实性。质权人仅凭应收账款的所有人提供的交易合同确认应收账款存在真实的交易背景并不能认为其履行了合理的审查程序，必要时可通过实地考察、要求出质人提供交易双方往来磋商电文等方式确认基础交易的真实性。二是应收账款必须在正常付款期内，且借款人已经履行交易合同项下的交易义务，并能够提供相应证明，例如交易合同、增值税发票、发货凭证等。对质权人而言，审查应收账款真实性不仅是融资业务的操作规程适当性之要求，也是确保诉讼中能通过较为充分的举证顺利实现应收账款质押权的前提。

该案中，中某村公司与地某公司签订的《反担保（应收账款质押）合同》约定，应收账款的资料应于本合同签订时由出质人交付质权人保管，质权人验收后向出质人出具收据，包括产生应收账款的基础合同原件、出质人向基础合同的买方出具的发票复印件、出质人履行基础合同项下的交付货物或提供服务的过程中的相关文件和单据，包括但不限于进出口报关完税凭证、发货单、收货单、验收文件等、基础合同的买方出具的同意以应收账款质押的承诺函。中某村公司应当在签订上述合同的同时取得应收账款的基础合同原件、发票复印件以及地某公司履行基础合同的相关凭据，这些证据属于依合同约定其能够举证的范围，且基础合同签订时间早于质押合同几年，而目前中某村公司的举证仅限于部分基础合同复印件，对于基础合同的履行情况并无任何举证。故中某村公司既不能举证证明其已经依法尽到对基础合同的审查义务，也未能完成对案涉应收账款真实性的初步举证，应承担举证不能责任。对于中某村公司提出的司法审计申请，一是仅凭其提交的证据无法实施审计，二是其在本案中的举证未能达到举证责任倒置的程度，本院不予准许。

其次，应收账款质押登记的具体情况。如前所述，应收账款质押登记于中国人民银行征信中心的系统，由用户填写质押财产信息的表格并将应收账款质押登记协议的影像格式文件上传至登记系统的“质押财产信息附件”栏目完成登记。应收账款登记具有一定的形式性，无法用以确认应收账款真实性。本案中，在质押登记质押财产描述一栏，仅载明了应收账款的付款人以及合同编号，对于应收账款的具体金额、付款期限、付款条件及实际付款状况等均无记载。中某村公司在进行质押登记时，未对上述能够保证应收账款质押有效性的相关要素进行记载，也没有其他证据证实应收账款的存在，对于其实现质押权的请求，本院不予支持 。

案例六：珠海农村商业银行股份有限公司某支行、某低碳互联网金融有限公司（原登记企业名称为珠海慧某能源技术发展有限公司）金融借款合同纠纷二审民事判决书【广东省珠海市中级人民法院（2017）粤04民终2107号】

珠海中院认为：

农商银行某支行与某低碳公司签订《应收账款质押合同》后，虽然已对某低碳公司主张的对联邦制药公司享有的应收账款进行了登记，但该质押登记仅需农商银行某支行单方网上录入即可完成，同时某低碳公司提供该应收账款为尚在履行中的双务合同，而农商银行某支行办理网上质押登记前，并没有获得联邦制药公司对

《应收账款质押合同》项下应收账款的确认，一审庭审过程中联邦制药公司对该应收账款予以否认，某低碳公司与第三人联邦制药公司对涉案账款存在争议，某低碳公司提供质押的应收账款尚不确定，该质押权尚未有效设立。农商银行某支行主张对某低碳公司提供在联邦制药公司享有的应收账款享有质押权，理由不成立。

实务经验总结

（一）被质押的应收账款的基本要素应该明确具体，否则，质权将是“无源之水、无本之木”。

质权系法定物权之一，其设立与否与能否对抗合同关系之外的第三人息息相关，故应具有具体的、确定的特征。质押合同约定的或者质权人在中国人民银行征信中心登记的应收账款债权应该明确被质押的应收账款债权的基本要素，包括应收账款的履行期限、支付方式和条件、所依赖的基础合同名称等，不能仅对质押财产作概括性描述。在欠缺描述被质押应收账款的条款又不能补正或推定的情况下，关于质权的主张即成为“无源之水、无本之木”，具体而言：

1. 按照《应收账款质押登记办法》第二条第一款，应收账款包括现有的和未来的金钱债权及其产生的收益，融资人有权就其未来取得的应收账款设立质押。如果是针对未来的债权设定质押，也应存在基础法律关系而确定其在将来一定期限内会产生、债权金额亦可根据基础关系的相关因素而得以预见。如果用于提供担保的基础债权不能被特定化，将导致质押因质押物缺陷而无法成立并生效。

2. 应收账款质押合同应当详细载明应收账款的有关要素，包括金额、期限、支付方式、债务人名称地址、产生应收账款的基础合同以及合同履行程度，且该债权应是债权人可切实享有的债权，即债权人已履行主要的义务，并据此对债务人享有相应的付款请求权。

（二）基于诚实信用原则，出质人不能将其有争议的债权设定质押。

出质人在设立质押时，明知其对债务人负有同种债务，二者之间的债权并不确定且存在争议，那么，就不应当以此债权设定质押。即便办理质押登记，在日后也不产生质押的效果。

（三）质权人负有审慎审查应收账款真实性的义务。

应收账款质押登记由质权人办理，质权是否设立，日后是否具有实现的可能性，都关系质权人的核心利益。

应收账款多是基于双务合同产生，合同当事人存在各种履行抗辩权，如不安抗辩权、同时履行抗辩权、先履行抗辩权，以及供货人的瑕疵担保义务和债务人的抵销权等，所以，应收账款质押本身存在各种风险。

若质权人是商业银行，根据《商业银行法》第三十六条第一款规定“商业银行贷款，借款人应当提供担保。商业银行应当对保证人的偿还能力，抵押物、质物的权属和价值以及实现抵押权、质权的可行性进行严格审查。”质权人应对应收账款的真实性、应收账款债务人的抗辩等进行全面审查，对应收账款当事人之间是否存在应收账款等进行核查，以防范日后的资金损失。

（四）质权人审查的要点和内容。

一方面，要审查基础交易合同的真实性，质权人仅凭应收账款债权人提供的交易合同确认应收账款并不能认为其履行了合理的审查程序，必要时可通过实地考察、要求出质人提供交易双方往来磋商电文等方式确认基础交易的真实性。另一方面，要审查借款人是否已经履行交易合同项下的交易义务，比如要求出质人提供相应证明如增值税发票、发货凭证等。

质权人核查应收账款真实性的一个重要方式就是向次债务人发送质押确认通知，视次债务人是否提出异议以及异议数额来确定是否接受应收账款质押或者授信的额度。在很多案件中，质权人都因为没有通知次债务人，在次债务人日后提出异议和抗辩时，质权最终未能顺利实现。

相关规定

《应收账款质押登记办法》

第二条第一款　本办法所称应收账款是指权利人因提供一定的货物、服务或设施而获得的要求义务人付款的权利以及依法享有的其他付款请求权，包括现有的和未来的金钱债权，但不包括因票据或其他有价证券而产生的付款请求权，以及法律、行政法规禁止转让的付款请求权。

第二十四条　质权人开展应收账款质押融资业务时，应当严格审核确认应收账款的真实性，并在登记公示系统中查询应收账款的权利负担状况。

第二十五条　质权人、出质人和其他利害关系人应当按照登记公示系统提示项目如实登记，并对登记内容的真实性、完整性和合法性负责。办理登记时，存在提供虚假材料等行为给他人造成损害的，应当承担相应的法律责任。

《中华人民共和国民法典》

第四百二十七条　设立质权，当事人应当采用书面形式订立质押合同。

质押合同一般包括下列条款：

（一）被担保债权的种类和数额；

（二）债务人履行债务的期限；

（三）质押财产的名称、数量等情况；

（四）担保的范围；

（五）质押财产交付的时间、方式。

《最高人民法院关于适用〈中华人民共和国民法典〉有关担保制度的解释》

第六十一条第一款 以现有的应收账款出质，应收账款债务人向质权人确认应收账款的真实性后，又以应收账款不存在或者已经消灭为由主张不承担责任的，人民法院不予支持。

第六十一条第二款 以现有的应收账款出质，应收账款债务人未确认应收账款的真实性，质权人以应收账款债务人为被告，请求就应收账款优先受偿，能够举证证明办理出质登记时应收账款真实存在的，人民法院应予支持；质权人不能举证证明办理出质登记时应收账款真实存在，仅以已经办理出质登记为由，请求就应收账款优先受偿的，人民法院不予支持。

五、保理行业强监管信号下，保理资质的有无会影响合同效力吗？

> **阅读提示：** 商业保理公司有保理牌照吗？保理业属于特许经营行业吗？一般所说的保理资质到底是什么？该资质的有无是否会影响所签订的保理合同的效力？银保监会于2019年10月发布的《关于加强商业保理企业监督管理的通知》以及北京市地方金融监督管理局2020年4月印发的《北京市商业保理公司监督管理指引（试行）》将对保理行业带来什么影响？本文以司法案例切入来分析这些问题。

裁判要旨

在将来对包括保理在内的金融业强监管背景下，若商业保理公司未取得金融监管部门的行政许可审批，所涉的保理合同将会被认定为借贷法律关系。

基本案情[①]

中某公司与枣庄骏某公司签订《售后回租合同》，该合同项下枣庄骏某公司应向中某公司支付的租金共计3548730元。

中某公司与易某保理公司签订《公开型有追索权国内保理合同》（以下简称《保理合同》），约定中某公司将其在上述《售后回租合同》项下对枣庄骏某公司享有的未到期应收账款转让给易某保理公司，易某保理公司向中某公司支付保理预付款3420000元。该债权转让已经通知枣庄骏某公司，并经对方确认。

三方还签订了《委托首付款协议书》，中某公司委托易某保理公司代付费项目为中某公司与枣庄骏某公司签订的《车辆买卖合同》中的项目款项3420000元，易某保理公司向枣庄骏某公司转账3420000元。

之后，易某保理公司因未能收回保理融资款，起诉了枣庄骏某公司，双方达成了调解协议：枣庄骏某公司欠易某保理公司应收账款本金318万元及逾期利息27.6

---

① 案例来源：山东易某商业保理有限公司与中某融资租赁（深圳）有限公司等民间借贷纠纷二审民事裁定书【（2019）鲁01民终6431号】。

万元，枣庄骏某公司分批支付易某保理公司应收账款本金及逾期利息。

因枣庄骏某公司对上述民事调解书中的318万元应收账款债务全部未能履行，易某保理公司又起诉了中某公司、枣庄骏某公司及其他保证人。

诉讼中，中某公司辩称原告因不具有经营保理业务资质，保理合同为无效合同，本案实质是易某保理公司与枣庄骏某公司之间的民间借贷关系，易某保理公司要求中某公司在枣庄骏某公司欠付易某保理公司的应收账款318万元范围内对易某保理公司享有的上述应收账款债权承担反转让责任，没有事实和法律依据。

济南高新区管委会地方金融监督管理局出具《关于山东易通商业保理公司有关情况的回复》函复：1. 山东易某商业保理公司成立于2017年7月24日，是区内在营商业保理公司，具有经营国内保理业务的资质。目前公司各项保理业务正常开展，能按要求报送经营月报。2. 目前，商业保理公司属于持照经营，须在工商营业执照规定的经营范围内开展相应保理业务，无需其他行政部门审批。

争议焦点

涉案保理合同是否有效？中某公司是否应该在枣庄骏某公司欠付易某保理公司的应收账款318万元范围内对易某保理公司享有的上述应收账款债权承担反转让责任？

裁判要旨

山东省济南市高新区基层人民法院认为：

（一）易某保理公司的经营范围为国内保理、出口保理及商业保理相关的咨询服务及软件开发，其不具有贸易融资的相应经营资质，本案所涉法律关系应为民间借贷纠纷。

保理是以应收账款转让为前提的综合性金融服务，根据《商务部关于商业保理试点有关工作的通知》规定，从事商业保理业务，为企业提供贸易融资、销售分户账管理、客户资信调查与评估、应收账款管理与催收、信用风险担保等服务，应设立商业保理公司，并不得混业经营，不得从事吸收存款、发放贷款等金融活动。并且，自2018年4月20日起，商业保理公司、融资租赁公司等业务经营和监管规则职责转为中国银行保险监督管理委员会履行。

本案中，易某保理公司的经营范围为国内保理、出口保理及商业保理相关的咨询服务及软件开发，其不具有贸易融资的相应经营资质，中某公司与枣庄骏某公司之间的融资租赁合同所涉售后回租的租赁物为枣庄骏某公司的全部待售车辆，由中某公司购买后再将车辆回租给枣庄骏某公司，由枣庄骏某公司对外出售，双方不构成融资租赁合同关系，其实质为民间借贷法律关系。因此，本案所涉法律关系应为民间借贷纠纷。

（二）易某保理公司已经向债务人枣庄骏某公司主张了权利，再次起诉违反“一事不再理”原则。

易某保理公司系通过债权转让的方式取得了对枣庄骏某公司享有的债权即本案债权，易某保理公司亦于2018年7月9日向一审法院起诉枣庄骏某公司主张了该笔债权，并与枣庄骏某公司达成了新的债务履行调解意见，截至目前，该调解书确认的枣庄骏某公司的部分支付义务履行期限尚未届满。因一审法院已对涉案债权、债务作出处理，易某保理公司再次起诉主张权利，属于“一事不再理”的情形，故一审法院不予处理。

综上，一审法院裁定：驳回山东易某商业保理有限公司的起诉。

山东省济南市中级人民法院认为：

（一）易某保理公司是所属地方金融监督管理局批准设立的商业保理公司，该公司营业范围为国内保理，出口保理，与商业保理相关的咨询服务，易某保理公司具有经营国内保理业务的资质。

构成保理法律关系，应当同时具备以下几个基本条件：（1）保理商必须是依照国家规定、经过有关主管部门批准可以开展保理业务的金融机构和商业保理公司；（2）保理法律关系应当以债权转让为前提；（3）保理商与债权人应当签订书面的保理合同；（4）保理商应当提供下列服务中的至少一项：融资、销售分户账管理、应收账款催收、资信调查与评估、信用风险控制及坏账担保。

就本案而言，易某保理公司是经济南高新区管委会地方金融监督管理局批准设立的商业保理公司，该公司营业范围为国内保理，出口保理，与商业保理相关的咨询服务，易某保理公司具有经营国内保理业务的资质，一审法院认定易某保理公司不具备相应资质不当，应予以纠正。

（二）涉案保理合同为公开型有追索权的保理合同，易某保理公司有权同时向中某公司、枣庄骏某公司主张债权。

涉案保理合同为公开型有追索权的保理合同，涉案合同约定“中某公司保证无条件按本合同约定在每笔保理预付款到期（含提前到期）前按时、足额向乙方支付保理预付款本息及全部应付款项。中某公司同意，在易某保理公司向中某公司反转让应收款之前，易某保理公司有权作为应收账款的债权人向买方进行追索，且易某保理公司向买方追索不影响、削弱易某保理公司向中某公司追索的权利，易某保理公司有权同时向中某公司与买方进行追索，中某公司承诺不提出任何异议。”按照涉案保理合同的性质及双方上述合同约定，易某保理公司有权向中某公司、枣庄骏某公司主张权利。

一审法院以易某保理公司已与枣庄骏某公司签订调解协议再次起诉主张权利违反“一事不再理”原则，驳回易某保理公司的起诉不当，应予以纠正。

案例延伸阅读

案例一：中某六局第三建筑工程有限公司与铜某融资租赁（上海）有限公司民间借贷纠纷案【上海高院（2019）沪民终468号】

该案中，中某六局三公司与铜某公司签订了《有追索权保理合同》，双方约定：中某六局三公司在基础合同项下对永某湖公司和绿某公司合法享有应收账款，中某六局三公司拟将应收账款转让给铜某公司，铜某公司同意受让应收账款，并为中某六局三公司提供贸易/应收账款融资、客户资信调查与评估、应收账款管理与催收等部分或全部内容的综合性保理服务。同时在发生本合同约定的回购事件时，铜某公司有权要求中某六局三公司立即按本合同约定回购应收账款。另查明铜某公司系设立在中国（上海）自由贸易试验区的有限责任公司。其经营范围包括：融资租赁业务；租赁业务、向国内外购买租赁财产；租赁财产的残值处理及维修；租赁交易咨询和担保；从事与主营业务有关的商业保理业务（依法须经批准的项目，经相关部门批准后方可开展经营活动）。之后，因为案涉应收账款未能如期回款，铜某公司诉至法院，要求判令中某六局三公司对其转让给铜某公司的全部应收账款未清偿部分履行一次性回购义务。

铜某公司主张其与中某六局三公司之间属于保理合同关系，应根据《有追索权保理合同》的约定确定中某六局三公司的义务和责任。

上海市高级人民法院认为：

铜某公司的主营范围为融资租赁业务，根据其营业执照载明的经营范围，其可兼营与主营业务相关的商业保理业务。根据《商务部办公厅关于融资租赁行业推广中国（上海）自由贸易试验区可复制改革试点经验的通知》等相关规定，“兼营与主营业务相关的商业保理业务”是指该等业务必须与租赁物及租赁客户有关。本案中，铜某公司与中某六局三公司没有融资租赁业务往来，也即铜某公司与中某六局三公司开展了与铜某公司主营业务无关的保理业务，该交易行为已超出铜某公司的特许经营范围。经营商业保理业务必须获得相应的行政许可，铜某公司不具有本案系争的保理融资交易的经营资质，故对其关于双方系保理融资关系的主张，一审法院不予支持。

案例二：上海通某商业保理有限公司与太原市荣某酒业有限公司、王某、李某保理合同纠纷二审民事判决书【（2018）晋01民终2947号】

该案中，荣某酒业公司辩称：通某保理公司为其提供的业务为保理融资，但该项业务需要前置审批程序，由银监会批准并取得相关资质和牌照，方可进行保理融资业务。而通某保理公司并未取得上述许可且毫无资质，故双方所签订的各类合同均为无效合同，该无效合同中约定的账款管理费、违约金、律师代理费等均不能予以认可，以及由王某、李某对付款义务承担连带偿还责任的判决内容亦不能予以认可。

山西省太原市中级人民法院认为：

上诉人荣某酒业公司与被上诉人通某保理公司签订的《“好老板”保理融资服务合同》《好老板服务协议》，名为保理融资，实为借贷，系当事人的真实意思表示，合同依法成立并发生效力。即便被上诉人超越经营范围，也非合同无效的理由。被告太原市荣某酒业有限公司未按约定履行还款义务，违反了合同约定，应当按照合同约定向原告上海通某商业保理有限公司支付违约金160000元（800000×20%）。原、被告在签订《“好老板”保理融资服务合同》时，既约定违约金，又约定滞纳金，均属于合同无法履行或非正常履行的法律后果，旨在恢复或补偿受损害的合同关系或合同利益，同属于损害赔偿责任的内容，而本案约定的违约金已弥补其损失，故原告上海通某商业保理有限公司要求支付滞纳金的请求，不予支持。原告上海通某商业保理有限公司主张的律师代理费20000元，系其为实现债权而支出的费用，其主张金额未超出山西省发展和改革委员会、山西省司法厅《关于完善律师服务收费管理的通知》规定的标准，予以保障。被告王某、李某对被告太原市荣某酒业有限公司向原告的全部债务承担连带责任，原告上海通某商业保理有限公司要求被告王某、被告李某按约定的保证范围及保证方式承担保证责任的诉请，符合法律规定。

案例三：广西异某科技有限公司、罗某等与英某（上海）商业保理有限公司、吴某其他合同纠纷二审民事判决书【（2019）沪74民终680号】

关于第一项争议焦点，异某科技公司主张英某保理公司没有保理牌照，涉案

《国内保理合同》是名为保理实为借贷的法律关系。

上海金融法院认为：

参照《中国（上海）自由贸易试验区商业保理业务管理暂行办法》第二条的规定，即“商业保理业务是指供应商与保理商通过签订保理协议，供应商将现在或将来的应收账款转让给保理商，从而获取融资，或获得保理商提供的分户账管理、账款催收、坏账担保等服务”，英某保理公司营业执照中载明的经营范围为：从事与本公司所受让的应收账款相关的应收账款融资、销售分账户管理、应收账款催收、坏账担保。其在本案中的诉讼主张未超越其经营范围或者违反了法律法规的禁止性规定；同时，具有真实的应收账款转让关系，是判断构成保理法律关系的关键要素，现英某保理公司提供了异某科技公司与案外人烽火公司的设备采购合同及相应的交易关系证明文件，并在保理合同中对该合同项下648万元应收账款转让给英某保理公司，可以依法认定英某保理公司与异某科技公司之间存在真实的应收账款转让关系，英某保理公司与异某科技公司签订的《国内保理合同》系当事人真实意思的表示，内容不违反法律、行政法规的强制性规定，保理法律关系依法成立，合同有效，当事人理应恪守，异某科技公司的主张无事实和法律依据，不予采纳。

案例四：广东英某股份有限公司、吴某英与乾某融资租赁（上海）有限公司借款合同纠纷二审民事判决书【（2019）沪74民终921号】

融资人英某公司辩称，乾某公司未取得商业保理的金融牌照，因此双方之间的保理合同无效，吴某英签订的保证合同无效，不应承担担保责任。

上海金融法院认为：

本案的争议焦点为英某公司与乾某公司之间的法律关系究竟系保理关系抑或借款合同关系，以及英某公司、吴某英应承担何种法律责任。

首先，从涉案《商业保理合同》及补充协议看，双方并未将应收转款作为第一还款来源，乾某公司也并未进行应收账款的催收，故合同的实际履行并不符合保理业务的实质特征，且乾某公司明确认可双方之间系借款合同关系。

其次，根据合同及补充协议的内容和当事人的陈述，合同的性质实为借款协议，理由包括：1. 保理合同签订后，乾某公司以应收账款转让款的名义向英某公司支付600万元，视为借款交付；2. 保理合同中约定的合同期限为自乾某公司向英某公司支付转让价款之日起12个月，以及补充协议中约定了由英某公司对应收账款进行回购和资金占用费的分期支付时间，应当视为约定的借款期限及商定的延期还款和支付利息的期限，亦即还款方式；3. 合同中约定的受让价款年利率为19%，显然是借款利率的约定；4. 合同还约定了逾期付款违约金，也是对约定的年利率标准低于法律规定的借款利率上限的一种补充；5. 双方约定的所谓应收账款转让后又回购，不符合合同法规定的债权转让法律要件，故排除这一点后，合同中的其余约定，均为典型的借款关系。

综上，乾某公司与英某公司之间的借款法律关系合法有效。现英某公司对借款拖欠不还，显属违约，应承担相应的民事责任。乾某公司要求英某公司归还借款、承担资金占用费和违约金的诉讼请求，合法有据，依法予以支持。

法院观点评述

（一）国家对商业保理企业的监管现状及释放的未来强监管信号。

商业保理是一整套基于保理商和供应商之间所签订的保理合同的金融方案，包括融资、信用风险管理、应收账款管理和催收服务。虽然国家对商业保理企业的监管中没有设立商业保理公司需要行政许可审批的规定，但各地实践中，一直都在由金融监管部门开展审批工作，所以，才会有保理牌照这个说法，以及没有保理牌照，所签订的保理合同无效的观点，比如上述延伸阅读案例一中，上海高院就认为经营商业保理业务必须获得相应的行政许可，不具有该经营资质的，不能认定为保理融资关系。但因为保理资质一直没有明文规定，所以，法院审理中，对这个问题有时也不会深究，只要公司营业执照所载的经营范围中含有保理业务，就认为该公司有保理资质。

近几年来，国家已经释放出对商业保理进行强监管的信号，比如中国银保监会办公厅 2019 年 10 月发布的《关于加强商业保理企业监督管理的通知》在（十九）条中就明确提出“新设审批”这一监管措施。另外，北京市地方金融监督管理局 2020 年 4 月 7 日印发的《北京市商业保理公司监督管理指引（试行）》第五条明确规定：“申请设立商业保理公司，应当经市金融监管局批准。商业保理公司的名称中应当标明‘商业保理’字样。未经市金融监管局批准，任何单位和个人不得经营商业保理业务，任何单位不得在名称中使用“商业保理”等可能被公众误解为其经营商业保理业务的字样。”

届时，在包括保理在内的金融强监管背景下，保理合同效力与保理资质将可能密切关联。

（二）保理业是否属于特许经营行业及所涉保理合同的效力问题。

《民法典》第一百五十三条第一款规定：“违反法律、行政法规的强制性规定的民事法律行为无效。但是，该强制性规定不导致该民事法律行为无效的除外。”

同时，根据《全国法院民商事审判工作会议纪要》第30条关于“强制性规定的识别”的规定，强制性规定涉及金融安全及特许经营的一般应当认定为“效力性强制性规定”，另结合《最高人民法院关于适用〈中华人民共和国合同法〉若干问题的解释（一）》（现已失效）第十条规定：“当事人超越经营范围订立合同，人民法院不因此认定合同无效。但违反国家限制经营、特许经营以及法律、行政法规禁止经营规定的除外。”可以认为，违反国家特许经营规定的行为无效。

那么，问题是保理业是否属于国家特许经营的行业呢？目前因为没有法律明文规定，对此问题，各方莫衷一是。从上述案例来看，有的法院会考虑保理公司有没有获得行政许可，取得保理资质，但有的法院就不会去深究这个问题，法院审判观点存在不统一的现象。

但是，如上所述，在强监管信号下，将来在国家对于商业保理公司市场准入和新设审批发布了明文规定后，以未获得行政许可审批来否认保理合同效力可能会成为趋势。

实务经验总结

（一）对商业保理公司而言，保理合同被认定为借贷合同对其可能不利。

目前来看，法院一般不会审查商业保理公司的资质问题，但是，司法实践中也存在企业超越经营范围经营保理业务导致所签订的保理合同无效的案例；另外，具有真实的应收账款转让关系，是判断构成保理法律关系的关键要素，如果保理合同未将应收账款作为第一还款来源，保理合同被认定为借贷合同的可能性将大大增加。

一旦保理合同被认定无效，那么，其中所约定的账款管理费、违约金、利率都将无效，相应合同将按照借贷法律关系处理。从上述案例来看，即便认定为借贷关系，有的法院也会继续按照原来约定的利率、违约金、保证责任来要求融资人及其担保人继续承担还款责任。

那么，是否认定为借贷合同对保理商影响不大呢？

答案是否定的，在保理业务中，有追索权的保理业务模式居多，在有追索权的保理中，保理商有权对应收账款债务人和债权人同时主张清偿，相当于存在两个还款责任人；而借贷关系项下，保理商将只能向融资人主张还款，缺失了应收账款这一债权担保。

所以，对于要以保理为业的企业，还是应该按照省市地方金融监管局的规定，取得相应的行政许可审批，合法合规地从事商业保理业务。

（二）对融资方而言，应该按照诚实信用原则承担还款责任。

从上述案例来看，融资人如果被保理商起诉要求还款，其以保理合同无效作为抗辩理由并不能让自己免责，至多可能会因为保理合同无效导致合同中约定的保理商应收取的账款管理费、违约金、律师代理费等不能得到支持，因此有可能会减轻融资人的责任范围，但偿还借贷本金和资金占用费无论如何都不会被免除。

从上述案例来看，如果违约金、律师费都在合理范围，法院虽然会认定保理合同无效，应按照借贷关系处理，但也会继续按照保理合同约定的计算标准来认定融资人还款责任的范围。

所以，融资人在签署保理融资合同时，就应该对自己的责任范围有所预见，诚实信用地履行合同，避免无效抗辩。

相关规定

《全国法院民商事审判工作会议纪要》

30. **【强制性规定的识别】** 合同法施行后，针对一些人民法院动辄以违反法律、行政法规的强制性规定为由认定合同无效，不当扩大无效合同范围的情形，合同法司法解释（二）第14条将《合同法》第52条第5项规定的“强制性规定”明确限于“效力性强制性规定”。此后，《最高人民法院关于当前形势下审理民商事合同纠纷案件若干问题的指导意见》进一步提出了“管理性强制性规定”的概念，指出违反管理性强制性规定的，人民法院应当根据具体情形认定合同效力。随着这一概念的提出，审判实践中又出现了另一种倾向，有的人民法院认为凡是行政管理性质的强制性规定都属于“管理性强制性规定”，不影响合同效力。这种望文生义的认定方法，应予纠正。

人民法院在审理合同纠纷案件时，要依据《民法总则》第153条第1款和合同法司法解释（二）第14条的规定慎重判断“强制性规定”的性质，特别是要在考量强制性规定所保护的法益类型、违法行为的法律后果以及交易安全保护等因素的基础上认定其性质，并在裁判文书中充分说明理由。下列强制性规定，应当认定为“效力性强制性规定”：强制性规定涉及金融安全、市场秩序、国家宏观政策等公序良俗的；交易标的禁止买卖的，如禁止人体器官、毒品、枪支等买卖；违反特许经营规定的，如场外配资合同；交易方式严重违法的，如违反招投标等竞争性缔约方式订立的合同；交易场所违法的，如在批准的交易场所之外进行期货交易。关于经营范围、交易时间、交易数量等行政管理性质的强制性规定，一般应当认定为“管理性强制性规定”。

《中华人民共和国民法典》

第七百六十一条 保理合同是应收账款债权人将现有的或者将有的应收账款转让给保理人，保理人提供资金融通、应收账款管理或者催收、应收账款债务人付款担保等服务的合同。

《中国银保监会办公厅关于加强商业保理企业监督管理的通知》

（十九）银保监会负责制定商业保理企业业务经营和监管规则。各省（区、市）人民政府负责对辖内商业保理企业实施监督管理。各金融监管局具体负责统一归口监管。除新设审批和行政处罚外，各金融监管局可授权省级以下地方金融监管部门负责其他监管工作。建立专职监管员制度，专职监管员的人数、能力要与被监管对象数量相匹配。

《北京市商业保理公司监督管理指引（试行）》

第五条 申请设立商业保理公司，应当经市金融监管局批准。商业保理公司的名称中应当标明“商业保理”字样。未经市金融监管局批准，任何单位和个人不得经营商业保理业务，任何单位不得在名称中使用“商业保理”等可能被公众误解为其经营商业保理业务的字样。中国银行保险监督管理委员会（以下简称银保监会）另有规定的除外。

六、融资租赁公司擦边球从事商业保理业务的合同效力

阅读提示：根据《商务部办公厅关于融资租赁行业推广中国（上海）自由贸易试验区可复制改革试点经验的通知》的规定，商务部决定将中国（上海）自由贸易试验区融资租赁行业改革试点经验在全国范围内推广，允许融资租赁公司兼营与主营业务有关的商业保理业务。此前，《中国（上海）自由贸易试验区商业保理业务管理暂行办法》第五条规定，“融资租赁公司可申请兼营与主营业务有关的商业保理业务，即与租赁物及租赁客户有关的上述业务。”

裁判要旨

根据上述规定可知，融资租赁公司可兼营的商业保理业务，应与租赁物及租赁客户有关，即融资租赁公司受让的客户应收账款，应当与融资租赁合同项下的租赁物有关，或者该客户应当为融资租赁的租赁客户。具体而言，融资租赁公司所受让应收账款的基础合同应当与其已承做业务的租赁物有关联，应收账款债权人或债务人应当属于其已承做的业务客户。

商务部的规范目的是希望融资租赁公司在其存量业务的基础上衍生保理业务。但是，现实中不少融资租赁公司打擦边球，做了不少与自身租赁物以及租赁客户无关的商业保理业务，从司法角度而言，如何认定此类合同的效力往往成为案件争议焦点。

法院裁判观点

根据案例研究结果，本文梳理归纳出司法实践中对上述问题存在的以下两种观点：

（一）融资租赁公司签订与其主营业务无关的“保理合同”已超出其特许经营范围，“保理合同”应按照民间借贷关系处理。

中某六局第三建筑工程有限公司与铜某融资租赁（上海）有限公司民间借贷纠纷案【（2019）沪民终468号】中，中某六局三公司与铜某公司签订了《有追索权保理合同》，双方约定：中某六局三公司在基础合同项下对永某湖公司和绿某公司合法享有应收账款，中某六局三公司拟将应收账款转让给铜某公司，铜某公司同意受让应收账款，并为中某六局三公司提供贸易/应收账款融资、客户资信调查与

评估、应收账款管理与催收等部分或全部内容的综合性保理服务。同时在发生本合同约定的回购事件时，铜某公司有权要求中某六局三公司立即按本合同约定回购应收账款。另查明铜某公司系设立在中国（上海）自由贸易试验区的有限责任公司。其经营范围包括：融资租赁业务；租赁业务、向国内外购买租赁财产；租赁财产的残值处理及维修；租赁交易咨询和担保；从事与主营业务有关的商业保理业务【依法须经批准的项目，经相关部门批准后方可开展经营活动】。之后，因为案涉应收账款未能如期回款，铜某公司诉至法院，要求判令中某六局三公司对其转让给铜某公司的全部应收账款未清偿部分履行一次性回购义务。

铜某公司主张其与中某六局三公司之间属于保理合同关系，应根据《有追索权保理合同》的约定确定中某六局三公司的义务和责任。

关于涉案"保理合同"的性质，法院判决认为：铜某公司的主营范围为融资租赁业务，根据其营业执照载明的经营范围，其可兼营与主营业务相关的商业保理业务。根据《商务部办公厅关于融资租赁行业推广中国（上海）自由贸易试验区可复制改革试点经验的通知》等相关规定，"兼营与主营业务相关的商业保理业务"是指该等业务必须与租赁物及租赁客户有关。本案中，铜某公司与中某六局三公司没有融资租赁业务往来，也即铜某公司与中某六局三公司开展了与铜某公司主营业务无关的保理业务，该交易行为已超出铜某公司的特许经营范围。经营商业保理业务必须获得相应的行政许可，铜某公司不具有本案系争的保理融资交易的经营资质，故对其关于双方系保理融资关系的主张，一审法院不予支持。

关于双方之间的法律关系认定，一审法院认为：鉴于铜某公司实际向中某六局三公司提供了融资服务，但其并非经金融监管部门批准设立的从事贷款业务的金融机构，系争《有追索权保理合同》也约定中某六局三公司分十二期向铜某公司支付保证金和手续费，保证金和手续费的金额即为铜某公司向中某六局三公司支付的应收账款转让款（借款本金）和利息，且铜某公司起诉要求中某六局三公司还款，并未向涉案应收账款的债务人主张权利，故铜某公司和中某六局三公司之间的融资关系性质属于民间借贷。铜某公司虽无贷款的经营范围，但其并非以发放贷款收入为其主要营业收入，故中某六局三公司认为借款应为无效的主张，一审法院未予采信。

在二审审理中，上述一审观点被二审上海市高级人民法院所认可。

（二）融资租赁公司虽超越经营范围签订"保理合同"，但保理合同的效力不受影响。

重庆鸿某锦盛融资租赁有限公司与王某碧、重庆双某建筑安装有限公司等合同纠纷一审民事判决书【（2017）渝04民初364号】中，2016年3月24日，原告鸿某租赁公司与被告福某投资公司、双某建筑公司签订了《重庆鸿某锦盛融资租赁有限公司保理合同》，原告作为保理人，双某建筑公司作为被保理人，福某投资公司作为应收账款债务人。保理合同约定，由原告向双某建筑公司一次性提供3200万元的保理融资资金，双某建筑公司将其对福某投资公司享有的数额为4000万元的应收账款通过债权转让的方式转让给原告。之后，因为鸿某租赁公司未收到任何款项，遂将福某投资公司、双某建筑公司诉至法院。

另查明：鸿某租赁公司成立于2014年12月10日，公司性质为国有。2015年11月9日，重庆市商业委员会向重庆市工商行政管理局出具《关于我市四家内资融资租赁公司兼营商业保理业务有关情况说明的函》，请该局允许包括鸿某租赁公司在内的四家公司申请工商注册变更登记时经营范围增加商业保理。2016年2月25日，鸿某租赁公司工商登记的经营范围为：融资租赁业务，机器设备租赁业务，租赁信息咨询服务，财务顾问业务。从事与融资租赁业务有关的商业保理业务（不得从事吸收存款、发放贷款等金融活动，禁止专门从事或受托开展催收业务，禁止从事讨债业务）。（依法须经批准的项目，经相关部门批准后方可开展经营活动）。

被告福某投资公司的其中一项抗辩主张是三方签订的保理合同实际是无效合同，理由是原告没有商业保理的资格，即便有商委出具的函，也只是载明在营业范围中可以增加保理的相关内容，虽然原告在经营范围中增加了保理的范围，但仅限于融资方面的，严禁吸收存款发放贷款的项目，本案虽然没有吸收存款，但发放贷款的事实存在，已经超出了保理范围，根据商务部关于商业保理的相关通知和回复，商业保理不光是进行相关业务还应有相关条件，鸿某租赁公司的名字必须有商业保理几个字，而且保理合同中必须要发生债权债务的实质转移，三方签订的合同来看，债权并未发生转让，所以保理合同是无效合同。

重庆市第四中级人民法院认为：

根据重庆市商业委员会《关于我市四家内资融资租赁公司兼营商业保理业务有关情况说明的函》及鸿某租赁公司的营业执照中经营范围来看，鸿某租赁公司具有从事与融资租赁业务有关的商业保理业务的资质。

涉案《保理合同》的基础合同为福某投资公司与双某建筑公司之间的建设工程施工合同，鸿某租赁公司主营的融资租赁业务与建设工程所涉工程款没有关联，涉案《保理合同》中鸿某租赁公司开展的保理融资活动超出了其经营范围，根据《最高人民法院关于适用〈中华人民共和国合同法〉若干问题的解释（一）》第十条规定：“当事人超越经营范围订立合同，人民法院不因此认定合同无效。但违反国家限制经营、特许经营以及法律、行政法规禁止经营规定的情形除处。”本案中，鸿某租赁公司的行为虽然超越经营范围订立合同，但不存在违反国家限制经营、特许经营以及法律、行政法规禁止经营规定的情形，故鸿某租赁公司与双某建筑公司、福某投资公司之间签订的《保理合同》不存在《中华人民共和国合同法》第五十二条规定的合同无效的情形，且系各方当事人真实意思表示，合法有效，被告主张合同无效的理由不成立，本院不予支持。

总结

可见在融资租赁公司开展与其主营的融资租赁业务无关的保理业务是否属于违反国家特许经营这个问题上，上述两个案例中法院存在明显的观点分歧。第一例认为已经违反，第二例认为并未违反。

笔者认为，既然开展保理业务需要先行获得相应的行政许可资质，那么，该项业务就属于特许经营的范围，上述两个案件中，融资租赁公司的行为已经违反了特许经营的相关规定，不应该继续按照原保理合同的性质认定当事人之间的法律关系。

笔者认同第一例中上海高院的观点，否定保理法律关系，同时因融资租赁公司确实已经提供了资金，且没有以发放贷款为其主要营业收入，应适用民间借贷的规定明确当事人之间的权利义务关系。

七、应收账款是虚构的，保理人还能要求债务人还债吗？

阅读提示：保理业务的最大风险就是应收账款事后查明是虚构的，那保理人还能向债务人主张债权吗？在一些情况下是可以的。本文以多个最高法院的案例阐述，何种情形下债务人仍应承担清偿义务。

裁判要旨

双方当事人以虚构应收账款作为债权转让标的，并与第三人签订保理融资合同的，原则上应收账款债务人不得以应收账款不存在为由对抗保理人，但保理人在签订保理融资合同时明知基础合同是虚构的除外。

基本案情[①]

鑫某公司与华某铜业公司有多年业务往来，双方存在真实的货物买卖合同关系，且自 2010 年至 2014 年，鑫某公司将其对华某铜业公司的部分应收账款转让给汇丰银行某分行。

华某铜业公司在 2014 年给汇丰银行某分行出具了 11 份《承诺函》，明确同意将 2014 年长单合同（编号为 2014 - XPZL - 001）项下的应收账款转让给汇丰银行某分行，并承诺将相关款项付至指定账户。

汇丰银行某分行起诉至湖北高院要求华某铜业公司偿付债务 201489628.21 元及由此产生的利息。

华某铜业公司称 2014 年鑫某公司向汇丰银行某分行转让债权所涉的 2014 年长单合同（编号为 2014 - XPZL - 001）虚假，应收账款债权不存在。

争议焦点

汇丰银行某分行与鑫某公司、华某铜业公司是否有真实的债权转让关系，以及华某铜业公司应否向汇丰银行某分行承担付款责任？

---

① 案例来源：汇丰银行（中国）有限公司某分行、中铝华某铜业有限公司债权转让合同纠纷二审民事判决书【（2017）最高法民终 332 号】。

法院裁判观点

最高人民法院认为：

华某铜业公司在明知2014年长单合同虚假且没有应收账款的情况下，却给汇丰银行某分行出具《承诺函》予以确认，与鑫某公司存在通谋行为。虽然《中华人民共和国合同法》第八十二条规定，债务人接到债权转让通知后，债务人对让与人的抗辩，可以向受让人主张，但在债务人与让与人存在通谋的情况下是否仍然享有抗辩权，法律并没有明确规定。当事人从事民事活动，应当遵循诚信原则，恪守承诺，如果允许明知转让虚假债权的债务人以转让债权不存在来抗辩，则明显有违诚实信用等民法基本原则。双方当事人通谋所为的虚假意思表示，在当事人之间发生绝对无效的法律后果，但在虚假表示的当事人与第三人之间并不当然无效。当第三人知道该当事人之间的虚假意思表示时，虚假表示的无效可以对抗该第三人；当第三人不知道当事人之间的虚假意思表示时，该虚假意思表示的无效不得对抗善意第三人。本案中，华某铜业公司没有证据证明汇丰银行某分行知道或应当知道2014年长单合同系变造以及华某铜业公司出具《承诺函》中承诺支付的款项已经支付给鑫某公司，因此，华某铜业公司不能免除其所承诺的付款责任。

案例延伸阅读

案例一：中国工商银行股份有限公司乌鲁木齐某支行与中某物资集团新疆有限公司、广州诚某金属公司合同纠纷二审民事判决书【（2014）民二终字第271号】

最高人民法院认为：

保理融资业务是一种以应收账款债权的转让为核心的综合性金融服务业务，商业银行开展保理融资业务，固然应当以真实、合法、有效的应收账款转让为前提，但应收账款债权得以产生的货物销售、服务提供等基础合同系存在于债权人和债务人之间，保理银行并非基础合同的当事人，故基础合同无效并不当然导致保理业务合同无效。根据民法基本原理，双方当事人通谋所为的虚伪意思表示，在当事人之间发生绝对无效的法律后果。但在虚伪表示的当事人与第三人之间，则应视该第三人是否知道或应当知道该虚伪意思表示而发生不同的法律后果：当第三人知道该当事人之间的虚伪意思表示时，虚伪表示的无效可以对抗该第三人；当第三人不知道当事人之间的虚伪意思时，该虚伪意思表示的无效不得对抗善意第三人。据此，在基础合同因债权人和债务人双方通谋实施的虚伪意思表示而无效的情况下，保理业务合同并不当然因此而无效。本案中，在债务人中某新疆公司以应收账款不真实为由向债权受让人工行某支行提出抗辩时，保理业务合同是否有效取决于工行某支行在签订保理业务合同时是否有理由相信应收账款债权真实、合法、有效，即其对债务人中某新疆公司所主张的债权不真实瑕疵是否知道或应当知道。一审判决关于在债务人对应收账款的真实性提出异议时应当审查应收账款的真实性，如果应收账款债权虚假则应当认定保理融资合同无效的论理逻辑，未能准确区分虚伪意思表示在当事人之间的效力和对第三人的效力，本院予以纠正。

本案中，中某新疆公司就其关于工行某支行对应收账款虚假一事明知并积极配合的诉讼主张，提交了相关证据。本院认为，上述证据并不能够证明工行某支行参与了本案当事人之间买卖合同的缔约过程，亦不能证明工行某支行应当知道涉案债权的基础合同系中某新疆公司和诚某公司之间的虚伪意思表示。与此相反，工行某支行在本案中已经举证证明其在办理涉案保理业务之前已经以《应收账款保理业务确认书》的形式向中某新疆公司和诚某公司确认了买卖合同的真实性，并审查了双方提交的买卖合同、出入库单据及增值税发票的真实性。据此应当认定，中某新疆公司和诚某公司向工行某支行提交的相关文件，足以使工行某支行产生合理信赖并有理由相信涉案应收账款债权真实、合法、有效。因此，即便中某新疆公司和诚某公司之间的涉案买卖合同确系虚伪意思表示，双方亦不得以此对抗作为善意第三人的工行某支行。

因工行某支行和诚某公司已于2013年3月5日将涉案债权转让事宜以《应收账款保理业务确认书》的方式通知了中某新疆公司，故该债权转让对中某新疆公司发生约束力，中某新疆公司应当依约向工行某支行归还债务。

案例二：某华润银行股份有限公司与江西省某燃料有限公司、广州某煤炭销售有限公司保理合同纠纷再审案【（2017）最高法民再164号】

在该案中，最高人民法院认为根据民法基本原理，双方当事人通谋所为的虚伪意思表示，在当事人之间发生绝对无效的法律后果。但在虚伪表示的当事人与第三人之间，则应视该第三人是否知道或应当知道该虚伪意思表示而发生不同的法律后果：当第三人知道该当事人之间的虚伪意思表示时，虚伪表示的无效可以对抗该第三人；当第三人不知道当事人之间的虚伪意思表示时，该虚伪意思表示的无效不得对抗善意第三人。据此，江西某燃料公司关于案涉应收账款虚假的诉讼理由能否对抗某华润银行，取决于某华润银行在受让债权时是否善意。本案中，某华润银行在签订案涉《国内保理业务合同》之前，不仅审核了广州某煤炭公司提交的《煤炭买卖合同》和增值税发票的原件，还指派工作人员王永刚到江西某燃料公司调查贸易背景的真实性，并对江西某燃料公司签署《应收账款转让确认书》《应收账款转让通知确认书》等行为进行面签见证，向江西某燃料公司送达了《应收账款转让通知书》，应当认定在案涉保理合同签订之前，某华润银行已经就基础债权的真实性问题进行了必要的调查和核实，广州某煤炭公司和江西某燃料公司共同向某华润银行确认了基础债权真实、合法、有效，某华润银行已经尽到了审慎的注意义务，其有理由相信广州某煤炭公司对江西某燃料公司享有46115344.70元债权。一审判决关于某华润银行受让的应收账款债权并非真实合法有效的债权，江西某燃料公司有权以应收账款债权系虚假债权为由拒绝向某华润银行履行清偿义务的认定，未能准确区分虚伪意思表示在当事人之间的效力和对第三人的效力，本院予以纠正。

实务经验总结

（一）基础合同无效事由能否对抗债权受让人?

根据上述最高人民法院的裁判观点，保理融资业务是一种以应收账款债权转让为核心的综合性金融服务，保理人开展保理融资业务，固然应当以真实、合法、有效的应收账款转让为前提，但应收账款债权得以产生的货物销售、服务提供等基础合同是存在于债权人与债务人之间，保理人并非基础合同的当事人，故基础合同无效并不当然导致保理业务合同无效。债权人与保理人签订保理融资合同，当基础合同无效时，实际的应收账款不存在，一味地将保理融资合同认定无效，则不符合保理融资业务的目的，不利于该行业良好发展。易言之，如果保理人明知基础合同无效事由，仍与债权人签订保理融资合同的，该合同无效；反之，善意的保理人值得法律保护，以打击债权人与债务人通谋骗取融资的不法行为。

（二）《应收账款确认书》中作出无异议（无抗辩、抵销权等）承诺函对保理人的利弊分析。

"无异议承诺"指的是债务人对债权转让通知的确认，并表示认可债权真实存在，放弃日后的抗辩。债务人事先向保理人作出无异议承诺具有一定的合理性，因为保理融资业务中，正是基于保理人的垫资行为，才使得基础合同交易顺利进行，相当于保理人提前为应收账款债务人承担了债务，所以，应收账款债务人有此动机向保理人作出对债权无异议的承诺。

法律规定债权转让后债务人享有的“抗辩权”和“抵销权”，是为了保护债务人的利益不因债权转让而受到损害，如果债务人向保理人预先放弃上述权利，属于其对自己权利的处分，法律自无否认其效力的必要；而且，实际上，债务人的实体权利并不因此而消灭，其仍可以向原债权人主张上述权利。

如果应收账款是债权人和债务人通谋虚构的，债务人作出该无异议承诺会进一步强化保理人的合理信赖，那么，日后，债务人更无权以应收账款虚假为由对抗保理人的债权请求权。

虽然《民法典》第七百六十三条已经明文规定，应收账款债权人与债务人通谋虚构应收账款的，债务人将不能以应收账款不真实为由对抗保理人。但是，届时，保理人还是会受到来自债务人关于应收账款虚假的抗辩，对保理人而言，在权利受阻时还需要费时费力地维护本应该享有的权益。所以，无异议承诺函给保理人在审查应收账款真实性时带来了更高的风险和挑战，那就是可能存在债务人以无异议函来骗取保理人信赖的情况。

（三）如何防范受让虚假应收账款给保理人带来的风险？

1. 风险描述：债权人与债务人勾结利用伪造、变造发票、旧票新用、一票多用、虚假合同等方式，以及上下游关联企业在日常买卖中出现的货款互抵，由此导致保理人资金回款落空。

2. 风险防范：

首先，保理人应审慎选择客户。选择履约能力强、商业信誉较好的客户，尽量避免关联企业交易的客户。

其次，严把合同审查关。保理融资业务是一项专业程度高、技术性强的金融创新活动，涉及基础合同与保理融资合同，须加强对上述合同的审查。

此外，保理人也须加强其从业人员培训，提高风险防范意识，防止客户以虚假应收账款办理保理业务。

相关规定

《中华人民共和国民法典》

第五百四十八条 债务人接到债权转让通知后，债务人对让与人的抗辩，可以向受让人主张。

第七百六十三条 应收账款债权人与债务人虚构应收账款作为转让标的，与保理人订立保理合同的，应收账款债务人不得以应收账款不存在为由对抗保理人，但是保理人明知虚构的除外。

《天津市高级人民法院关于审理保理合同纠纷案件若干问题的审判委员会纪要（二）》

三、债务人对应收账款进行确认的效力：

债权人向保理商转让现有的已确定的应收账款债权时，债务人仅对应收账款债权数额、还款期限进行确认的，债务人可以就基础合同项下的应收账款行使抗辩权。债务人对应收账款债权数额、还款期限以及基础合同、交付凭证、发票等内容一并进行确认的，或者保理合同中对应收账款性质、状态等内容的具体表述已作为债权转让通知或者应收账款确认书附件的，根据诚实信用原则，可以作为债务人对基础合同项下的应收账款不持异议的有效证据，但债务人能够提供其他证据足以推翻的除外。债务人仅以应收账款不存在或者基础合同未履行为由提出抗辩的，不予支持。债权人向保理商转让未来的应收账款债权时，债务人对应收账款债权进行确认的，不影响其行使基础合同项下的抗辩权。

《深圳前海合作区人民法院关于审理前海蛇口自贸区内保理合同纠纷案件的裁判指引（试行）》

第十三条 债权转让人与第三人虚构基础合同关系，并以无真实交易关系的应收账款债权作为转让标的，与保理商订立应收账款转让合同，善意保理商请求撤销该合同，并向债权转让人主张返还财产、赔偿损失等法律责任的，应予支持。

第十四条 第三人或债务人向保理商确认基础合同债务的真实性，善意保理商主张合同有效，并请求债务人或第三人按照其确认的范围内为保理申请人的债务承担清偿责任的，人民法院应予支持。

《商业银行保理业务管理暂行办法》

第十四条 商业银行受理保理融资业务时，应当严格审核卖方和/或买方的资信、经营及财务状况，分析拟做保理融资的应收账款情况，包括是否出质、转让以及账龄结构等，合理判断买方的付款意愿、付款能力以及卖方的回购能力，审查买卖合同等资料的真实性与合法性。对因提供服务、承接工程或其他非销售商品原因所产生的应收账款，或买卖双方为关联企业的应收账款，应当从严审查交易背景真实性和定价的合理性。

八、保理商对回款专户监控疏忽致资金流失，无权向次债务人追索！

> **阅读提示：** 应收账款债务人将应收账款汇入保理专用账户后，资金被融资人转走造成保理人财产损失，保理人能否要求应收账款债务人承担清偿责任？

裁判要旨

应收账款债务人将应收账款汇入保理专用账户后，即发生债务清偿的效果。若保理人未尽合理注意义务，导致资金流失的，应当自行承担相应的法律后果。

基本案情①

平安银行某分行与华某公司签订《保理合同》，由平安银行某分行向华某公司发放六笔融资贷款，共计 7940 万元，每笔融资款项下华某公司均将一笔应收账款转让给平安银行某分行。

次债务人恒某公司共向保理专户支付六笔款项，共计 9993.045 万元，已超过银行发放的融资款。对于六笔款项中的前两笔，华某公司以该款项系其与恒某公司的历史应收款为由申请将该款转出，平安银行某分行在并未就此问题向恒某公司核实的情况下即同意华某公司转走。

平安银行某分行将恒某公司后续支付的四笔款项清偿了银行的前两笔融资款，而后四笔 4000 万元融资款未得到清偿，遂向恒某公司主张履行。

争议焦点

恒某公司支付的前两笔款项是否已经产生了清偿的效果，恒某公司是否应当向平安银行某分行承担继续履行的责任。

---

① 案例来源：上诉人平安银行股份有限公司某分行与被上诉人厦门恒某集团有限公司、福建华某电源实业有限公司、陈某、杨某耀、陈某 1、福建天某无纺布有限公司金融借款合同纠纷一案民事判决书【(2016) 闽民终 1059 号】；平安银行股份有限公司某分行、厦门恒某集团有限公司金融借款合同纠纷再审审查与审判监督民事裁定书【(2017) 最高法民申 4049 号】。

法院裁判观点

福建省高级人民法院认为：

华某公司向恒某公司发出的本案讼争保理合同项下的六份《应收账款转让通知书》共涉及六笔应收账款，总计金额99486751.68元。本案中，平安银行某分行就其中的四笔主张权利。根据在案证据显示，恒某公司共向讼争保理专户汇款100647886.35元，已履行了上述六笔应收账款的支付义务，自然也包括了本案讼争的四笔应收账款的支付。

平安银行某分行主张恒某公司于2013年6月7日支付的30260450元并非本案保理项下应收账款，故其已依照华某公司《保理户专户转款申请书》的要求，将该笔款项支付给华某公司。对此，本院认为，该笔款项涉及应收账款的债务人恒某公司的利益，平安银行某分行未向恒某公司核实，依据华某公司单方申请即将该笔款项支付给华某公司，应自行承担相应的法律后果。

最高人民法院认为：

案涉保理专户系专为应收账款融资而设，平安银行某分行在贷款实际发放后应当注意到恒某公司付款、华某公司转款的事实，且恒某公司在付款时已经注明该款项系保理融资业务项下购销合同所对应的应收账款，若平安银行某分行稍加注意，足以发现案涉保理专户中的款项异常收付情况，并能够采取有效的措施防止损失的发生。对前述2013年6月7日平安银行某分行签发的银行承兑汇票项下的融资款项，恒某公司于2013年6月7日向保理专户支付3026.045万元，华某公司以该款项系其与恒某公司的历史应收款为由申请将该款转出，平安银行某分行在并未就此问题向恒某公司核实的情况下即同意华某公司转走。根据上述情况，平安银行某分行就该两笔款项的流失存在重大过失，原审判决关于平安银行某分行应当自行承担相应的法律后果的认定，符合本案的实际情况。

实务经验总结

（一）各方的风险防控措施

在保理融资业务中，债权人往往与债务人存在长期持续性的交易。我们在此类案件中发现，类似于进行保理融资所转让的应收账款归属于哪一个合同项下的债权，以及债务人的回款是对哪一个合同的偿付，都有可能会产生错乱混淆的现象。

如本案中，融资人就认为债务人汇入保理专户中的前两笔资金5000多万属于他们之间的历史应收款，不属于转让的范围，但事后发现，这两笔应收款已被转让。同时，保理银行也没有尽到审慎义务，未向债务人核实，也未注意到债务人在付款的备注信息，疏忽大意通过了原债权人的转款申请。

前事不忘、后事之师。为避免未来发生类似事件，本书提出如下建议：

1. 对于保理银行而言，在保理融资审查时，对于应收账款所对应的基础交易合同要能通过合同编号或者其他方式特定化，同时在向债务人发送债权转让通知时要求债务人付款时备注基础交易合同以及保理合同的编号。

2. 保理银行应当指定专人对保理专户资金进出情况进行监控，确保资金首先用于归还银行融资，像本案中，最高法院就认为若平安银行某分行稍加注意，就足以发现案涉保理专户中的款项异常收付情况，并能够采取有效的措施防止损失的发生。

3. 对于融资人而言，应该对其账款回收有一套管理系统，哪些属于历史回款，哪些属于已转让债权的回款，如果管理清晰，也不至于会发生本案的错误转款问题。

4. 对于债务人而言，一方面，在接到债权转让通知时，如果发现所涉债权自己已经履行完毕，就应该及时向另外两方说明情况，提出异议；另一方面，在清偿时，要清楚是对哪个合同项下债务的履行，以及该合同项下债权是否已经发生转让，避免将资金汇入原债权人的非保理账户中，导致被保理银行要求重复清偿。

（二）保理银行的损失救济方式

就本案而言，虽然平安银行某分行不能再向恒某公司要求清偿，但还是可以向华某公司主张不当得利之债，要求其返还所转款项和相应利息。

相关规定

《最高人民法院关于适用〈中华人民共和国民法典〉有关担保制度的解释》

第六十一条第三款 以现有的应收账款出质，应收账款债务人已经向应收账款债权人履行了债务，质权人请求应收账款债务人履行债务的，人民法院不予支持，但是应收账款债务人接到质权人要求向其履行的通知后，仍然向应收账款债权人履行的除外。

《商业银行保理业务管理暂行办法》

第十七条 商业银行办理单保理业务时，应当在保理合同中原则上要求卖方开立用于应收账款回笼的保理专户等相关账户。商业银行应当指定专人对保理专户资金进出情况进行监控，确保资金首先用于归还银行融资。

《天津市高级人民法院关于审理保理合同纠纷案件若干问题的审判委员会纪要（二）》

七、保理专户中保理回款的性质认定

保理专户又称保理回款专用户，是保理商为债权人提供融资后，双方以债权人名义开立的，或者保理银行开立的、具有银行内部户性质的，用于接收债务人支付的应收账款的专用账户。

对于保理商与债权人约定将保理专户中的保理回款进行质押的，如果该保理专户同时具备以下几个特征，保理专户中的回款可以认定为是债权人“将其金钱以特户、封金、保证金等形式特定化后”，移交保理商占有作为保理融资的担保，在应收账款到期后，保理商可以就保理专户中的回款优先受偿：1. 保理商将应收账款的债权人和债务人、应收账款数额和履行期限、保理专户的账户名称、保理回款数额及预计进账时间等，在“中国人民银行征信中心动产融资统一登记平台”的“应收账款转让登记”项下“保理专户”进行登记公示。2. 每笔保理业务应当开立一个保理专户，如果多笔保理业务开立一个保理专户的，应当证明每笔保理业务与保理专户的相互对应关系。3. 保理商、债权人与保理专户的开户银行签订保理专户监管协议，确保保理专户未存入应收账款回款之外的其他资金，未与债权人的其他账户混用，未作为日常结算使用。

九、最高人民法院关于保理业务中萝卜章问题的裁判规则

阅读提示：《全国法院民商事审判工作会议纪要》第41条规定了加盖法人非备案公章、假公章的合同效力的认定规则，总的来讲，还是以促成合同有效为原则，体现了司法机关向来所坚持的重视权利外观、保护交易安全的思路。当然，此规则的前提条件是相对人是善意无过失的，已尽到合理注意义务，如果相对人无法证明权利外观的存在及其主观善意，就不会得到法律保护。

在保理业务实践中，融资人骗取贷款的最常见情形就是虚构应收账款债权，这其中往往会涉及伪造签名、加盖假章、无权代理这些敏感事实，比如融资人伪造债务人确权文件以骗取保理融资，甚至保理人在融资人的带领下前往债务人办公地址“盖章”的，却盖到“萝卜章”。那么，类似这种情形，债务人是否应当承担还款责任？

裁判要旨

（一）保理人或资金方在办理业务过程中，对应收账款是否存在应尽合理审查义务，在诉讼过程中，应对其已尽到该项义务承担举证责任。

（二）非备案印章并不足以说明保理所涉合同材料虚假，公司在存在一套备案印章的同时，可能还存在多套非备案印章。

（三）表见代理制度不仅要求无权代理人在客观上形成有代理权的表象，而且要求相对人在主观上善意且无过失的相信行为人有代理权。应收账款债务人的工作人员的盖章行为并不当然属于职务行为或者构成表见代理，需要核实该工作人员的身份和具体职务，以及是否得到办理本项保理融资业务的授权。

基本案情[①]

2013年12月11日，济某银行与丰某公司签订《保理服务协议》，约定丰某公司将其对某煤化公司的12513780元应收账款转给济某银行获得融资服务。

---

① 案例来源：济某银行股份有限公司、枣庄正某煤炭物资有限公司金融借款合同纠纷二审民事判决书【山东省高级人民法院（2017）鲁民终338号】。

协议签订后，济某银行派员持丰某公司提供的增值税发票等材料前往某煤化公司工作人员赵某梁处，对该笔保理业务进行核实。赵某梁在济某银行、丰某公司、某煤化公司三方签订的《协议书》及应收账款转让通知书上加盖了某煤化公司公章，并向济某银行工作人员提供了《说明》一份。

后经公安机关鉴定，《协议书》《应收账款通知书》上加盖的某煤化公司的公章及《说明》上加盖的该公司的财务专用章均系伪造。

2014 年 1 月 21 日济某银行向丰某公司发放 850 万元贷款，截至 2014 年 10 月 8 日丰某公司共欠本金 8098599.77 元，利息 379061.01 元。借款合同到期后，丰某公司亦未偿还借款本息。

济某银行向一审法院起诉请求：某煤化公司在应收账款 12513780 元范围内承担丰某公司未清偿保理融资 8098699.77 元及利息等。

争议焦点

某煤化公司是否应当承担还款责任？

法院裁判观点

济宁市中级人民法院认为：

济某银行与丰某公司签订的保理服务协议系当事人真实意思表示，为有效合同。但《协议书》《应收账款通知书》中某煤化公司公章及《说明》中的财务专用章均系伪造，不能证明该保理业务项下丰某公司对某煤化公司的债权明确存在且已合法转让。

济某银行辩称其工作人员持增值税发票、购销合同前往某煤化公司工作人员赵某梁办公室进行了核对，并由赵某梁加盖某煤化公司印章，即使印章不真实，赵某梁的行为也是职务行为，或构成表见代理，致使济某银行足以相信丰某公司与某煤化公司之间存在真实的购销关系及应收账款。《中华人民共和国合同法》第四十九条规定："行为人没有代理权、超越代理权或者代理权终止后以被代理人名义订立合同，相对人有理由相信行为人有代理权的，该代理行为有效"。该条规定的表见代理制度不仅要求代理人的无权代理行为在客观上形成具有代理权的表象，而且要求相对人在主观上善意且无过失地相信行为人有代理权。合同相对人主张构成表见代理的，应当承担举证责任，不仅应当举证证明代理行为存在诸如合同书、公章、印鉴等有权代理的客观表象形式要素，而且应当证明其善意且无过失地相信行为人具有代理权。

某煤化公司工作人员赵某梁非公司法定代表人，未曾代表公司与济某银行办理过保理等类似金融业务，亦未向济某银行出示其取得过某煤化公司办理保理业务事宜的授权，故赵某梁的无权代理行为不是职务行为，在客观上亦不具有代理权的表象。

济某银行在办理该业务过程中，未能对体现买卖合同及应收账款真实性的各类材料进行审慎审查，在到某煤化公司实地核保时，未对赵某梁的真实身份予以严格核实，亦未向公司法定代表人、财务部门、购销合同中某煤化公司的代理人（购销合同中记载为郭目庆，真实性不确定）调查核实，故不能认定济某银行在办理该保理业务时已尽到合理注意义务。同时，某煤化公司对赵某梁的无权代理行为并不知情，知情后也未追认，且已向公安机关报案。

综上，济某银行主张某煤化公司在应收账款范围内承担丰某公司未清偿保理融资及利息等各项费用的请求，证据不足，于法无据，依法不予支持。

山东省高级人民法院认为：

第一，丰某公司与某煤化公司之间是否存在买卖合同关系并形成应收账款债权债务关系。

保理合同的成立应当以合法有效的基础合同为前提。首先，买卖合同及增值税发票是否足以证明丰某公司与某煤化公司之间存在买卖合同关系。办理本案保理业务时，丰某公司虽向济某银行提供了其与某煤化公司之间的买卖合同及丰某公司开具给某煤化公司的107张增值税发票，但由于济某银行提交的买卖合同为复印件，增值税发票在现实交易中，也存在先开票后交货、代开发票、虚开发票等多种情况，不足以证实丰某公司与某煤化公司之间存在买卖合同关系，丰某公司在本案二审时亦表示本案中增值税发票是该公司虚开的，与某煤化公司没有发生买卖合同关系。

其次，某煤化公司对与丰某公司之间形成应收账款关系是否进行了确认。因济某银行、丰某公司与某煤化公司三方《协议书》《应收账款通知书》中某煤化公司公章及《说明》中的财务专用章均与某煤化公司备案印章不一致，且丰某公司实际控制人李某文、某煤化公司工作人员赵某梁均表示某煤化公司公章系由李某文伪造后交给赵某梁使用，济某银行亦不能证明某煤化公司此前曾使用过相应公章和财务章，故不能证明某煤化公司对双方之间存在买卖合同关系并形成应收账款进行了确认。

第二，某煤化公司工作人员赵某梁在《应收账款通知书》上盖章的行为是否构成职务行为或表见代理。

首先，赵某梁的行为是否构成职务行为。赵某梁的身份仅系某煤化公司一般工作人员，并非某煤化公司的法定代表人，济某银行亦未提交证据证明签订本案保理合同属于赵某梁的职责范围，故赵某梁的行为不构成职务行为。

其次，赵某梁的行为是否构成表见代理。根据《中华人民共和国合同法》第四十九条规定："行为人没有代理权、超越代理权或者代理权终止后以被代理人名义订立合同，相对人有理由相信行为人有代理权的，该代理行为有效"。该条规定的表见代理制度不仅要求代理人的无权代理行为在客观上形成具有代理权的表象，而且要求相对人在主观上善意且无过失地相信行为人有代理权。

从客观上分析，赵某梁未曾代表某煤化公司实际与济某银行办理过保理等类似金融业务，亦未向济某银行出示其取得过某煤化公司办理保理业务事宜的授权，故赵某梁的无权代理行为没有形成具有代理权的表象。从主观上分析，济某银行在办理该业务过程中，虽到某煤化公司进行了实地核保，但未对赵某梁的身份予以严格核实，故不能认定济某银行在办理该保理业务时已尽到合理注意义务。

综合以上两点，赵某梁的行为不构成职务行为或表见代理，济某银行亦未提交其他证明丰某公司与某煤化公司存在买卖合同基础关系并形成应收账款债权债务关系。故，济某银行、丰某公司与某煤化公司之间不构成保理合同关系，济某银行关于某煤化公司应承担清偿融资保理款项本息及相应费用责任的上诉请求不成立，本院不予支持。

案例延伸阅读

案例一：平安银行股份有限公司某分行、华某电力物流（天津）有限公司金融借款合同纠纷再审审查与审判监督民事裁定书【最高人民法院（2018）最高法民申3054号】

最高人民法院认为：

《中华人民共和国合同法》第四十九条规定："行为人没有代理权、超越代理权或者代理权终止后以被代理人名义订立合同，相对人有理由相信行为人有代理权的，该代理行为有效"。根据该条规定，构成表见代理需具备两个要件：一是客观上需具备有代理权的客观表征；二是主观上需相对人善意且无过失。华某公司对李某在案涉《应收账款转让通知确认书》上签字的行为不予认可，案涉《煤炭买卖合同》及《煤炭采购结算单》并非李某代表华某公司签订。平安银行某分行虽主张李某曾代表华某公司与平安银行某分行以及其他银行办理多笔保理义务，但未提交有效证据证实。平安银行某分行主张，在案涉多笔资金的支付过程中华某公司知道李某的身份，后期也得知李某代表华某公司进行保理业务和进行煤炭结算有关的签字，每笔付款与李某的指令也一一对应，上述主张并无充分的证据予以证实。平安银行某分行作为专业金融机构，在办理保理业务过程中，未尽到谨慎审查义务，自身存在一定过错。

综上，李某在案涉《应收账款转让通知确认书》上签字的行为不符合表见代理的构成要件，对华某公司不发生法律效力，平安银行某分行关于原审判决错误认定李某身份，混淆李某行为性质，适用法律确有错误的再审申请理由不能成立，本院依法不予支持。

案例二：某山东电力燃料有限公司、王某水金融借款合同纠纷二审民事判决书【山东省高级人民法院（2018）鲁民终69号】

就某电力公司应否对十某德公司融资本息承担还款责任的问题，山东省高级人民法院认为：

首先，本案已就《应收账款债权转让通知书》《应付账款确认函》上加盖有某电力公司的公章进行了鉴定，且工行某第二支行亦无证据证明某电力公司曾使用过涉案公章，理应认定某电力公司未在《应收账款债权转让通知书》《应付账款确认函》上加盖公章。一审法院以印章系在某电力公司的工作场所加盖，即认定相关保理业务文件上所加盖的印章为某电力公司使用的印章，属认定事实错误。

其次，工行某第二支行无法明确说明盖章人“刘主任”的具体身份以及是否为某电力公司的工作人员。在某电力公司不认可该“刘主任”系其工作人员的情况下，即便工行某第二支行提交的照片系在某电力公司拍摄，也不能由此即认定该“刘主任”系某电力公司的工作人员。对此，工行某第二支行的举证责任并未完成。退一步讲，即便工行某第二支行能够证明该“刘主任”系某电力公司的工作人员，也不能当然认定盖章行为属职务行为。

最后，《中华人民共和国合同法》第四十九条规定，行为人没有代理权、超越代理权或者代理权终止后以被代理人名义订立合同，相对人有理由相信行为人有代理权的，该代理行为有效。该条规定的表见代理制度不仅要求代理人的无权代理行为在客观上形成具有代理权的表象，而且要求相对人在主观上善意且无过失地相信行为人有代理权。合同相对人主张构成表见代理的，应当承担举证责任。本案中，工行某第二支行在办理该业务过程中，未能对某电力公司与十某德公司的买卖合同及应收账款真实性进行审慎审查。涉案《国内保理业务合同》签订于2014年5月12日，融资还款时即2014年11月6日工行某第二支行到某电力公司进行核查。而在到某电力公司实地核查时，未对"刘主任"的真实身份予以核实，亦未向公司法定代表人、办公室、财务部门等调查核实，甚至不清楚某电力公司的法定代表人姓名。

本院认为，涉案中"刘主任"客观上并不具有代理权的表象，主观上工行某第二支行在办理该保理业务时未尽到合理注意义务，故"刘主任"的行为不构成表见代理。综上，大某电力公司关于不应对十某德公司融资本息承担还款责任的主张，本院予以支持。

实务经验总结

（一）应收账款债权人单方虚构应收账款的，保理人履行合理注意义务。

1. 不轻信增值税专用发票：即便该发票经国税机关核查是真实的，也不能保证基础交易的真实性。现实交易中，存在先开票后交货、代开发票、虚开发票等多种情况。

2. 不轻信名片上的职务头衔：实地核保时，要向公司法定代表人、办公室、财务部门等调查核实用章人员的身份和职务，以及确定盖章行为是否属于其职务范围。同时，调查核实其是否有权代表公司办理保理或类似金融业务、是否取得公司授权。

3. 尽量将用章行为安排在债务人的法定代表人的办公室内，或者公司董事长、执行董事、总经理的办公室内，其他一般工作人员的办公室不足以形成代理权的表象。

4. 在债权转让通知书的确认回执环节，应明确要求法定代表人签名或者同时要求将公司的股东会决议或者董事会决议作为附件一起寄送，甚至还可以要求法定代表人持身份证的照片或者签名盖章过程的视频一起作为确认文件送达给保理人。

（二）应收账款债权人与债务人二人通谋虚构应收账款的，债务人无权对抗保理人的债权主张。

如果债权人与债务人二人通谋虚构应收账款，就加大了保理人的审查难度，保理人也很难去发现和识破其中的漏洞。但保理人只要在以上各个方面都进行了核实，就能够证明其已经尽到了合理注意义务，即便该债权债务是虚假的，债务人也应承担保理人的融资本息损失。

相关规定

《中华人民共和国民法典》

第一百七十二条　行为人没有代理权、超越代理权或者代理权终止后，仍然实施代理行为，相对人有理由相信行为人有代理权的，代理行为有效。

《全国法院民商事审判工作会议纪要》

41. ［**盖章行为的法律效力**］司法实践中，有些公司有意刻制两套甚至多套公章，有的法定代表人或者代理人甚至私刻公章，订立合同时恶意加盖非备案的公章或者假公章，发生纠纷后法人以加盖的是假公章为由否定合同效力的情形并不鲜见。人民法院在审理案件时，应当主要审查签约人于盖章之时有无代表权或者代理权，从而根据代表或者代理的相关规则来确定合同的效力。

法定代表人或者其授权之人在合同上加盖法人公章的行为，表明其是以法人名义签订合同，除《公司法》第16条等法律对其职权有特别规定的情形外，应当由法人承担相应的法律后果。法人以法定代表人事后已无代表权、加盖的是假章、所盖之章与备案公章不一致等为由否定合同效力的，人民法院不予支持。

代理人以被代理人名义签订合同，要取得合法授权。代理人取得合法授权后，以被代理人名义签订的合同，应当由被代理人承担责任。被代理人以代理人事后已无权代理、加盖的是假章、所盖之章与备案公章不一致等为由否定合同效力的，人民法院不予支持。

《关于当前形势下审理民商事合同纠纷案件若干问题的指导意见》

13.　合同法第四十九条规定的表见代理制度不仅要求代理人的无权代理行为在客观上形成具有代理权的表象，而且要求相对人在主观上善意且无过失地相信行为人有代理权。合同相对人主张构成表见代理的，应当承担举证责任，不仅应当举证证明代理行为存在诸如合同书、公章、印鉴等有权代理的客观表象形式要素，而且应当证明其善意且无过失地相信行为人具有代理权。

14.　人民法院在判断合同相对人主观上是否属于善意且无过失时，应当结合合同缔结与履行过程中的各种因素综合判断合同相对人是否尽到合理注意义务，此外还要考虑合同的缔结时间、以谁的名义签字、是否盖有相关印章及印章真伪、标的物的交付方式与地点、购买的材料、租赁的器材、所借款项的用途、建筑单位是否知道项目经理的行为、是否参与合同履行等各种因素，作出综合分析判断。

《商业银行保理业务管理暂行办法》

第七条　商业银行应当按照“权属确定，转让明责”的原则，严格审核并确认债权的真实性，确保应收账款初始权属清晰确定、历次转让凭证完整、权责无争议。

十、债务人在保理商尽调时如何做才能在日后保有其履行抗辩权？

阅读提示： 保理融资原则上不能基于尚未发生的应收账款债权设立，但是，是否存在例外情形？债务人在确认了债权转让通知后，还能否向保理人行使合同履行抗辩权？什么条件下保理人可向融资人追索债权？

裁判要旨

（一）关于以未来应收账款进行保理融资的合同效力问题：在保理融资合同先于应收账款债权设立的情况下，如果后设立的应收账款债务人对该保理融资合同约定的债权予以确认或者追认，属于当事人对自己民事权利义务的处分，并不损害他人合法权益，也不违背公序良俗，人民法院不应以此否定保理融资合同的效力。

（二）保理人在办理业务过程中，应收账款债务人在保理人开展尽职调查时，向保理人提出抗辩权或者抵销权存在的合理事由，保理人仍与债权人签订保理合同并通知债务人债权转让的事实，债务人确认该债权转让并同意按照债权转让通知履行的，如债务人无预先放弃抗辩权或者抵销权，且也并不存在欺诈等严重过错的情形，债务人仍享有抗辩权或者抵销权。

（三）因应收账款债务人主张抗辩权，致使保理人无法从债务人处受偿融资款的，如保理人与融资人约定有追索权保理的，保理人可以向融资人反转让应收账款，或者要求融资人归还融资款。

基本案情①

平安银行与龙某商贸公司先后签订了两份《国内保理业务合同》及相应的补充协议，约定由平安银行向龙某商贸公司提供保理服务，融资人龙某商贸公司将其对重某物流公司的应收账款的所有权益转让给平安银行。平安银行向重某物流公司发出《应收账款转让通知书》，重某物流公司盖章确认收到该通知书。

---

① 案例来源：重庆重某物流有限公司、平安银行股份有限公司某分行合同纠纷二审民事判决书【最高人民法院（2018）最高法民终 31 号】。

根据重某物流公司先后在平安银行发出的六份询证函中确认应收账款的余额，最后一次确认截至 2014 年 3 月 7 日，应收账款合计 41131314.18 元。

龙某商贸公司到期无法偿还借款，平安银行向重庆高院提起诉讼，要求重某物流公司支付应收账款 41131314.18 元，重某物流公司认为其对案涉应收账款债权享有履行条件的抗辩权。

争议焦点

平安银行能否基于案涉《国内保理业务合同》《应收账款转让询证函》《应收账款转让通知书》向重某物流公司主张债权？重某物流公司对上述《通知书》、《询证函》确认的行为，是否表示其放弃基础合同中约定的抗辩权？

法院裁判观点

最高人民法院认为：

本案当事人之间的保理融资业务是平安银行按照保理合同约定，受让龙某商贸公司对重某物流公司所享有的应收账款债权，为龙某商贸公司提供保理融资，且平安银行办理的是不承担重某物流公司客户信用风险的有追索权的保理业务。本案涉及龙某商贸公司与重某物流公司之间的煤炭买卖关系，龙某商贸公司与平安银行之间的保理融资关系，以及龙某商贸公司与重某物流公司、平安银行三者之间的债权转让关系。

第一，关于本案中人民法院能否因保理融资合同先于应收账款债权设立，即否定保理融资合同的效力的问题。

保理融资业务涉及债权转让、金融借款两种合同关系，两种合同关系并无主从之分。从相关人民法院既往的审判实践看，人民法院处理保理融资纠纷案件时，以审查真实、合法、有效的应收账款债权存在为前提，以审查应收账款债权合法有效转让为核心。中国银行业监督管理委员会《关于加强银行保理融资业务管理的通知》第六条、《商业银行保理业务管理暂行办法》第十三条均规定，开展保理业务的商业银行不得基于不合法基础交易合同、寄售合同、代理销售合同、未来应收账款、权属不清的应收账款、因票据或其他有价证券而产生的付款请求权等开展保理融资业务。其中，未来应收账款是指合同项下卖方的义务未履行完毕的预期应收账款。

本案中，平安银行与龙某商贸公司于 2012 年 12 月 18 日签订《国内保理业务合同》，明确约定以龙某商贸公司对重某物流公司享有的4500万元债权为前提。该《国内保理业务合同》签订时，龙某商贸公司与重某物流公司之间尚未建立煤炭买卖合同关系，《国内保理业务合同》所约定的应收账款债权并未成立。

虽然相关规范性文件规定了保理融资业务应当以真实、合法、有效的应收账款债权为前提，但该规定的目的在于规范商业银行按规定开展保理融资业务。在现实经济活动中，因民商事活动当事人磋商协议的周期性、协议签订与履行的时间顺序不一致性等因素，允许存在先确定实体法律关系，后签订有关协议的情形。在保理融资合同先于应收账款债权设立的情况下，如果后设立的应收账款债务人对该保理融资合同约定的债权予以确认或者追认，属于当事人对自己民事权利义务的处分，并不损害他人合法权益，也不违背公序良俗，人民法院不应以此否定保理融资合同的效力，债务人也不应以此抗辩免除相应的民事责任。

第二，平安银行在开展保理融资业务前进行尽职调查时，重某物流公司告知其工作人员，重某物流公司就案涉的应收账款债权享有《补充协议》中约定的关于履行条件的抗辩权。

《中华人民共和国合同法》第八十二条规定，债务人接到债权转让通知后，债务人对让与人的抗辩，可以向受让人主张。关于本案重某物流公司能否依《补充协议》中约定的在贸易下游未向其付款时其有权拒付货款的约定，向平安银行提出履行抗辩。根据《商业银行保理业务管理暂行办法》有关保理融资业务管理的规定，商业银行受理保理融资业务时，应严格审核卖方和/或买方的资信、经营及财务状况，分析拟作保理融资的应收账款情况，对客户和交易等相关情况进行有效的尽职调查。

就本案而言，平安银行在受理龙某商贸公司保理融资业务时，派员赴重某物流公司就龙某商贸公司提供的《煤炭买卖合同》《货物运单》以及增值税发票等进行核实，并先后六次向重某物流公司发出《应收账款转让询证函》，属于按照上述规定开展尽职调查的行为。但在平安银行派员赴重某物流公司进行尽职调查之时，重某物流公司是否告知平安银行工作人员，其与龙某商贸公司以及贸易下游三方之间存在《补充协议》，以及根据该《补充协议》的约定，重某物流公司享有在贸易下游未向其付款时其有权拒付货款的抗辩权的事实，一审判决并未将此节事实予以审理。根据二审程序中重某物流公司举示的重庆铁路公安处刑警支队的询问笔录，当时平安银行派赴重某物流公司进行尽职调查的工作人员周X、江X证实，其二人在重某物流公司处核实上述材料时，重某物流公司向其出示了《煤炭买卖合同》以及龙某商贸公司、重某物流公司与东升旅贸公司三方的《补充协议》，周X、江X在上述协议上面签字确认。据此可以认定，平安银行在开展案涉保理融资业务尽职调查时，重某物流公司已经告知其《补充协议》的内容。

从上述事实可知，平安银行在开展保理融资业务前进行尽职调查时，重某物流公司告知其工作人员，重某物流公司就案涉的应收账款债权享有履行条件的抗辩权。

第三，在重某物流公司向平安银行出具《应收账款转让通知确认书》并确认《应收账款转让询证函》中所载应收账款金额的情形下，能否认定重某物流公司放弃了《补充协议》所约定的抗辩权，并应向平安银行履行相应的民事义务？

本案中，重某物流公司签署《应收账款转让通知确认书》后，其依据与龙某商贸公司、东升旅贸公司三者之间签订的《补充协议》约定，在收到相关货款后依约向保理汇款专户打款，属于履行《应收账款转让通知书》和《应收账款转让通知确认书》的适当行为。

保理融资纠纷案件中，债务人在保理银行开展尽职调查时，向保理银行提出抗辩权或者抵销权存在的合理事由，保理银行仍然与债权人签订保理合同并通知债务人债权转让的事实，债务人确认该债权转让并同意按照债权转让通知履行的，如债务人无预先放弃抗辩权或者抵销权以及存在欺诈等严重过错的情形，债务人仍不失抗辩权或者抵销权。上诉人重某物流公司依据《补充协议》约定，抗辩在其未收到贸易下游向其支付货款的情况下，其有权拒绝平安银行要求履行的抗辩理由成立。

第四，有追索权保理，保理银行可向融资人追索债权。

因本案平安银行与龙某商贸公司之间的保理业务为有追索权的保理融资业务。根据《商业银行保理业务管理暂行办法》的相关规定以及当事人之间保理业务合同的有关约定，有追索权保理在应收账款到期无法从债务人处收回时，商业银行可以向债权人（让与人）反转让应收账款，或者要求债权人回购应收账款，或者要求债权人归还融资。就本案而言，因重某物流公司的抗辩理由成立，出现了平安银行无法从重某物流公司处收回应收账款的情形，平安银行可依规依约向债权人龙某商贸公司主张反转让应收账款，要求其回购应收账款或者归还融资。

案例延伸阅读

案例：招商银行股份有限公司武汉水某湖支行与国某湖北招标有限公司、湖北阳某和贸易有限公司招标投标买卖合同纠纷申诉、申请民事裁定书【最高人民法院（2017）最高法民申366号】

最高人民法院认为：

本案争议焦点为：国某公司的付款条件是否成就，国某公司是否应当承担相应的还款责任。

经原审查明，水某湖支行与阳某和公司订立《授信协议》《国内保理业务协议》《应收账款转让登记协议》，受让阳某和公司与国某公司之间签订的编号为经购 140202《煤炭买卖合同》项下的应收账款债权，并以《应收账款债权转让通知书》的形式通知债务人国某公司，应享有基于《煤炭买卖合同》的卖方债权。国某公司签收《应收账款债权转让通知书》并承诺“在上述合同项下应收账款期满或付款条件成就时”承担付款责任。

在该通知中，国某公司并未向水某湖支行作出承担无条件付款义务或放弃抗辩权的承诺，故国某公司享有基于《煤炭买卖合同》的抗辩权。根据《煤炭买卖合同》第四条约定的结算方式，国某公司承担付款责任的条件有三：1. 交货完成且收到煤炭接收方电厂的验收清单；2. 收到供货方阳某和公司开具的增值税发票；3. 收到电厂支付的该批次煤款。

水某湖支行举证其受理了阳某和公司保理融资申请资料并在人民银行“应收账款质押登记公示系统”办理了转让登记；与阳某和公司共同向国某公司发出 2014 年水债转字第 0301 号《应收账款债权转让通知书》（公开型），并取得了国某公司的确认。但通知所附《应收账款债权转让清单》中所列的 2014 年 2 月 14 日阳某和公司对国某公司开具的共计金额为 12598688 元（税票编号为 03655902－03655912）的 11 张税票，仅是合同约定的付款条件之一，尚不足以证实《煤炭买卖合同》付款条件已经成就。

一般而言，增值税发票的开出意味着卖方要从买方收进该笔账款，保理银行根据卖方开出的增值税发票来确定应收账款的金额乃至融资额度，但仅以增值税发票判断卖方是否交货，事实依据尚不充分。

第一，增值税发票在法律上并不能作为卖方的唯一交货凭证。《最高人民法院关于审理买卖合同纠纷案件适用法律问题的解释》第八条规定“出卖人仅以增值税专用发票及税款抵扣资料证明其已履行交付标的物义务，买受人不认可的，出卖人应当提供其他证据证明交付标的物的事实”。

第二，《商业银行保理业务管理暂行办法》第十四条、第十五条明确规定了对保理融资应对基础交易的真实性进行审核，商业银行受理保理融资业务时，应当审查买卖合同等资料的真实性与合法性。应当对客户和交易等相关情况进行有效的尽职调查，重点对交易对手、交易商品及贸易习惯等内容进行审核，并通过审核单据原件或银行认可的电子贸易信息等方式，确认相关交易行为真实合理存在，避免客户通过虚开发票或伪造贸易合同、物流、回款等手段恶意骗取融资。

第三，水某湖支行与阳某和公司签订的《国内保理业务协议》第一条明确协议中“交易凭证”包括但不限于：商务合同、商业发票（如增值税发票）、发货单据、验货凭证以及其他在执行商务合同中产生的应收账款权利证明。第六条应收账款债权转让亦要求应收账款转让方向受让方提交下列单据：1.《国内保理业务申请书》；2. 商务合同的真实复印件；3. 应收账款债权转让清单正本；4. 商业发票；5. 商务合约规定提交的其他商业单据（包括但不限于运输、保险单据等）；6. 受让方所要求提供的其他单据及文件。

可见，保理银行应审查基础交易合同货物交付凭证、买方确认函等文件原件，对贸易背景真实性进行审查，既是银监会或保理协议要求履行的审核义务，也是保理业务自身对于风险防控的要求。

本案中，水某湖支行在办理案涉保理业务时即应审核阳某和公司与国某公司之间《煤炭买卖合同》，审核该煤炭买卖合同约定合同履行的条件是否成就。但在一二审诉讼中，水某湖支行并未举证证实《煤炭买卖合同》约定的交货已经完成且收到煤炭接收方电厂的验收清单，亦未举证电厂已经向国某公司支付该批次煤款。因此，水某湖支行并未完成其举证责任，二审法院据此认为《煤炭买卖合同》约定的付款条件未成就而驳回水某湖支行对国某公司的诉讼请求，适用法律并无不当。

实务经验总结

（一）融资人可以以未来应收账款进行保理融资。

未来应收账款是指合同项下卖方的义务未履行完毕的预期应收账款，为了规避风险，根据《商业银行保理业务管理暂行办法》第十三条关于应收账款范围的规定，保理人本不应基于未来应收账款开展保理融资业务。但是，在现实经济活动中，因为当事人磋商协议会有一定的周期，或者协议签订与履行的时间顺序不一致，都会导致基础合同迟迟没有签订，因此就会产生保理融资合同先于应收账款债权设立的情形。如果后设立的应收账款债务人对该保理融资合同约定的债权予以确认或者追认，属于当事人对自己民事权利义务的处分，并不损害他人合法权益，也不违背公序良俗，人民法院不应以此否定保理融资合同的效力，债务人也不应以此抗辩免除相应的民事责任。

（二）债务人如何做才能保有其抗辩权？

除了在对债权转让通知予以确认时未明示放弃抗辩权外，对债务人而言，应该尽可能多地向保理人披露基础法律关系，比如在本文第一个案件中，平安银行的工作人员在物流公司尽调过程中，物流公司就向银行工作人员披露了其享有履行条件抗辩权的《补充协议》，后来物流公司也是据此成功对抗了保理人的付款请求权。

需要说明的是，根据《天津市高级人民法院关于审理保理合同纠纷案件若干问题的审判委员会纪要（二）》第三条“债务人对应收账款进行确认的效力”的规定，债务人对现有的已确定的应收账款的抗辩与对未来应收账款的抗辩是有区别的。

对于前者，债务人仅对应收账款债权数额、还款期限进行确认的，债务人可以就基础合同项下的应收账款行使抗辩权。债务人对应收账款债权数额、还款期限以及基础合同、交付凭证、发票等内容一并进行确认的，或者保理合同中对应收账款性质、状态等内容的具体表述已作为债权转让通知或者应收账款确认书附件的，根据诚实信用原则，可以作为债务人对基础合同项下的应收账款不持异议的有效证据，但债务人能够提供其他证据足以推翻的除外。债务人仅以应收账款不存在或者基础合同未履行为由提出抗辩的，不予支持。

对于后者“未来应收账款”，债务人在转让之时对应收账款债权进行确认的，不影响其行使基础合同项下的抗辩权。

可见，对于未来应收账款，债务人即便在接到通知时，进行了确认，也可以在日后行使合同抗辩权。这是因为在转让之时，应收账款尚未发生或者确定，债务人还无法提出有针对性的异议，只能确认其与债权人之间在未来会发生应收账款债务关系，若剥夺其日后行使抗辩权的机会，对其是不公平的。

（三）保理人如何进行风险防范？

1. 严格全面审查基础交易合同，尤其是关于结算条件的约定。

基础交易合同多为双务合同，双方互负债权债务，存在的抗辩权包括同时履行抗辩权、先履行抗辩权、不安抗辩权。

对保理人而言，在保理融资业务审查过程中，应该全面审核基础债权债务关系，重点关注债务人的履行抗辩权，不能因债务人已经对债权转让通知予以确认就放松对基础合同的审查。比如在本文延伸阅读部分的案件中，保理银行就是对《煤炭买卖合同》第四条约定的结算方式即国某公司承担付款责任的三个条件，欠缺应有的注意，导致债务人日后抗辩成功。

2. 协商要求债务人出具放弃抗辩权的书面文件。

一般而言，债务人对于原债权人的抗辩都可以向受让人行使。但是，如果保理人、融资人、应收账款债务人在协商过程中约定应收账款债务人对保理人放弃抗辩权的，属于债务人对自己权利的处分，自无限制的必要。

在保理人通知债务人应收账款转让事实之后，债务人就该笔应收账款真实存在予以确认，这种情况下并不视为债务人放弃抗辩权；根据民法基本原理，抗辩权属于权利的一种，当事人只有在明示的情形下，才能被视为放弃，所以，应由债务人出具书面放弃抗辩权的确认文件。

需要注意的是，如果“放弃抗辩权”的声明采用的是保理人提供的格式条款，一旦发生纠纷，应收账款债务人可能会以“保理人提供的文书为格式条款”为由，主张其未放弃抗辩权。

3. 明确应收账款回购、反转让的条件。

由于应收账款债务人提出抗辩的可能性防不胜防，保理人为了保障资金安全，往往会开展不承担债务人信用风险的有追索权的保理业务。若债务人向保理人主张基础合同项下的抗辩权，不向保理回款专户支付债务的，保理人可以要求融资人回购应收账款、向融资人反转让应收账款，或者直接要求融资人承担还款责任。

相关规定

《中华人民共和国民法典》

第五百四十八条　债务人接到债权转让通知后，债务人对让与人的抗辩，可以向受让人主张。

《商业银行保理业务管理暂行办法》

第十三条　商业银行应当根据自身内部控制水平和风险管理能力，制定适合叙做保理融资业务的应收账款标准，规范应收账款范围。商业银行不得基于不合法基础交易合同、寄售合同、未来应收账款、权属不清的应收账款、因票据或其他有价证券而产生的付款请求权等开展保理融资业务。

未来应收账款是指合同项下卖方义务未履行完毕的预期应收账款。

权属不清的应收账款是指权属具有不确定性的应收账款，包括但不限于已在其他银行或商业保理公司等第三方办理出质或转让的应收账款。获得质权人书面同意解押并放弃抵质押权利和获得受让人书面同意转让应收账款权属的除外。

……

第十四条　商业银行受理保理融资业务时，应当严格审核卖方和/或买方的资信、经营及财务状况，分析拟做保理融资的应收账款情况，包括是否出质、转让以及账龄结构等，合理判断买方的付款意愿、付款能力以及卖方的回购能力，审查买卖合同等资料的真实性与合法性。对因提供服务、承接工程或其他非销售商品原因所产生的应收账款，或买卖双方为关联企业的应收账款，应当从严审查交易背景真实性和定价的合理性。

第十五条 商业银行应当对客户和交易等相关情况进行有效的尽职调查，重点对交易对手、交易商品及贸易习惯等内容进行审核，并通过审核单据原件或银行认可的电子贸易信息等方式，确认相关交易行为真实合理存在，避免客户通过虚开发票或伪造贸易合同、物流、回款等手段恶意骗取融资。

《天津市高级人民法院关于审理保理合同纠纷案件若干问题的审判委员会纪要(二)》

三、债务人对应收账款进行确认的效力

债权人向保理商转让现有的已确定的应收账款债权时，债务人仅对应收账款债权数额、还款期限进行确认的，债务人可以就基础合同项下的应收账款行使抗辩权。债务人对应收账款债权数额、还款期限以及基础合同、交付凭证、发票等内容一并进行确认的，或者保理合同中对应收账款性质、状态等内容的具体表述已作为债权转让通知或者应收账款确认书附件的，根据诚实信用原则，可以作为债务人对基础合同项下的应收账款不持异议的有效证据，但债务人能够提供其他证据足以推翻的除外。债务人仅以应收账款不存在或者基础合同未履行为由提出抗辩的，不予支持。

债权人向保理商转让未来的应收账款债权时，债务人对应收账款债权进行确认的，不影响其行使基础合同项下的抗辩权。

六、债务人的抗辩权和抵销权

债务人收到债权转让通知后，其因基础合同而享有的抗辩权、抵销权可以向保理商主张，债务人明确表示放弃抗辩权、抵销权的除外。

债务人收到债权转让通知后新产生的抗辩事由，如果该抗辩事由的发生基础是在债权转让通知前已经存在的，可以向保理商主张。

十一、名为保理实为借贷的四种情形

> **阅读提示**：保理与借贷是两种不同的融资方式，保理业务的基本前提是保理人受让应收账款，涉及保理人、融资人、应收账款债务人三方。而借贷合同的主体是借贷双方，由于都属于融资方式。这二者之间是否存在交叉关系，哪些情形下保理可被认定为借贷？

裁判要旨

合同性质的认定不能仅凭合同名称确定，而应当根据合同有关当事人权利义务的约定及其他能够反映当事人真实意思表示的文件来确定。

基本案情①

2013 年 3 月 1 日，富某矿业公司、中国银行某分行和中信保某分公司签订《赔偿转让协议》，约定富某矿业公司授权中信保某分公司将保险单规定理赔后应付给富某矿业公司的赔偿额直接全额支付给中国银行某分行。

2013 年 3 月 28 日，富某矿业公司（甲方）与中国银行某分行（乙方）签订《融信达业务合同》，其中第二条第 6 项约定“甲方、乙方和中信保某分公司三方已签署应收账款转让协议，甲方将其保单项下的应收账款转让给乙方。”第五条第 3 项约定，不论何种原因致使中国银行某分行未能收回应收账款的，富某矿业公司承诺立即返还已融资的应收账款金额及其他相关费用。”

自 2013 年 3 月 29 日至 2013 年 12 月 26 日，中国银行某分行先后向富某矿业公司发放 102 笔融资贷款，共计 3419 万美元；自 2013 年 5 月 29 日至 2014 年 3 月 25 日，富某矿业公司偿还了 47 笔融资款，合计 1873 万美元；至融资期限届满，尚有 55 笔融资款未予以偿还，大约为 1736.95 余万元，中国银行某分行遂起诉要求付款。

---

① 案例来源：中国银行股份有限公司某分行与辽宁富某矿业有限公司、武某斌金融借款合同纠纷一审民事判决书【辽宁省高级人民法院（2015）辽民二初字第 00064 号】。

争议焦点

案涉《国内保理业务合同》以及富某矿业公司与中国银行某分行签订的融信达业务合同的性质是应收账款转让合同，还是融资借款合同?

法院裁判观点

辽宁省高级人民法院认为：

根据富某矿业公司与中国银行某分行签订的《融信达业务合同》所述，案涉出口商业发票贴现项下有追索权出口融信达业务，是指对已向中信保某分公司投保出口信用保险的出口贸易，中国银行某分行凭出口商提供的单据、投保出口信用保险的有关凭证、应收账款转让协议等，向出口商提供买入有追索权的出口应收账款的资金融通业务。依据对出口商是否保留追索权，这种资金融通业务分为有追索权融信达业务与无追索权融信达业务两大类。

在法律性质上，无追索权融信达业务即中国银行某分行买入出口商出口应收账款债权后，即使外国进口商不能正常支付货款，中国银行某分行也只能向外国进口商以及中信保某分公司索赔，而不能向与其融资的出口商索赔，这种融信达业务在出口商与中国银行某分行之间就形成了一种债权转让性质的合同法律关系。

有追索权融信达业务，即双方在融信达业务合同中约定不管何种原因，只要出口应收账款到期未能收回，中国银行某分行均有权向出口商追索为接收应收账款债权而向出口商支付的所有融资本金、利息、罚息和相关费用，这种融信达业务在出口商与中国银行某分行之间就形成了一种具有债权转让的特征，但实际为以能按时接收出口商出口货款，否则银行有权直接向出口商收回所有到期融资本金、利息及费用的金融借款法律关系。

本案《出口商业发票贴现项下有追索权融信达业务合同》第五条第3项约定：不管何种原因，只要出口应收账款（含宽限期）到期未能收回，甲方承诺立即按照乙方的要求向乙方返还已融资的应收账款金额及有关的利息、罚息和费用。第五条第5项约定：如甲方未能及时返还上述款项，乙方有权随时从甲方在乙方总行及任何分支机构开立的账户中直接扣收或从甲方其他收汇款项中主动扣收甲方应向乙方支付的有关应收账款的金额以及任何利息、罚息和费用。

因此，富某矿业公司与中国银行某分行签订的案涉融信达业务合同性质应为上述后一种情况，性质上属于融资借款合同。各被告抗辩提出案涉融信达业务合同系应收账款债权转让合同，亦或保理合同，而非金融借款合同，缺乏事实和法律依据，不予支持。

案例延伸阅读

案例一：卡得万某商业保理有限公司与福建省佳某农业有限公司、陈某峰借款合同纠纷民事裁定书【上海市高级人民法院（2016）沪民申2374号】

上海市高级人民法院认为：

应审查我国现行法律体系中商业保理法律关系的基本要素，并在此基础上认定卡得万某保理公司主张之商业保理法律关系是否成立。

就何谓商业保理，我国现行法律法规尚无明确规定，但鉴于该种商业模式已普遍存在于社会经济生活中，并有相应国际惯例、国际公约等规则予以规范，故在法无明文规定的情况下，可结合民法基本原理、该种商业模式之起源及发展、现行各类商业惯例，并参照相应国际规则对本案是否构成商业保理法律关系予以认定。

同时，卡得万某保理公司所处中国（上海）自由贸易试验区曾由其管理委员会发布《中国（上海）自由贸易试验区商业保理业务管理暂行办法》（以下简称《管理办法》）；而依照国务院相关政策规定，该区内的商业规范具有较大自由度，可由其管理部门在职权范围内自行制定并适用，故该《管理办法》在自由贸易区内具有相应法律约束力，区内商事主体依照此种规则开展商业活动的，应依照该规则对其行为性质及效力予以认定，故该《管理办法》亦可作为认定本案是否构成商业保理法律关系的依据。前述《管理办法》第二条规定："商业保理业务是指供应商与保理商通过签订保理协议，供应商将现在或将来的应收账款转让给保理商，从而获取融资，或获得保理商提供的分户账管理、账款催收、坏账担保等服务。"

据此规定，可认定该自由贸易区内的商业保理活动系非银行机构的当事人以转让现在或将来应收账款为对价，从而获取融资或服务的商业活动。该规定对商业保理所做界定与目前国际商业活动中通行的商业保理国际惯例及相应国际公约规定基本一致，可作为本案认定依据之一，据此可认定该自由贸易区内的商业保理系以债权转让及获取融资或服务为核心的商业活动。而纵观前述国际规则、现行商业惯例及商业保理之发展轨迹，亦均系以债权转让作为商业保理法律关系成立之前提，故相应债权是否具备可转让性系构成商业保理法律关系的首要基础。

认定本案中双方当事人之间是否构成商业保理法律关系，首先应审查本案所涉债权是否具备相应可转让性。依债权在转让时是否已真实成立，可将待转让之债权分为已成立债权及尚未成立债权，已成立之债权除法定或约定不得转让的外，均具备相应可转让性；尚未成立之债权，应属将来发生之债，其对应基础法律关系一部或全部尚未完全成立，故该种将来债权是否具备可转让性尚需视具体情况予以分析；所谓将来债权者，是指尚未实际成立但于将来可能成立之债权，其法律属性并非当事人缔约时既有现实存在之权利，而系将来可能存在之权利。

民事主体固不能将乌有之权利转让他人，但如民事主体对该种将来债权具有合理期待的，则此种期待即成为一种期待权益，受法律保护。然而，并非所有民事主体之期待均受法律保护，期待如缺乏合理性的，则民事主体不能因此种期待而生相应期待利益，其行为效力不应被法律所承认。故特定将来债权是否具备期待利益，其转让行为是否受法律保护，应以该特定将来债权是否具有足够合理可期待性为判断依据。

就本案而言，依照系争《商业保理申请及协议书》之约定，佳某农业公司将其"POS 机上形成的所有应收账款及其收款权利"转让与卡得万某保理公司，并据此从卡得万某保理公司处获取资金。鉴于佳某农业公司转让的应收账款所基于的交易事实及其收款权利均发生于系争《商业保理申请及协议书》缔约之后，故佳某农业公司转让的前述应收账款及其权利应系一种将来发生的债权。

卡得万某保理公司主张本案所争将来债权即属前述《管理办法》所规定之将来应收账款，对此本院认为，将来应收账款虽属将来债权之一种，但如前所述，并非所有将来债权均具备可转让性。鉴于前述《管理办法》并未对将来应收账款之概念予以明确，故佳某农业公司所转让之将来债权是否可归入前述《管理办法》所称将来应收账款之范畴，尚须结合商业保理法律关系中可转让之将来债权的性质及系争《商业保理申请及协议书》之约定予以综合认定。

本案所涉将来债权，系佳某农业公司于未来商业活动中可能产生的约定金额之债，该种约定金额的将来债权是否具有合理可期待性质，应以此类将来债权是否具有相对确定性为主要判断依据。如该种将来债权毫无可确定因素的，则对该种将来债权的期待亦难言合理，民事主体亦不得因此而生相应期待利益。

现系争《商业保理申请及协议书》及其附件虽对佳某农业公司此前经营状况予以记载，并以此为基础推算出可转让将来债权金额，但佳某农业公司已自认前述记载的经营状况并非真实，卡得万某保理公司亦未对此予以必要的核查，故双方当事人仅据此种虚假记载并不足以对本案所涉将来债权产生合理期待，亦不具备将诉争将来债权转让他人之基础。

同时，系争保理协议及其附件除前述经营状况外，仅就所涉将来债权作了期间上的界定，对于交易对手、交易标的及所生债权性质等债之要素均未提及，亦无其他可对该将来债权予以确定的约定，故在现有证据条件下，难以认定本案所涉将来债权已相对确定，据此亦无法认为，本案所涉将来债权具备合理期待利益，可对外转让。

本院注意到，本案所涉将来债权虽已在中国人民银行征信中心予以登记，但该种登记事项仅具对外公示效力，其意义在于保护善意第三人权益，且登记债权的真实性与可确定性亦非中国人民银行征信中心审查范围，故仅凭该种登记亦不能认定本案所涉将来债权即具备可转让性。

尚需指出的是，将来债权的转移，系民事主体对其期待权利的处分行为，该转让行为之法律特性应为准物权行为。而准物权行为发生法律效力需以物之实际存在为前提，故此种转让行为应于将来债权实际发生时始生效力。如该将来债权到期未发生的，则转让行为因标的物自始不能而应归于无效，故转让将来债权时，相应转让契约虽于订立时即生效，但转让行为之效力并非当然同时生效，其效力尚处于待定阶段。

就本案而言，即使卡得万某保理公司主张之商业保理法律关系成立，因双方当事人约定之将来债权仅有部分发生，则系争《商业保理申请及协议书》约定之债权转让亦仅有部分发生效力，卡得万某保理公司亦不得据此主张其全部合同权利。

此外，卡得万某保理公司作为本案系争《商业保理申请及协议书》的格式文本制订者，已于二审庭审中确认，佳某农业公司获取卡得万某保理公司融资款项后，如相应将来债权未实际发生的，佳某农业公司并无回购该种债权之合同义务，据此可认定，如本案双方当事人间确系商业保理法律关系的，则应系一无追索权之商业保理法律关系。依一般商业惯例及相应国际规则，此种无追索权之商业保理法律关系中，客户的主合同义务仅为出让债权，以被出让之债权作为获取融资或服务之对价，如被出让之债权未能实现的，相应信用风险亦转移由保理商承担，客户无需就此承担相应民事责任。

而依本案系争《商业保理申请及协议书》之约定，佳某农业公司出让本案所涉将来债权后，仍需以定期定额方式向卡得万某保理公司承担相关融资款的还款义务。该还款义务不仅以卡得万某保理公司所付融资金额为基础计算，且无论应收账款是否实际发生，均不影响佳某农业公司上述还款义务的承担。

依照上述约定，本案所涉将来债权如未能按期发生的，佳某农业公司在已出让将来债权的情况下，还需通过承担上述还款义务弥补卡得万某保理公司因受让债权未实际发生所致损失；佳某农业公司上述合同义务实质导致相应信用风险并未发生转移，显然与无追索权之商业保理法律关系不符。鉴于当事人间权利义务内容亦系认定其法律关系的重要依据，故据此也可认定佳某农业公司和卡得万某保理公司间并非成立商业保理法律关系。

综上，系争《商业保理申请及协议书》约定之未来应收账款不具有合理可期待性及确定性，故其不具可转让性，且佳某农业公司、卡得万某保理公司合同权利义务亦与商业保理法律关系不符。故本院认为，佳某农业公司与卡得万某保理公司间依据系争《商业保理申请及协议书》不能成立商业保理法律关系。

依照系争《商业保理申请及协议书》之约定，佳某农业公司取得卡得万某保理公司支付之融资钱款后，佳某农业公司需定期定额向卡得万某保理公司承担相应还款义务，且佳某农业公司如依约履行前述还款义务的，则合同到期后，佳某农业公司实际将全部返还自卡得万某保理公司取得之融资款项，同时，佳某农业公司尚需向卡得万某保理公司支付按每月2%计算的保理手续费。如是，则合同期满后的法律后果为，佳某农业公司将其从卡得万某保理公司处取得的钱款全部返还卡得万某保理公司，并另行向卡得万某保理公司支付每月2%的其他费用。故应认定佳某农业公司与卡得万某保理公司间实际系构成借款法律关系。

案例二：东莞市创某贸易有限公司、麦某青、麦某威、梁某彬与深圳前海富某融资保理有限公司合同纠纷二审民事判决书【深圳市中级人民法院（2015）深中法商终字第2992号】

深圳市中级人民法院认为：

首先，根据《商业银行保理业务管理暂行办法》第六条规定，保理业务是以债权人转让其应收账款为前提，集应收账款催收、管理、坏账担保及融资于一体的综合性金融服务。从概念上分析，保理法律关系应当由三个要素构成：一是应当以应收账款转让为前提。二是书面的保理合同。三是保理商应提供应收账款催收、管理、坏账担保或保理融资等服务。债权人转让其应收账款不仅是保理法律关系成立的基本要件，也是保理法律关系区别于其他法律关系的根本性特征。保理商通过受让应收账款，取得对债务人的直接请求权。

本案中，从《商业保理合同》约定来看，富某融资公司的主要义务是向创某公司提供保理融资款，创某公司的主要义务是按约定用途使用保理融资款、支付保理业务服务费等合同约定的费用以及在保理期限届满后偿还保理融资款本金等，但并未约定将债务人支付的应收账款作为保理融资的第一还款来源。合同约定的融资保理期限是半年，但约定转让应收账款的期间是一年，二者存在矛盾。现有证据无法证明签订合同的各方当事人对于应收账款产生的基础合同、应收账款的数额、是否有效转让、是否实际用应收账款偿还融资款以及能够清偿的比例等进行任何形式的确认。因此，可以看出各方的关注点集中在融资款是否发放、是否收回。

《商业保理合同》内容上并不具有保理合同的典型特征。从合同的履行情况来看，一方面，在二审调查中，创某公司、富某融资公司均确认未将应收账款转让通知债务人，根据合同法规定，该转让对债务人不发生效力。故案涉金融服务缺失保理业务中应收账款有效转让这一基本前提。另一方面，创某公司作为借款人，向富某融资公司出具借据，麦某青、麦某威、梁某彬作为担保人，各方均签字盖章，且创某公司、富某融资公司均确认该借款与《商业保理合同》的融资款为同一款项。富某融资公司实际支付了该款项，创某公司也部分清偿，符合借款合同的特征，因此，《商业保理合同》应当认定名为保理合同实为借款合同。创某公司该项上诉理由成立，本院予以支持。

案涉应收账款虽未有效转让，但不能依此认定合同无效。保理合同约定双方当事人签字盖章后生效，故合同已经生效。因此，该合同在借款合同意义上应属有效，双方均应依约履行。《商业保理合同》作为事实上的借款合同，富某融资公司已按约向创某公司发放了借款，创某公司应按约还本付息。富某融资公司要求其返还融资款本金、利息的诉请符合双方约定，应予支持。

案例三：广发银行股份有限公司、某证券有限责任公司等与某建设控股集团安徽有限公司等金融借款合同纠纷一审民事判决书【安徽省高级人民法院（2018）皖民初35号】

安徽省高级人民法院认为：

合同性质的认定不能仅凭合同名称确定，而应当根据合同有关当事人权利义务的约定及其他能够反映当事人真实意思表示的文件来确定合同的性质。

本案中，广发银行、某证券公司、广发银行某分行诉请某建设公司偿还款项所依据的是《应收账款收益权转让及回购合同》。根据该合同约定，某建设公司向某证券公司转让应收账款收益权，而该应收账款收益权是指“因享有标的应收账款而取得的一项或数项收益的权利，包括但不限于因债务人的还款而取得的现金收益、因标的应收账款的受让而产生的收入以及因标的应收账款产生的其他任何收入”。从上述应收账款收益权转让字面意思上理解，转让完成后某证券公司即应取得该应收账款收益权，即取得了债务人某城投公司向某证券公司的还款而取得的现金收益、转让该应收账款取得的收入等。但根据该合同有关回购的约定，某证券公司在支付5亿元后，其权益实现方式并不是通过应收账款收益权本身，而是通过要求某建设公司回购该应收账款，并分期支付回购价款的方式实现。

换言之，即便某城投公司在《应收账款收益权转让及回购合同》签订后归还了应收账款，某证券公司也不能基于其享有应收账款收益权而主张该应收账款归该公司所有，其仍然只能根据合同有关回购的约定向某建设公司主张支付回购价款。

故该合同约定的应收账款收益权转让目的并不是让某证券公司取得该收益权，而是以该应收账款收益权转让及回购的方式实现向某建设公司提供5亿元融资的目的。

此外，该合同约定的回购价款不是根据应收账款本身价值确定，而是根据投资本金加投资溢价之和确定，且投资溢价是按照投资本金余额乘以投资溢价率及投资期限计算得来。该投资溢价的计算方式与借款利息计算方式并无二致。该合同还对应收账款收益权转让价款用途作出约定，该项约定不应成为转让合同的要素，反而符合借款合同对借款用途约定的典型特征。

2015年11月2日，某证券公司向广发银行某分行出具的《委托函》载明委托该行代为履行案涉非标融资的资金用途监控、融资存续期间的风险管理、贷后管理等；2017年4月21日签订的案涉《备忘录》亦载明就“某建设公司归还广发银行贷款”达成一致意见；2017年5月2日，某建设公司向某证券公司、广发银行某分行出具的《承诺函》及《申请》同样载明归还中城建公司在“贵司、贵行”融资的内容。

因此，从案涉《应收账款收益权转让及回购合同》的内容及当事人在相关证据材料中的意思表示来看，本案《应收账款收益权转让及回购合同》应认定为借款合同，本案案由应确定为借款合同纠纷。该合同中转让价款及投资本金实为借款本金的约定，投资溢价实为利息的约定，投资溢价率实为借款利率的约定、提前偿还全部回购价款实为提前偿还借款的约定 。

案例四：冠某国际商业保理有限公司、中国联合网络通信有限公司某省分公司债权转让合同纠纷二审民事判决书【石家庄市中级人民法院（2018）冀01民终8772号】

石家庄市中级人民法院认为：

本案二审争议的焦点问题为运某设备公司与冠某商业保理公司之间案涉债权转让对中国联通某分公司是否发生法律效力。

中某公司、运某设备公司与中国联通某分公司签订的《2013年中国联通宽带接入网 PONFTTH 终端采购框架合同》明确约定，“卖方不得单方向第三方转让本合同项下的全部或者部分买方应付账款，否则该转让行为无效，对于卖方确需转让本合同项下买方应付账款的，双方应就该转让事项签署书面补充协议，书面补充协议经双方签字并加盖公章或合同专用章后生效。”

冠某商业保理公司对于上述合同约定系明知，其如欲合法受让运某设备公司对中国联通某分公司享有的案涉债权应就债权转让事宜通知中国联通某分公司并取得中国联通某分公司的同意。

冠某商业保理公司为证明债权转让的相关事实提交了《应收账款转让通知书回执》，中国联通某分公司否认收到运某设备公司和冠某商业保理公司送达的《应收账款转让通知书》，同时对《应收账款转让通知书回执》上加盖的其公司内设部门印章的真实性不予认可。中国联通某分公司为证明自己的主张提交了 2008 年启用部门印章的通知、印模以及运某设备公司法定代表人张树民出具的《确认与承诺书》，上述证据可以证明《应收账款转让通知书回执》上加盖的中国联通某分公司内设部门印章不具有真实性，且《应收账款转让通知书回执》中没有签收人的签字，因此，冠某商业保理公司提交的证据不足以证明其受让运某设备公司对中国联通某分公司享有的案涉债权通知了中国联通某分公司并取得了中国联通某分公司的同意。

因运某设备公司与中国联通某分公司在合同中约定运某设备公司不得单方转让合同项下的买方应付账款，故依照《中华人民共和国合同法》第七十九条规定，冠某商业保理公司与运某设备公司之间案涉债权转让对中国联通某分公司不发生效力。

实务经验总结

综合以上案例事实和判决结论，在以下情形，所谓的保理合同应认定为借贷合同：

（一）未实际受让应收账款。

保理业务的前提是受让真实存在的应收账款，如果保理商未受让应收账款的，则保理业务不成立。如何认定未实际受让应收账款？可以从这几个方面来认定：

1. 还款义务人是融资人还是应收账款债务人？

如在前述案例中，融资人以应收账款收益权转让进行保理融资，但是，保理人的还款来源并非应收账款回款，而是融资人对应收账款的回购义务。所以，还款来源还是融资人，保理人并未实际享有应收账款收益权。

2. 各方当事人对应收账款的关键要素是否有足够重视。

如在前述案件中，法院就认定现有证据无法证明签订合同的各方当事人对于应收账款产生的基础合同、应收账款的数额、是否有效转让、是否实际用应收账款偿还融资款以及能够清偿的比例等进行任何形式的确认。

3. 债权转让是否通知了债务人?

如果当事人均确认未将应收账款转让通知债务人，根据合同法规定，该转让对债务人不发生效力。

上述几个方面都说明当事人的真实意思表示是不以应收账款作为还款来源，融资人才是真正的还款义务人。

（二）以不具有合理期待性且无法确定的未来应收账款进行保理融资。

在现实经济活动中，因为当事人磋商协议会有一定的周期，或者协议签订和履行时间顺序不一致，这都会导致保理融资合同先于应收账款债权设立的情形，受让未来应收账款并不必然导致保理融资关系不成立，但是，该未来应收账款应具有合理可期待性及确定性。

对于具有频繁业务往来的融资人和应收账款债务人而言，双方一般会签订有关购销的框架合同，从而能够保证形成稳定、可预期的未来应收账款。此种背景下，保理商与融资人签订保理合同，不宜直接将保理合同认定为借款合同。

但是，如果融资人所转让的未来应收账款根本无法确定，或者对其期待不具有合理性，那么，相应的保理融资行为就会因应收账款并不真实存在而被认定为“名为保理，实为借贷”。

（三）以当事人约定“不得转让”的应收账款进行保理融资。

如果产生应收账款的基础合同约定“债权不得转让”，应认定保理人未尽到必要的审慎核查义务，该转让如果未经债务人事后追认则不对债务人发生效力，保理合同应认定为借贷合同。

（四）保理合同的约定内容符合借贷合同的基本要素。

1. 约定融资人按照约定用途使用保理融资款。对于转让价款用途的约定不应成为转让合同的要素，反而符合借款合同对借款用途约定的典型特征。

2. 约定融资人的还款义务，且其实际的还款金额是保理融资款项加一定利率计算而来的利息之和。

3. 约定融资人应支付的回购价款不是根据应收账款的价值确定，而是根据投资本金加投资溢价之和确定，且投资溢价是按照投资本金余额乘以投资溢价率及投资期限计算得来，该投资溢价的计算方式与借款利息计算方式一致。

相关规定

《中华人民共和国民法典》

第五百四十五条　债权人可以将债权的全部或者部分转让给第三人，但是有下列情形之一的除外：

（一）根据债权性质不得转让；

（二）按照当事人约定不得转让；

（三）依照法律规定不得转让。

当事人约定非金钱债权不得转让的，不得对抗善意第三人。当事人约定金钱债权不得转让的，不得对抗第三人。

第五百四十六条　债权人转让债权，未通知债务人的，该转让对债务人不发生效力。

债权转让的通知不得撤销，但是经受让人同意的除外。

《天津市高级人民法院关于审理保理合同纠纷案件若干问题的审判委员会纪要（一）》

二、保理法律关系的认定

构成保理法律关系，应当同时具备以下几个基本条件：

（1）保理商必须是依照国家规定、经过有关主管部门批准可以开展保理业务的金融机构和商业保理公司；

（2）保理法律关系应当以债权转让为前提；

（3）保理商与债权人应当签订书面的保理合同；

（4）保理商应当提供下列服务中的至少一项：融资、销售分户账管理、应收账款催收、资信调查与评估、信用风险控制及坏账担保。

保理商与债权人签订的合同名为保理合同，经审查不符合保理合同的构成要件，实为其他法律关系的，应按照实际法律关系处理。

保理法律关系不同于一般借款关系。保理融资的第一还款来源是债务人支付应收账款，而非债权人直接归还保理融资款。保理法律关系也不同于债权转让关系，保理商接受债务人依基础合同支付的应收账款，在扣除保理融资本息及相关费用后，应将余额返还债权人。

十二、应收账款的回款账户都会发生哪些风险事件？

阅读提示：在应收账款转让或质押业务中，应收账款债务人都会存在哪些不当付款行为？一旦债务人实际付款，是否资金就安然无恙地存放在监管账户中？从我们接触到的实际案例来看，情况并非如此，债务人未能付至指定监管账户，以及资金被原债权人转走的情况都屡见不鲜，如何进行风险防范成为保理人需要关注的重点问题。

裁判要旨

对于应收账款债务人而言，应收账款债务人须将款项付至债权转让通知中记载的指定账户，如果支付到债权人的其他账户，应认定存在过错。对于保理人而言，保理人对监管账户负有监管的权利和义务，如果疏于监管，导致监管账户中的资金被原债权人转走的，应收账款付款义务人无须再次支付。

基本案情[①]

2013 年 3 月 18 日，三某公司向中某商贸公司发出《通知书》，主要内容是将三某公司与中某商贸公司之间的应收账款质押给浦发银行某分行申请贷款，货款支付账号的收款人是三某公司，开户行是浦发银行某分行。

2013 年 3 月 18 日，中某商贸公司同日签收该《通知书》，并加盖公司公章及在法定代表人处签字确认。应收账款质押期间，中某商贸公司以现金电汇方式支付 70% 货款至三某公司在浦发银行某分行开立的账户，以远期承兑汇票方式支付其余 30% 货款。

2013 年 4 月 8 日，作为质权人的浦发银行某分行与作为出质人的三某公司签订《质押合同》，约定应收账款付款义务人为中某商贸公司以及案外人中信戴卡公司。《质押合同》的质押财产为三某公司在 2013 年 4 月 8 日到 2014 年 2 月 25 日期间内发生的（包括已发生和将发生的）全部应收账款，被担保的主债权为上述期间浦发

① 案例来源：上海浦东发展银行股份有限公司某分行、中某国际商贸有限公司金融借款合同纠纷再审审查与审判监督民事裁定书【（2018）最高法民申 3278 号】。

银行某分行与三某公司办理融资发生的债权，最高不超过3000万元。

2013年7月9日，浦发银行某分行与三某公司签订《流动资金借款合同》，约定浦发银行某分行向三某公司提供贷款3000万元，合同签订当日浦发银行某分行发放该笔贷款。

之后，浦发银行某分行到期未能收回款项，其主张中某商贸公司存在瑕疵付款行为，要求中某商贸公司对应收账款承担违约责任或主要过错责任。

争议焦点

应收账款债务人的付款行为是否存在瑕疵，进而应该向银行债权人承担赔偿责任?

法院裁判观点

最高人民法院认为:

《质押合同》系当事人的真实意思表示，内容不违反法律、行政法规效力性强制性规定，合法有效。《质押合同》项下应收账款已经办理质押登记手续，该应收账款质权依法设立。

本案中，浦发银行某分行未能以质押的应收账款优先受偿的直接原因及主要原因，是出质人三某公司未按照其与浦发银行某分行所签订的《质押合同》约定，将收到的付款人中某商贸公司的货款转入指定监管账户，而是挪作他用。

浦发银行某分行依据《质押合同》有对监管账户监管的权利和义务，其疏于监管，放任中某商贸公司支付至监管账户中的156268174.08元货款流出，对未能收回货款的后果亦负有一定责任。

而中某商贸公司虽非《质押合同》当事人，但其签收《通知书》后，作为被质押的应收账款付款义务人，也即三某公司偿还浦发银行某分行借款的辅助义务人，对其作为出票人的承兑汇票未记载“不得转让”字样，未能有效限制三某公司随意背书转让该汇票。中某商贸公司将其受让的其他银行承兑汇票直接背书转让给三某公司的行为，系对《通知书》关于货款支付至指定账户义务的忽视，未尽到合理注意义务，构成不当给付。

原审基于上述事实，酌定中某商贸公司承担10%的赔偿责任，认定事实并不缺乏证据证明，适用法律亦无不当。

案例延伸阅读

案例一：交通银行股份有限公司某分行、中某公司金融借款合同纠纷二审民事判决书【最高人民法院（2016）最高法民终759号】

第一，关于污某公司提前将融资租赁合同项下的租金和利息支付给中某公司，是否存在过错，是否应向交行某分行承担该款项的责任问题。

最高人民法院认为：

中某公司向污某公司出具《应收账款债权转让通知书》，通知污某公司将应收账款支付至交行某分行账号为372005560708110010688的“交行保证金中某公司缴存户”。从户主名称看，该账户是中某公司在交行某分行开立，属于中某公司的银行账户。

此后的实际履行是污某公司将第一期至第四期应交租金及利息均付至中某公司121账户，再由中某公司付给交行某分行，交行某分行对此没有提出异议；债权转让通知书载明的污某公司付款的收款账户和实际履行中三方认可的收款账户，均是中某公司的账户，故保理合同项下的债权转让，不是典型的普通债权转让，而是污某公司仍然应向原债权人中某公司履行付款义务。交行某分行与中某公司2016年3月18日签订的《补充协议》约定内容，也印证了上述法律关系。污某公司已经提前全部付清了融资租赁合同项下的欠款，交行某分行要求污某公司再次支付缺乏依据。

第二，污某公司于2015年7月17日提前偿还融资租赁合同项下全部款项时，应继续将款项付至三方认可的中某公司121账户。但其将款项付至中某公司在广发银行北京甘家口支行的账户，没有获得交行某分行的认可，则属于过错行为。

关于该过错行为与交行某分行至今没有收回保理合同项下的欠款之间是否存在因果关系的问题，最高法院认为：

中某公司于收款的同日将其中的15300万元转至中某公司121账户，该款在该账户停留47天后被中某公司分多笔转走。该事实说明，交行某分行对中某公司121账户并无控制权，中某公司可以随意从该账户对外付款。因此，即使污某公司将融资租赁合同项下的提前还款直接汇入中某公司121账户，也不能避免中某公司对外付款。

故污某公司的过错行为与交行某分行至今没有收回保理合同项下欠款之间没有因果关系，交行某分行对污某公司诉讼请求的理由不能成立。

案例二：平安银行股份有限公司某分行、厦门恒某集团有限公司金融借款合同纠纷再审审查与审判监督民事裁定书【最高人民法院（2017）最高法民申4049号】

最高人民法院认为：

案涉保理专户系专为应收账款融资而设，平安银行某分行在贷款实际发放后应当注意到恒某公司付款、华某公司转款的事实，且恒某公司在付款时已经注明该款项系保理融资业务项下购销合同所对应的应收账款，若平安银行某分行稍加注意，足以发现案涉保理专户中的款项异常收付情况，并能够采取有效的措施防止损失的发生。

对前述2013年6月7日平安银行某分行签发的银行承兑汇票项下的融资款项，恒某公司于2013年6月7日向保理专户支付3026.045万元，华某公司以该款项系其与恒某公司的历史应收款为由申请将该款转出，平安银行某分行在并未就此问题向恒某公司核实的情况下即同意华某公司转走。

根据上述情况，平安银行某分行就该两笔款项的流失存在重大过失，原审判决关于平安银行某分行应当自行承担相应的法律后果的认定，符合本案的实际情况。

实务经验总结

（一）实践中应收账款回款专户发生的风险事件。

1. 应收账款债务人在接到债权转让通知后，债务人明知其应支付至以质权人或者保理人为户名的回款专户，却未向回款专户支付，还是向原债权人账户支付。

2. 应收账款债务人未支付至以原债权人为户名的指定回款账户，却支付至原债权人的其他账户，该资金被原债权人转出。

3. 应收账款支付至回款专户后，由于质权人或者保理人并未对该账户实施有效控制，原债权人私自转出资金。

（二）对于应收账款债务人而言，应如何作为才能避免被追责？

1. 应收账款债务人须将款项付至债权转让通知中记载的指定账户，如果支付到债权人的其他账户，应认定存在过错。

2. 若债务人通过银行承兑汇票方式付款，应在汇票上记载“不得转让”的字样，以有效限制原债权人随意背书转让该汇票导致保理人资金流失。

3. 即便债务人的实际付款账户并非债权转让通知的指定账户，但如果债权人、保理人事后认可，则债务人的履行行为属合法有效。

4. 即便债务人存在不当或过错付款行为，但如果保理人的损失并非债务人的不当或者过错付款行为所致，债务人也可免责，所以，债务人可以此抗辩自己的责任。

（三）保理人或质权人的风险防范措施。

1. 保理人对监管账户负有监管的权利和义务，如果疏于监管，导致监管账户中的资金被原债权人转走的，将无法向付款义务人追究责任。

2. 为了防止原债权人随意支取使用以原债权人为户主的回款专户中的资金，保理人或质权人要对该账户进行审慎监控，比如保理人的预留印鉴和法定代表人的签名，在上述案件中，保理银行的损失均是因为保理人对监管账户没有控制权导致原债权人可以随意从该账户对外付款。

3. 在保理业务中，应实现债权的实际转让，由应收账款债务人将款项汇入保理人或者质权人的银行账户里，而不是原债权人的账户，以防止原债权人基于恶意或者疏忽的转款行为。

4. 将保理专户中的应收账款回款设定金钱质押，保理专户中的回款可以认定为是债权人“将其金钱以特户、封金、保证金等形式特定化后”，移交保理人占有作为保理融资的担保，在应收账款到期后，保理商可以就保理专户中的回款优先受偿。该保理专户应同时具备以下几个特征：（1）保理商将应收账款的债权人和债务人、应收账款数额和履行期限、保理专户的账户名称、保理回款数额及预计进账时间等，在“中国人民银行征信中心动产融资统一登记平台”的“应收账款转让登记”项下“保理专户”进行登记公示。（2）每笔保理业务应当开立一个保理专户，如果多笔保理业务开立一个保理专户的，应当证明每笔保理业务与保理专户的相互对应关系。（3）保理商、债权人与保理专户的开户银行签订保理专户监管协议，确保保理专户未存入应收账款回款之外的其他资金，未与债权人的其他账户混用，未作为日常结算使用。

相关规定

《中华人民共和国民法典》

第七百六十一条 保理合同是应收账款债权人将现有的或者将有的应收账款转让给保理人，保理人提供资金融通、应收账款管理或者催收、应收账款债务人付款担保等服务的合同。

《商业银行保理业务管理暂行办法》

第十七条 商业银行办理单保理业务时，应当在保理合同中原则上要求卖方开立用于应收账款回笼的保理专户等相关账户。商业银行应当指定专人对保理专户资金进出情况进行监控，确保资金首先用于归还银行融资。

《天津市高级人民法院关于审理保理合同纠纷案件若干问题的审判委员会纪要（二）》

七、保理专户中保理回款的性质认定

保理专户又称保理回款专用户，是保理商为债权人提供融资后，双方以债权人名义开立的，或者保理银行开立的、具有银行内部户性质的，用于接收债务人支付的应收账款的专用账户。

对于保理商与债权人约定将保理专户中的保理回款进行质押的，如果该保理专户同时具备以下几个特征，保理专户中的回款可以认定为是债权人“将其金钱以特户、封金、保证金等形式特定化后”，移交保理商占有作为保理融资的担保，在应收账款到期后，保理商可以就保理专户中的回款优先受偿：1. 保理商将应收账款的债权人和债务人、应收账款数额和履行期限、保理专户的账户名称、保理回款数额及预计进账时间等，在“中国人民银行征信中心动产融资统一登记平台”的“应收账款转让登记”项下“保理专户”进行登记公示。2. 每笔保理业务应当开立一个保理专户，如果多笔保理业务开立一个保理专户的，应当证明每笔保理业务与保理专户的相互对应关系。3. 保理商、债权人与保理专户的开户银行签订保理专户监管协议，确保保理专户未存入应收账款回款之外的其他资金，未与债权人的其他账户混用，未作为日常结算使用。

八、保理商的权利救济

债务人应当按照应收账款债权转让通知向保理商或者债权人支付应收账款。债务人知道或者应当知道其向保理商支付应收账款的，如果仍向债权人支付，保理商向债务人主张支付应收账款的，应予支持。

保理合同签订后，债权转让通知送达债务人之前，债务人已经向债权人支付的应收账款，保理合同对此有约定的从约定。保理合同无约定的，保理商向债权人主张给付其所收取的应收账款的，应予支持。

十三、有追索权保理中，保理人的求偿权与追索权能否同时并存？

阅读提示：有追索权保理中，原债权人是保理人的债务人，转让的应收账款的债务人是保理人的次债务人，在次债务人未能清偿债务时，保理人有权向债务人追索，那么，债权人是否能向两个债务人同时主张债权，这两个债务能否同时并存？在同一个诉讼案件中，原债权人往往会抗辩主张保理人只能择一行使权利，或者只能先向应收账款债务人主张权利，并要求驳回对自己的起诉，法院对此是如何裁判的？即便不是在诉讼案件中，在诉前，保理人在债权实现受阻后，应该如何维护自己的合法权益？本文引用最高人民法院的三则案例以及一则省高院的案例，结合民法典及其担保解释的规定对此进行分析。

裁判要旨

有追索权的保理中，追索权的功能相当于债务人为次债务人的债务清偿能力提供担保，其功能与放弃先诉抗辩权的一般保证相当。保理人对债务人的追索权与保理人对次债务人的求偿权能够同时并存，其中一方的清偿行为相应减少另一方的清偿义务。

基本案情[①]

麟某公司虚构其对中某公司的货款债权，并以该虚构的应收账款债权向建行二支行申请融资，中某公司向建行二支行确认应收账款并承诺向建行二支行付款，中某公司时任法定代表人张国荣配合麟某公司提供了虚假的贸易资料，包括《已转让应收账款确认书回执》《付款承诺书》等。

因建行二支行未能收回债权，遂对麟某公司、中某公司同时发起诉讼，诉讼请求分别是要求麟某公司偿还保理预付款本金及利息，要求中某公司偿还应收账款债权本金及滞纳金。

---

① 案件来源：中某建设集团有限公司、中国建设银行股份有限公司某第二支行合同纠纷再审审查与审判监督民事裁定书【最高人民法院（2019）最高法民申1533号】。

争议焦点

中某公司能否以事实上虚构的应收账款为由拒绝向建行二支行清偿，以及建行二支行对中某公司的求偿权与对麟某公司的追索权能否同时主张?

法院裁判观点

（一）关于中某公司主张的基础债权瑕疵能否对抗债权受让人建行二支行的问题

首先，本案各方当事人对中某公司与麟某公司串通虚构基础交易对建行二支行构成合同欺诈这一事实均不持异议。经一审法院释明，建行二支行明确表示不行使撤销权，该行为属于建行二支行自由处分民事权利的行为，一、二审法院认定案涉保理合同仍属合法有效，并无不当。在案涉保理合同合法有效的前提下，中某公司依约应承担相应付款义务。

其次，并无证据证明建行二支行知晓中某公司与麟某公司之间虚伪意思表示，中某公司主张的基础债权瑕疵不得对抗作为善意第三人的建行二支行，二审法院判决中某公司应当以其承诺行为向建行二支行承担清偿责任并无不当。

（二）关于建行二支行向中某公司的求偿权和向麟某公司的追索权能否同时并存的问题

根据案涉保理合同的约定，本案保理业务系有追索权的保理，在建行二支行的债权不能获得清偿时，建行二支行除有权以债权受让人身份要求应收账款债务人中某公司清偿债务外，还享有向麟某公司行使追索权的权利。

求偿权与追索权是否能够并存，关键在于对有追索权的保理业务性质的认定问题。结合本案相关事实，有追索权的保理业务所包含债权转让合同的法律性质并非纯正的债权让与，而应认定为具有担保债务履行功能的间接给付契约，并不具有消灭原有债务的效力，只有当新债务履行且债权人的原债权因此得以实现后，原债务才同时消灭。据此，在建行二支行债权未获得清偿的情况下，保理人建行二支行不仅有权请求基础合同的债务人中某公司向其清偿债务，同时有权向基础合同债权的让与人麟某公司进行追索。

同时，因本案建行二支行对中某公司的债权尚未得到实际清偿，为避免建行二支行就同一债权双重受偿，任何一方对债务的清偿行为，都应相应免除另一方的清偿义务。

案例延伸阅读

案例一：中某物资集团新疆有限公司与中国工商银行股份有限公司乌鲁木齐某支行等合同纠纷上诉案【最高人民法院（2014）民二终字第271号】

裁判要旨：保理人对于债权让与方的回购主张其实是在行使追索权，追索权的制度设计相当于由原债权人为债务人的债务清偿能力提供了担保，其功能与放弃先诉抗辩权的一般保证相当。

本案中，就工行某支行能否就涉案保理融资债权同时向中某新疆公司（应收账款债务人）和诚某公司（应收账款债权人）主张权利，各方当事人存在争议。工行某支行主张，其向中某新疆公司主张求偿权和向诚某公司主张回购权是两项并存的权利，没有先后顺序之分。中某新疆公司主张，涉案融资款的实际使用人是诚某公司指定的收款人，诚某公司在2013年8月29日也承诺由其按期足额归还融资本息，工行某支行只能向诚某公司主张返还该笔款项，而不能向中某新疆公司主张。诚某公司则认为，工行某支行应当以中某新疆公司的还款作为第一还款来源，只有在通过法律诉讼程序无法从中某新疆公司得到还款，才可以要求诚某公司承担还款义务，工行某支行不能同时向中某新疆公司和诚某公司主张权利。

最高人民法院认为，在中某新疆公司和诚某公司均未依约履行义务的情况下，工行某支行提起本案诉讼，要求中某新疆公司向其支付应收账款，同时要求诚某公司对上述应收账款承担回购义务并承担逾期利息。从工行某支行所实施的系列行为的真实意思来看，其核心诉求是要求中某新疆公司和诚某公司同时承担债务，共同归还所欠借款，故应认定工行某支行在本案诉讼中所称的“回购权”实际上属于追索权。在有追索权保理业务的框架之下，当债务人中某新疆公司不偿付债务时，工行某支行并不承担该应收账款不能收回的坏账风险，追索权的制度设计相当于由诚某公司为中某新疆公司的债务清偿能力提供了担保，其功能与放弃先诉抗辩权的一般保证相当。上诉人中某新疆公司关于工行某支行只能向诚某公司主张权利的上诉理由和诚某公司关于工行某支行只能择一主张权利的抗辩理由均不能成立，本院均不予支持。

案例二：平安银行股份有限公司某分行与厦门恒某集团有限公司等金融借款合同纠纷上诉案【福建省高级人民法院（2016）闽民终1059号】

裁判要旨：有追索权保理中的应收账款转让实质上系债权让与担保，因此，在有追索权保理所涉法律关系中，保理银行与卖方的金融借贷系主法律关系，保理银行与卖方、买方之间形成的债权转让关系系从法律关系，并起到让与担保的作用。故卖方对保理融资款本息负有首要偿还责任，买方在应收账款金额范围内承担连带清偿责任。

在该案中，法院认为根据案涉合同的约定，双方签订的系有追索权国内保理合同。在有追索权国内保理中，卖方将对买方的应收账款债权转让给保理银行，保理银行向卖方发放保理融资款。当保理银行向买方请求给付应收账款受阻时，卖方负有偿还保理融资款本金并支付利息的责任。故卖方对于保理融资款负有最终偿还责任，其与保理银行实际上形成资金借贷关系。卖方将对买方的应收账款债权转让给保理银行，实际上是用以清偿保理融资款本息，当买方拒绝付款而卖方又未依约履行回购义务并足额清偿保理融资款本息时，保理银行依约仍保留对买方主张应收账款债权的权利，此时保理银行受让应收账款实际上起到担保作用。故有追索权保理中的应收账款转让实质上系债权让与担保。因此，在有追索权保理所涉法律关系中，保理银行与卖方的金融借贷系主法律关系，保理银行与卖方、买方之间形成的债权转让关系系从法律关系，并起到让与担保的作用。故卖方对保理融资款本息负有首要偿还责任，买方在应收账款金额范围内承担连带清偿责任。

> **案例三：**某华润银行股份有限公司与江西省某燃料有限公司、广州某煤炭销售有限公司保理合同纠纷再审案【最高人民法院（2017）最高法民再164号】

裁判要旨：债权反转让的法律效果应为解除债权转让合同，解除后保理人不再具备次债务人的债权人地位，故该项权利与保理人向次债务人的求偿权不得并存；而追索权的功能相当于债务人为次债务人的债务清偿能力提供担保，其功能与放弃先诉抗辩权的一般保证相当，其与保理人向次债务人的求偿权能够同时并存，其中一方的清偿行为相应减少另一方的清偿义务。

1. 应收账款受让人另案中对原债权人的权利主张是在行使追索权而非债权的反转让。

在该案中，珠海某银行起诉江西某燃料公司（应收账款债务人），要求清偿债务，同时，珠海某银行先前已在另案中起诉了广州某煤炭公司（应收账款的债权人），江西某燃料公司认为珠海某银行已经将债权反转让给了广州某煤炭公司，不应再要求自己清偿。对此，最高法院认为珠海某银行在另案中对广州某煤炭公司的起诉并非债权的反转让，而是在行使追索权，并认为如果是债权反转让，则原应收账款债权又转让回原债权人，原债权转让合同解除，珠海某银行不再对江西某燃料公司享有求偿权。

2. 对原债权人的追索权与对债务人的求偿权可并存的结论源自“间接给付契约”的法理。

关于珠海某银行向江西某燃料公司的求偿权和向广州某煤炭公司的追索权能否同时并存的问题。最高法院指出：大陆法系的通说认为，有追索权的保理业务所包含的债权转让合同的法律性质并非纯正的债权让与，而应认定为是具有担保债务履行功能的间接给付契约。间接给付，学说上又称为新债清偿、新债抵旧，或为清偿之给付。根据民法基本原理，间接给付作为债务清偿的方法之一，是指为清偿债务而以他种给付代替原定给付的清偿，并不具有消灭原有债务的效力，在新债务履行前，原债务并不消灭，只有当新债务履行且债权人的原债权因此得以实现后，原债务才同时消灭。从司法实践中的情况来看，对保理人有追索权的保理业务中，在债权未获清偿的情况下，保理人不仅有权请求基础合同的债务人向其清偿债务，同时有权向基础合同债权的让与人追索这一问题，并无分歧认识。

根据双方在《国内保理业务合同》中的约定和间接给付的法理，珠海某银行本应先向江西某燃料公司求偿，在未获清偿时，才能够向广州某煤炭公司主张权利，追索权的功能相当于广州某煤炭公司为江西某燃料公司的债务清偿能力提供了担保，这一担保的功能与放弃先诉抗辩权的一般保证相当。参照《担保法》关于一般保证的法律规定，江西某燃料公司应当就其所负债务承担第一顺位的清偿责任，对其不能清偿的部分，由广州某煤炭公司承担补充赔偿责任。

法院观点评述

（一）保理人的求偿权和追索权同时并存的法理依据是间接给付还是债权的让与担保？

司法实践中，对于有追索权保理的保理人对原债权人的追索权与对债务人的求偿权并存均无异议，但是，该结论的得出，法律或者法理基础为何，从上述最高法院和地方法院的说理来看，有不同的意见。

最高人民法院在【（2017）最高法民再164号】案件中引入了大陆法系的间接给付理论，认为原定债务形成于银行与融资人之间的借贷法律关系，融资人将其应收账款债权转让给银行以替代原定债务的履行，只有应收账款债务人依约向银行清偿后，才能消灭原定债务，否则，原定债务并不消灭，银行有权向融资人主张原定债务的履行。在有追索权的保理业务中，在债权未获清偿的情况下，保理人不仅有权请求基础合同的债务人向其清偿债务，同时有权向基础合同债权的让与人追索，因此，两项债权可同时并存。

但是，也有如福建省高级人民法院作出的【（2016）闽民终1059号】判决中，法院尽管认为保理人的两项债权同时并存，但依据却是引用了债权的让与担保规则，认为融资人将其应收账款债权转让给保理人以担保其借贷债务的履行，由此认为融资人是第一还款义务人，而应收账款债务人是第二还款义务人，但是，这与有追索权的保理的基本交易规则是不符的，有追索权的保理业务中，应收账款债务人才是第一还款人，在其不能清偿时，融资人的义务才发生，融资人的地位相当于是放弃了先诉抗辩权的一般保证人。

所以，间接给付理论更符合有追索权保理的实际交易规则和法理逻辑。

（二）应收账款让与人的责任性质是连带责任还是补充责任？

《最高人民法院关于适用〈中华人民共和国民法典〉有关担保制度的解释》第六十六条第二款规定："在有追索权的保理中，保理人以应收账款债权人或者应收账款债务人为被告提起诉讼，人民法院应予受理；保理人一并起诉应收账款债权人和应收账款债务人的，人民法院可以受理。"

上述规定可知，保理人对应收账款两个当事人的债权诉求是没有先后顺序的，且可以同时主张，说明二者对保理人承担的是连带责任。

由上述最高法院的两个裁判案例【最高人民法院（2014）民二终字第271号】和【（2017）最高法民再164号】可以看到，最高法院认为有追索权保理中的应收账款债权人实际上相当于放弃了先诉抗辩权的一般保证人，承担的是补充清偿责任，连带责任与补充责任的区别就在于债务人之间是否存在先后履行顺序。其实，放弃先诉抗辩权的一般保证在实际效果上与连带责任也没有本质区别，对保理人而言，保护力度是相同的。

实务经验总结

有追索权保理中，保理人对应收账款债权人的权利包括要求其回购债权、向其反转让债权以及向其追索融资款本息，无论保理人在名义上行使哪种权利，只要保理人的核心诉求是返还融资款本息，都可以认为保理人是在行使追索权，其对应收账款债务人、债权人的诉请可以同时并存，在实际效果上，二者应对保理人承担连带责任。

若保理人已经在另案中单独向应收账款让与人行使了追索权，只要没有完全受偿，保理人仍有权另诉继续向债务人单独求偿。若保理人在一个案子中同时向债权人和债务人提出诉请，任何一方都无权主张保理人只能择一主张权利。

相关规定

《中华人民共和国民法典》

第七百六十六条 当事人约定有追索权保理的，保理人可以向应收账款债权人主张返还保理融资款本息或者回购应收账款债权，也可以向应收账款债务人主张应收账款债权。保理人向应收账款债务人主张应收账款债权，在扣除保理融资款本息和相关费用后有剩余的，剩余部分应当返还给应收账款债权人。

《最高人民法院关于适用〈中华人民共和国民法典〉有关担保制度的解释》

第六十六条第二款 在有追索权的保理中，保理人以应收账款债权人或者应收账款债务人为被告提起诉讼，人民法院应予受理；保理人一并起诉应收账款债权人和应收账款债务人的，人民法院可以受理。

十四、应收账款债权虚设，保证人是否有权拒绝承担保证责任？

阅读提示：在应收账款融资中，融资人虚构应收账款债权向资金方申请融资，或未实际转让应收账款时，保证人是否应当承担保证责任？诉讼中，保证人往往主张资金方与融资人恶意串通，致使其作出非基于真实意思表示的保证承诺，试图以此免除保证责任，那么，保证人是否能够抗辩成功？什么条件下，保证人将无须承担保证责任？本文拟通过分析六个相关案例，探讨实务中面对前述问题的做法，并据此提出各方防范风险的实务经验。

裁判要旨

融资人虚构所谓的应收账款向资金方申请保理融资，或者未实际转让应收账款，只要资金方未与融资人恶意串通，且尽到审查义务，保证人就应继续承担保证责任。

基本案情[①]

中行某分行通过商业发票贴现方式向建某公司发放贷款3000万元。

万某公司提供连带责任保证，并在保证合同中确认，主债务在本合同之外同时存在其他物的担保或保证的，不影响债权人本合同项下的任何权利行使，债权人有权决定各担保权利的行使顺序，保证人应当按照本合同的约定承担担保责任，不得以存在其他担保及行使顺序等抗辩债权人。

之后查明，商业发票贴现贷款所依赖的建某公司与中某物资成都公司、杭某公司之间的交易不真实，应收账款债权并不存在。

中行某分行因其贷款未能收回，遂起诉建某公司、万某公司等。万某公司主张中行某分行未对应收账款债权尽到谨慎审查义务，其不应当承担保证责任。

---

① 案例来源：江苏万某控股集团有限公司诉中国东方资产管理公司南京办事处等金融借款合同纠纷案【江苏省高级人民法院（2016）苏民终676号】。

争议焦点

保证人万某公司是否应承担连带保证责任?

法院裁判观点

江苏高院二审认为:

(一)关于是否存在串通骗取保证。

贷款银行通过商业发票贴现方式发放贷款的根本目的在于保障案涉贷款的安全性，而非减轻其他担保人的责任，如因银行内部风控措施未落实、审查不严导致应收债权落空，可能发生贷款不能回收、财务坏账增加等不利后果；事实上应收债权落空将会导致银行要求保证人承担保证责任，属于保证人提供担保时应当预见的商业风险。就案涉商业发票贴现资料而言，包括合同、发票、出库单、入库单、应收账款转让确认书等，贷款银行负有形式审查义务。目前证据显示建某公司对杭某公司、中某物资成都公司并不享有相应的应收债权，虽然贷款银行在审查商业发票贴现相关材料时有过错，但尚不足以认定其与债务人串通骗取万某公司的保证。

(二)关于其他形式担保的影响。

《授信额度协议》第七条规定，建某公司应当落实相应的担保措施，包括吴某华提供的最高额抵押，建某公司提供保证金质押等。该协议是贷款银行与债务人建某公司签订，万某公司并非当事人；且该协议第十五条规定，在抵押物未办妥抵押登记的，银行对建某公司的授信额度不超过3000万元，与本案贷款发放情况吻合。

《最高额保证合同》第五条约定：主债务在本合同之外同时存在其他物的担保或保证的，不影响债权人本合同项下的任何权利及行使，债权人有权决定各担保权利的行使顺序，保证人应按照本合同的约定承担担保责任，不得以存在其他担保及行使顺序等抗辩债权人。万某公司向贷款银行出具的确认书，亦再次明确了上述内容。

因此，在债务人违约的情况下，贷款银行有权直接向万某公司主张实现保证担保，其他担保方式(包括《授信额度协议》约定的抵押、保证金质押等)并非万某公司免予承担保证责任的前提条件。

案例延伸阅读

案例一：中国银行股份有限公司某经济技术开发区支行与伊川龙某电力有限公司、江苏升某进出口有限公司等金融借款合同纠纷二审民事判决书【江苏省高级人民法院（2016）苏民终101号】

江苏省高级人民法院认为：

龙某公司主张其受到升某公司的欺诈且中行某开发区支行审贷不严，故依据《担保法》第三十条和《担保法司法解释》第四十条的规定即主合同债务人采取欺诈手段使保证人在违背真实意思的情况下提供保证，债权人知道或者应当知道欺诈事实的，其不应承担保证责任。虽然龙某公司在原审中提供网上查询的信息显示昌晟公司与昌泰公司具有一定的关联性，升某公司与昌泰公司之间也存在一定的关联性，但并无证据证明案涉升某公司与昌晟公司之间的《镍矿销售合同》系关联交易，而中行某开发区支行审查案涉两笔国内商业发票贴现业务时，审核了《镍矿销售合同》、商业发票、结算单、放货通知、放货通知回执等材料，尽到了审贷义务，龙某公司主张案涉交易虚假亦无证据证明。龙某公司申请调查昌晟公司相关账目、货运单据以及案涉商业发票的真实性并无必要，本院不予准许。龙某公司主张其受到欺诈并无证据证明，中行某开发区支行依约向升某公司发放贷款，升某公司未能按约偿付融资款，龙某公司作为案涉贷款的连带责任保证人应当承担保证责任。

案例二：中国银行股份有限公司某支行与潍坊六某微粉有限公司、山东山某重工股份有限公司等金融借款合同纠纷二审民事判决书【山东省高级人民法院（2015）鲁商终字第413号】

一审法院认为：

本案中没有相应的证据印证主合同当事人中行某支行与山某重工之间串通骗取保证人提供保证或主合同债权人中行某支行采取欺诈、胁迫等手段使保证人六某公司在违背真实意思的情况下提供保证，故六某公司据此要求免除本案债务保证责任的事实依据不足，不予支持。就采取保理方式向中国银行融资而言，山某重工与六某公司属于相互担保的商事合作伙伴，山某重工在办理本案999万元保理融资担保时未告知六某公司融资所需应收账款虚假，属于商事交易伙伴之间的虚假陈述，影响的是六某公司作为担保人承担责任的风险程度，亦不构成合同法上的无效事由。六某公司关于本案的贷款主合同无效、担保合同无效的理由，缺乏相应的事实与法律依据，不予采信。据此，中行某支行与六某公司之间的《最高额保证合同》属有效合同。

山东省高级人民法院认为：

关于本案中主合同的效力问题，本案中，被上诉人中行某支行在签订合同时，要求山某重工提供了相应的书面材料，进行了形式审查，应认定尽到了审查义务。退一步说，即使山某重工提供的相关材料不真实，也不能证明中行某支行与山某重工之间构成恶意串通，损害国家、集体或第三人的利益，不构成以合法形式掩盖非法目的。本案的主合同应认定为有效合同。原审法院对此认定并无不当。根据以上分析，本案的主合同应认定为有效合同，因此上诉人主张主合同无效，担保合同亦无效的理由不能成立。

案例三： 无锡市强某机械有限公司与中国农业银行股份有限公司无锡某支行等保证合同纠纷上诉案【江苏省无锡市中级人民法院（2017）苏02民终4797号】

江苏省无锡中院二审认为：

没有证据证明农行某支行与电线厂之间存在恶意串通的情形。《担保法》第三十条规定，主合同当事人双方串通，骗取保证人提供保证的，保证人不承担保证责任。《担保法司法解释》第四十条规定，主合同债务人采取欺诈、胁迫等手段，使保证人在违背真实意思的情况下提供保证的，债权人知道或者应当知道欺诈、胁迫事实的，按照《担保法》第三十条的规定处理。虽然电线厂通过伪造印章、购销合同、财务资料等，虚构应收账款向农行某支行申请保理融资，但并没有证据证明农行某支行对此存在串通行为或者对此知情。故对强某公司的该项主张不予支持。

案例四： 中国工商银行股份有限公司某经济技术开发区支行诉浙江光大锦某交通工程有限公司合同纠纷案【（2014）杭经开商初字第646号】

生效判决认为：

案涉应收账款未有效转让并不必然构成原告银行与光大锦某公司双方恶意串通，骗取中某公司、光大华某公司提供保证。

一方面，从恶意串通的构成要件来看，恶意串通必须以双方具有共同的意思联络为要件，而就本案事实而言，中某公司、光大华某公司均确认光大锦某公司与某交通运输局之间存在真实的交易行为，原告对应收账款以及应收账款转让后的通知行为也进行了必要的审查，因而不能认定原告与光大锦某公司存在骗取中某公司、光大华某公司提供保证的共同意思联络。

另一方面，从举证责任的角度来看，《中华人民共和国担保法》第三十条规定的“主合同当事人双方串通，骗取保证人提供保证的”情形，其举证责任在于保证人，而中某公司、光大华某公司未能提供相应的证据证明。

事实上，光大锦某公司已经向原告提供了加盖“某交通局”印章的《应收账款债权转让通知书》，可以认定原告对应收账款转让是否通知已经尽到了审查义务，对应收账款最终未有效转让并没有过错。同时，根据《最高人民法院关于适用〈中华人民共和国民事诉讼法〉的解释》第一百零九条规定：“当事人对欺诈、胁迫、恶意串通事实的证明，……人民法院确信该待证事实存在的可能性能够排除合理怀疑的，应当认定该事实存在。”该规定提高了当事人对于欺诈、恶意串通事实的证明标准，以至于需要达到排除合理怀疑的程度，而中某公司、光大华某公司的举证显然没有达到该证明标准，应承担举证不能的法律后果。

根据《最高人民法院关于适用〈中华人民共和国担保法〉若干问题的解释》第四十条规定：“主合同债务人采取欺诈、胁迫等手段，使保证人在违背真实意思的情况下提供保证的，债权人知道或者应当知道欺诈、胁迫事实的，按照担保法第三十条的规定处理。”本案中，即使光大锦某公司采取欺诈手段使中某公司、光大华某公司在违背真实意思的情形下提供保证，保证人也没有提供证据证明原告银行“知道或者应当知道欺诈事实”，故本案也不符合该规定的情形。

综上，中某公司、光大华某公司并未提供足以证明原告与光大锦某公司存在恶意串通骗取其提供保证的证据，应承担举证不能的法律后果。中某公司、光大华某公司关于原告与光大锦某公司恶意串通骗取其提供保证，因此保证合同无效，其不应承担保证责任的辩称缺乏事实和法律依据，本院不予采纳。

案例五：冠某国际商业保理有限公司、李某建合同纠纷二审民事判决书【（2019）冀01民终4755号】

河北石家庄中院二审认为：

本案的争议焦点为：李某建对债务承担连带责任有无事实和法律依据。

根据《中华人民共和国担保法》第三十条“有下列情形之一的，保证人不承担民事责任：（一）主合同当事人双方串通，骗取保证人提供保证的；（二）主合同债权人采取欺诈、胁迫等手段，使担保人在违背真实意思的情况下提供保证的”和《最高人民法院关于适用〈中华人民共和国担保法〉若干问题的解释》第四十条“主合同债务人采取欺诈、胁迫等手段，使保证人在违背真实意思的情况下提供保证的，债权人知道或者应当知道欺诈、胁迫事实的，按照担保法第三十条的规定处理”的规定，本案中，上诉人作为债权人在被上诉人运某公司提供的基础合同中应收账款不能转让的情况下，未经审查就直接放款，造成涉案款项无法收回，致使被上诉人李某建在未得到真实情况的前提下提供担保，保证人李某建依法不承担担保责任。上诉人称被上诉人李某建是被上诉人运某公司的职员，但未提供证据证明，且即使是公司的员工，也不足以证明被上诉人李某建知道或应当知道应收账款禁止转让的情况。故，上诉人主张被上诉人李某建对债务承担连带担保责任的理据不足，本院不予支持。

实务经验总结

在应收账款融资中，虚构应收账款、应收账款未真实有效转让的情形非常多见，导致资金方通过追偿应收账款回收融资款项具有很大的风险，于是，资金方往往也会同时要求融资人一方提供保证或者其他担保措施。在保理业务中，保证人承担保证责任，也往往是以应收账款有效存在为前提，因此，保证人对自己承担保证责任的可能性和范围在一开始都会有一个预期，但是，若事后发现，应收账款虚假或者未转让，导致丧失应收账款这一项担保方式，那保证人就很可能会主张其作出保证承诺并非基于真实意思表示。

在上述借款融资、应收账款转让、担保法律关系中，各方尤其是资金方和保证人应该如何防范风险，以最大化减少损失呢?

（一）资金方如何防范风险?

1. 资金方提供融资时应尽审慎义务并保留相关证据。

资金方在提供融资时，应审查应收账款债权人与债务人之间基础交易合同是否真实存在，应收账款是否可以转让，资金方进行了形式审查一般即可认定其尽到了审查义务，如审核应收账款原债权人与债务人之间合同、商业发票、结算单、放货通知、放货通知回执等材料是否存在或存在明显伪造、虚假情形，审查应收账款转让是否已经通知了应收账款债务人，资金方应重视证据的保存，重视证据材料的留档，尤其是应收账款债权人与债务人的相关文书及声明、证明、承诺等书面材料，方便日后举证。

一般而言，资金方履行了前述义务，即可认定其尽到了合理审贷义务。若未经审查就直接放款或经审查不合格仍发放贷款，造成涉案款项无法收回，致使保证人在未得到真实情况的前提下提供担保，保证人则依法不承担担保责任。若资金方已尽合理审查义务发放贷款，此时即使融资人虚构所谓的应收账款向资金方申请保理融资，或者未实际转让应收账款，保证人仍需承担保证责任。

2. 要求融资方提供担保。

由上述实务案例我们可知，在实务中，经常出现融资方以虚设的应收账款骗取融资等情形，因此，资金方必须通过要求提供物的担保、人的保证等方式，防范不能收回融资款的损失。

（二）保证人如何进行风险防范？

1. 考察被保证人的信誉和偿还债务能力，要求债务人提供反担保。

在保证人为债务人提供任何保证时，都应首先确保被保证人具有偿还债务能力，保证人在向债权人承担保证责任后有向债务人追偿的现实可能性。第三人为债务人向债权人提供担保时，可以要求债务人提供反担保，反担保不仅可以降低担保人的风险，而且可以促使债务人积极履行义务。

2. 审查应收账款是否设立、是否转让，且可以为保证责任设定一个生效条件。

保证人在签订保证合同之前，要求被保证人提供相关证据、资料证明应收账款原债权人与债务人之间存在真实的交易，要求被保证人提供应收账款真实存在的证明等，且可以将其保证责任设定一个生效条件，即仅在应收账款债权真实且已经有效转让的情况下，应收账款债务人未履行的，保证责任始发生。

3. 为保证责任设定免责事由。

与保证责任的生效条件的道理相似，保证人也可与资金方、融资方约定，当应收账款债权人与应收账款债务人之间应收账款虚设、应收账款未实际转让给资金方时，保证人对其应收账款融资债务不承担保证责任。以此，以合同约定的方式直接排除在前述情况下的责任承担问题。

4. 慎用保证承诺或保证确认书。

从实务案例约定可知，一般情况下，保证人均会承诺或确认：主债务在合同之外同时存在其他物的担保或保证的，不影响债权人在保证合同项下的任何权利行使，债权人有权决定各担保权利的行使顺序，保证人将按照保证合同的约定承担担保责任，不得以存在其他担保及行使顺序等抗辩债权人。

此种承诺或确认书一出，对于保证人而言，是非常不利的，基本上排除了保证人日后抗辩的可能性。如在上文万某公司所涉案件中，法院判决万某公司承担保证责任的依据之一就是如此，所以，保证人要慎用此种约定或承诺。

5. 保证合同中可以不用明确是连带保证还是一般保证。

《民法典》对于保证部分的一大改革是，如果保证合同对保证方式没有约定或者约定不明确的，《担保法》规定承担的是连带责任保证，《民法典》规定承担的是一般责任保证，减轻了保证人的责任，所以，除非明确声明保证责任为连带保证，否则，保证人都只承担一般保证责任。

（三）保证人以欺诈、恶意串通主张免除保证责任的举证难度非常大。

根据《最高人民法院关于适用〈中华人民共和国民事诉讼法〉的解释》第一百零九条规定："当事人对欺诈、胁迫、恶意串通事实的证明，……人民法院确信该待证事实存在的可能性能够排除合理怀疑的，应当认定该事实存在。"该规定提高了当事人对于欺诈、恶意串通事实的证明标准，以至于需要达到排除合理怀疑的程度。

所以，在实务中，保证人要证明债务人、债权人存在欺诈、恶意串通等存在很大难度，事实上应收债权落空导致银行要求保证人承担保证责任，也被认为属于保证人提供担保时应当预见的商业风险，法院也往往以前述理由驳回保证人的抗辩。因此，实务中，保证人在签订保证合同当时所做的事前风险防范显得尤为重要，而事后的举证恐怕将是无力回天了。

相关规定

《中华人民共和国民法典》

第六百八十二条 保证合同是主债权债务合同的从合同。主债权债务合同无效的，保证合同无效，但是法律另有规定的除外。

保证合同被确认无效后，债务人、保证人、债权人有过错的，应当根据其过错各自承担相应的民事责任。

第六百八十六条 保证的方式包括一般保证和连带责任保证。

当事人在保证合同中对保证方式没有约定或者约定不明确的，按照一般保证承担保证责任。

第六百八十九条 保证人可以要求债务人提供反担保。

十五、应收账款质权人能否要求次债务人直接向其履行?

阅读提示: 应收账款质权人该如何实现自己的质权?是否需要像其他担保物权那样对担保标的物应收账款进行折价、拍卖、变卖?应收账款质权不仅具有担保物权的特性,其标的"应收账款"本身就是一项以金钱给付为内容的债权,折价、拍卖、变卖等实现方式反而不利于当事人利益的保护且不适于作为应收账款质权的实现方式,质权人在起诉时应该如何表述自己的应收账款质权实现方式,能否要求应收账款债务人直接向自己支付款项?本文以最高人民法院以及全国各地法院的判决来回答这一问题。

裁判要旨

应收账款质权具有特殊性,债务人直接清偿应收账款,质权人即可获得现金用于优先受偿权,而无须通过拍卖、变卖实现权利,故债权人主张以应收账款债务人直接向其偿还债务的方式实现质权的,人民法院应予支持。

基本案情[①]

某建设公司(转让方及回购方)与某证券公司(代表中山广发 3 号定向资产管理计划及其委托人广发银行)签订应收账款收益权转让及回购合同,某证券公司以 5 亿元受让某建设公司合法拥有的应收账款收益权,某建设公司承诺回购;所转让与回购的应收账款的债务人为某城投公司,金额为 65642 万元。

且某建设公司以其依据某项目投资代建合同对某城投公司享有的 65642 万元应收账款为该公司在上述应收账款收益权转让及回购合同项下的回购义务设定质押担保,质权人为广发银行。

某证券公司根据上述应收账款收益权转让及回购合同向某建设公司转款 5 亿元,某建设公司合计还款 444717372. 5 元。

因某建设公司到期未履行还款义务,广发银行、某证券公司一方向安徽高院提

① 案例来源:广发银行股份有限公司等诉某建设控股集团安徽有限公司等借款合同纠纷案【安徽省高级人民法院(2018)皖民初 35 号】。

起诉讼，请求：1. 判令某建设公司向广发银行支付剩余欠款 11038.5 万元及违约金；2. 广发银行就上述第一项诉讼请求的内容，对案涉应收账款债权享有优先受偿权，某城投公司向广发银行直接支付应由其支付给某建设公司的应付款 11038.5 万元。

争议焦点

本案应收账款收益权转让及回购合同的性质如何认定以及应收账款质权是否能以次债务人直接付款的方式来实现？

法院裁判观点

安徽高院认为，本案应收账款收益权转让及回购合同应认定为借款合同，本案案由应确定为借款合同纠纷。

关于案涉应收账款质权实现方式，法院认为：应收账款性质上属于债权，其可直接向债务人主张清偿，即可获得金钱用于清偿质押债务，而无须通过拍卖、变卖形式才能获得现金价款。对于债务人清偿而取得的现金价款，质权人可直接主张优先受偿。因此，某证券公司及其委托人广发银行诉请由某城投公司直接向广发银行支付应收账款具有事实和法律依据，应予支持。某城投公司向广发银行偿还应收账款后，某城投公司与某建设公司之间债权债务以及某建设公司与广发银行之间的债权债务等额消灭。

一审判决宣判后，各方均未提起上诉，该判决现已发生法律效力。

案例延伸阅读

案例一：中某油铁建油品销售有限公司与昆某银行股份有限公司质押合同纠纷上诉案【一审：（2016）新民初 40 号；二审：（2018）最高法民终 50 号】

在该案中，昆某银行向新疆维吾尔自治区高级人民法院起诉，请求判令东某公司偿还借款 10000 万元本金及利息，并判令昆某银行有权直接向中某铁建公司收取应由中某铁建公司支付东某公司的应收账款，并对该应收账款就前述债务行使优先受偿权。

新疆维吾尔自治区高级人民法院判决：“二、昆某银行有权对涉案应收账款质押登记协议项下东某公司享有的对中某铁建公司的应收账款优先受偿，在购销合同项下的结算金额12560万元的范围内对东某公司上述债务享有优先受偿权。”因中某铁建公司二审撤回上诉，上述一审判决已生效。

> **案例二：**攀枝花恒某煤业有限公司、上海浦东发展银行股份有限公司成都某支行金融借款合同纠纷二审民事判决书【（2018）川民终1160号】

法院判决：质权人可直接收取应收账款，且在该应收账款范围内优先受偿。

该案中，对于物某公司向浦发银行某支行贷款的4000万元债务，明某公司、普某公司将其分别对恒某公司在《采矿权及资产收购协议》项下应收账款出质给浦发银行某支行，并办理了应收账款出质登记。

关于浦发银行某支行要求对明某公司、普某公司质押的应收账款享有优先受偿权，并要求恒某公司在约定的最高额范围内直接向浦发银行某支行履行付款义务的诉讼请求。

一审四川成都中院认为：因应收账款属于金钱债权，浦发银行某支行要求恒某公司直接向其履行付款义务的主张合法，应予支持。故判决：“七、如物某公司未履行本判决确定的给付义务，浦发银行某支行有权直接向恒某公司收取在中国人民银行征信中心《动产权属统一登记－初始登记》（登记证明编号：xxx）中记载的应收账款，并对该应收账款在最高额4400万元范围内优先受偿”。

二审四川高院维持了上述一审判决。

> **案例三：**吉林银行股份有限公司某分行、云南泛某农业合作开发有限公司金融借款合同纠纷二审民事判决书【（2018）辽民终730号】

法院判决：质权人就应收账款享有优先受偿权。

关于应收账款质权，质权人吉林银行某分行诉讼请求为，吉林银行某分行就吉林绿某公司对云南泛某公司享有的金额为7000万元的应收账款债权的权利质权有效，吉林银行某分行有权以该质物债权折价或者以拍卖、变卖质物债权所得的价款就吉林银行某分行对吉林绿某公司在本案中的全部债权优先受偿，由云南泛某公司承担欠付吉林绿某公司的7000万元债务，并在上述出质债权额度内向吉林银行某分行履行债务清偿责任。

辽宁高院二审判决的第三项为：吉林银行某分行就登记证明编号为01592168000194562473项下的应收账款对本判决第一项确定的给付内容，在7000万元本金范围内享有优先受偿权。

案例四：安徽省皖某运销有限责任公司与中国民生银行股份有限公司某分行等金融借款合同纠纷上诉案【江苏省高级人民法院（2014）苏商终字第0267号】

法院判决：应收账款债务人向质权人履行付款义务。

一审江苏省徐州中院认为，民生银行某分行对上述9852.1324万元应收账款在本案借款本息数额内享有优先受偿权，且皖某公司作为该应收账款的债务人负有协助义务，即在本案借款本息数额内直接向民生银行某分行支付上述应收账款，以清偿苏某公司的本案债务。

判决中第二项表述为“二、苏某公司未按期履行上述付款义务，民生银行某分行有权就苏某公司质押的对皖某公司的9852.1324万元应收账款优先受偿。皖某公司于判决生效之日起20日内，在9852.1324万元范围内向民生银行某分行履行上述付款义务”。二审江苏高院维持了该一审判决。

案例五：无锡市某创业投资集团有限公司诉江苏华某坞投资发展有限公司应收账款质权案【江苏省无锡市中级人民法院（2016）苏02民终2861号】

法院判决：应收账款债务人向质权人履行付款义务。

该案中，债权人某创业公司的诉讼请求为：某创业公司对方某公司质押的对华某坞公司的3838574元应收账款优先受偿，华某坞公司在3838574元范围内向某创业公司履行付款义务。

二审江苏无锡中院认为，按照方某公司与某创业公司的质押担保合同的约定，方某公司不能向某创业公司清偿到期债务，某创业公司有权就质押的应收账款行使处分权，且案涉应收账款作为已经确定金额的金钱债权可以直接支付，因此某创业公司对享有优先受偿权的3838574元应收账款有权向华某坞公司提出付款主张。故判决：华某坞公司在3838574元范围内向某创业公司履行付款义务，并于判决生效后十五日内履行。

案例六：柳州银行股份有限公司某分行、百色市某区人民政府、广某投保公司追偿权纠纷二审民事判决书【广西壮族自治区南宁市中级人民法院（2019）桂01民终367号】

该院认为，首先，根据《最高人民法院关于适用〈中华人民共和国担保法〉若干问题的解释》第一百零六条规定，质权人向出质人、出质债权的债务人行使质权时，出质人、出质债权的债务人拒绝的，质权人可以起诉出质人和出质债权的债务人，也可以单独起诉出质债权的债务人。根据该规定，被上诉人广某投保公司作为质权人，可以选择出质人和债务人共同主张权利，故本案相关诉讼主体符合法律规定。

其次，本案诉争应收账款应属于某区政府向瑞某公司借款，某区政府应当偿还的借款本息，案涉应收账款作为已经确定金额的金钱债权可以直接支付，故广某投保公司对享有优先受偿权的应收账款有权向某区政府提出付款主张，某区政府对尚未支付给瑞某公司的应收账款 5000000 元及相应利息应向广某投保公司履行付款义务。

法院观点评述

从上述案例可以看到，关于应收账款质权如何实现、次债务人是否应向质权人履行付款义务这个问题，质权人在其诉讼请求表述中以及法院在其判决表述中均存在不统一的现象。比如上述安徽高院、江苏高院、无锡中院、广西南宁中院均判决应收账款债务人直接向债权人履行付款义务，支付应收账款。

但也有法院仅仅确认原告对应收账款质权享有优先受偿权，而对该质权具体如何实现却避而不谈，未能明确应收账款债务人是否应直接向质权人清偿债务这一问题。

前述现象产生的原因在于现行法没有明文规定应收账款质权如何实现，仅是统一规定优先受偿权以拍卖、变卖、折价的方式实现，导致少部分法院认可了直接清偿的实现方式，而大多数法院仍采取谨慎态度，在判决中仅确认质权人的优先受偿权，不予明示怎么实现优先受偿权，但这一判项不够明确具体，应当进一步指明质权人实现质权的方式或次债务人应如何履行义务，使判决更契合案件现状，减少争议，利于执行。

本文认为，采用“应收账款质权直接清偿方式”有如下理由：

（一）从比较法角度，大陆法系国家多规定“应收账款质权直接清偿方式”。

此种清偿方式下，质权人可要求次债务人直接付款。例如，我国台湾地区的民法典物权篇第九百零五条即规定：“为质权目标物之债权，以金钱给付为内容，而其清偿期先于其所担保债权之清偿期者，质权人得请求债务人提存之，并对提存物行使其质权。为质权目标物之债权，以金钱给付为内容，而其清偿期后于其所担保债权之清偿期者，质权人于其清偿期届至时，得就担保之债权额，为给付之请求”。类似地，《德国民法典》第一千二百八十二条第一款即规定：“……质权人有权收取债权，而债务人只能向质权人履行给付”。《日本民法典》第三百六十七条第一款也规定："质权人可以直接收取作为质权标的的债权"。《瑞士民法典》也有类似的规定。

（二）最高法院的指导案例已经明确了"应收账款质权直接清偿方式"。

最高人民法院第53号指导案例中，最高法院认为"污水处理项目收益权属于将来金钱债权，质权人可请求法院判令其直接向出质人的债务人收取金钱并对该金钱行使优先受偿权，故无需采取折价或拍卖、变卖之方式"，该指导案例确定了应收账款质权的实现方式。

（三）"应收账款质权直接清偿方式"并不违背禁止流质的规定。

禁止流质的目的在于防止债权人以其优势地位不公平地损害债务人的财产权益，而在应收账款债务人直接向质权人付款，且应收账款金额高于主债权金额的情形下，可以在超出之后，不再向质权人给付，或者出质人要求质权人返还超额部分，不会存在不公平之处。

（四）从实际效益角度，"应收账款质权直接清偿方式"有利于当事人利益保护。

应收账款债务人的资信情况难以把握，如将已质押的应收账款再行拍卖、变卖，不仅耗时长，而且极易造成清偿率下降等弊端，且还会遇到已质押应收账款本身属性不适宜拍卖等情况，极大地妨害了应收账款质押权的实现。采用法定的担保物权实现方式，反而不利于应收账款质权的实现及相关当事人利益的保护。因此，双方当事人在应收账款质押合同中约定"应收账款质权人可直接向次债务人请求支付账款"将会最大化各方的利益。

实务经验总结

（一）从应收账款质权人利益角度：

直接清偿的实现方式有利于降低其风险且缩小其应收账款质权实现成本。为实现该目的，应收账款质权人在实务中必须做到：首先，应谨慎确认应收账款是否存在、次债务人对账款数额等相关事项是否认可。其次，要约定次债务人将账款汇入自己监管下的特定账户。最后，要明确次债务人未依约履行前述汇款义务时，出质人或次债务人需承担的违约责任。

（二）从次债务人与应收账款出质人利益角度：

双方都期待直接依该账款向应收账款质权人清偿，从而避免"折价、拍卖、变卖"等实现方式过程中应收账款价值减损问题，也能避免前述实现方式需支付的成本。因此，对双方最有利的选择是积极地以该账款直接向应收账款质权人清偿。

相关规定

《中华人民共和国民法典》

第四百三十六条 债务人履行债务或者出质人提前清偿所担保的债权的，质权人应当返还质押财产。

债务人不履行到期债务或者发生当事人约定的实现质权的情形，质权人可以与出质人协议以质押财产折价，也可以就拍卖、变卖质押财产所得的价款优先受偿。

质押财产折价或者变卖的，应当参照市场价格。

十六、特许经营权质押属于应收账款质押吗?

阅读提示: 自最高人民法院第53号指导案例颁布之后,以公共事业特许经营收益权为内容的应收账款质权,在应收账款融资实务中,逐渐得到关注。究竟哪些特许经营收益权可以设立应收账款质押?质押权的设立需满足哪些条件?该质押权在实现时又具有何种特性?本文拟结合全国各地的司法案例,一同探讨前述问题,试图为实务提供借鉴与建议。

裁判要旨

(一)特许经营权的收益权可以质押,并可作为应收账款进行出质登记。

(二)特许经营权的收益权依其性质不宜折价、拍卖或变卖,质权人主张优先受偿权的,人民法院可以判令出质债权的债务人将收益权的应收账款优先支付质权人。

基本案情[①]

2003年,某市建设局为让与方、某市政公司为受让方、某市财政局为见证方,三方签订《某市城区污水处理厂特许建设经营合同》,约定:某市建设局授予某市政公司负责投资、建设、运营和维护某市城区污水处理厂项目及其附属设施的特许权,项目建成运营后,由某市建设局向某市政公司支付污水处理费用。

2004年10月22日,亚某公司成立。该公司系某市政公司为履行《某市城区污水处理厂特许建设经营合同》而设立的项目公司。

2005年3月24日,海峡银行某支行向亚某公司出借3000万元,用于市城区污水处理厂BOT项目。

同日,海峡银行某支行与亚某公司、某市政公司、某市建设局共同签订《特许经营权质押担保协议》,约定:某市政公司以《某市城区污水处理厂特许建设经营协议》授予的特许经营权为某亚某公司向海峡银行某支行的借款提供质押担保,某

---

① 案例来源:福建海峡银行股份有限公司福州某支行诉亚某污水处理有限公司、某市政工程有限公司金融借款合同纠纷案【(2013)闽民终字第870号】。

市建设局同意该担保；某市政公司同意将特许经营权收益优先用于清偿借款合同项下的亚某公司的债务，某市建设局和某市政公司同意将污水处理费优先用于清偿借款合同项下的亚某公司的债务；海峡银行某支行未受清偿的，有权依法通过拍卖等方式实现质押权利等。

上述合同签订后，海峡银行某支行依约向亚某公司发放贷款 3000 万元。亚某公司未依约按期足额还本付息，遂引发本案诉讼。

争议焦点

污水处理项目特许经营权质押是否有效以及该质权如何实现?

法院裁判观点

（一）关于污水处理项目特许经营权能否出质的问题。

污水处理项目特许经营权是对污水处理厂进行运营和维护，并获得相应收益的权利。污水处理厂的运营和维护，属于经营者的义务，而其收益权，则属于经营者的权利。由于对污水处理厂的运营和维护，并不属于可转让的财产权利，故讼争的污水处理项目特许经营权质押，实质上系污水处理项目收益权的质押。

关于污水处理项目等特许经营的收益权能否出质问题，应当考虑以下方面：

其一，本案讼争污水处理项目《特许经营权质押担保协议》签订于 2005 年，尽管当时法律、行政法规及相关司法解释并未规定污水处理项目收益权可质押，但污水处理项目收益权与公路收益权性质上相类似。《最高人民法院关于适用〈中华人民共和国担保法〉若干问题的解释》第九十七条规定，“以公路桥梁、公路隧道或者公路渡口等不动产收益权出质的，按照担保法第七十五条第（四）项的规定处理”，明确公路收益权属于依法可质押的其他权利，与其类似的污水处理收益权亦应允许出质。

其二，国务院办公厅 2001 年 9 月 29 日转发的《国务院西部开发办〈关于西部大开发若干政策措施的实施意见〉》（国办发〔2001〕73 号）中提出，“对具有一定还贷能力的水利开发项目和城市环保项目（如城市污水处理和垃圾处理等），探索逐步开办以项目收益权或收费权为质押发放贷款的业务”，首次明确可试行将污水处理项目的收益权进行质押。

其三，污水处理项目收益权虽系将来金钱债权，但其行使期间及收益金额均可确定，其属于确定的财产权利。

其四，在《中华人民共和国物权法》（以下简称《物权法》）颁布实施后，因污水处理项目收益权系基于提供污水处理服务而产生的将来金钱债权，依其性质亦可纳入依法可出质的“应收账款”的范畴。因此，讼争污水处理项目收益权作为特定化的财产权利，可以允许其出质。

（二）关于污水处理项目收益权质权的公示问题。

对于污水处理项目收益权的质权公示问题，在《物权法》自2007年10月1日起施行后，因收益权已纳入该法第二百二十三条第六项的“应收账款”范畴，故应当在中国人民银行征信中心的应收账款质押登记公示系统进行出质登记，质权才能依法成立。

由于本案的质押担保协议签订于2005年，在《物权法》施行之前，故不适用《物权法》关于应收账款的统一登记制度。因当时并未有统一的登记公示的规定，故参照当时公路收费权质押登记的规定，由其主管部门进行备案登记，有关利害关系人可通过其主管部门了解该收益权是否存在质押之情况，该权利即具备物权公示的效果。

本案中，某市建设局在《特许经营权质押担保协议》上盖章，且协议第七条明确约定“某市建设局同意为原告和某市政公司办理质押登记出质登记手续”，故可认定讼争污水处理项目的主管部门已知晓并认可该权利质押情况，有关利害关系人亦可通过某市建设局查询了解讼争污水处理厂的有关权利质押的情况。因此，本案讼争的权利质押已具备公示之要件，质权已设立。

（三）关于污水处理项目收益权的质权实现方式问题。

我国《担保法》和《物权法》均未具体规定权利质权的具体实现方式，仅就质权的实现作出一般性的规定，即质权人在行使质权时，可与出质人协议以质押财产折价，或就拍卖、变卖质押财产所得的价款优先受偿。

但污水处理项目收益权属于将来金钱债权，质权人可请求法院判令其直接向出质人的债务人收取金钱并对该金钱行使优先受偿权，故无需采取折价或拍卖、变卖之方式。况且收益权均附有一定之负担，且其经营主体具有特定性，故依其性质亦不宜拍卖、变卖。因此，原告请求将《特许经营权质押担保协议》项下的质物予以拍卖、变卖并行使优先受偿权，不予支持。

根据协议约定，原告海峡银行某支行有权直接向某市建设局收取污水处理服务费，并对所收取的污水处理服务费行使优先受偿权。由于被告仍应依约对污水处理厂进行正常运营和维护，若无法正常运营，则将影响到某市城区污水的处理，亦将影响原告对污水处理费的收取，故原告在向某市建设局收取污水处理服务费时，应当合理行使权利，为被告预留经营污水处理厂的必要合理费用。

最终，法院就质权的判项为："三、原告福建海峡银行股份有限公司福州某支行于本判决生效之日起有权直接向某市建设局收取应由某市建设局支付给被告亚某污水处理有限公司、某市政工程有限公司的污水处理服务费，并对该污水处理服务费就本判决第一、二项所确定的债务行使优先受偿权"。

案例延伸阅读

案例一：中国工商银行股份有限公司某支行与桑某裕轮远航燃气工程有限公司、重庆市中某投资（集团）股份有限公司等金融借款合同纠纷二审民事判决书【（2016）湘民终324号】

关于本案特许经营权能否出质的问题。法院认为，城市燃气特许经营权属市政公用事业特许经营权中的一类，是指政府按照有关法律、法规规定，通过市场竞争机制选择城市燃气投资者或经营者，明确其在一定期限和范围经营城市燃气供应或提供相应服务。桑某燃气公司的管道天然气特许经营权是对某县城管道天燃气进行运营和维护，并获得相应收益的权利。管道天燃气的运营和维护属于经营者的义务，而其收益权则属于经营者的权利，桑某燃气公司对某县城管道天燃气进行运营和维护，并不属于可转让的财产权利。

根据《中华人民共和国物权法》关于应收账款质押的规定，桑某燃气公司的出质标的只能是收益权（应收账款）的质押，并经信贷征信机构办理出质登记，工行某支行才有权就此优先受偿。本案所涉桑某燃气公司的应收账款的质押已经中国人民银行征信中心登记，因此，工行某支行有权对桑某燃气公司出质的收费权（应收账款）在中国人民银行征信中心登记的期限内优先受偿，对工行某支行要求桑某燃气公司享有的某县城城市管道天然气30年特许经营权享有优先受偿权的诉请，不予支持。

案例二：徐州某农村商业银行股份有限公司与徐州金某盛帮殡葬企业管理服务有限公司、徐州市信某经贸实业服务有限公司等金融借款合同纠纷一审民事判决书【（2018）苏03民初441号】

法院观点：

关于本案所涉质权是否设立的问题，案涉最高额权利质押合同约定的质押标的为金某公司在徐州市某公墓管理处80%经营权，权利质押清单表述的应收账款实质为金某公司在徐州市某公墓管理处80%经营权所对应的净收益应收账款，该标的属于物权法规定的应收账款质押。

本案中，案涉应收账款质押经徐州市某公墓管理处确认，徐州某农商行亦在法定登记机构中国人民银行征信中心进行了质押登记，符合应收账款质权设立的法定条件，故，本案所涉质权的设立并无违反法律法规强制性规定之处，合法有效。对徐州某农商行依照其与金某公司签订的质押合同的约定，要求对金某公司依据其与徐州市殡葬管理所签订合作经营协议书经营徐州市某公墓期间净收益的80%对应的款项在4000万元范围内行使优先受偿权的请求，本院予以支持。

案例三：百某融资租赁有限公司与兴仁市阳某天然气发展有限公司、黔西南州阳某天然气发展有限公司等融资租赁合同纠纷一审民事判决书【（2020）沪0115民初4371号】

法院观点：

关于涉案天然气特许经营权及其派生权益的质押，实质上系对天然气经营项目收益权的质押，因该收益权已纳入《物权法》第二百二十三条“应收账款”范畴，故应当在中国人民银行征信中心的应收账款质押登记公示系统进行出质登记，质权才能依法成立，现原告并未向本院提交相关出质登记的证明材料，应承担举证不利后果，故对其该项诉请，本院不予支持。

案例四：兴业银行股份有限公司某支行与福安市某环保科技有限公司、福建某环保科技有限公司等金融借款合同纠纷一审民事判决书【（2015）安民初字第6142号】

法院观点：

本案的污水处理特许经营权质押实际是收费权（收益权）的质押，属于应收账款范畴。被告福安市某环保科技有限公司自愿提供其所有的特许经营权进行质押担保，并依法办理了质押登记，质押权依法设立。原告兴业银行股份有限公司某支行依法对被告福安市某环保科技有限公司依特许经营权而享有的收费权（收益权）具有优先受偿权。

案例五：融某租赁股份有限公司与福建省亨某水务科技有限公司、黄某兴融资租赁合同纠纷一审民事判决书【（2018）闽0102民初3471号】

法院观点：

融某公司与亨某公司签订《福建省亨某水务科技有限公司BOT特许经营权质

押合同》，约定亨某公司自愿以某市生活污水处理 BOT 特许经营权提供质押担保；被担保的主债权为融某公司与亨某公司签订的《售后回租合同》。融某公司与亨某公司办理某市生活污水处理 BOT 特许经营权质押登记。上述质押担保法律关系成立。故融某公司对亨某公司提供的某市生活污水处理 BOT 特许经营权，有权以折价、变卖、拍卖所得价款，对亨某公司的上述债务优先受偿。

案例六：华某融资租赁有限公司等执行裁定书【（2019）京 02 执异 1225 号】

该案中，2014 年 6 月 20 日，中某公司与中行某支行签订《固定资产借款合同》，中行某支行分三次向中某公司发放贷款共计人民币 2 亿元。中某公司提供质押担保，“质押权利清单”载明“质押物名称”为“某市人民政府授予中某环保电力有限公司在某市生活垃圾焚烧发电项目的特许经营权、某市人民政府授予中某环保电力有限公司在某市生活垃圾焚烧发电项目的垃圾处理补贴费收费权”，该质押对应的《中国人民银行征信中心动产权属统一登记 - 变更登记》信息载明：本登记为应收账款质押最高额贷款业务登记。……本权利为某市人民政府授予中某公司在某市生活垃圾焚烧发电项目特许经营期内进行独占经营的权利和收取垃圾处理补贴费的权利，特许经营期限为 30 年。早在 2012 年 4 月，供电公司作为购电人、中某公司作为售电人签订《购售电合同》，某供电公司应付中某公司上网电费。

基于上述事实，法院确认中行某支行有权向某供电公司收取某供电公司应支付给中某公司的上网电费，并有权在其债权范围内对上述电费享有优先受偿权。

法院观点评述

在本文最开始引述的最高法院指导案例 53 号：福建海峡银行股份有限公司福州某支行诉亚某污水处理有限公司、某市政工程有限公司金融借款合同纠纷案【（2013）闽民终字第 870 号】中，最高法院确立的裁判规则是特许经营权质押实际上指的是以特许经营权的收益权质押，且质权人有权直接向收益权对应的债务人主张清偿。在前文引述的大多数案例中，法院都贯彻了该案的裁判规则。

但也有法院判决并未贯彻上述规则，如上述案例五中，法院判决“融某公司对亨某公司提供的某市生活污水处理 BOT 特许经营权，有权以折价、变卖、拍卖所得价款，对亨某公司的上述债务优先受偿。”该判决一是没有将特许经营权质押明确为收益权的质押，二是将此种质押的实现方式认定为将该特许经营权以折价、变卖、拍卖所得价款优先受偿，明显与前述指导案例所确立的裁判规则不一致。

实务经验总结

（一）所质押的应当是“特许经营权的收益权”而非“特许经营权”。

特许经营权是指特许人拥有或有权授予他人使用的注册商标、企业标志、专利、专有技术等经营资源的权利。特许经营权可分为政府对私人授权的特许经营权和私人就其拥有的排他性权利对其他私人授权的特许经营权，前者如市政公用事业特许经营权，后者如商业特许经营权。前者因一方当事人负有特殊的公共服务义务，故该权利原则上不可转让；后者大多数情况下可以转让。

本文上述基本案例即最高人民法院第53号指导案例则涉及“污水处理项目”方面的公共事业政府特许经营权，该案将不可转让的特许经营权与特许经营权的收益权相区分，并且明确指出公共事业特许经营权的不可转让性及不可质押性不能否认其收益权的可质押性。

所以，当事人在合同中约定的以特许经营权质押，应当视为以特许经营权的收益权进行质押，如上述案例三中，法院就明确指出“工行某支行有权对桑某燃气公司出质的收费权（应收账款）在中国人民银行征信中心登记的期限内优先受偿，对工行某支行要求桑某燃气公司享有的某县城城市管道天然气30年特许经营权享有优先受偿权的诉请，不予支持。”

因此，当事人有必要在合同中乃至诉讼文书中明确所涉利益为“特许经营权收益权”。

（二）哪些特许经营权收益权可以设立应收账款质押?

《应收账款质押登记办法》第二条规定的应收账款中的收益权包括能源、交通运输、水利、环境保护、市政工程等基础设施和公用事业项目收益权。

国务院办公厅2001年9月29日转发的《国务院西部开发办〈关于西部大开发若干政策措施的实施意见〉》（国办发［2001］73号）中提出，“对具有一定还贷能力的水利开发项目和城市环保项目（如城市污水处理和垃圾处理等），探索逐步开办以项目收益权或收费权为质押发放贷款的业务。”

实务中，政府对私人的特许经营权收益权可设定应收账款质押权的范围往往集中于污水、垃圾处理；水、电费、燃气供应等项目的收益权，但值得注意的是案例二中法院将公墓经营权的收益权认定为应收账款的范畴，可见，能够被认定为应收账款范畴的特许经营权收益权范围有待法律进一步扩张。

前述特许经营权的收益权都可被当事人约定为应收账款质权的标的物；而对于前述之外的特许经营权及其收益权，当事人在需要时不妨约定为其他担保的补充，因目前法律没有明文规定，为最小化风险，不可冒然以其为唯一担保形式。

（三）“特许经营权收益权质押”的风险点。

前述最高法院的指导案例 53 号中，债务人亚某公司仍应依约对污水处理厂进行正常运营和维护，若无法正常运营，则将影响到某市城区污水的处理，亦将影响原告银行对污水处理费的收取，所以，法院认为原告在向某市建设局收取污水处理服务费时，应当合理行使权利，为债务人预留经营污水处理厂的必要合理费用。

由此可见，在特许经营权质押中，质权最后是否能实现，除了依赖于次债务人的经济实力外，在很大程度上更取决于债务人的经营能力，如果债务人无法经营，将直接影响其收益权的实现。

此种特许经营权收益权显然为将有的应收账款债权，较《物权法》第二百二十三条，《民法典》首次把“将有的应收账款”规定为可质押的权利类型，“将有”二字在拓宽可融资的应收账款范围的同时，对债权人而言，也预示着更大的风险和不确定性，金融机构在接受特许经营权收益权质押时要承担更大的受偿风险。此外，在质押财产价值评估中，金融机构也要基于“特许经营权收益权”的特性确定其可质押的财产价值，防止资金损失。

（四）“特许经营权的收益权”质押权设立需要满足哪些条件?

第一，必须是属于前述可以依法设立应收账款质押权的特许经营权收益权的范围。

第二，收益权必须是可以确定的财产权利，包括未来将发生的财产权利。

第三，具有公示、公信力，当事人订立质押合同且已于信贷征信部门办理出质登记。

实务中，当事人之间的约定不仅必须具备前述条件，还需保证约定内容、登记程序无瑕疵，才有可能在最终司法救济中得到支持。

（五）当事人可约定或可向法院申请直接就次债务人的应付账款受偿。

最高人民法院第 53 号指导案例指出：污水处理项目收益权属于将来金钱债权，质权人可请求法院判令其直接向出质人的债务人收取金钱并对该金钱行使优先受偿权，故无需采取折价或拍卖、变卖之方式。况且收益权均附有一定之负担，且其经营主体具有特定性，故依其性质亦不宜拍卖、变卖。

对应收账款质权而言，质权人直接用次债务人支付的账款来直接清偿其债权能更好地实现各方利益，当事人在合同中不妨约定直接清偿，原告在向法院提出诉讼请求时不妨请求直接实现其债权。

相关规定

《中华人民共和国民法典》

第四百四十条 债务人或者第三人有权处分的下列权利可以出质：

（一）汇票、本票、支票；

（二）债券、存款单；

（三）仓单、提单；

（四）可以转让的基金份额、股权；

（五）可以转让的注册商标专用权、专利权、著作权等知识产权中的财产权；

（六）现有的以及将有的应收账款；

（七）法律、行政法规规定可以出质的其他财产权利。

第四百四十五条 以应收账款出质的，质权自办理出质登记时设立。

应收账款出质后，不得转让，但是出质人与质权人协商同意的除外。出质人转让应收账款所得的价款，应当向质权人提前清偿债务或者提存。

《应收账款质押登记办法》

第二条 本办法所称应收账款是指权利人因提供一定的货物、服务或设施而获得的要求义务人付款的权利以及依法享有的其他付款请求权，包括现有的和未来的金钱债权，但不包括因票据或其他有价证券而产生的付款请求权，以及法律、行政法规禁止转让的付款请求权。

本办法所称的应收账款包括下列权利：

（一）销售、出租产生的债权，包括销售货物，供应水、电、气、暖，知识产权的许可使用，出租动产或不动产等；

（二）提供医疗、教育、旅游等服务或劳务产生的债权；

（三）能源、交通运输、水利、环境保护、市政工程等基础设施和公用事业项目收益权；

（四）提供贷款或其他信用活动产生的债权；

（五）其他以合同为基础的具有金钱给付内容的债权。

十七、哪些情形下的未来应收账款质押或可被认定无效？

阅读提示：《民法典》明确了现有的和将有的应收账款均可用于质押。在金融实务中，尤其是资产证券化业务中，存在大量的以未来应收账款作为基础资产的项目，如果未来应收账款落空，将导致系列金融风险。所以，以未来应收账款进行融资存在极大的风险和不确定性。另外，从物权编法理而言，以未来的应收账款作为质押标的物，不可避免要与物权客体特定化的原则存在冲突，这种冲突如何平衡？本文引述了最高法院以及各地高院、中院的案例，来分析法院在审查未来应收账款质押有效性时考虑的因素，对于以未来应收账款进行融资，尤其是此类资产证券化业务的风控提供借鉴指引。

裁判要旨

质押权的成立，须以有明确具体的质押物为前提，应收账款质押系权利质押，须有明确具体、可得辨别或具备合理期待的相关债权作为标的物方能成立，作为质押的应收账款至少应当具备基础法律关系固定、成就、应收账款对象稳定且高度可预见等特点。

基本案情①

永某银行向花某公司贷款，花某公司以其享有的应收账款向永某银行提供质押担保，永某银行在中国人民银行征信中心完成应收账款质押登记，登记的质押财产描述为：花某公司作为物业的所有权人，在经营物业的过程中通过出售、出租及其他方式等经营行为而获得并享有的经营收入（包括但不限于花某公司经营或销售物业及其附属设施产生的租金收入、酒店经营收入、销售收入及租赁/销售保证金及与物业相关的任何其他收入和收益），及向物业的购买人、承租人、使用人等义务人要求付款的权利，包括与该物业有关的任何已实际产生或将产生的金钱债权及其产生的收益。

---

① 案例来源：永某银行有限公司上海分行与兆某国际有限公司、宜兴花某酒店有限公司金融借款合同纠纷案【上海市高级人民法院（2017）沪民终286号】。

同日，永某银行又将质押财产信息变更登记为：花某公司将其在经营其合法拥有的、位于江苏省宜兴市宜城街道陶都路109号的“宜兴某大酒店”主体部分北楼和位于江苏省宜兴市宜城街道陶都路111号的“宜兴某大酒店”主体部分南楼1至8层的物业（下称“物业”）的过程中，通过出售、出租及其他方式等经营行为而获得并享有的经营收入（包括但不限于花某公司经营或销售物业及其附属设施产生的租金收入、酒店经营收入、销售收入及租赁/销售保证金及与物业相关的任何其他收入和收益），及向物业的购买人、承租人、使用人等义务人要求付款的权利（包括与该物业有关的任何已实际产生或将产生的金钱债权及其产生的收益）质押予永某银行，以担保永某银行在贷款协议项下向花某公司提供贷款而根据贷款协议对出质人享有的所有债权。

因贷款逾期，永某银行提出清偿诉请，并主张行使上述应收账款质权。

争议焦点

永某银行是否享有其所主张的应收账款质权？

法院裁判观点

上海高院认为，本案中永某银行与花某公司间的《应收账款质押协议》以及永某银行在中国人民银行征信中心进行的应收账款质押登记，均未明确记载所称应收账款系依据永某银行与何人间的何种具体法律关系而产生，仅笼统罗列花某公司经营物业过程中可能获得收入的各种情况，据该种合同约定和登记内容，无法确认相关权利确实存续或具有合理期待性，故该应收账款质押因缺少明确具体的质押标的物而不能成立。

案例延伸阅读

案例一：常州凯某房地产开发有限公司、东亚银行（中国）有限公司某分行金融借款合同纠纷二审民事判决书【最高人民法院（2019）最高法民终422号】

该案中，东亚银行某分行与洛某纳公司签署《应收账款质押登记协议》，该协议第一条约定，洛某纳公司以常州某大酒店在贷款期间（2014年4月30日至2022年4月30日）的营业收入、租金收入及其他收入，以及出质人所有的酒店式公寓的销售收入、租金收入及其他收入的应收账款质押给东亚银行某分行。同日，双方当事人在中国人民银行征信中心办理了应收账款质押登记。

最高人民法院认为：洛某纳公司与东亚银行某分行签订《人民币抵押贷款合同》第12.01条约定，洛某纳公司须将某大酒店的所有收入，包括租金收入、物业管理费收入、销售收入及其他收入权益作为应收账款质押予东亚银行某分行，为涉案债务提供担保。该应收账款质押已于2014年4月30日办理了登记，质押权成立。

案例二：中国工商银行股份有限公司某分行营业部、某集团有限公司金融借款合同纠纷二审民事判决书【最高人民法院（2018）最高法民终583号】

最高人民法院认为，工行某营业部与某物流公司签订的《质押合同》〔编号：xxx〕约定：某物流公司以海口综合保税区内保税仓储物流一期项目未来经营收入的应收账款，作为工行某营业部依据《固定资产借款合同》享有的债权提供质押担保，工行某营业部与某物流公司就该《质押合同》办理了质押登记，质押登记的质押应收账款为：某物流公司于2013年11月4日（含）至2021年10月11日（含）期间位于老城开发区内的170090.85平方米仓储项目未来产生的收入，应收账款收款专户开户行为中国工商银行海口滨海新村支行，账号为22×××29。因此，工行某营业部对某物流公司于2013年11月4日（含）至2021年10月11日（含）期间位于老城开发区内的170090.85平方米仓储项目未来产生的收入（应收账款收款专户开户行为中国工商银行海口滨海新村支行，账号为22×××29）享有优先受偿权。

案例三：广发银行股份有限公司某分行、浙江军某神铝业有限公司金融借款合同纠纷二审民事判决书【浙江省杭州市中级人民法院（2017）浙01民终8766号】

杭州中院认为，根据《最高额应收账款质押合同》附件中的约定，军某神公司质押的应收账款为该公司自2015年9月29日起未来五年发生的、存在的及到期的下游客户的应收账款，中国人民银行征信中心所作应收账款质押登记亦为此项内容。本院认为，在广发银行某分行和军某神公司签订的上述质押合同中，没有明确约定应收账款的具体信息，不能确定质押标的物、付款义务人以及对应的基础合同关系、账款期限等信息，军某神公司出质的应收账款并不明确，故案涉质押合同因缺乏该些能够明确标的物的必备要素而没有成立，质权亦未设立。

案例四：重庆兴某融资担保集团有限公司、陈某学与重庆市涪陵区贵某煤矿有限责任公司、重庆市武隆县贵某水电开发有限公司等追偿权纠纷二审民事判决书【重庆市第一中级人民法院（2018）渝01民终7328号】

重庆一中院认为，重庆兴某融资担保集团有限公司虽然与重庆市涪陵区贵某煤矿有限责任公司、重庆市武隆县贵某水电开发有限公司签订了应收账款质押反担保合同、办理了登记手续，但其中对于质押财产范围的约定作出了“包括但不限于甲方享有的现在的和未来的所有的应收账款债权或信贷资产债权”的框架性、概括性描述，该约定未能明确应收账款对应的基础法律关系、债务人情况、债务数额等据以认定应收账款对应质权内容、范围的必备要素，即不能确定重庆兴某融资担保集团有限公司所主张质权的具体对象，该约定不符合应收账款质押应特定化的本质属性。故前述重庆兴某融资担保集团有限公司与重庆市涪陵区贵某煤矿有限责任公司、重庆市武隆县贵某水电开发有限公司签订的应收账款质押反担保合同中的质押标的所指向的将来应收账款并非特定化的债权，其处于无法予以明确预期的不稳定状态，在重庆兴某融资担保集团有限公司不能进一步举证证实其所享有的应收账款的具体权利内容要素的情形下，其关于本案应收账款质押财产指向明确、其对该质押财产享有优先受偿权的主张，缺乏事实依据和法律依据，本院不予支持。

案例五：交通银行股份有限公司某分行诉福建万某药业有限公司等金融借款合同纠纷案【福建省福州市中级人民法院（2014）榕民初字第296号】

福州中院认为，《应收账款质押合同》虽约定万某公司对药都某公司的“未来十八个月应收账款”亦属质押标的，但该约定仅系框架约定，从本案讼争的两笔银行承兑汇票以及已结清的两笔银行承兑汇票额度申请程序来看，在被告万某公司提出申请时，均应提交“应收账款”对应的基础交易合同即《药品买卖合同》，故《应收账款质押合同》约定的“未来十八个月应收账款”所指向的将来应收账款并非特定化的债权，应待应收账款实际产生后才可特定化并成为质押标的。基于被告万某公司均系提交虚假的《药品买卖合同》，均未向原告披露并提交其与被告药都某公司所签订的真实有效的《销售协议》，故“未来十八个月应收账款”亦不能指向基于《销售协议》产生的万某公司对药都某公司的未来应收账款。

案例六：恒生银行（中国）有限公司某分行诉福建省冠某实业有限公司等金融借款合同纠纷案【福建省福州市中级人民法院（2014）榕民初字第374号】

福州中院认为，从该案应收账款所赖以产生的两份买卖合同内容来看，其签约时间均为2013年11月，合同虽约定需方订货的品名、数量、总价等，但合同亦约定“由需方下单、供方凭单发货”、“货到7个月内以转账方式结算”、“有效期限为2013年11月4日至2014年10月26日”等内容，可知该两份合同仅为供货的框架协议，具体供货数量还应由需方下单确定，该合同履行期为合同订立后将来一定期间，故订立该两份买卖合同时，供方冠某公司对需方的“应收账款”并未实际产生，被告冠某公司系将将来一定期间内可能产生的“应收账款”作为质押标的。但“将来应收账款”在订立质押合同时并非确定已产生的债权，且原告在提起本案诉讼请求行使“应收账款”质权时，亦无法向本院明确至其起诉之时已产生并确定的“应收账款”，以致其无法明确该项诉讼请求，其所主张的应收账款质权无法被支持。

案例七：文某海与湖北银行股份有限公司宜昌某支行执行人执行异议之诉上诉案【湖北省高级人民法院（2017）鄂民终3170号】

湖北高院认为，涉案《最高额质押合同》约定康某药业公司将其当前及未来五年的全部应收账款质押给湖北银行某支行，但并未约定质押应收账款的债务人、数额、基础合同等内容，亦未约定并实际采取措施限定应收账款债务人继续向康某药业公司付款或以其他方式清偿债务。换言之，湖北银行某支行就特定的应收账款主张质权之前，其享有质权的应收账款尚处于不确定状态，相应的质权不成立。

案例八：招商银行股份有限公司上海某支行与上海企某商贸有限公司、上海信某商贸有限公司等金融借款合同纠纷二审民事判决书【上海金融法院（2019）沪74民终565号】

上海金融法院认为，本案的争议焦点在于涉案应收账款质权是否有效设立。以应收账款出质应满足质押标的物明确特定的前提条件。应收账款作为普通债权没有物化的书面记载来固定化作为权利凭证，质权人对于质物主张质权的依据主要依靠质权合同约定内容予以明确，因此应收账款质权合同及出质登记需对应收账款的有关要素进行详细记载，包括金额、期限、支付方式、债务人的名称和地址、产生应收账款的基础合同、基础合同的履行程度等。涉案《最高额应收账款质押合同》《应收账款质押登记协议》以及中国人民银行征信中心的出质登记中将质押财产表述为已发生的应收账款以及自2015年1月1日起未来5年经营期内的所有应收账款，这一描述过于笼统，在出质时，应收账款是否存在，与何种主体之间发生，基于何种法律关系等均无任何具体指向，也不能与公路、桥梁、隧道、渡口等可以特定化的不动产收费权基础法律关系相类比，故本院无法据此认定涉案出质应收账款具体确定或具有合理可期待性。关于企某公司、信某公司与各超市的框架合作协议、购销合同、发票、供货单等凭证，即便可以认定各方间存在应收账款，也无法将之与本案出质应收账款相对应匹配。上诉人主张企某公司、信某公司对农某商公司、联某公司、欧某公司、易初莲某公司的相关应收账款享有质权，缺乏事实和法律依据，本院不予支持。

案例九：东某证券股份有限公司与某机床集团有限责任公司、某机床营销有限公司破产债权确认纠纷一审民事判决书【江苏省常州市中级人民法院（2017）苏04民初135号】

常州中院认为，本案中，某机床营销公司与案外人等五家公司签订了《工矿产品购销合同》，明确了某机床营销公司的供货义务和案外人的付款义务。因签订质押合同、发送应收账款债权出质情况通知书及回执的时间均在2016年10月20日，该时点均在购销合同约定的供货时间（2016年年底）和付款时间（2017年8月）前，故案涉应收账款在设立质押时，性质上属于对未来金钱债权的付款请求权，且债权数额具体明确。此后，某机床营销公司以其持有的价值557653184.86元的应收账款在中国人民银行征信中心办理了质押登记手续。根据《中华人民共和国物权法》第二百二十八条第一款规定“以应收账款出质的，当事人应当订立书面合同。质权自信贷征信机构办理出质登记时设立。”故本案应收账款质权成立。

法院观点评述

从上述法院判决案例可以发现，法院对于被质押的将来债权应该满足特定化这一条件争议不大，但是，在个案中对于所质押的应收账款是否满足特定化要求存在审查标准不一的问题。

比如同样是针对标的物业的各项经营收益，上述永某银行所涉案件中，上海高院认为当事人所称的应收账款仅笼统罗列花某公司经营物业过程中可能获得收入的各种情况，未能明确系依据永某银行与何人间的何种具体法律关系而产生，据该种合同约定和登记内容，无法确认相关权利确实存续或具有合理期待性，故该应收账款质押因缺少明确具体的质押标的物而不能成立。但是，在延伸阅读部分的两个案例中，当事人对标的物业未来应收账款的描述与花某公司的罗列是相同的，并没有做更多描述，但最高法院却认可了质权有效设立的主张。

就上述审判不统一的问题，本文认为，对于酒店、仓储这类物业，其应收账款来源一般而言还是比较稳定的，比如从酒店以往的经营财务数据就可以预测到未来应收账款的情况，除非发生一些不可抗力事件，比如像 2020 年初发生的新冠病毒疫情，会导致这类物业的收入存在异常情况。但是，除此之外，只要融资人资金状况良好，此类物业在未来产生稳定、可预测的现金流是能够预见的。在企业融资难的大背景下，法院应该持宽容态度，保证融资人可以通过质押未来物业收入实现融资，所以，上述最高法院的案例对此种案件的裁判或将具有引导价值。

除了物业经营收入外，源于物权客体特定性的要求，对于其他类型的将来应收账款，特许经营权项下的收益权质押除外，法院基本上都认为类似"现在的和未来的所有的应收账款债权"、"未来十八个月应收账款"这类概括性描述以及销售合同的框架协议都不能明确应收账款所对应的基础法律关系、债务人情况、债务数额等据以认定应收账款对应质权内容、范围的必备要素，不符合应收账款质押应特定化的本质属性，应收账款质权未有效设立。

实务经验总结

总体而言，质押合同中对于应收账款的描述应该具体，明确应收账款对应的基础法律关系、债务人情况、债务数额、付款期限等据以认定应收账款对应质权内容、范围的必备要素。对于不同类型的应收账款，当事人尤其是质权人的风险和审核的重点也不相同，具体而言：

（一）以标的物业的将来收益质押或作为基础资产时，质权人的风险和风控操作要点。

如果已与其他第三方达成长期的物业出租协议，质权人可接受该协议项下的租金债权的单独质押，以满足特定化要求。

如果协议中仅是罗列了标的物业的各项收益，但是没有付款义务人的信息，在争议解决案件中，质权人应该提供证据证明其在接受此种质押时，出质人向其提供的足以保证未来稳定现金流的财务资料，以证明所罗列的物业收入满足稳定可期待的特定化要求，且其审核贷款时并没有过错。

资产证券化项目中，若以标的物业的未来应收账款作为基础资产或者增信措施，在审查标的物业是否在未来有稳定的现金流的同时，更应该审查融资人的经营能力，因为未来现金流的产生是以融资人具有持续充分的经营能力为前提的，如果融资人已经资不抵债，拆西墙补东墙，资金链断裂，那么，标的物业未来的现金流将是空中楼阁。

（二）以货物销售价款债权质押的，应该区分既有债权和未来债权。

若买卖双方签订了货物销售框架性协议，应收账款需要买方下单、卖方发货才能产生，则在买方未下单，卖方未发货前，出卖人无法根据该货物销售框架协议项下的未来可能发生的应收账款进行质押融资，只能用已经发生的既有应收账款质押融资。

（三）以特许经营权项下的未来收益质押的，其有效性得到普遍认可。

特许经营权项下的收益也属于将来应收账款，法院对此种质押，一般持认可态度，因为特许经营具有垄断特征，一般都会产生稳定、可预期的现金流。

（四）商业银行在未来债权质押审核放贷过程中的刑事风险。

根据《中华人民共和国商业银行法》第三十六条第一款明确规定“商业银行贷款，借款人应当提供担保。商业银行应当对保证人的偿还能力，抵押物、质物的权属和价值以及实现抵押权、质权的可行性进行严格审查”。所以，接受“将来应收账款”作为质押标的的银行，若未对该“将来应收账款”价值及实现该质权的可能性进行严格审查，就违背了商业银行安全性的经营规定，银行相关责任人员将涉嫌违法违规发放贷款的刑事责任。

相关规定

《应收账款质押登记办法》

第二条第一款 本办法所称应收账款是指权利人因提供一定的货物、服务或设施而获得的要求义务人付款的权利以及依法享有的其他付款请求权，包括现有的和未来的金钱债权，但不包括因票据或其他有价证券而产生的付款请求权，以及法律、行政法规禁止转让的付款请求权。

《中华人民共和国民法典》

第四百四十条 债务人或者第三人有权处分的下列权利可以出质：

（一）汇票、本票、支票；

（二）债券、存款单；

（三）仓单、提单；

（四）可以转让的基金份额、股权；

（五）可以转让的注册商标专用权、专利权、著作权等知识产权中的财产权；

（六）现有的以及将有的应收账款；

（七）法律、行政法规规定可以出质的其他财产权利。

《最高人民法院关于适用〈中华人民共和国民法典〉有关担保制度的解释》

第五十三条 当事人在动产和权利担保合同中对担保财产进行概括描述，该描述能够合理识别担保财产的，人民法院应当认定担保成立。

《中国人民银行征信中心中征动产融资统一登记平台操作规则》

第十五条第二款 发起登记的当事人可以按照融资合同内容对标的物信息进行具体描述或概括描述，但应达到可以识别标的物的程度。

《中华人民共和国商业银行法》

第三十六条第一款 商业银行贷款，借款人应当提供担保。商业银行应当对保证人的偿还能力，抵押物、质物的权属和价值以及实现抵押权、质权的可行性进行严格审查。

十八、应收账款融资对次债务人的通知应注意的三个要点！

阅读提示： 应收账款被转让后，只有通知债务人，才对债务人产生效力。那么，应收账款被质押后，质权人要获得次债务人的履行，也要通知次债务人。次债务人在收到出质通知后，将负有何种义务，次债务人是否还能继续向原债权人清偿？《民法典》和《物权法》对此均未规定，实践中，一般认为，通知后向原债权人的清偿属于无效清偿，那么，其法理基础何在？为次债务人设定此项义务合理吗？本文结合各地法院的裁判观点，来探讨这些问题。

裁判要旨

（一）应收账款质押并不以通知次债务人作为质权设立的要件，但是未通知次债务人，质权对次债务人不发生效力。

（二）应收账款质押登记并不能替代对次债务人的通知，次债务人没有义务查询其应付账款是否已被出质，只有出质人或者质权人向其送达出质通知后，才能对次债务人的清偿行为产生约束力。

（三）在出质通知送达之前，次债务人对出质人的付款行为将消灭应收账款对应金额，在出质通知送达之后，次债务人负有不向出质人付款的消极义务。

案情介绍①

东某公司向昆某银行借款10000万元。担保方式为东某公司以其与中某铁建公司签订的购销合同项下应收账款债权12560万元作为质押。

同日，昆某银行与东某公司向中某铁建公司出具结算申请书，内容为：东某公司现向昆某银行申请办理贷款，特向中某铁建公司申请将结算账户变更为东某公司在昆某银行的监管账户，将购销合同项下应收账款结算资金汇入该监管账户，未经昆某银行同意，不允许再次变更结算账户和向其他账户支付结算资金。中某铁建公司在该结算申请书上盖章确认同意以上事项。

---

① 案例来源：中某铁建油品销售有限公司与昆某银行股份有限公司质押合同纠纷上诉案【（2018）最高法民终50号】。

借款期间内，东某公司向中某铁建公司发出确认函变更了购销合同的结算账户，中某铁建公司分别向东某公司的工行账户支付10180万元、农行账户支付2380万元，合计12560万元。

借款期限届满，中某铁建公司向昆某银行出具业务回复确认函，载明前述付款事实，确认购销合同已履行完毕。

昆某银行向新疆维吾尔自治区高级人民法院起诉，请求判令东某公司偿还借款，并判令昆某银行有权直接向中某铁建公司收取应由中某铁建公司支付东某公司的应收账款，并对该应收账款就前述债务行使优先受偿权。

中某铁建公司辩称其应付东某公司的应收账款已支付完毕，所质押的债权已经消灭，其不再对昆某银行负有支付货款的义务。

争议焦点

中某铁建公司是否应基于应收账款质押向昆某银行支付货款？

法院裁判观点

新疆高院认为，本案应收账款质权设立之时，中某铁建公司对于存在应收账款质押应是明知的，其应按结算申请书的约定将购销合同项下需支付给东某公司的结算资金汇入东某公司在昆某银行的监管账户。对于中某铁建公司称其已全额支付东某公司所有货款，故不再对昆某银行负有付款义务的抗辩理由，不予采纳。昆某银行主张的债权金额未超过购销合同结算金额，故昆某银行有权在本案确定的债权范围内以购销合同项下全部应收账款优先受偿。

案例延伸阅读

案例一：无锡市某科技金融创业投资集团有限公司与江苏华某坞投资发展有限公司质权纠纷申诉、申请民事裁定书【江苏省高级人民法院（2017）苏民申2133】

该案中，方某公司于2014年2月28日向华某坞公司发出《征询函》，明确载明，其对华某坞公司享有的应收账款3838574元请求权，将出质给某创业公司，方某公司在该征询函签章处写明其公司是出质人。华某坞公司在《回复》载明：已知悉上述应收账款出质事宜，对该应收账款及其质押没有任何异议，并承诺放弃主张任何抗辩或抵销等。后方某公司向华某坞公司发出《付款账户变更通知》，华某坞公司《回复》表示同意按照该通知要求办理。某创业公司于2014年3月25日在信贷征信机构办理出质登记。此后，华某坞公司根据方某公司请求向方某公司付款149万元。

华某坞公司称：1. 方某公司并未就应收账款质押的事实通知华某坞公司，质权人某创业公司同样未通知方某公司。方某公司2014年2月28日发出的《征询函》，仅仅表达了拟将应收账款出质的意思，并非出质通知。

2. 华某坞公司根据方某公司请求在此后向方某公司付款149万元的行为，应视为方某公司对《付款账户变更通知》所要求付款方式的变更，华某坞公司并无过错。

3. 华某坞公司对方某公司有可能出质应收账款的“预见性”已经在收到方某公司请款申请后消灭。方某公司向华某坞公司发出《征询函》、《付款账户变更通知》后，又向方某公司请款，华某坞公司有理由相信方某公司并未将应收账款出质。

4. 应收账款质权出质登记目的仅为明确应收账款质押受偿先后顺序提供依据，法律并未规定次债务人偿债时必须对债务人出质应收账款的登记进行查询的义务，故华某坞公司向方某公司付款的行为，没有过错。

江苏高院认为：

（一）通过方某公司的通知以及华某坞公司的回复内容，可以认定就应收账款的出质事宜已达到了通知了次债务人的法律效果。

虽然《征询函》表述为方某公司拟将出质应收账款债权，但《征询函》中对出质金额及出质对象即质权人均已明确，方某公司以“出质人”名义落款，结合华某坞公司对《征询函》以及《付款账户变更通知》的回复内容，可以认定对于案涉应收账款的出质事宜已达到了通知华某坞公司的法律效果，在质权登记以后无需再行通知。

（二）华某坞公司未尽到审慎注意义务，向方某公司支付款项，存在明显过错。

即使认为上述《征询函》未能达到应收账款的出质事宜通知的法律效果，由于《征询函》已经明确涉案应收账款质权将要出质给某创业公司，在未明确通知华某坞公司涉案应收账款债权并未出质的情形下，方某公司做出向华某坞公司请款这一与《征询函》《付款账户变更通知》意思表示完全相反的行为，明显与常理不符，作为商事主体，华某坞公司有义务审慎对待，核实应收账款债权是否已经出质，而非迳行按照方某公司请求支付149万元。涉案应收账款质权在华某坞公司付款前已经登记，华某坞公司核实出质情况并不存在法律和事实上的障碍，华某坞公司未尽到审慎注意义务，向方某公司支付款项，存在明显过错。华某坞公司称只要方某公司向其发出付款指令，其即有理由相信华莱坞未出质涉案应收账款债权，理由不能成立。

案例二：滁州皖东农村商业银行股份有限公司车某支行、博某华家用电器有限公司金融借款合同纠纷二审民事判决书【安徽省滁州市中级人民法院（2020）皖11民终174号】

裁判规则：应收账款质押应及时通知，未通知的，质权对次债务人不发生效力，在通知送达之前，次债务人对出质人的付款行为将消灭应收账款对应金额。

该案中，2018年6月20日，皖东银行某支行就银某公司对博某华公司、富某公司的应收账款债权办理了质押登记。2019年1月10日，皖东银行某支行向博某华公司、富某公司邮寄了《停止支付应付账款通知书》，富某公司门卫于2019年1月12日签收该邮件，博某华公司的邮件于2019年1月16日退回。皖东银行某支行称应收账款质押不以通知应收账款的债务人为成立条件，案涉应收账款质押合法、有效，对外具有公示效力，任何主体可通过中国人民银行征信中心进行公开查询，无需质权人或出质人逐一告知，皖东银行某支行有权在应收账款质押范围内优先受偿。

滁州中院认为，皖东银行某支行和银某公司在案涉应收账款设立质权后未通知博某华公司、富某公司，该质权对博某华公司、富某公司未发生效力，截至2019年1月10日，皖东银行某支行向博某华公司、富某公司发出停止支付通知书时，博某华公司支付的货款已超过应收账款金额，富某公司也已结清与银某公司全部货款，停止支付通知书不能对抗博某华公司、富某公司已支付的款项，故皖东银行某支行对银某公司提供质押的应收账款不享有优先受偿权。

案例三：中国工商银行股份有限公司某支行、安徽太某洋电缆集团有限公司金融借款合同纠纷二审民事判决书【安徽省芜湖市中级人民法院（2019）皖02民终2512号】

该案中，工行某支行（质权人）辩称太某洋公司（应收账款债务人）知悉长某公司（应收账款债权人、出质人）丧失受领应收账款权利而仍向长某公司清偿是恶意清偿。

一审法院认为，质押合同签订的目的在质押人不履行到期还款义务的情况下，作为质权人的工行某支行有权对质押的对外应收账款行使质权，因此，在质权行使条件成就之前，长某公司仍是被质押应收账款的债权人，但应收账款债务人接到质权人通知后即不得随意向其债权人清偿债务，否则构成无效清偿，本案中工行某支行无证据证明在质权设立后向太某洋公司行使了通知义务，故对工行某支行的上述辩论意见不予采纳。

二审芜湖中院认为，在工行某支行及长某公司均未向太某洋公司履行通知义务的情况下，案涉应收账款虽已在中国人民银行征信中心办理了质押登记，但太某洋公司作为质押人、出质人以外的第三人，对该质押信息的知晓应当以相应的查询为前提条件，仅凭公开的质押登记无法直接推导出太某洋公司明知应收账款质押的事实。故，一审认定工行某支行无证据证明其在质权设立后向太某洋公司履行了通知义务，案涉应收账款质押对太某洋公司不产生法律上的拘束力，并无不当。

案例四：国某金融租赁股份有限公司与北京科某伟业科技股份有限公司案外人执行异议之诉二审民事判决书【甘肃省高级人民法院（2018）甘民终270号】

甘肃高院认为，虽然应收账款质押的设立并不以告知次债务人为生效要件，但是在国某公司与中某公司签订应收账款质押合同后，没有通知应收账款的付款人电力公司，国某公司无权要求应收账款的付款人根据应收账款质押合同将其应付的应收账款直接支付至国某公司指定账户。

案例五：中国工商银行股份有限公司上海市某支行与上海康某纺织品有限公司等保理债权转让纠纷上诉案【上海市第二中级人民法院（2012）沪二中民六（商）终字第147号】

本案争议的核心在于债权转让通知是否已到达债务人大某发公司，即保理合同项下债权转让登记于央行登记系统是否可以免除债权转让合同当事人债权转让通知的义务。

上海二中院认为，央行登记系统系根据物权法等规范性法律文件，为应收账款质押登记而设。保理业务中债权转让登记无法律法规赋予其法律效力，仅为公示服务，故与应收账款质押登记不同，债权转让登记于央行登记系统不发生强制性排他对抗效力。另外，法律、司法解释或相关规范性法律文件未赋予任何形式的登记以债权转让通知的法律效力，因此，即便债权转让在系争登记系统中进行了登记，也不能免除合同法确定的债权转让通知义务。

法院观点评述

应收账款的质押或者转让，都需要通知次债务人，不通知次债务人，对次债务人不发生效力，次债务人并没有义务去查询应收账款是否已被质押登记或者转让登记。

在应收账款质押中，基于债的相对性，次债务人仅应向出质人履行义务，在接到应收账款质押通知之后，其是否对质权人负有一定的义务？《物权法》《民法典》对此均未规定，但不可否认，次债务人此时将负有消极义务，即不得向出质人履行义务。如果次债务人继续向出质人履行，则属无效清偿，质权人仍有权向次债务人收取所质押的应收账款，以实现其优先受偿权。次债务人负有该项消极义务的理由如下：

（一）从出质人角度而言，一旦设质，其将丧失对质押之物的占有、使用和收益的权利。

对于动产质押，需要交付动产方才设立质权，以有价证券设立权利质押的，也需要交付权利凭证。对于应收账款而言，此种权利因没有统一规范的权利凭证，无法交付权利凭证。基于相同的法理，应收账款质押后，该应收账款也已经交付给了质权人，出质人不应再享有对该权利的占有或者收益，当然就包括不应再接受次债务人的履行。

（二）从次债务人角度而言，参照间接占有的财产出质的规定，次债务人收到出质通知后，不得接受出质人的指示向出质人履行债务。

《最高人民法院关于适用〈中华人民共和国担保法〉若干问题的解释》第八十八条规定："出质人以间接占有的财产出质的，质押合同自书面通知送达占有人时视为移交。占有人收到出质通知后，仍接受出质人的指示处分出质财产的，该行为无效。"

所以，以间接占有的动产出质的，须通过指示交付的方式，通知直接占有人，方才完成占有之转移。在直接占有人收到出质通知后，不得接受出质人的指示处分出质财产。

与间接占有类似，应收账款也不由出质人或者质权人控制，是否履行取决于次债务人，在次债务人已经收到出质通知后，其接受出质人的指示向出质人清偿的，该行为不产生应收账款消灭的效果。若次债务人在收到出质通知后对出质人的履行仍产生清偿效力，将危及应收账款质押的担保功能，使得应收账款质押名存实亡。

（三）为次债务人设定该消极义务，并没有额外增加其负担。

出质通知中新设的付款账户虽然不同于原来次债务人与出质人之间的结算账户，但是对于次债务人而言，无论向哪个账户付款，并不会增加额外的履行成本。

实务经验总结

（一）在应收账款被质押后，出质人或者质权人应及时通知次债务人。

对应收账款的质押登记并不能免除对次债务人的通知义务，对质权人而言，该义务属于不真正义务，将使负有该义务的一方在不履行义务时产生对己不利的后果，比如未能及时通知，次债务人继续向出质人的清偿行为有效，质权人将丧失对此部分债权的质权。

（二）无论是否通知，都不影响应收账款次债务人的抗辩权和抵销权。

债权转让中，次债务人对让与人的抗辩权和抵销权，都可以向受让人主张。那么，同样，在应收账款质押中，不因出质人与质权人之间的融资担保关系，而影响次债务人的权益状态，次债务人可以继续向质权人行使其对出质人的抗辩权和抵销权。

（三）次债务人收到出质通知后，其对出质人的清偿属于无效清偿，必要时，次债务人应负审慎注意义务。

实践中，对次债务人的出质通知一般以出质人发送征询函的形式进行，如果通知中表述的是对应收账款“拟将出质”，次债务人将负有一定的审慎注意义务，在出质人向其请款，或者变更付款账户时，要格外谨慎，应向质权人核实是否已经出质，或者进行质押登记查询，了解是否已经设立了质押，避免无效清偿风险。

相关规定

《中华人民共和国民法典》

第五百四十六条第一款 债权人转让债权，未通知债务人的，该转让对债务人不发生效力。

第五百四十八条 债务人接到债权转让通知后，债务人对让与人的抗辩，可以向受让人主张。

第五百四十九条 有下列情形之一的，债务人可以向受让人主张抵销：

（一）债务人接到债权转让通知时，债务人对让与人享有债权，且债务人的债权先于转让的债权到期或者同时到期；

（二）债务人的债权与转让的债权是基于同一合同产生。

《最高人民法院关于适用〈中华人民共和国民法典〉有关担保制度的解释》

第六十一条第三款　以现有的应收账款出质，应收账款债务人已经向应收账款债权人履行了债务，质权人请求应收账款债务人履行债务的，人民法院不予支持，但是应收账款债务人接到质权人要求向其履行的通知后，仍然向应收账款债权人履行的除外。

十九、质权人向次债务人实现质权时如何确定管辖法院？

阅读提示：应收账款质押中涉及四种法律关系：质权人与主债务人之间的主合同关系、质权人与出质人之间的质押关系、出质人与次债务人之间的应收账款合同关系、质权人与次债务人之间的质权实现关系。这四种法律关系中，如果主债务人同时又是出质人，则前两种法律关系的当事人重合。如果质押合同约定的管辖与主合同的管辖约定不一致，以主合同来确定案件管辖；那么如果应收账款合同的约定管辖与融资合同或者应收账款质押合同的约定管辖不一致时，质权人向次债务人主张实现质权时如何确定管辖？是否还要以主合同来确定管辖，本文拟结合实务案例来探讨这一问题。

裁判要旨

（一）质权人和出质人之间的应收账款质权纠纷与出质人和应收账款次债务人之间的应收账款基础合同纠纷系因两个不同的民事关系而生，质权人与出质人之间形成的应收账款质押关系不受出质人和次债务人基础合同中约定的仲裁条款的约束，应以应收账款质押合同的管辖确定质权人对次债务人的质权实现关系的管辖。

（二）质权人依据主合同起诉主张主债务人偿还借款本息，同时一并主张出质债权的债务人承担相应民事责任的，应依据主合同一并确定管辖。

基本案情[①]

瑞某公司（乙方、出质人）就某担保公司（甲方、质权人）对简某酒店（丙方、债务人）的担保追偿债权提供反担保，担保措施为瑞某公司将其在《某市某区年产9.5万吨漂白蔗渣浆工程项目投资意向协议书》项下对某区政府的应收账款质押，并办理了登记。上述《投资意向协议书》约定的争议解决方式为向中国国际经济贸易仲裁委托会申请仲裁。

因简某酒店未能如期偿债，某担保公司将简某酒店和某区政府诉至法院，要求

① 案例来源：柳州银行股份有限公司某分行、百色市某区人民政府、某集团融资担保有限公司追偿权纠纷二审民事判决书【（2019）桂01民终367号】。

实现上述应收账款质权。某区政府抗辩提出应由中国国际经济贸易仲裁委员会仲裁，排除法院管辖。

争议焦点

应收账款基础关系中的仲裁条款能否约束应收账款质押合同中的质权人？

法院裁判观点

广西南宁中院二审认为：

本案中某担保公司和瑞某公司之间的应收账款质权纠纷与瑞某公司和某区政府之间的借款合同纠纷系两个不同的民事关系。某担保公司与瑞某公司之间形成的应收账款质权民事关系不受瑞某公司和某区政府借款合同中约定的仲裁条款的约束，双方当事人在所签订的应收账款质押反担保合同中并未选择仲裁方式解决纠纷，且某区政府在一审中未提出管辖异议并应诉答辩，应视为一审法院具有管辖权。

案例延伸阅读

案例一：上海华某国际集团有限公司、朝阳银行股份有限公司某分行金融借款合同纠纷二审民事裁定书【（2019）最高法民辖终69号】

该案中，主债务人厦门益某公司与债权人朝阳银行某分行之间的授信协议约定的管辖法院是朝阳银行某分行所在地法院，而厦门益某公司将其对上海华某公司的应收账款权益质押给朝阳银行某分行，并签订了三方质押协议，该质押协议中并未约定争议解决的管辖法院。朝阳银行某分行在其所在地有管辖权的辽宁省高级人民法院起诉了厦门益某公司和上海华某公司，上海华某公司主张，应将本案移送到被告住所地的上海市高级人民法院管辖。

最高法院认为，金融借款合同系主合同，质押担保合同系从合同。根据《最高人民法院关于适用〈中华人民共和国担保法〉若干问题的解释》第一百二十九条规定，“主合同和担保合同发生纠纷提起诉讼的，应当根据主合同确定案件管辖。”本案应以主合同确定案件管辖法院，朝阳银行某分行所在地的辽宁省高级人民法院享有管辖权。

案例二：汉口银行股份有限公司水某湖支行与河南中某集团煤化有限公司、武汉市某储运有限责任公司金融借款合同纠纷二审民事裁定书【（2016）鄂民辖终86号】

该案中，中某煤化公司为应收账款债务人，其与质权人汉口银行水某湖支行、出质人宏某选煤公司（借款人）之间的《货款支付三方合作协议》并无争议约定管辖条款。一审依据出借人汉口银行水某湖支行与借款人之间合同的约定管辖条款确定了管辖法院，中某煤化公司提出管辖异议，称中某煤化公司的住所地、中某煤化公司与宏某选煤公司之间的合同履行地以及货款支付地均在河南省平顶山市石龙区，案件应由河南省平顶山市石龙区人民法院管辖。

湖北高院认为，汉口银行水某湖支行现起诉主张被告宏某选煤公司偿还贷款本息，同时依据《最高额权利质押合同》《货款支付三方合作协议》等，一并主张出质债权的债务人中某煤化公司等赔偿损失，故应依据主合同一并确定管辖。中某煤化公司认为其并非主合同当事人，原审法院对本案不具有管辖权的上诉理由不能成立。

案例三：宁波银行股份有限公司某分行与田某、中某科技集团有限公司等管辖裁定书【（2014）苏商外辖终字第00018号】

该案中，宁波银行某分行基于其与长某角能源公司之间的《开立国内信用证协议》，为长某角能源公司开立4000万元额度的信用证，协议约定由宁波银行某分行所在地法院管辖。长某角能源公司将其与中某科技公司签订的买卖合同项下的应收货款进行权利质押，《质押合同》中明确约定，产生争议由质权人宁波银行某分行所在地法院管辖，中某科技公司向宁波银行某分行出具《应收账款入账承诺书》。嗣后，宁波银行某分行以长某角能源公司等未履行还款及担保责任等为由，诉至南京中院。

中某科技公司提出管辖权异议：其公司并非涉案《开立国内信用证协议》《质押合同》等合同的签约人，不受上述合同中管辖条款的约束，其仅签署了《应收账款入账承诺书》，本案实质是一案两诉，中某科技公司与长某角能源公司之间的买卖合同货款纠纷与宁波银行某分行与长某角能源公司之间的信用证纠纷是两个法律关系，不应当合并审理，且原审法院并非买卖合同纠纷的履行地法院，故请求将本案移送北京市人民法院审理。

江苏高院认为：主合同和担保合同发生纠纷提起诉讼的，应当根据主合同确定案件管辖。宁波银行某分行就涉案主合同和担保合同一并提起诉讼，故本案应以宁波银行某分行与长某角能源公司签订的主合同《开立国内信用证协议》作为本案管辖权确定的依据。涉案《开立国内信用证协议》约定，合同产生争议，由宁波银行某分行住所地的人民法院管辖。该约定各方选择管辖的协议内容明确，是当事人各方真实的意思表示，合法有效。根据该约定，宁波银行某分行有权向其所在地的原审法院提起诉讼。原审法院作为合同约定的管辖法院对本案享有管辖权。

案例四：武汉某集团国际经济贸易有限公司等诉湖北银行股份有限公司孝感某支行等金融借款合同纠纷案【（2017）鄂民辖终49号】

湖北高院认为，湖北银行某支行起诉主张被告福某鸿泰公司偿还借款本息，同时依据相关担保协议等，一并主张担保人和出质债权的债务人武某贸易公司等承担相应民事责任，应依据主合同一并确定管辖。至于武某贸易公司上诉提出的与其有关的应收账款是否存在、应收账款质押协议是否真实等，属案件实体审理范围，不影响本案管辖权的确定。

案例五：东亚银行（中国）有限公司某分行与中国船舶工业贸易九某公司、武汉钢某物资贸易有限公司金融借款合同纠纷再审民事裁定书【（2015）鄂民立上字第00298号】

湖北高院认为，九某船舶公司虽非本案《贷款合同》的主债务人和应收账款的质押人，但其与东亚银行某分行以及武汉钢某公司签署的《应收账款质押三方协议》应当视为主合同《贷款合同》的从合同。东亚银行某分行现起诉请求判令由被告武汉钢某公司偿还贷款本金及利息等费用，其余担保人对前述债务承担连带清偿责任，同时依据《应收账款质押三方协议》，主张被告九某船舶公司直接向其支付已质押的应收账款并赔偿损失，应依据主合同一并确定管辖。

法院观点评述

从上述案例可知，次债务人提出的依据应收账款基础合同确定管辖的抗辩理由普遍无法得到法院支持，即便基础合同约定的是仲裁管辖，法院也会以质权法律关系不同于基础合同关系为由，否定次债务人的仲裁管辖抗辩。

但是，此种管辖规则，仅是效率考虑，能够一次性解决债权人的债权实现问题；对次债务人而言，并非是公平的。因为应收账款债权人单方对其应收账款债权的出质，导致应收账款基础合同管辖约定名存实亡。如果质权人诉诸的法院不在次债务人所在地，无疑会增加次债务人的诉讼成本和诉讼风险。当然如果次债务人、出质人与质权人签订的三方协议约定的管辖与主债权债务合同一致，则对次债务人没有不利。

本文认为，以主合同的管辖来约束应收账款债务人的这种管辖规则其实是与法有悖的，理由有二：

第一，应收账款基础合同并不是主债权债务合同的从合同。

《最高人民法院关于适用〈中华人民共和国担保法〉若干问题的解释》第一百二十九条第一款以及《最高人民法院关于适用〈中华人民共和国民法典〉有关担保制度的解释》第二十一条第二款均规定，主合同和担保合同发生纠纷提起诉讼时，应当根据主合同确定管辖。但是，所称的担保合同是指应收账款质押合同，应收账款基础合同并不是主债权债务合同的从合同，质押合同才是从合同；应收账款债务人也不是主合同债务人的担保人，出质人才是担保人，所以，在应收账款质押中，其实并不能依此规定剥夺次债务人的管辖利益。

第二，债权转让中，债务人有权向受让人行使对让与人的管辖抗辩。

《合同法》以及《民法典》均规定，债务人接到债权转让通知后，债务人对让与人的抗辩，可以向受让人主张。另结合《全国法院民商事审判工作会议纪要》第98条【仲裁协议对保险人的效力】规定："保险代位求偿权是一种法定债权转让，保险人在向被保险人赔偿保险金后，有权行使被保险人对第三者请求赔偿的权利。被保险人和第三者在保险事故发生前达成的仲裁协议，对保险人具有约束力。"可以确定，在债权转让情形，债务人对原债权人的抗辩可以向债权受让人行使，当然也包括此种管辖抗辩。应收账款质押与转让，对次债务人而言，其实并没有区别，也不应有所区别，不能因为应收账款债权人单方对其权利的处置而额外增加债务人的负担或者削减债务人的权益。

实务经验总结

（一）应收账款质权人同时请求应收账款债务人与主债务人履行债务时，法院一般依据主债权债务合同统一确定管辖。

在应收账款质押中，包括的法律关系有应收账款质押所担保的主合同债权债务关系；出质人（应收账款债权人）与质权人（主合同债权人）之间的质押担保关系；出质人与次债务人（应收账款债务人）之间的应收账款基础法律关系；质权人与次债务人担保物权实现时的清偿关系。

在主合同债务人不履行债务时，债权人往往同时起诉主债务人与次债务人，从而使债权实现利益最大化。法院一般根据主合同确定管辖，对质权人而言，可以在一个诉讼中解决债权实现问题。对次债务人而言，从诉讼策略角度，如果希望为应诉作更多的时间准备，也可以提出管辖异议申请，但应该对法院的裁判结论有所预期。

（二）应收账款债务人可以采取事先防范措施以扭转其上述不利的诉讼地位。

一般而言，应收账款质押时，应收账款债权已经发生，或者至少应收账款基础合同关系已经确定，否则，应收账款会因为无法特定化致使质押无效。

在先发生的基础合同关系中，债务人就可以与其债权人协议约定：如果日后债权人就该应收账款质押融资，债权人应与其质权人在主合同中约定只能向某特定法院向次债务人提起诉讼，否则应收账款债权人应承担次债务人额外支出的不必要成本，比如交通费用等。

此类约定不仅可以降低应收账款债务人的诉讼成本与诉讼风险，还能迫使主合同债务人（通常为应收账款债权人）出于利益考虑在主合同中依据前述管辖约定与质权人约定管辖法院或者仲裁机构。

相关规定

《中华人民共和国民事诉讼法》

第二十一条 对公民提起的民事诉讼，由被告住所地人民法院管辖；被告住所地与经常居住地不一致的，由经常居住地人民法院管辖。

对法人或者其他组织提起的民事诉讼，由被告住所地人民法院管辖。

同一诉讼的几个被告住所地、经常居住地在两个以上人民法院辖区的，各该人民法院都有管辖权。

《最高人民法院关于适用〈中华人民共和国民法典〉有关担保制度的解释》

第二十一条 主合同或者担保合同约定了仲裁条款的，人民法院对约定仲裁条款的合同当事人之间的纠纷无管辖权。

债权人一并起诉债务人和担保人的，应当根据主合同确定管辖法院。

债权人依法可以单独起诉担保人且仅起诉担保人的，应当根据担保合同确定管辖法院。

《中华人民共和国民法典》

第五百四十八条 债务人接到债权转让通知后，债务人对让与人的抗辩，可以向受让人主张。

《全国法院民商事审判工作会议纪要》

98. **【仲裁协议对保险人的效力】** 被保险人和第三者在保险事故发生前达成的

仲裁协议，对行使保险代位求偿权的保险人是否具有约束力，实务中存在争议。保险代位求偿权是一种法定债权转让，保险人在向被保险人赔偿保险金后，有权行使被保险人对第三者请求赔偿的权利。被保险人和第三者在保险事故发生前达成的仲裁协议，对保险人具有约束力。考虑到涉外民商事案件的处理常常涉及国际条约、国际惯例的适用，相关问题具有特殊性，故具有涉外因素的民商事纠纷案件中该问题的处理，不纳入本条规范的范围。

二十、应收账款质权人要对次债务人强制执行，可能并不容易！

> **阅读提示：** 应收账款质押涉及三方当事人和两个不同的法律关系：三方当事人包括质权人、出质人、次债务人（应收账款债务人）；两个不同的法律关系包括质权人和出质人之间的质押法律关系、出质人和次债务人之间的应收账款法律关系。当应收账款质权人欲实现其质权时，往往以出质人为被执行人，申请执行其对次债务人享有的应收账款，法院进而向次债务人作出协助执行通知书。此后，如果次债务人认为其应收账款不存在、可抵销、已经清偿完毕、享有抗辩权、履行期未至、履行方式有争议等，并据此提出异议，质权人是否还能继续执行次债务人的应收账款。当次债务人提出执行异议时，法院是否必然停止强制执行程序？本文拟结合实务案例进行具体分析。

裁判要旨

应收账款质权人对出质人应收账款采取执行措施，应当适用对被执行人金钱债权的执行方式，次债务人一旦提出异议，人民法院一律不对次债务人强制执行，除非到期债权已经生效法律文书确定。

基本案情[①]

国开行某分行与蓝某公司于2012年11月27日签订《商品房买卖合同》，合同总价款579591600元，国开行某分行已支付80%购房款，即463670000元。蓝某公司就其对国开行某分行享有的剩余应收购房款质押给了长某资产福州办且已由国开行某分行确认。

2015年6月30日，经长某资产福州办申请，福建高院向国开行某分行发出（2015）闽执保字第3－1号协助执行通知，冻结国开行某分行应支付给蓝某公司的剩余购房款115918000元，未经允许不得将上述款项支付给蓝某公司。

① 案例来源：国家开发银行股份有限公司某分行诉福建蓝某房地产开发有限公司等借款合同纠纷案【（2015）执复字第36号】。

国开行某分行提出异议，请求撤销（2015）闽执保字第 3－1 号协助执行通知，理由为其尚未支付的20%购房款不属于蓝某公司的应收账款。即使属于蓝某公司的应收账款，目前也尚未具备支付条件。即使付款条件已经具备，数额也不是115918000 元。

福建高院于 2015 年 8 月 5 日作出（2015）闽执异字第 13 号执行裁定，撤销该院（2015）闽执保字第 3－1 号协助执行通知。

长某资产福州办不服福建高院（2015）闽执异字第 13 号执行裁定，向最高人民法院申请复议。

争议焦点

应收账款质权人能否强制执行次债务人财产？

法院裁判观点

福建高院认为：

《最高人民法院关于人民法院执行工作若干问题的规定（试行）》第六十三条对在执行程序中第三人对到期债权提出异议的，明确规定不得强制执行，同时对提出的异议不进行审查。本案中，第三人国开行某分行对未到期债权的数额提出异议，并已向该院提起诉讼，因此，不得再对其采取执行措施。据此，福建高院于2015 年 8 月 5 日作出（2015）闽执异字第 13 号执行裁定，撤销该院（2015）闽执保字第 3－1 号协助执行通知。

最高人民法院认为：

关于能否对案涉应付购房款采取诉讼保全措施的问题。关于对到期债权的保全，《最高人民法院关于适用〈中华人民共和国民事诉讼法〉的解释》第一百五十九条明确规定，债务人的财产不能满足保全请求，但对他人有到期债权的，人民法院可以依债权人的申请裁定该他人不得对本案债务人清偿。该他人要求偿付的，由人民法院提存财物或者价款。依据该条规定，人民法院对债务人到期债权采取诉讼保全措施，旨在通过保全使他人停止向债务人支付款项，从而为债权人实现权利提供保障。对到期债权保全的效果仅是要求他人不得向债务人作出清偿行为，并不涉及对债权债务关系的实体认定，也不会对他人财产权利等造成限制。因此，即便债权未到期，或者他人对债权数额存有争议，也不影响人民法院对相关债权依法采取保全措施。

该案观点评述

上述案例中，长某资产福州办其实只是申请了财产保全，并不是强制执行，而福建高院却依据强制执行的法律规定，认为只要次债务人提出异议，就不得强制保全。最高法院在复议阶段扭转了福建高院的不当认定，认为保全的效果不会对次债务人权益形成不利影响，因此即便次债务人提出异议，也可以保全。

无论如何，上述案例体现了法院对应收账款质权人向次债务人申请强制执行与申请保全的不同态度。

对于强制执行，无论第三人提出何种异议，都不得强制执行；而对于保全，无论债权是否到期，或者次债务人提出债权未到期之外的何种异议，都不影响人民法院对相关债权依法采取保全措施。因为保全的效果仅是要求他人不得向债务人作出清偿行为，并不涉及对债权债务关系的实体认定，也不会对他人财产权利等造成限制。

案例延伸阅读

案例一：中国石化销售有限公司某分公司、广州农村商业银行股份有限公司某支行金融借款合同纠纷执行审查类执行裁定书【广东省高级人民法院（2020）粤执复143号】

广东省高级人民法院认为：

（一）对被执行人应收账款采取执行措施，应当适用对被执行人金钱债权的执行方式。

《最高人民法院关于人民法院执行工作若干问题的规定（试行）》第六十一条第一款规定："被执行人不能清偿债务，但对本案以外的第三人享有到期债权的，人民法院可以依申请执行人或被执行人的申请，向第三人发出履行到期债务的通知。"《民诉法解释》第五百零一条第一款规定："人民法院执行被执行人对他人的到期债权，可以作出冻结债权的裁定，并通知该他人向申请执行人履行。该他人对到期债权有异议，申请执行人请求对异议部分强制执行的，人民法院不予支持。"该条第三款规定："对生效法律文书确定的到期债权，该他人予以否认的，人民法院不予支持。"依照上述司法解释，人民法院可以依法冻结被执行人的到期债权。但因被执行人与次债务人之间债的法律关系涉及实体问题，根据债的相对性原则，在申请执行人与被执行人金钱债务的执行案件中，不能直接审查判断被执行人与次债务人之间有无债务、是否到期、债务金额等实体问题，故司法解释对到期债权的强制执行进行严格限制：一是申请执行人申请执行到期债权，执行法院应当先行裁定冻结债权，并作出履行债务通知书，通知次债务人向申请执行人履行债务；二是次债务人一旦提出异议的，人民法院一律不对次债务人强制执行，除非到期债权已经生效法律文书确定。广州中院在执行本案时发出履行债务通知后，次债务人中石化某分公司对此提出异议，故须进一步判断，生效仲裁裁决是否已经确定了被执行人与次债务人之间的债权债务关系。

（二）仲裁机构未对被执行人和次债务人之间的法律关系进行审理和裁决。

应收账款质押涉及三方当事人和两个不同的法律关系：三方当事人包括质权人，即本案的申请执行人；出质人，即本案的被执行人，同时亦系应收账款的债权人；以及次债务人，即应收账款的债务人。两个不同的法律关系有：一是质权人和出质人之间的质押法律关系，在本案中即为申请执行人与被执行人间以应收账款进行质押的法律关系；二是出质人和次债务人之间的法律关系，在本案中即被执行人和中石化某分公司的买卖合同法律关系。本案仲裁裁决审理了质权人和出质人之间的借贷及应收账款质押法律关系，并裁决质权人的质权成立、对应收账款享有优先受偿权。但是，仲裁机构对后一法律关系即出质人和次债务人之间的买卖合同法律关系，并未进行审理，亦未裁决次债务人是否应当向出质人履行债务、履行债务的金额及期限。仲裁机构裁决质权人的应收账款质权成立，仅是质权人对出质人享有应收账款的优先受偿权，并不能直接推断出质人对次债务人金钱债务请求权业已确定、次债务人当然对出质人负有金钱债务。广州中院异议裁定认为，仲裁机构已经裁决中石化某分公司对被执行人负有到期债务，适用《民诉法解释》第五百零一条第三款的规定有误，应当予以纠正 。

> **案例二：**中国信达资产管理股份有限公司某分公司、揭西县某自来水厂有限公司、揭西县粗某水水电发展有限公司等其他案由执行审查类执行裁定书【广东省广州市中级人民法院（2020）粤01执异344号】

广州市中级人民法院认为：

对被执行人安某公司应收账款采取执行措施，应当适用对被执行人安某公司金钱债权的执行方式。根据《民诉法解释》第五百零一条规定，本案安某公司与某市人民政府之间的应收账款法律关系并未经生效法律文书确定，因此，本院发出协助执行通知书后，次债务人揭阳市人民政府对此提出异议，本院应不再继续执行。

案例三：南充市商业银行股份有限公司成都某支行诉成都弘某建筑工程有限责任公司等公证债权文书案【成都铁路运输法院（2016）川7101执异69号】

成都铁路运输法院认为：

南充商行某支行贷款给弘某公司，宏某公司自愿以对水某公司的2400万元的到期债权作最高额质押担保，水某公司知道并参与相关协议的签订、债权债务的确认、应收账款质押登记，足以证明水某公司欠宏某公司2400万元并已到期。南充商行某支行对宏某公司在水某公司应收取2400万元款项享有优先权。水某公司签订四方协议时无异议，签订应收账款确认函时无异议，在借款人不按期还款，担保人不履行担保义务，法院强制执行时提出执行行为异议和排除执行异议，违背诚实信用原则，其异议不能成立，不予支持。

案例四：达某普石油专用管有限公司、罗某豪民间借贷纠纷执行审查类执行裁定书【河北省沧州市中级人民法院（2018）冀09执复64号】

河北省沧州市中级人民法院认为：

本案争议的焦点问题是：本案被执行人天津钢某公司对复议申请人达某普公司是否有生效法律文书确定的到期债权？

本案中，运河法院（2015）运民初字第933号案件并非本案被执行人天津钢某公司对复议申请人达某普公司提起的诉讼，判决主文也并非判决达某普公司向天津钢某公司清偿债务；综合运河法院（2015）运民初字第933号案件的庭审情况，达某普公司一直对欠天津钢某公司应收账款的事实未予认可，该案判决达某普公司承担连带偿还责任是基于信某公司、天津钢某公司、达某普公司三方于2013年12月4日签订的应收账款质押合同，运河法院（2015）运民初字第933号民事判决第四项内容为："被告达某普石油专用管有限公司在约定的天津钢某有限公司应收账款范围内对判决第一项款项承担连带偿还责任"；该判项并未直接确定达某普公司对天津钢某公司负有债务及债务的数额，裁判事项并没有确定被执行人对于复议申请人的到期债权，在被执行人与复议申请人之间没有确定的可执行性。根据《最高人民法院关于人民法院执行工作若干问题的规定（试行）》第六十三条：第三人在履行通知指定的期间内提出异议的，人民法院不得对第三人强制执行。

案例五：高邮市东方邮某担保有限公司诉扬州广某建筑安装工程有限公司等担保追偿权纠纷案【江苏省高邮市人民法院（2017）苏1084执异7号】

江苏省高邮市人民法院认为：

（2017）苏1084执442号协助执行通知书是本院对被执行人扬州广某公司在江苏中某公司到期债权的执行行为，目前，本案被执行人扬州广某公司与异议人江苏中某公司就异议人在尚欠工程款的金额、给付条件是否成就、履行方式是给付现金还是以房抵款等方面均存在争议，且未经司法程序确认，故不属于可以立即强制执行的第三人到期债权，须待争议解决后方可继续要求异议人协助执行。

法院观点评述

（一）法院对第三人到期金钱债权的强制执行，奉行的是“宁可放过一千，不可错杀一个”的原则。

依据《最高人民法院关于人民法院执行工作若干问题的规定（试行）》第四十七条规定：“第三人在履行通知指定的期间内提出异议的，人民法院不得对第三人强制执行，对提出的异议不进行审查。”以及《最高人民法院关于适用〈中华人民共和国民事诉讼法〉的解释》第五百零一条的规定，对于非经生效法律文书确定的到期债权，只要次债务人提出异议，执行法院无须审查，就不能再继续执行，即次债务人的任何异议均可停止强制执行程序。可想而知，这可能会导致次债务人滥用其异议权利，损害应收账款质权人质权的实现。

但是，对于到期债权的执行，是将原本不属于执行案件当事人的次债务人纳入法院的执行程序中来，因此，只有在次债务人对债权无异议，或者次债务人对被执行人的债务有生效法律文书确认的情况下方可执行。这种生效裁判文书应是确定了当事人之间的实体权利义务关系且对应收账款的确认应该具有确定的可执行性。

所以，可以认为在对第三人金钱债权的强制执行中，法律规定以及法院均贯彻了“宁可放过一千，也不能错杀一个”的严谨态度。但也可以看出，有的法院，比如上述延伸阅读案例三中，成都铁路运输法院认为次债务人水某公司在当初签订四方协议时无异议，签订应收账款确认函时无异议，在借款人不按期还款，担保人不履行担保义务，法院强制执行时提出执行行为异议，违背诚实信用原则，其异议不能成立，法院确实是对次债务人的异议进行了一定的审查，在当事人之间的利益衡平方面做出了一定的工作，但是否符合上述《最高人民法院关于人民法院执行工作若干问题的规定（试行）》第四十七条所要求的“对提出的异议不进行审查”还有待商榷。

（二）法院对保全异议与执行异议的处理态度是不同的。

如上述福建高院、最高法院审理的长某资产福州办所涉案件中，两级法院分别阐述了对财产保全异议和执行行为异议不同的裁判规则：对于财产保全，无论次债务人是否有异议，都可以继续保全，因为保全的效果仅是要求次债务人停止向被执行人支付，并不涉及对次债务人与被执行人之间的实体法律关系进行定性和确认；而强制执行却因为会面临次债务人向质权人的直接支付，于是只要次债务人提出异议，法院就不得继续强制执行。

实务经验总结

（一）应收账款质权人在质押设立之初的风险防范措施。

应收账款质权人在应收账款质权设立时要做好风险防控，取得次债务人放弃抗辩权承诺或达成相关协议，对债务履行方式、履行时间、地点等应收账款的基本要素进行明确，尽可能避免次债务人在日后执行阶段提出异议。

（二）次债务人基于对应收账款本身的否定或异议所提起的应是对执行行为的异议，而非案外人异议。

根据《最高人民法院关于适用〈中华人民共和国民事诉讼法〉的解释》第五百零一条规定："人民法院执行被执行人对他人的到期债权，可以作出冻结债权的裁定，并通知该他人向申请执行人履行。该他人对到期债权有异议，申请执行人请求对异议部分强制执行的，人民法院不予支持。利害关系人对到期债权有异议的，人民法院应当按照民事诉讼法第二百二十七条规定处理。对生效法律文书确定的到期债权，该他人予以否认的，人民法院不予支持。"

上述规定中，次债务人属于"该他人"而非"利害关系人"，其基于债权本身是否存在、债权金额、履行期限、履行方式等的异议，是对法院执行行为的异议；若其他人主张对到期债权享有排除强制执行的权利而提出异议，比如实际债权人、冻结前已经受让了应收账款的人，这类人才是上述规定的"利害关系人"，应该按照《民事诉讼法》第二百二十七条规定处理。

在上述延伸阅读案例三中，成都铁路运输法院将次债务人水某公司列为案外人，并由此导致水某公司后续提起了案外人执行异议之诉，在该执行异议之诉的二审中，成都铁路运输中级法院在其作出的（2018）川71民终1号判决书中就指出"一审法院在水某公司已对到期债权提出异议的情况下，继续采取执行措施，提取宏某公司在水某公司处的应收账款，水某公司对此提出的异议应为执行行为异议，并非案外人异议，（2016）川7101执异69号执行裁定中将水某公司列为案外人，系适用法律不当，同时告知其可以提起案外人执行异议之诉亦不当。"

所以，对于异议人，要清楚自己的诉讼主体资格，以及可以采取的诉讼行为的类型，避免因程序瑕疵，导致诉讼成果最终被否定。

（三）因次债务人异议导致执行受阻后，质权人可提起对次债务人的代位权诉讼。

多地法院已经确认应收账款质权的实现方式为可要求次债务人直接向质权人履行债务，在审执分离原则下，一旦次债务人对执行行为提出异议，债权人就只能通过代位权诉讼的方式寻求救济，如“最高人民法院执行工作办公室关于异议人深圳市天华电力投资有限公司申诉案的复函”（2002年8月21日［2000］执监字第68－2号）中，最高人民法院就曾向湖南省高院指出“你院报告中称，在你院以到期债权名义执行珠海天某集团公司和欧某集团（陕西）公司时，两公司均提出了执行异议，致使你院无法继续执行。本院认为，既然两公司提出了异议，按照《最高人民法院关于人民法院执行工作若干问题的规定（试行）》第63条的规定就不得再对第三人强制执行，应告知债权人可以依法通过代位诉讼予以解决。”

（四）质权人将出质人、次债务人作为共同被告提起的诉讼中，尤其要注意诉讼请求的设置，促使法院对应收账款法律关系进行实体审理。

上述延伸阅读案例一中，法院认为质权人基于质押合同同时对出质人、次债务人的仲裁裁判中确认了质权人的优先受偿权利，但是，并没有就应收账款法律关系进行审理。在延伸阅读案例四中，法院认为另案中“次债务人应在约定的应收账款范围内对出质人的债务承担连带责任”的判决内容，也并未直接确定次债务人对出质人负有债务及债务的数额，裁判事项并没有确定应收账款债权人对于债务人的到期债权，在二者之间没有确定的可执行性。

可见，法院对于确定应收账款的“生效法律文书”的要求是非常严格的，必须是就应收账款法律关系进行了实体审理裁判。

这就促使质权人在对出质人、次债务人提起权利主张的诉讼阶段，要特别注意诉讼请求的设置，可以明确主张次债务人应向其清偿以及清偿的数额，这样促使法院对应收账款法律关系进行实体审理，在判决中明确次债务人应该向质权人清偿的金额，而并不仅是确认债权人对次债权人享有优先受偿权，使得生效判决在执行阶段具有可执行性。

相关规定

《最高人民法院关于人民法院执行工作若干问题的规定（试行）》

七、被执行人到期债权的执行

45. 被执行人不能清偿债务，但对本案以外的第三人享有到期债权的，人民法院可以依申请执行人或被执行人的申请，向第三人发出履行到期债务的通知（以下简称履行通知）。履行通知必须直接送达第三人。

履行通知应当包含下列内容：

（1）第三人直接向申请执行人履行其对被执行人所负的债务，不得向被执行人清偿；

（2）第三人应当在收到履行通知后的十五日内向申请执行人履行债务；

（3）第三人对履行到期债权有异议的，应当在收到履行通知后的十五日内向执行法院提出；

（4）第三人违背上述义务的法律后果。

47. 第三人在履行通知指定的期间内提出异议的，人民法院不得对第三人强制执行，对提出的异议不进行审查。

《最高人民法院关于适用〈中华人民共和国民事诉讼法〉的解释》

第五百零一条　人民法院执行被执行人对他人的到期债权，可以作出冻结债权的裁定，并通知该他人向申请执行人履行。

该他人对到期债权有异议，申请执行人请求对异议部分强制执行的，人民法院不予支持。利害关系人对到期债权有异议的，人民法院应当按照民事诉讼法第二百二十七条规定处理。

对生效法律文书确定的到期债权，该他人予以否认的，人民法院不予支持。

二十一、资产证券化项目包含哪些构成要素?

> **阅读提示：**资产证券化项目属于应收账款融资的一种方式，以应收账款转让作为其核心交易逻辑。资产证券化的底层资产就是应收账款，以应收账款的回款作为投资人回报的来源。一个完整的资产证券化项目到底会包括哪些要素，即该项目一般由哪些方面构成？本文以司法案例中关于不同资产证券化项目的区分要点来说明。

裁判要旨

不同基础资产上形成的资产证券化项目不同。在区分不同资产证券化项目时应当从基础资产、现金流、原始权益人、交易模式等方面进行全面分析。

基本案情[①]

2015 年 7 月 3 日，广西航某公司（被告）与深圳亿某公司（原告）达成协议，约定就“航某集团物业租金资产支持专项计划”项目，深圳亿某公司接受广西航某公司委托，为其提供资产证券化发行项目的财务顾问服务。“航某集团物业租金资产支持专项计划”的基础资产是广西航某公司持有的位于南宁市航洋国际城物业租金。

同时，深圳亿某公司与联合信用公司签订《信用评级委托协议书》，委托联合信用公司对本项目资产支持专项计划提供评级服务，并出具信用评级报告。

2016 年 1 月 29 日，原、被告双方达成《提前终止协议》，终止此前的合作，协议约定广西航某公司不得与联合信用公司等“物业租金资产支持专项计划”的其他服务机构合作，并不得使用和本资产专项计划项目相关的联合信用公司出具的评级报告等其他专业意见和报告。此限制条款期限为五年，即自 2015 年 12 月 24 日至 2020 年 12 月 24 日。如被告违反相关约定则构成违约，需承担违约责任，违约金 7000 万元人民币。

---

① 案例来源：广西东方航某实业集团有限公司、深圳市亿某投资管理有限公司合同纠纷二审民事判决书【（2018）桂民终 275 号】。

2016年9月28日，平某信托公司作为贷款人与广西航某公司作为借款人签订信托贷款合同，广西航某公司以其对航洋国际城购物中心的租金收入、商业管理费收入、物业管理费收入应收账款为信托贷款债务偿付义务提供质押担保。贷款资金均来源于平某信托公司管理的信托项下的信托资金，该信托指平某信托公司作为受托人根据信托文件发起设立的“平安财富※睿通二十三号单一资金信托”。该信托的委托人、受益人均为某业信托公司。

2016年12月7日，某业信托公司将其持有的睿通二十三号单一资金信托项下的信托受益权转让给国某证券公司。国某证券公司于2016年12月8日发布《航洋城信托受益权资产支持专项计划成立公告》，该公告中披露联合信用公司给予优先级资产支持证券评级为AA+级。

深圳亿某公司认为国某证券发行的“航洋城信托受益权资产支持专项计划”违反了其与广西航某公司就提前终止合作项目达成的相关协议，起诉至一审法院，请求依法判决被告广西航某公司承担违约责任，向深圳亿某公司支付违约金7000万元。

一审法院认为：

原告与被告之间的协议是双方真实意思表示，内容没有违反法律法规强制性、禁止性规定，合法有效，双方均应恪守。一审法院认为无论是原、被告双方合同约定的资产证券化项目还是被告向平某信托公司进行信托贷款，均是被告以融资为目的，以同一资产即其自有的航洋城项目租金收益作为基础资产通过不同途径进行资产证券化，并且与相同的公司“联合信用公司”构成合作关系。所以，被告广西航某公司对深圳亿某公司构成违约，应当承担违约责任。广西航某公司不服一审判决，上诉至广西高院。

广西航某公司上诉请求：

一审判决错误认为两次资产证券化项目相同，错误认为广西航某公司是“航洋城信托受益权资产支持专项计划”参与人，因而认为广西航某公司与联合信用公司存在合作。但事实上，广西航某公司并未参与“航洋城信托受益权资产支持专项计划”，也没有与联合信用公司在该项目中存在合作，且该项目与第一次的资产证券化项目截然不同。广西航某公司不存在任何违约情形，一审判决认定广西航某公司构成违约系事实认定不清，适用法律错误，应予撤销。

争议焦点

国某证券发行的“航洋国际城信托受益权资产支持专项计划”与亿某公司设

计的“航洋国际城资产证券化项目”的基础资产是否一致？是否属于同一资产证券化项目？广西航某公司是否对深圳亿某公司构成违约？

法院裁判观点

二审广西高院认为：

首先，双方签订《提前终止协议》的目的，是禁止广西航某公司与联合信用公司就深圳亿某公司此前委托联合信用公司评级的“物业租金资产支持专项计划”项目进行合作，并禁止广西航某公司使用联合信用公司此前受托为“物业租金资产支持专项计划”而出具的信用评级报告，保护深圳亿某公司为“物业租金资产支持专项计划”项目担任财务顾问而完成的工作成果。因此，对合同中约定的“本协议签署之日起，广西航某公司不得与联合信用公司合作，并不得使用和本资产专项计划项目相关的联合信用公司出具的评级报告”的解释，应是指广西航某公司在终止与深圳亿某公司之间的合同后，在合同约定的期限内，如果重启“物业租金资产支持专项计划”，而没有委托深圳亿某公司担任“物业租金资产支持专项计划”财务顾问，广西航某公司不得在重启的“物业租金资产支持专项计划”中与联合信用公司合作，并不得使用联合信用公司为在先的“物业租金资产支持专项计划”出具的相关评级报告。双方当事人所签《提前终止协议》第三条的约定内容，不应对国某证券公司发行“航洋城信托受益权资产支持专项计划”项目相关交易方的民事权利义务发生拘束力。

其次，广西航某公司与深圳亿某公司约定的资产证券化项目是“物业租金资产支持专项计划”，基础资产是广西航某公司持有的位于南宁市航洋国际城物业租金。“航某城信托受益权资产支持专项计划”的基础资产是平某信托公司设立的平安财富※睿通二十三号单一资金信托项下的信托受益权。可见，“物业租金资产支持专项计划”与“航某城信托受益权资产支持专项计划”的基础资产不同，是不同基础资产的两个资产证券化项目。

最后，深圳亿某公司在为广西航某公司“物业租金资产支持专项计划”项目提供财务顾问服务过程中，虽然已委托联合信用公司对“物业租金资产支持专项计划”项目进行信用评级，但深圳亿某公司没有提供证据证实联合信用公司对此已出具了信用评级报告，相反，联合信用公司在一审诉讼中向一审法院出具了一份《说明函》，证实对“物业租金资产支持专项计划”没有出具正式信用评级报告。因此，广西航某公司在客观上不可能使用联合信用公司为“物业租金资产支持专项计划”出具的相关评级报告，双方当事人所签《提前终止协议》第三条约定广西航某公司构成违约情形的事实没有发生。

在“航洋城信托受益权资产支持专项计划”发行中，联合信用公司虽然为该专项计划出具信用评级报告，但系由平某信托公司委托出具；且联合信用公司在信用评级报告中明确载明：“航洋城信托受益权资产支持专项计划”项目的基础资产系平安财富※睿通二十三号单一资金信托的信托受益权，对该项目的基础资产进行现金流分析与压力测试系根据或参考中联资产评估集团有限公司出具的评估预测及相关数据而作出。

因此，深圳亿某公司以“航洋城信托受益权资产支持专项计划”发行为由，诉称广西航某公司违反《提前终止协议》的约定构成违约，事实依据和法律依据不充分。深圳亿某公司诉请广西航某公司应按照《提前终止协议》第五条约定支付违约金 7 千万元的理由不能成立。

广西高院最终判决撤销南宁中院的一审判决，驳回被上诉人深圳亿某公司的诉讼请求。

法院观点评述

涉案的两个资产支持专项计划项目在基础资产、现金流、原始权益人以及交易结构各方面均不同，属于不同的资产支持专项计划项目。

虽然二审法院认为“航某集团物业租金资产支持专项计划”与“航某城信托受益权资产支持专项计划”二者在基础资产、现金流、原始权益人、交易结构上存在诸多不同。但是，二者还是有一个连接点，那就是广西航某公司的租金债权在第一个计划中作为基础资产，在第二个计划中被用于为贷款债权提供质押担保。即便存在角色的变更，但是，这项租金债权都是广西航某公司获得融资的一个重要保障。

一审法院认定广西航某公司是将同一资产，即其自有的航洋城租金收益作为基础资产通过不同途径进行资产证券化，并认为两个项目其实是同一的，该认定并非完全缺乏合理性。但是，商事交易更多地还是遵循外观主义以及合同相对性原则，不同的交易架构自有其不同的合同基础和法律根据，当事人将同样的资产进行不同的法律运用进而达到自己的融资目的应该得到法律的认可。

二十二、资产支持专项计划的应收账款监管账户内资金到底属于谁？

阅读提示：企业以其应收款、租赁债权、信贷资产、信托受益权等财产权利或者基础设施、商业物业等不动产财产或不动产收益权作为基础资产进行融资的资产证券化项目非常多见，整个交易框架中用以抵御风险的核心交易就是应收账款这一基础资产的转让。一般情况下，用于归集基础资产回收款的监管账户仍以融资人的名义开立，因此很容易导致该账户被融资人的其他债权人进行财产保全或者强制执行，那么，此时，该账户内资金的归属问题就成为案件的争议焦点，进而引发该账户内资金是否与融资人的其他资产相隔离，专项计划管理人能否排除对该账户内资金的财产保全或者强制执行等诸多问题，本文以近年来多地法院的司法案例切入，来研讨对这些问题的裁判观点。

裁判要旨

（一）对某些为特殊目的设立的账户内资金，不能简单适用“登记主义”判断实际权利人，应考察账户内资金是否因其他法律关系而被特定化，以及账户开立的目的、资金来源、资金流转过程等与该账户有关的实际情况来确定账户内资金的归属。

（二）资产支持专项计划中的监管账户虽以原始权益人的名义开立，但其是用以归集专项计划所受让的应收账款的回款，该账户内资金属于专项计划而非原始权益人所有。

基本案情[①]

武汉中院根据国某信托公司的申请，冻结了融某租赁公司名下的光大银行某支行的账号为79××× 72 的银行账户（以下简称涉案账户）。

山西某证券公司提出案外人异议，称：涉案账户虽为融某租赁公司开立，但该

① 案例来源：国某信托有限责任公司、融某租赁股份有限公司金融借款合同纠纷执行审查类执行裁定书【（2019）鄂01 执异786 号】。

账户实为支持专项计划的资金归集以及监管账户，账户内的资金已在冻结前，作为整体资产转让给山西某证券公司，山西某证券公司系涉案账户内资金的实际所有权人和占有人。请求撤销相应的执行裁定书，解除对涉案账户的冻结。

争议焦点

山西某证券公司是否对涉案账户内资金享有所有权，进而能排除国某信托公司的执行行为？

法院裁判观点

武汉中院认为，人民法院审查案外人提出排除对执行标的强制执行的异议，应依据《最高人民法院关于人民法院办理执行异议和复议案件若干问题的规定》第二十四条“对案外人提出的排除执行异议，人民法院应当审查下列内容：（一）案外人是否系权利人；（二）该权利的合法性与真实性；（三）该权利能否排除执行。”的规定进行审查。具体而言：

（一）不能简单以账户名称判断账户内资金的归属。

本案中，虽然《最高人民法院关于人民法院办理执行异议和复议案件若干问题的规定》第二十五条第一款第（三）项作出“对案外人的异议，人民法院应当按照下列标准判断其是否系权利人：银行存款和存管在金融机构的有价证券，按照金融机构和登记结算机构登记的账户名称判断……”的规定，涉案账户由融某租赁公司开立，但不能据此简单判断涉案账户内的资金属于融某租赁公司所有。

山西某证券公司提出异议所主张的是涉案账户内的资金，并非涉案账户，该资金是种类物，具有流通性，在特定条件下，则不能简单适用“登记主义”来判断案外人对涉案账户资金是否享有排除执行的权利。

（二）账户内资金在资产专项计划中已经被特定化，不属于原始权益人所有。

涉案账户内的资金系基于融某租赁公司与山西某证券公司签订的《买卖协议》和山西某证券公司、中国光大银行股份有限公司某分行、融某租赁公司签订的《监管协议》，在开立了涉案账户（监管账户）后，融某租赁公司作为该项目的资产服务机构，将其归集的基础资产产生的回收款按照协议约定汇入涉案账户，在此情形下，该资金已被特定化。

（三）原始权益人已经就应收账款进行了转让且办理了资产转让登记。

就该项目的转让以及转让资产的内容，已向中国人民银行的征信系统进行了登记，具有对外公示的效力。故，据此判断，山西某证券公司是涉案账户资金的权利人。

另，国某信托公司和融某租赁公司对山西某证券公司提交的证据的合法性和真实性均不持异议，因此，山西某证券公司主张其对涉案账户内资金享有的所有权具备合法性和真实性的形式要件，能够排除执行。

案例延伸阅读

目前对于监管账户内资金是属于原始权益人还是资产支持专项计划所有，在司法实践中存在两种不同裁判观点，认为属于资产支持专项计划的裁判更多一些。本文就两种不同裁判观点分别总结归纳如下：

（一）判断资金归属的"实质主义"原则：应收账款归集账户内资金已被特定化，虽登记在原始权益人名下，但实际上属于资产支持专项计划所有。

> **案例一：**立某融资租赁有限公司、金某（北京）公务航空有限公司、北京某航空有限公司等其他案由执行审查类执行裁定书【广东省广州市中级人民法院（2019）粤01执异272号】

该案中，立某融资于2019年1月25日在广州中院通过诉前财产保全，冻结了北京某航空在北京银行的涉案账户资金，国某证券提出本案异议，并称：冻结的账户内资金系"北京某航空有限公司BSP票款债权资产支持专项计划（以下简称专项计划）"所有，非被保全人北京某航空所有，不能作为北京某航空对外债务的责任财产。

广州中院认为：国某证券作为管理人，设立了北京某航空BSP票款债权资产支持专项计划，并已公告成立并备案。专项计划已于2015年9月15日向北京某航空支付了认购资金30.5亿，根据上述规定及约定，北京某航空的基础资产特定期间的BSP净收入债权的权益已转移至专项计划。国某证券委任北京某航空作为专项计划的资产服务机构，提供与基础资产及其回收有关的管理服务。故涉案监管账户虽以北京某航空的名义在监管银行北京银行×××支行开立，但该账户设立为专项计划资产管理所需，其款项来源于专项计划已受让的基础资产，该账户内的资金应归属于专项计划，独立于原始权益人北京某航空。国某证券作为专项计划的管理人，其代表专项计划资产支持证券持有人，对涉案被冻结款项享有足以排除强制执行的权益。

案例二：合肥科技农村商业银行股份有限公司某支行与凯某生态环境科技股份有限公司和南陵县凯某绿色能源开发有限公司诉讼财产保全纠纷执行审查类执行裁定书【（2018）皖01执异43号】

合肥中院认为：就案涉的“电力上网收费权资产证券化”，平安某公司与南陵凯某公司、隆回凯某公司和松滋凯某公司达成了《专项计划说明书》《专项计划标准条款》和《基础资产买卖协议》三份合同，该三份合同是一个整体，不可分割理解，依据前述三份合同，足以认定平安某公司以支付11亿元对价的方式，受让取得隆回凯某公司、松滋凯某公司和南陵凯某公司自2015年5月至2020年6月因生物质发电自国网湖南省电力公司、国网安徽省电力公司和国网湖北省电力公司应当取得的电费、可再生能源补贴、调峰及停机补偿等产生的一切相关现金收入债权。合肥中院认为其于2018年5月23日以（2018）皖01民初530号《民事裁定书》及（2018）皖01执保字第21号《协助执行通知书》，要求国网安徽省电力公司自2018年5月18日至2021年5月17日期间停止支付南陵凯某公司在该公司处的应付电费及补贴3000万元的行为损害了平安某公司的合法权利，平安某公司对案涉执行标的所提出的执行异议，符合《最高人民法院关于人民法院办理执行异议和复议案件若干问题的规定》第二十五条第一款第（五）项所规定的排除执行的情形，依法应予支持。

案例三：案外人恒某证券股份有限公司与财产保全申请人中国能源建设集团湖南省电力设计院有限公司、被保全人江陵县凯某绿色能源开发有限公司执行裁定书【湖北省江陵县人民法院（2020）鄂1024执异1号】

湖北省江陵县人民法院认为：涉案账户11×××00虽由江陵凯某公司开立，但该账户内的资金是否属于江陵凯某公司所有还需结合其他予以认定。首先，恒某证券提出异议的对象是涉案账户内的资金，并非涉案账户，因资金是种类物，具有流通性，在特定条件下，不能简单适用登记主义来判断案外人对涉案账户内资金是否享有排除执行的权利。其次，根据恒某证券与江陵凯某公司签订的电力上网收费权资产支持专项计划《基础资产买卖协议》《说明书》《标准条款》《监管协议》，恒某证券向江陵凯某公司购买基础资产，同时受让并拥有特定期间内江陵凯某公司的电力上网收费权，由江陵凯某公司在平安银行开设尾号为1000的涉案账户作为专项计划资金归集账户，专项用于归集基础资产产生的电费收入。即此账户所归集的资金已经被特定化。第三，恒某证券与江陵凯某公司已就以上应收账款的转让向中国人民银行征信中心办理了应收账款转让登记，具有对外公示的效力。故本院认定，案外人恒某证券是涉案账户 11×××00 内资金的权利人，且对该账户内的资金享有的所有权具备合法性和真实性要件，该权利能够排除执行，对该账户内的资金依法应当中止执行。

案例四：深圳平安汇某投资管理有限公司与殷某林案外人执行异议之诉一审民事判决书【安徽省泾县人民法院（2020）皖 1823 民初 76 号】

安徽省泾县法院认为：本案争议焦点为平安汇某公司对南陵凯某在平安银行股份有限公司北京分行开立的账号 11×××07 内的资金 257326.23 元是否享有所有权？

（一）专项计划基础资产产生的电费收入已经转让给了资产管理人平安汇某公司。

根据平安汇某公司与南陵凯某签订的《基础资产买卖协议》《专项计划说明书》《标准条款》，平安汇某公司代表专项计划受让了南陵凯某自 2015 年 5 月起至 2020 年 6 月期间的电力上网收费权，并支付了对价，该权利在中国人民银行征信中心办理了动产权属统一登记，具备所有权登记及公示的法律效力。南陵凯某在平安银行股份有限公司北京分行开立的账号 11×××07 系归集专项计划基础资产产生的电费收入的专项账户，其被扣划的账户内资金 257326.23 元系国网安徽省电力公司汇入的电费收入，平安汇某公司对该资金享有民事权益。

（二）涉案账户专项用于归集基础资产产生的电费收入，已被特定化，账户名称不应作为判断资金归属的依据。

对一般账户中的资金的权属判断，通常应以账户的名称作为依据，但如果账户中的资金已经特定化，则应根据实际情况对账户资金的归属作出判断，避免权利外观主义的泛化和滥用。本案中，南陵凯某在平安银行股份有限公司北京分行开立的账号 11×××07，系南陵凯某根据其与平安汇某公司、平安银行股份有限公司北京分行签订的《专项计划监管协议》设立的专项用于归集专项计划基础资产产生的电费收入的专项账户，不接收和保存其他资金，平安银行股份有限公司北京分行根据《专项计划监管协议》的约定将该账户内的资金直接划转专项计划账户，资金划转前不作其他任何用途，账户内的资金具有封闭运行的特点。从该账户的开立目的、资金来源、流转过程来看，案涉账户具有“专款专户专用”特征，账户内的资金符合特定化的要求。虽然平安汇某公司与南陵凯某约定账户内的资金自划转之日资金实际到账之时起南陵凯某即对当天划转的该笔款项丧失所有权，但不能否定平安汇某公司在划转前对该项资金享有的实质性权利。

案例五：德州传某热能科技有限公司与来凤县凯某绿色能源开发有限公司买卖合同纠纷执行实施--案执行裁定书【湖北省武汉东湖新技术开发区人民法院（2020）鄂0192执异27号】

湖北省武汉东湖新技术开发区法院认为：《最高人民法院关于人民法院办理执行异议和复议案件若干问题的规定》第二十五条第一款第（五）项规定：其他财产和权利，有登记的，按照登记机构的登记判断；无登记的，按照合同等证明财产权属或者权利人的证据判断。根据恒某公司与来凤凯某公司签订的《基础资产买卖协议》《监管协议》《动产权属统一登记－初始登记》等交易材料，可以认定恒某公司以支付对价的方式，受让取得来凤凯某公司因从事生物质发电业务而依照相关法律法规和合同约定而享有的特定期间内获得电费收入所对应的电力上网收费权。恒某公司和来凤凯某公司就电力上网收费权形成的债权转让关系是双方当事人之间的真实意思表示，于法有据。本院于2020年1月3日以（2019）鄂0192执2526号之二执行裁定书和协助执行通知书冻结来凤凯某公司在平安银行xxx2账户的存款人民币256792.55元的冻结措施损害了恒某公司的合法权利，恒某公司对案涉执行标的提出的执行异议，符合法律规定，本院予以支持。

案例六：北京市顺义区生态环境局等民事执行裁定书【北京市顺义区人民法院（2020）京0113执异339号】

北京市顺义区人民法院认为：案外人异议的成立以案外人对执行标的享有所有权或者其他足以阻止执行标的转让、交付的实体权利为前提。本案中，从形式看，本院冻结的涉案账户户名为京某顺公司，但根据开某证券提交的《买卖协议》《监管协议》以及《交割确认函》等证据，足以证明涉案账户虽然是京某顺公司开立，但实为作为资产服务机构的京某顺公司在监管银行开立的监管账户，专门用于归集污水处理费，且开某证券已按照约定向京某顺公司支付了集资资产购买价款，并办理了基础资产交付等手续，故涉案账户内的资金已以监管账户形式特定化，不能简单以账户名称判断开某证券是否对涉案账户享有足以排除执行的权利。另，开某证券已就京某顺公司享有的污水处理服务收费收入，以应收账款转让为交易业务类型在中国人民银行征信中心办理了动产权属统一登记—初始登记。故开某证券系涉案账户内资金的权利人具有合法性和真实性，其对涉案账户内资金享有的权益足以排除执行。

（二）判断资金归属的“形式主义”：以登记的账户名称确定账户内资金的归属，不考虑账户开立的目的、资金来源、流转过程等与该账户有关的其他事实。

> **案例七：**游某兴、湖北格某源生物质燃料有限公司买卖合同纠纷执行审查类执行裁定书【湖北省来凤县人民法院（2018）鄂2827执异27号】

湖北省来凤县人民法院认为：《最高人民法院关于人民法院办理执行异议和复议案件若干问题的规定》第二十四条规定“对案外人提出的排除执行异议，人民法院应当审查下列内容：（一）案外人是否系权利人……”，第二十五条规定“对案外人的异议，人民法院应当按照下列标准判断其是否系权利人：……（三）银行存款和存管在金融机构的有价证券按照金融机构和登记结算机构登记的账户名称判断；……”。本案中，平安银行账号为11×××02的账户户名为来凤县凯迪绿色能源开发有限公司，该账户的权利人是来凤县凯迪绿色能源开发有限公司而非案外人恒某证券股份有限公司，故本院冻结上述账户内的存款符合法律规定，案外人恒某证券股份有限公司的异议不能成立。

> **案例八：**聚某融资租赁（上海）有限公司等执行裁定书【北京市第一中级人民法院（2020）京01执异21号】

北京一中院认为：《最高人民法院关于人民法院办理执行异议和复议案件若干问题的规定》第二十五条规定：“对案外人的异议，人民法院应当按照下列标准判断其是否系权利人，银行存款和存管在金融机构的有价证券，按照金融机构和登记结算机构登记的账户名称判断；有价证券由具备合法经营资质的托管机构名义持有的，按照该机构登记的实际投资人账户名称判断。”本案中，本院冻结的涉案账户登记在融某公司名下，山西某证券主张该涉案账户内资金为该公司所有，不符合上述法律规定，山西某证券所提异议，本院不予支持。

法院观点评述

虽然上述裁判观点不一的司法实践说明法院对资产证券化业务还存在不同的观点，但是，从统计学的角度，支持监管账户资金属于专项计划所有是大多数观点，不支持的只是少数。

上述案例所涉的资产证券化项目中，原始权益人多以其电力上网收费权、租金债权、污水处理服务收费权、生物质发电收费权、机票的票款收入等应收账款作为基础资产转让给资产管理人，资产管理人向原始权益人支付转让价款，并取得受让债权，该应收账款未来的现金流归资产管理人所有。所以，资产证券化业务中，最关键的是作为应收账款的基础资产发生了资产转让，资产管理人成为新的权利人，监管账户内的资金属于代表资产专项计划的资产管理人所有。

在实质转让的同时，一般情况下，因原始权益人被资产管理人委托为资产服务机构，负责归集催收应收账款的未来回款，所以，未来现金流的归集账户还是登记在原始权益人名下，没有进行变更登记。这就暗藏了一种风险：一旦原始权益人因对其他债权人的债务而被财产保全或者被强制执行的，以其名义开立的银行账户就首先成为被查封、执行的对象，由此就产生了上述争议。从上述案件所处的程序来看，有在保全阶段提出异议的，也有在执行阶段提出执行异议的，也有执行异议被驳回后又提起执行异议之诉的。

总之，随着资产证券化业务的逐渐普及，其逻辑架构和核心交易行为已经逐渐被大众所接受，比如上述案例中，很多基层法院都能够准确把握该交易的核心是应收账款转让，进而抛开表面的形式登记，从实质上确定账户内资金的归属，这无疑是一种进步和理性的体现，从而为资产证券化业务的稳健发展提供强有力的司法支持。

实务经验总结

（一）在原始权益人的其他债权人侵害监管账户内资金时，管理人应采取的维权措施：

针对原始权益人的其他债权人对原始权益人银行账户的财产保全和强制执行措施，资产管理人代表着众多投资人的利益，应该以自己的名义通过法律途径维权，在证据收集和诉讼请求设置方面，总结上述案件中管理人的胜诉经验，可以归纳以下：

1. 在证据方面，资产管理人一般需收集提供以下证据：

（1）资产支持专项计划设立的资料，比如专项计划说明书；

（2）管理人与原始权益人之间的资产买卖协议；

（3）管理人与原始权益人之间的资产支持专项计划服务协议；

（4）管理人、原始权益人、监管银行之间的监管协议，该协议可以说明以原始权益人名义开立的银行账户为涉案专项计划的资金归集账户，同时该账户被各方所监管；

（5）证券交易所出具的资产支持专项计划符合证券交易所挂牌条件的无异议函；

（6）中国证券投资基金业协会出具的《资产支持专项计划备案确认函》；

（7）应收账款债务人出具的关于债权转让的同意函；

（8）管理人向原始权益人转账的支付凭证；

（9）中国人民银行征信中心出具的《动产权属统一登记》。

2. 在不同诉讼阶段，资产管理人的诉讼请求设置。

在财产保全阶段，由于法院一般是向应收账款债务人发送了协助执行通知书，要求债务人停止向原始权益人支付款项，资产管理人提出的财产保全异议，可以主张撤销对应的《协助执行通知书》，解除对原始权益人应收账款的冻结措施。

在执行异议阶段，法院一般是应原始权益人的其他债权人的请求，冻结了专项计划的资金监管账户，并同时向对应银行发送了协助执行通知书。资产管理人可以提出执行异议，主张撤销对应的执行裁定书和协助冻结存款通知书，解除对原始权益人在某银行账户内的存款×××元的冻结措施。

在执行异议被驳回之后，资产管理人还可以提起执行异议之诉，诉讼请求一般可以设置为：①撤销执行异议被驳回的执行裁定书；②确认原始权益人在某银行的×××账户内资金×××元为管理人所有；③停止对原始权益人在某银行的×××账户内资金×××元的执行。

（二）在原始权益人本人侵害监管账户内资金时，管理人也应采取维权措施。

专项计划的基础资产除了可能被原始权益人的其他债权人侵害外，被原始权益人侵害的也不在少数。在管理人发现应收账款回款资金被原始权益人不当侵占时，应采取措施制止，否则，管理人违反对投资人的忠实勤勉谨慎义务。

监管账户户名一般登记为原始权益人，该账户一般由原始权益人和资产管理人共同监管，比如协议中可能约定，监管账户预留三枚印鉴，包括原始权益人的财务章、人名章、管理人的人名章，监管账户的网银全部交由管理人保管。

但事实上，管理人可能并没有按照协议操作，实务中发生原始权益人侵占监管账户资金的情况并不少见，专项计划延期、暴雷的案例已经屡见不鲜，由此导致投资人最后血本无归。诱发这种后果的根本原因在于应收账款债权并未实际转让，基础资产并没有与原始权益人的其他资产相隔离，导致风险也未隔离，实际上是在用原始权益人的自有资金作为专项计划向投资人分配的资金来源，基础资产名存实亡。

一旦发生这种违约、违法违规情况，管理人作为应收账款债权的受让人，应该代表专项计划投资人的利益向原始权益人采取追讨债权资金的维权措施，否则，可认为管理人未尽到对投资人的忠实勤勉谨慎义务，投资人可以管理人消极不作为为由向司法机关寻求救济。

相关规定

《最高人民法院关于人民法院办理执行异议和复议案件若干问题的规定》

第二十五条 对案外人的异议，人民法院应当按照下列标准判断其是否系权利人：

（一）已登记的不动产，按照不动产登记簿判断；未登记的建筑物、构筑物及其附属设施，按照土地使用权登记簿、建设工程规划许可、施工许可等相关证据判断；

（二）已登记的机动车、船舶、航空器等特定动产，按照相关管理部门的登记判断；未登记的特定动产和其他动产，按照实际占有情况判断；

（三）银行存款和存管在金融机构的有价证券，按照金融机构和登记结算机构登记的账户名称判断；有价证券由具备合法经营资质的托管机构名义持有的，按照该机构登记的实际投资人账户名称判断；

（四）股权按照工商行政管理机关的登记和企业信用信息公示系统公示的信息判断；

（五）其他财产和权利，有登记的，按照登记机构的登记判断；无登记的，按照合同等证明财产权属或者权利人的证据判断。

案外人依据另案生效法律文书提出排除执行异议，该法律文书认定的执行标的权利人与依照前款规定得出的判断不一致的，依照本规定第二十六条规定处理。

《证券公司及基金管理公司子公司资产证券化业务管理规定》

第二条 本规定所称资产证券化业务，是指以基础资产所产生的现金流为偿付支持，通过结构化等方式进行信用增级，在此基础上发行资产支持证券的业务活动。

第三条 本规定所称基础资产，是指符合法律法规规定，权属明确，可以产生独立、可预测的现金流且可特定化的财产权利或者财产。基础资产可以是单项财产权利或者财产，也可以是多项财产权利或者财产构成的资产组合。

前款规定的财产权利或者财产，其交易基础应当真实，交易对价应当公允，现金流应当持续、稳定。

基础资产可以是企业应收款、租赁债权、信贷资产、信托受益权等财产权利，基础设施、商业物业等不动产财产或不动产收益权，以及中国证监会认可的其他财产或财产权利。

第五条 因专项计划资产的管理、运用、处分或者其他情形而取得的财产，归入专项计划资产。因处理专项计划事务所支出的费用、对第三人所负债务，以专项计划资产承担。

专项计划资产独立于原始权益人、管理人、托管人及其他业务参与人的固有财产。

原始权益人、管理人、托管人及其他业务参与人因依法解散、被依法撤销或者宣告破产等原因进行清算的，专项计划资产不属于其清算财产。

二十三、反向保理及其 ABS 实务问题分析

（一）反向保理

传统保理是核心企业的上游供应商作为债权人将其应收账款转让给保理商从而获取融资的一种资金融通行为，在此过程中，保理商主要关注供应商的资信情况，包含其财务情况、业务情况、资信情况。

关于反向保理，天津市高级人民法院《关于审理保理合同纠纷案件若干问题的审判委员会纪要（一）》第十一条第二款规定："反向保理指保理商与规模较大、资信较好的买方达成协议，对于为其供货、位于其供应链上的中小企业提供保理业务。实务操作中，保理商首先与资信较好的买方协商，确定由保理商为向买方供货的中小企业提供保理融资，然后保理商与供货的中小企业，或者与供货的中小企业和买方共同签订保理合同。供货的中小企业履行基础合同中的供货义务后，向保理商提示买方承兑的票据，保理商立即提供融资，并进行应收账款管理及账款收取等综合性金融服务。票据到期时，买方直接向保理商支付款项。反向保理不是一种具体产品或者合同名称，而是一种保理营销策略和思路。近年来，反向保理在大幅度减少保理商风险的同时，有效缓解了中小企业的融资困难，提高了中小企业的市场开拓能力。"

根据上述规定可知，反向保理是由作为债务人的核心企业为其供应商的融资提供资信担保，核心企业将应付账款转让给保理商，保理商再依据供应商的资金需求和反向保理申请向供应商支付相应金额，之后，再由债务人在既定期限内将此款项支付给保理商以实现兑付的一种融资模式。

传统保理与反向保理的区别如下表所示：

区别要点	传统保理	反向保理
申请主体	作为债权人的供应商	作为买方的核心企业
融资方式	债权人转让其应收账款	债务人转让其应付账款
风险控制	对债权人的财务报表、征信情况等进行授信审查，并由买方签署《应收账款转让通知确认函》	由债务人买方签署《应付账款转让通知确认函》、保证合同或者信用担保
风险评估	供应商的风险等级	买方企业的信用评级

从政策角度而言，反向保理近年来受到国家大力倡导，如中国人民银行、工业和信息化部、财政部、商务部、国务院国有资产监督管理委员会、中国银行业监督管理委员会、国家外汇管理局印发《小微企业应收账款融资专项行动工作方案（2017－2019 年）》的通知第三部分第（三）项规定："（三）发挥供应链核心企业引领作用。

各级国有资产监督管理、工业和信息化（经信）、商务等部门要积极组织动员国有大企业、大型民营企业等供应链核心企业加入平台，支持小微企业供应商开展应收账款融资业务，督促企业按时履约，及时支付应付款项，带头营造守法诚信社会氛围。逐步实行应收账款融资核心企业名单制，重点将本地区应付账款较多的供应链核心企业纳入名单管理。鼓励供应链核心企业与平台进行系统对接，开展反向保理融资业务，以点带链、以链带面，形成规模业务模式和示范效应，惠及更多小微企业。"

从上述规定来看，反向保理是依赖于核心企业，向小微企业提供的一种融资支持。

（二）反向保理的融资模式

1. 与采购订单相结合的预付款融资

首先是在核心企业向供应商开出采购订单后，供应商发货前，保理商基于核心企业采购订单金额提供一部分融资，帮助供应商进行生产活动；其次是在供应商发货后，真实的保理融资阶段，基于应收账款对供应商进行融资。

在这种合作方式中，需要对核心企业开出的采购订单进行审查，对供应商的库存情况进行监督，对供应商的发货、物流进行及时的监控，以保证贸易的真实性。

2. 与存货融资相结合的赎货融资

在存货已经设置质押的情况下，供应商须以现金的方式赎回已经质押的存货，如果供应商资金周转不灵，就可以由核心企业开立应付账款替代赎货保证金。这种模式中反向保理只是作为存货融资的一种赎货方式，可以有效降低存货融资的赎回风险。

3. 反向保理衍生的供应链资产证券化融资模式

目前，我国的供应链资产证券化（以下简称"供应链 ABS"）业务主要是以反向保理为主，即保理商作为原始权益人将其应收账款债权作为底层资产，通过核心企业的付款实现证券投资人收益的一种资产证券化融资模式。

现阶段，我国反向保理业务主要集中于房地产企业，之所以供应链 ABS 受城投企业青睐，一方面，是因为城投企业对上游供应商较为强势，能够发挥反向供应链 ABS 产品优势。在反向供应链 ABS 中上游供应商配合意愿较强，优质城投企业可以与上游供应商充分沟通，通过资金及时付款的优势，降低自身成本。另一方面，城投企业发行反向供应链 ABS 可以避免立即支付工程款和贸易款，留存下的资金使用较为灵活，可以按照企业自身需求使用，有利于盘活资金，提高资金利用效率。

（1）以碧桂园所涉的保理资产支持专项计划为例说明其业务流程。

融元－方正证券－一方恒融碧桂园 39 期保理资产支持专项计划资产支持证券由计划管理人方正证券股份有限公司发行，所募资金用于向原始权益人，即深圳市前海一方恒融商业保理有限公司（以下简称"一方恒融"或"原始权益人"）购买基础资产，即按《基础资产买卖协议》的约定，原始权益人出售予专项计划并交割完成的应收账款债权，即债权人因申请保理服务而转让予原始权益人并同意原始权益人出售予专项计划的应收账款债权及其附属担保权益（原始权益人对债权人享有的、要求债权人履行争议应收账款债权回购义务的请求权也随入池应收账款债权一并转让作为本专项计划项下的基础资产），并以基础资产形成的属于专项计划的全部资产和收益，按约定向本期资产支持证券持有人还本付息。

该专项计划的要素：

①计划管理人设立并管理专项计划，认购人取得资产支持证券，成为资产支持证券持有人。

②计划管理人根据与原始权益人签订的《基础资产买卖协议》的约定，将专项计划资金用于向原始权益人购买基础资产。

③碧桂园控股有限公司、碧桂园地产集团有限公司及深圳碧桂园供应链管理有限公司出具《付款确认书》，确认对碧桂园下属公司未在应收账款到期日前一个工作日清偿的应付账款差额部分承担补足付款义务。

④原始权益人一方恒融作为资产服务机构，为专项计划提供基础资产管理服务，包括但不限于合格基础资产筛选、基础资产文件保管、基础资产池监控、基础资产债权清收、基础资产回收资金归集等。

（2）供应链 ABS 业务流程

结合上述实操案例，总结供应链 ABS 业务的交易流程如下：

①供应商因向核心付款人提供货物买卖或境内工程承包/分包服务等基础交易，而对核心付款人享有未到期应收账款债权。核心付款人通过出具《付款确认书》的方式作出到期付款承诺。

②供应商向保理商发送《应收账款债权转让申请书》，并签署《保理合同》。保理商就供应商对核心付款人享有的应收账款债权提供保理服务，并受让该等未到

期的应收账款债权。

③保理商与计划管理人签订《基础资产买卖协议》将债权资产转让给专项计划，后者将专项计划资金支付给保理人。

④资产支持证券投资者通过与计划管理人签订《认购协议》，将认购款委托给计划管理人管理，计划管理人设立并管理资产支持专项计划，投资者取得资产支持证券而成为资产支持证券持有人。

⑤计划管理人与保理商签订《资产服务协议》，委托保理商作为资产服务机构，为专项计划提供基础资产管理服务。

⑥计划管理人与托管人签订《托管协议》，在托管行开立专项计划账户，对专项计划资金进行保管，提供托管服务。

⑦专项计划设立后，资产支持证券在中证登登记。专项计划存续期内，资产支持证券将在交易所进行挂牌转让，计划管理人将按照专项计划文件的约定进行专项计划利益分配。

（3）对底层应收账款债权的审查重点

在房企供应链 ABS 业务中，存在两次应收账款债权转让，为了防范风险，须对底层应收账款债权进行全方位审查，其中须重点关注如下几个方面：

①真实的交易背景，即供应商与核心企业的下属公司签署的基础交易合同合法有效，供应商在向保理商转让应收账款债权前，该笔应收账款债权应为真实、合法、有效。

②供应商已经完全履行合同义务，且核心企业及其下属公司出具付款确认函确认到期付款义务，并且表明对供应商的债权不享有抗辩权或者任何其他减免、抵销的权利。

③保理商、供应商之间的保理合同真实、合法、有效，保理商已经完整拥有该笔应收账款债权，成为实际的债权人。

④进入底层资产池中的应收账款债权的到期日处于专项计划设立日与专项计划到期日之间，不能早于专项计划设立日或者晚于专项计划到期日。

⑤应收账款债权之上未设定质押等权利负担，也不涉及任何未决的诉讼、仲裁、执行或破产程序，未被采取任何查封、扣押、冻结等司法保全或强制措施。

⑥供应商转让应收账款债权不存在合同或者法律中不得转让、禁止转让或者限制转让的约定或者规定，或者即便存在转让该债权的限制条件，该等条件也已经成就。

⑦保理商转让应收账款债权不存在合同或者法律中不得转让、禁止转让或者限制

制转让的约定或者规定，或者即便存在转让该债权的限制条件，该等条件也已经成就。

⑧供应商已就其向保理商转让应收账款债权进而由保理商转让给专项计划的事宜向核心企业及下属公司发出书面通知并已取得核心企业及下属公司的书面确认。

（三）反向保理争议案例

笔者以“反向保理”作为关键词在中国裁判文书网上搜集相关案例，出现19个案件，可以发现反向保理协议在实务中已经非常普遍，多由核心企业与金融机构直接签订，一般均约定由保理人给予核心企业一定金额的授信额度，该等额度用于核心企业向保理人推荐的供应商提供保理融资，核心企业同意并确保应收账款到期时将款项支付予保理人。在此基础上，再由供应商与保理人签订具体额度的反向保理协议。

从案件争议缘由来看，还是集中于保理人向包括核心企业、担保人、供应商在内的主体主张、追索债权，笔者就其中典型案例梳理如下：

1. 有追索权保理合同中保理人的双重请求权基础是否都能得到支持？

在广州中院审理的“彭某、安某达商业保理有限公司合同纠纷”【（2019）粤01民终8393号】案中，安某达公司与沃某玛公司签订了编号为AXD－FXBL－WTM001的《反向保理战略合作协议》，约定由安某达公司给予沃某玛公司人民币2亿元授信额度，该等额度用于沃某玛公司向安某达公司推荐的供应商提供保理融资，沃某玛公司同意并确保应收账款到期时将款项支付予安某达公司。安某达公司与福某达公司以此为基础，签订《公开型有追索权国内保理合同》，约定福某达公司将对沃某玛公司的应收账款转让给安某达公司，向安某达公司申请保理融资。法院认为，在公开型有追索权保理合同中，保理商有权基于债权转让取得要求应收账款债务人清偿基础合同项下债务的权利，并且基于保理合同约定取得要求应收账款债权人回购债权的权利。虽然这是基于不同原因的两个债权请求权，但是均具备请求权基础，且法律对此并无明确限制，因此，可以在禁止双重受偿的前提下均予以支持。

2. 无追索权保理合同中保理人行使请求权的对象

在无追索权的保理合同中，保理商仅享有依据反向保理合作协议向债务人追偿的权利，并在存在担保人时同时向担保人追偿，对供应商不享有追索权。

在新疆维吾尔自治区巴音郭楞蒙古自治州中级人民法院审理的“华夏银行股份有限公司某分行与新疆博湖苇某股份有限公司、巴州凯进某开发有限责任公司等借款合同纠纷”【（2016）新28民初87号】案中，苇某股份公司作为核心企业与原告签订的《反向保理合作协议》中，原告与苇某股份公司约定：原告受让苇某股份公司供应商对博湖苇某的应收账款向苇某股份公司供应商提供应收账款管理及保理融资服务；苇某股份公司应按时履行应收账款的付款义务；原告为苇某股份公司核定的反向保理额度为2000万元，在反向保理额度有效期内，针对不同的供应商，原告为供应商核定反向保理融资额度；在无追索权反向保理项下，甲方苇某股份公司未按时足额付款，视为甲方违约。原告有权直接扣收甲方款项，并有权要求甲方支付逾期违约金。基于该无追索权反向保理合同约定，法院认定作为供应商的被告巴州凯进苇某开发有限责任公司不承担还款责任。

3. 反向保理合作协议与保证合同约定的管辖法院不一致时管辖法院的确定

在反向保理业务中，在债务人与保理人签订反向保理协议的同时，债务人的关联企业或者上级企业集团可能会提供担保措施，常见的为最高额保证担保，如果担保合同所约定的管辖法院与保理合同的管辖法院不一致，保理商在向债务人和担保人一并主张债权时，应如何确定管辖法院？

在广东高院审理的“上海华某国际集团有限公司、深圳前海联某商业保理有限公司合同纠纷”【（2018）粤民辖终833号】案中，华某石油公司作为债务人与联某公司签订了反向保理服务合作协议，同时，华某集团向联某公司提供最高额保证。联某公司依据主合同《反向保理合作协议》及从合同《最高额保证合同》等，一并起诉主债务人华某石油公司和保证人华某集团。其中，主合同《反向保理合作协议》约定有内容明确的协议管辖条款，即由联某公司所在地广东所属人民法院通过诉讼方式解决，华某集团认为本案应由其实际住所地即上海市人民法院管辖。广东高院认为，根据《最高人民法院关于适用〈中华人民共和国担保法〉若干问题的解释》第一百二十九条第一款关于“主合同和担保合同发生纠纷提起诉讼的，应当根据主合同确定案件管辖……”、第二款关于“主合同和担保合同选择管辖的法院不一致的，应当根据主合同确定案件管辖”的规定，保理合作协议作为主合同、最高额保证合同作为担保合同，应当根据主合同保理合作协议确定管辖法院。

4. 保证人行使追偿权的条件

在甘肃高院作出的“甘肃北某贸易有限公司与甘肃金某化工有限责任公司、田某宪追偿权纠纷二审民事判决书”【（2019）甘民终319号】中，法院认为保证人履行保证责任后方可行使追偿权，向融资方追偿保证责任范围内的相应款项。追偿权的权利范围在实际承担责任前为不确定，并仅在实际承担责任时确定，如保证人尚未履行相应的责任就不具备行使追偿权的条件。

（四）总结

反向保理优势明显，比如能够有效解决更多中小企业的融资需求；保障供应链上下游企业之间建立持久稳定的战略合作关系；简化通常商业保理业务中的审核流程，提高商业保理业务的效率；解决核心企业供应商的资金周转问题，延长核心企业的付款期限；同时可以对核心企业的应付账款进行更有效的管理，减少核心企业的财务管理成本。

保理融资的核心问题就是对底层应收账款债权的风险防范，而反向保理是由核心企业发起并确权，能够很大程度上降低资金方的风险。但是，无可置疑，因为反向保理面对的核心企业通常都是行业龙头企业，或者是垄断型集团企业，因而，反向保理中对核心企业的营销具有一定的难度。而且，反向保理主要是商业保理公司与核心企业之间达成为核心企业上游供应商融资的约定，商业保理公司主要依赖核心企业的信用保证为供应商提供融资服务。在贸易背景真实的前提下，核心企业也可能产生到期不能及时付款的信用违约风险。从上述争议案例来看，这类信用风险确实应予注意。

供应链金融法律法规综述

供应链金融的外延很广，但我们从供应链上企业的运营阶段划分，可以将供应链金融的融资模式分为三种，包括采购阶段的预付款融资、生产阶段的存货融资以及销售阶段的应收账款融资，其中涉及的法律问题有保兑仓交易、保证担保、动产担保、权利质押担保（如应收账款质押、仓单质押、票据质押）、保理等。

供应链金融的稳健发展离不开国家法律的支持，在立法供给方面，2020 年具有划时代意义，2020 年 5 月 28 日《中华人民共和国民法典》公布，并于 2021 年 1 月 1 日正式实施。《民法典》各部分的司法解释于 2020 年年底公布，并于 2021 年 1 月 1 日正式实施。《民法典》及其司法解释中涉及供应链金融业务的规定主要是动产和权利担保以及保证担保，而担保制度是《民法典》重点修改的内容，下文将《民法典》中与供应链金融相关的重大制度革新予以分析说明：

一、当事人没有约定保证方式的应为一般责任保证

供应链融资模式中，除了以货物、仓单、票据质押外，资金方一般也会要求融资人或核心企业提供其他类型的担保，这其中以保证担保最为常见。在《民法典》之前，《担保法》第 19 条规定，当事人对保证方式没有约定或者约定不明确的，按照连带责任保证承担保证责任。

《民法典》第六百八十六条第二款对此有所修改，规定“当事人在保证合同中对保证方式没有约定或者约定不明确的，按照一般保证承担保证责任。”一般责任保证与连带责任保证的区别就是保证人是否享有先诉抗辩权，前者的保证人有此权利，而后者没有，所以，后者保证人的责任负担更重。据此，供应链三方当事人在设定担保时，对资金方而言，为了最大限度保护其权益，应该在合同中明确保证方式为连带责任保证。

二、未办理抵押登记的动产抵押权无追及效力

《最高人民法院关于适用〈中华人民共和国民法典〉有关担保制度的解释》（以下简称《民法典担保解释》）第五十四条：动产抵押合同订立后未办理抵押登

记，动产抵押权的效力按照下列情形分别处理：

（一）抵押人转让抵押财产，受让人占有抵押财产后，抵押权人向受让人请求行使抵押权的，人民法院不予支持，但是抵押权人能够举证证明受让人知道或者应当知道已经订立抵押合同的除外；

（二）抵押人将抵押财产出租给他人并移转占有，抵押权人行使抵押权的，租赁关系不受影响，但是抵押权人能够举证证明承租人知道或者应当知道已经订立抵押合同的除外；

（三）抵押人的其他债权人向人民法院申请保全或者执行抵押财产，人民法院已经作出财产保全裁定或者采取执行措施，抵押权人主张对抵押财产优先受偿的，人民法院不予支持；

（四）抵押人破产，抵押权人主张对抵押财产优先受偿的，人民法院不予支持。

根据上述规定，一方面，《民法典》第四百零六条已经规定抵押期间，抵押人转让抵押财产，所以，无论是动产还是不动产抵押，抵押人都有权转让抵押财产；另一方面，《民法典》规定抵押权具有追及效力的前提是办理了抵押登记，第三人能够查询到抵押的状态，所以，抵押权具有追及效力，能够对抗买受人。对于动产抵押，虽然严格奉行登记对抗主义，不登记，动产抵押也能够设立，但是，一旦抵押人处分抵押物，如果未经登记，就不能对抗善意第三人，只对于知道存在抵押合同的第三人具有对抗效力。

若动产抵押未经登记，一旦抵押人转让抵押财产、出租抵押财产，并已转移占有，抵押权都将丧失。未经登记的抵押财产，一旦被抵押人的其他债权人采取财产保全或者执行措施，那么，抵押权的优先受偿权将无从存续。在抵押人破产的时候，未经登记的抵押财产将成为一般责任财产，由抵押人的债权人平等受偿，抵押权人将丧失优先受偿权。

所以，在供应链金融业务中，接受以融资人一方的动产抵押作为担保方式的资金方，为了保证自己的抵押权经久不失，除了可以与抵押人协议限制抵押人对抵押物的处分外，还应该及时办理抵押登记，以防范抵押人的道德风险。

三、扩大动产浮动抵押的专属规则：抵押权人不能对抗正常经营活动中的买受人

动产浮动抵押是企业、个体工商户、农业生产经营者将现有的以及将有的生产设备、原材料、半成品、产品抵押，债务人不履行到期债务或者发生当事人约定的实现抵押权的情形，债权人有权就实现抵押权时的动产优先受偿的一种抵押形式，该抵押属于供应链融资方式之一。

浮动抵押期间，抵押人有权处分抵押物，抵押物处于流动状态，抵押物一经转让，其上的抵押权即可消灭，因此，以前的《物权法》第一百八十九条第二款规定浮动抵押不得对抗正常经营活动中已支付合理价款并取得抵押财产的买受人。

《民法典》第四百零四条规定："以动产抵押的，不得对抗正常经营活动中已经支付合理价款并取得抵押财产的买受人。"此外，《民法典担保解释》第五十六条又加强了此观点，如其第二款规定："前款所称出卖人正常经营活动，是指出卖人的经营活动属于其营业执照明确记载的经营范围，且出卖人持续销售同类商品。前款所称担保物权人，是指已经办理登记的抵押权人……"所以，即便已经办理了动产抵押登记，其追及效力也将因为这种发生在正常经营活动中的出卖行为而丧失。

可见，《民法典》将上述专门适用于动产浮动抵押的规则扩大适用于所有的动产抵押，比如以特殊动产如车辆、船舶、航空器等交通运输工具抵押的，或者是对生产设备、原材料、半成品、产品进行固定抵押的，无论是否登记，抵押权人都将因抵押人的正常经营行为而丧失抵押权。

在《民法典》已经原则性规定抵押权存续于已被转让的抵押物之上的情况下，动产抵押，因动产的特殊性，供应链企业生产出来的货物用于抵押，因该货物本来就是用于正常经营出卖的，所以，不可能在其上继续保留抵押权。

可见，国家正是希望通过法律制度，一方面扩大企业可用于融资担保的财产范围，另一方面保证企业的正常经营，在这二者之间寻得一种平衡。

对于供应链融资业务而言，如果融资人是以特殊动产抵押，或者是以生产设备、原材料、半成品、产品进行固定抵押的，为了防止抵押财产流失，可以在抵押合同中约定未经资金方同意，抵押人不得转让抵押财产，防止抵押物被转让之后担保物权消灭，但这不可避免会导致抵押人的生产经营停滞，对债权人而言，也并无益处。所以，资金方最优的选择是在合同中明确，抵押人对其正常经营的收入，应当向抵押权人提前清偿债务或者提存。

四、首次规定了动产价款债权担保权利的超级优先权

动产价款债权的超级优先权是指动产的买受人在购买动产时，因资力有限，无法支付全额价款，而只能通过融资获得授信以支付价款，同时在其买到的动产之上为价款债权人设定担保权益。

从世界几大法域的立法规定来看，价款债权的超级优先权规则最初是为了解决在先登记的浮动抵押权具有优先性所带来的问题，如果将来购入的生产设备、原材料、半成品、产品都纳入到浮动抵押的范围，那么，就没有资金方愿意为抵押人再提供授信，因为即便设定了抵押，该抵押也将劣后于浮动抵押，抵押人难以继续融资，阻碍其扩大再生产。而赋予价款债权以超级优先权，就能够解决这个问题。此种超级优先权应该在买受人、承租人取得标的物之后的 10 日内办理登记，否则，不享有优先权。

（一）超级优先权的权利人都包括哪些人？

根据《民法典》第四百一十六条以及《民法典担保解释》第五十七条规定，在动产之上享有超级优先权的权利人包括四类人：(1) 已经转移所有权的动产的出卖人，买受人以其所有的动产为出卖人设定抵押，担保其价款债权的实现；(2) 在价款清偿之前对出售的动产保留所有权的出卖人；(3) 买卖关系之外的为买受人支付价款提供了授信资金的第三人，买受人从而向出卖人支付了价款，买受人以所受让的动产为该第三人设定抵押担保；(4) 融资租赁关系中的出租人，该出租人享有动产的名义上的所有权，由承租人以支付租金的形式支付租赁物的价款，在租金支付完毕之后，租赁物的所有权归承租人所有。

（二）超级优先权的优先性有哪些表现形式？

1. 登记在后的价款债权担保权优先于登记在先的浮动抵押权

《民法典担保解释》第五十七条第一款规定："担保人在设立动产浮动抵押并办理抵押登记后又购入或者以融资租赁方式承租新的动产，下列权利人为担保价款债权或者租金的实现而订立担保合同，并在该动产交付后十日内办理登记，主张其权利优先于在先设立的浮动抵押权的，人民法院应予支持：（一）在该动产上设立抵押权或者保留所有权的出卖人；（二）为价款支付提供融资而在该动产上设立抵押权的债权人；（三）以融资租赁方式出租该动产的出租人。"

据此规定，在先设定了浮动抵押情形下，抵押人又向银行融资购买了一批原材料，并且在收到原材料后 10 日内为银行办理了抵押登记，那么，在浮动抵押确定抵押物价值的时候，该批原材料应该从抵押物中摘除出去，这批原材料的价值应该首先保证银行债权的实现，有剩余的，才由浮动抵押权人受偿。如此，在先的浮动抵押权并不会给在后的价款债权人的债权实现带来障碍，但是，物极必反，如果已经设定了浮动抵押，却在后面不断购买存货时，为其他债权人设定价款债权抵押权，那么就会使在先的浮动抵押权落空。

需要重点强调的是，在后的担保权优先于在前的浮动抵押，仅限于价款债权担保权，如果是其他的在后抵押权，根据《全国法院民商事审判工作会议纪要》第 64 条规定"企业将其现有的以及将有的生产设备、原材料、半成品及产品等财产设定浮动抵押后，又将其中的生产设备等部分财产设定了动产抵押，并都办理了抵押登记的，根据《物权法》第一百九十九条的规定，登记在先的浮动抵押优先于登记在后的动产抵押。”还是应该以登记的先后确定优先顺位，在先的浮动抵押权优先。

2. 价款债权担保权优先于其他担保物权受偿

《民法典》第四百一十六条：“动产抵押担保的主债权是抵押物的价款，标的物交付后十日内办理抵押登记的，该抵押权人优先于抵押物买受人的其他担保物权人受偿，但是留置权人除外。”

《民法典担保解释》第五十七条第二款规定：“买受人取得动产但未付清价款或者承租人以融资租赁方式占有租赁物但是未付清全部租金，又以标的物为他人设立担保物权，前款所列权利人为担保价款债权或者租金的实现而订立担保合同，并在该动产交付后十日内办理登记，主张其权利优先于买受人为他人设立的担保物权的，人民法院应予支持。”

根据上述规定，买受人取得动产或者承租人占有租赁物却均未向债权人支付或清偿完毕，又以标的物进行担保融资的，只要卖方或者出租人的担保权利在动产交付后 10 日内登记，该登记的担保权利就优先于其他担保物权，举例如，一套融资租赁设备是 1 月 9 日交付给承租人，承租人在 1 月 12 日为其他债权人设定了抵押，在 1 月 15 日进行了融资租赁所有权登记。按照超级优先权规则，即便融资租赁登记在后，出租人也能对抗在先的抵押权人。当然前提是，融资租赁登记应该发生在租赁物交付后的 10 日内，如果登记日期超过此限，将成为普通担保物权。

需要说明的是，上述《民法典担保解释》第五十七条第二款规定“担保合同”，是否仅指抵押合同，所有权保留的买卖合同、融资租赁合同是否也属于担保合同，另外，该条规定提到的“登记”，到底是什么登记？由于《民法典》和《民法典担保解释》均已经认可所有权保留和融资租赁属于实质担保物权的一种，而且，《国务院关于实施动产和权利担保统一登记的决定》（国发〔2020〕18 号）中已将融资租赁、所有权保留纳入动产和权利担保统一登记范围内，上述条款中的“登记”并不仅限于抵押登记，还包括所有权保留登记、融资租赁登记。

五、《民法典》规定保理合同为有名合同

供应链融资的一种重要模式就是以应收账款融资，该融资方式可能是应收账款质押、应收账款转让以及保理交易。此前，关于保理合同，《合同法》并未将其规定为一种有名合同，但此次《民法典》编纂，却将其纳入，这是因为各地保理公司数量逐年增加，保理交易已经非常普遍，《民法典》顺势而为，用了 9 个条款对其全面规定。

这9个条款规定的内容包括：保理合同的含义、保理合同的内容和形式、虚构应收账款的法律后果、保理人表明身份义务、无正当理由变更或者终止基础交易合同行为对保理人的效力、有追索权保理、无追索权保理、多重保理的清偿顺序、适用债权转让规定。

这里要着重强调《民法典》第七百六十八条关于多重保理清偿顺序的规定，根据该条规定，应收账款债权人就同一应收账款订立多个保理合同，致使多个保理人主张权利的，已经登记的先于未登记的取得应收账款；均已经登记的，按照登记时间的先后顺序取得应收账款；均未登记的，由最先到达应收账款债务人的转让通知中载明的保理人取得应收账款；既未登记也未通知的，按照保理融资款或者服务报酬的比例取得应收账款。

除了《民法典》以外，《民法典担保解释》第六十六条还对保理合同中容易发生争议的问题进行了更为详细的规定，根据该条规定，可以得出以下结论：

1. 同一应收账款同时存在保理、应收账款质押和债权转让，应该参照《民法典》第七百六十八条的规定确定优先顺序的，即已经登记的先于未登记的取得应收账款；均已经登记的，按照登记时间的先后顺序取得应收账款；均未登记的，由最先到达应收账款债务人的转让通知中载明的权利人取得应收账款；既未登记也未通知的，按照融资款或债权的比例取得应收账款。

2. 在有追索权的保理中，保理人可以单独起诉应收账款债权人或者应收账款债务人，也可以一并起诉应收账款债权人和应收账款债务人。

3. 应收账款债权人向保理人返还保理融资款本息或者回购应收账款债权后，有权请求应收账款债务人向其履行应收账款债务。

六、应收账款债权人可以现有的以及将有的应收账款质押融资

因供应链企业之间往往存在账期，这就导致产生大量的应收账款，除了进行保理融资外，以应收账款质押也非常普遍。较《物权法》规定的权利质押的范围中包括“应收账款”，《民法典》第四百四十条规定“现有的以及将有的应收账款”可以质押，与《物权法》相比，《民法典》多了前面“现有的以及将有的”这样的描述。在应收账款质押中，多出现争议的是应收账款债权本身的真实性问题以及将有的应收账款质押的质权实现问题，对此，《民法典担保解释》第六十一条进行了细致规定，根据该条规定，可以得出以下结论：

（一）关于应收账款真实性的争议问题

1. 以现有的应收账款出质，应收账款债务人向质权人确认应收账款的真实性后，不能再以应收账款不存在或者已经消灭为由不承担责任。

2. 以现有的应收账款出质，应收账款债务人未确认应收账款的真实性，质权人以应收账款债务人为被告，请求就应收账款优先受偿，能够举证证明办理出质登记时应收账款真实存在的，其优先受偿权将能得到支持；质权人不能举证证明办理出质登记时应收账款真实存在，仅以已经办理出质登记为由，请求就应收账款优先受偿的，其请求难以得到支持。

（二）对应收账款债务人履行债务的限制

以现有的应收账款出质，应收账款债务人已经向应收账款债权人履行了债务，质权人请求应收账款债务人履行债务的，人民法院不予支持，但是应收账款债务人接到质权人要求向其履行的通知后，仍然向应收账款债权人履行的除外。

（三）以将有的应收账款质押的质权实现方式

以基础设施和公用事业项目收益权、提供服务或者劳务产生的债权以及其他将有的应收账款出质，当事人为应收账款设立特定账户，发生法定或者约定的质权实现事由时，质权人请求就该特定账户内的款项优先受偿的，人民法院应予支持；特定账户内的款项不足以清偿债务或者未设立特定账户，质权人请求折价或者拍卖、变卖项目收益权等将有的应收账款，并以所得的价款优先受偿的，人民法院依法予以支持。

七、关于仓单质权的设立及重复质押问题

《物权法》《担保法》及其司法解释对于仓单质押规定的特别简单，《民法典》保留了以前《物权法》在仓单质押方面的规定，在此基础上，《民法典担保解释》在仓单质押的设立方面进行了细化，另外，对于仓单及其项下的存货的重复质押问题进行了明确。

（一）仓单质押的设立条件规则不明，稳妥做法是进行质押背书

《民法典》规定仓单质押要签订质押合同以及交付仓单，质权自交付之时设立。

《民法典担保解释》第五十九条对此却有不同规定，该条第一款："存货人或者仓单持有人在仓单上以背书记载'质押'字样，并经保管人签章，仓单已经交付质权人的，人民法院应当认定质权自仓单交付质权人时设立。没有权利凭证的仓单，依法可以办理出质登记的，仓单质权自办理出质登记时设立。"

上述规定并没有明确如果未在仓单上背书记载"质押"字样，且未经保管人签章，即便仓单交付，是否质权将无法设立？所以，这就会给实务操作带来混乱，给法院同案不同判留下隐患。因为按照《民法典》规定，并不要求质押背书和签章，只要求订立质押合同和交付仓单即可。

《民法典》关于仓单质权设立的条件规定还会引发后续的问题，如果未经质押

背书，且未经保管人签章，交付仓单后，仓单的持有人享有的权利类型以及权利的实现都会存在问题，持有仓单的人到底是质权人还是所有权人就不清楚，其向保管人要求提货时，因未经保管人签章，保管人是否接受质权人的提货请求将存在疑问。

所以，最为稳妥的操作还是要对仓单进行质押背书，且由保管人签章，如此，才能明确质权人的权利性质和权利实现，减少不必要的争议。

（二）仓单重复质押的优先顺位规则

存货、仓单质押中的一个难题就是重复质押问题，《民法典担保解释》直面问题所在，在其第五十九条第二、三款规定："出质人既以仓单出质，又以仓储物设立担保，按照公示的先后确定清偿顺序；难以确定先后的，按照债权比例清偿。保管人为同一货物签发多份仓单，出质人在多份仓单上设立多个质权，按照公示的先后确定清偿顺序；难以确定先后的，按照债权比例受偿。"

据此，面对重复质押，应该以公示的先后确定优序规则，《国务院关于实施动产和权利担保统一登记的决定》中已经明确仓单质押可以在中国人民银行征信中心动产融资统一登记公示系统中办理登记公示，所以，对于资金方而言，要最大限度保护仓单质权，就要签订仓单质押合同、在仓单上背书记载"质押"字样、保管人签章、占有仓单，且及时在上述征信中心办理质押登记的公示。

（三）重复质押中失权的债权人的损失救济

按照上述重复质押的优先顺位规则，在先公示的质权人获得优先受偿权，以仓单项下货物的价值清偿其债权，而顺位在后的债权人就面临无法受偿的损失问题。造成该后果的原因是"一物多质"或者"一物多单"造成的，出质人存在恶意在所难免。此外，保管人为同一货物签发多份仓单，使得仓单与货物无法排他对应，如果保管人对此是明知故意而为，那么保管人与出质人具有共同过错行为，应该对债权人的损失承担连带责任。根据《民法典担保解释》在第五十九条第四款规定"存在第二款、第三款规定的情形，债权人举证证明其损失系由出质人与保管人的共同行为所致，请求出质人与保管人承担连带赔偿责任的，人民法院应予支持。"对出质人和保管人的共同过错行为的举证责任在债权人一方，债权人应该证明出质人与保管人的共同过错行为。

八、流担保无效，当事人可在履行期届满后达成以物抵债协议

根据《物权法》第一百八十六条、第二百一十一条的规定，担保物权人在债务履行期届满前，不得与担保人约定债务人不履行到期债务时抵押财产归债权人所有。而《民法典》并未禁止流担保，根据《民法典》第四百零一条、第四百二十八条规定，担保物权人在债务履行期限届满前，与担保人约定债务人不履行到期债务时抵押财产归债权人所有的，只能依法就抵押财产优先受偿。

根据《民法典》规定，流担保并不产生担保物所有权转移的效力，债权人只能“依法”就抵押或质押财产优先受偿，可见，还是回到了担保物权实现的法定轨道上来。但是，担保物权的实现要经过折价或拍卖、变卖的程序，无法与以物抵债的便利性相比。

根据《全国法院民商事审判工作会议纪要》第 44 条规定，当事人可以在债务履行期限届满后达成以物抵债协议，只要不存在恶意损害第三人合法权益的情形，且无其他无效事由的，该以物抵债协议就是有效的，债务人不交付抵债物的，债权人有权要求交付。

所以，虽然流担保不产生效力，但是，并不妨碍当事人可以在债务履行期限届满后进行以物抵债的约定，从而实现快速解决债务的目的。

就供应链融资而言，资金方往往控制货权，在出借的资金未能收回之前，资金方对货物享有质权，如果债务人到期不能清偿，资金方也可以与出质人达成以物抵债的约定，用质押物抵债，在大宗商品贸易中，因商品容易变现，资金方也能挽回损失。

九、票据质押的设立条件仍存在规则冲突

相比票据贴现具有更大优势，票据质押在供应链金融担保中应用广泛。票据质押问题在此次《民法典》延续了《物权法》《担保法》关于票据质押的规定，《民法典担保解释》却对《最高人民法院关于适用〈中华人民共和国担保法〉若干问题的解释》（以下简称《担保解释》）进行了规则修改。

《担保解释》第九十八条规定：“以汇票、支票、本票出质，出质人与质权人没有背书记载“质押”字样，以票据出质对抗善意第三人的，人民法院不予支持。”

按照上述规定，质押背书仅是票据质权设立的对抗要件，没有质押背书其实不影响票据质权的设立。但该规定在《民法典担保解释》中已被删除。《民法典担保解释》关于票据质权的规定仅有一条，即第五十八条：“以汇票出质，当事人以背书记载“质押”字样并在汇票上签章，汇票已经交付质权人的，人民法院应当认定质权自汇票交付质权人时设立。”

即便删除了质押背书为票据质权设立的对抗要件的规定，《民法典担保解释》第 58 条仍未回答质押背书是否是票据质权的设立要件，该问题与关于仓单质押设立条件的第五十九条第一款存在的问题相同，即如果未在票据上背书记载“质押”

字样，且未签章，仅有票据交付，质权是否设立？

《民法典》《民法典担保解释》并未解决关于票据质押设立规则的矛盾冲突问题，而该问题一直是票据质押实务和司法实践中的争议焦点问题，因为《物权法》规定的票据质押设立条件与《票据法》和《最高人民法院关于审理票据纠纷案件若干问题的规定》（以下简称《票据规定》）规定的票据质押设立条件明显不同，而现在会继续存在《民法典》《民法典担保解释》与《票据法》《票据规定》的规则冲突。

所以，这无疑将继续给实务操作带来混乱，给法院同案不同判留下隐患。当事人可能会主张根据《民法典》规定，票据质押并不要求质押背书和签章，只要求订立质押合同和交付票据即可，而对方当事人却可能会主张根据《票据法》《票据规定》，质押背书为票据质权的设立要件，未质押背书质权不设立，具体规定为：

《票据法》第三十五条第二款：汇票可以设定质押；质押时应当以背书记载“质押”字样。被背书人依法实现其质权时，可以行使汇票权利。

《票据规定》第五十四条：依照票据法第三十五条第二款的规定，以汇票设定质押时，出质人在汇票上只记载了“质押”字样未在票据上签章的，或者出质人未在汇票、粘单上记载“质押”字样而另行签订质押合同、质押条款的，不构成票据质押。

那么，对票据质押实务而言，稳妥的做法还是按照《票据法》《票据规定》的要求，严格进行背书质押以设立票据质权，基于票据本身的文义性、独立性，其上背书记载“质押”字样才能显示持票人的身份和权利性质；其上进行了签章，才能保证票据背书的连续性，从而保证持票人对其票据权利的行使。

十、在先的租赁要转移占有才能对抗在后的动产抵押权

为了最大化融资担保的财产范围，供应链金融业务中不可避免会产生融资租赁或者租赁与抵押同时并存的现象。由于出租人依然享有租赁物的所有权，所以，已经出租的财产也可以继续用以抵押，进行融资。

那么，已经出租的财产进行抵押的，抵押权实现的时候，是否抵押不破租赁，租赁关系不受影响？如果一刀切，肯定会发生道德风险，与倒签合同相反，抵押人与承租人恶意串通在租赁合同上随意记载一个先于抵押合同签订的日期，根据《物权法》第一百九十条规定：“订立抵押合同前抵押财产已出租的，原租赁关系不受该抵押权的影响。抵押权设立后抵押财产出租的，该租赁关系不得对抗已登记的抵押权。”因并不要求租赁物的交付和转移占有，抵押人这样就能让租赁关系不受影响，妨碍抵押权的实现。

《民法典》认识到了这个问题所在，在其第四百零五条规定："抵押权设立前，抵押财产已经出租并转移占有的，原租赁关系不受该抵押权的影响。"除了租赁合同签订之外，最关键的是租赁物已经转移占有，如此才能对抗在后设立的抵押权。

十一、所有权保留合同、融资租赁合同都属于实质担保合同

已经失效的《合同法》第一百三十四条规定："当事人可以在买卖合同中约定买受人未履行支付价款或者其他义务的，标的物的所有权属于出卖人。"该条即为所有权保留的规定，《民法典》延续了该规定，同时又补充规定："出卖人对标的物保留的所有权，未经登记，不得对抗善意第三人。"

按照一般的动产交付规则，买受人占有标的物之后，所有权即从出卖人转由买受人享有，但是，当事人可以另行约定，在买受人未支付价款或者履行其他义务时，标的物所有权继续由出卖人享有。根据新修订的《最高人民法院关于审理买卖合同纠纷案件适用法律问题的解释》第二十五条规定："买卖合同当事人主张民法典第六百四十一条关于标的物所有权保留的规定适用于不动产的，人民法院不予支持。"所有权保留仅适用于动产买卖。

供应链企业所交易的就是动产，如果当事人之间是先货后款的支付方式，出卖人完全可以设立所有权保留条款以保障货款债权的实现。对于买方而言，也相当于在拿到货物之后，用这批货物作担保为自己获得了融资，担保的方式是让渡货物的所有权。

（一）所有权保留的出卖人享有的名义所有权其实属于担保物权

《民法典》第三百八十八条规定："设立担保物权，应当依照本法和其他法律的规定订立担保合同。担保合同包括抵押合同、质押合同和其他具有担保功能的合同。"

所有权保留合同其实就属于担保合同，保留所有权的目的在于担保价款债权的实现，同时，根据《民法典》第六百四十二条第二款规定："出卖人可以与买受人协商取回标的物；协商不成的，可以参照适用担保物权的实现程序。"出卖人并非基于所有权就能够确定地享有原物返还请求权，要返还原物，还得取决于买受人的同意，买受人不同意的，就只能按照担保物权的实现程序来实现出卖人尚未受清偿的价款债权。

上述对所有权保留属于担保物权的性质认定在《民法典担保解释》的第六十四条体现的尤为明显，该条规定：

《民法典担保解释》第六十四条：在所有权保留买卖中，出卖人依法有权取回标的物，但是与买受人协商不成，当事人请求参照民事诉讼法"实现担保物权案

件”的有关规定，拍卖、变卖标的物的，人民法院应予准许。

出卖人请求取回标的物，符合民法典第六百四十二条规定的，人民法院应予支持；买受人以抗辩或者反诉的方式主张拍卖、变卖标的物，并在扣除买受人未支付的价款以及必要费用后返还剩余款项的，人民法院应当一并处理。

（二）所有权保留未经登记，不得对抗的“善意第三人”的范围及其效力

《民法典担保解释》第六十七条：在所有权保留买卖、融资租赁等合同中，出卖人、出租人的所有权未经登记不得对抗的“善意第三人”的范围及其效力，参照本解释第五十四条的规定处理。

结合《民法典担保解释》第五十四条的规定，所有权保留未登记的，买受人若将标的物转让并转移占有或者出租并转移占有，所有权人的追及权利将丧失；标的物一旦被买受人的债权人采取财产保全措施，或者被法院强制执行，出卖人也将丧失对标的物的追及权利；买受人破产的，同样，所有权人将丧失对标的物的追及权。

（三）所有权保留不得对抗买受人的正常经营活动

《民法典担保解释》第五十六条：买受人在出卖人正常经营活动中通过支付合理对价取得已被设立担保物权的动产，担保物权人请求就该动产优先受偿的，人民法院不予支持，但是有下列情形之一的除外：（一）购买商品的数量明显超过一般买受人；（二）购买出卖人的生产设备；（三）订立买卖合同的目的在于担保出卖人或者第三人履行债务；（四）买受人与出卖人存在直接或者间接的控制关系；（五）买受人应当查询抵押登记而未查询的其他情形。

前款所称出卖人正常经营活动，是指出卖人的经营活动属于其营业执照明确记载的经营范围，且出卖人持续销售同类商品。前款所称担保物权人，是指已经办理登记的抵押权人、所有权保留买卖的出卖人、融资租赁合同的出租人。

所以，所有权保留的出卖人也不能要求已经在买受人的正常经营活动中支付合理对价并取得标的物的第三人向其返还标的物，或者就该标的物的价值实现其价款债权。

当然了，根据前述例外规定，如果第三人存在上述那五种情形，则所有权保留的出卖人的权利不受影响。

关于融资租赁而言，融资租赁中出租人享有的也是所有权，但是，该所有权也仅是形式上的，是为担保承租人支付租金的义务而设，如果承租人逾期支付租金，出租人将有权以拍卖、变卖租赁物所得的价款受偿，如果出租人收回租赁物，应返还超过承租人欠付的租金以及其他费用的金额。如果融资租赁所有权未经登记，也

不能对抗因承租人正常处分行为而占有租赁物的买受人或者其他承租人，在承租人破产或者被强制执行时，出租人也将丧失对租赁物的追及权利，同时，出租人也不能对抗在承租人正常经营活动中买受租赁物的善意第三人。

十二、让与担保中的债权人按照担保物权的规定优先受偿

所谓让与担保，是将财产所有权形式上转让至债权人名下，用以担保债务履行的一种担保措施。在供应链金融业务中，也不乏将标的物以这种方式进行融资的操作，比如对机械设备、交通工具的让与担保。

虽然让与担保也属于担保合同的一种，而且实践操作中，让与担保非常普遍，尤其是股权的让与担保为当事人普遍采用，但《民法典》并未就让与担保进行任何规定，《民法典担保解释》补充了这一空白，延续了《全国法院民商事审判工作会议纪要》第71条关于让与担保的规定。

《民法典担保解释》第六十八条：债务人或者第三人与债权人约定将财产形式上转移至债权人名下，债务人不履行到期债务，债权人有权对财产折价或者以拍卖、变卖该财产所得价款偿还债务的，人民法院应当认定该约定有效。当事人已经完成财产权利变动的公示，债务人不履行到期债务，债权人请求参照民法典关于担保物权的有关规定就该财产优先受偿的，人民法院应予支持。

债务人或者第三人与债权人约定将财产形式上转移至债权人名下，债务人不履行到期债务，财产归债权人所有的，人民法院应当认定该约定无效，但是不影响当事人有关提供担保的意思表示的效力。当事人已经完成财产权利变动的公示，债务人不履行到期债务，债权人请求对该财产享有所有权的，人民法院不予支持；债权人请求参照民法典关于担保物权的规定对财产折价或者以拍卖、变卖该财产所得的价款优先受偿的，人民法院应予支持；债务人履行债务后请求返还财产，或者请求对财产折价或者以拍卖、变卖所得的价款清偿债务的，人民法院应予支持。

债务人与债权人约定将财产转移至债权人名下，在一定期间后再由债务人或者其指定的第三人以交易本金加上溢价款回购，债务人到期不履行回购义务，财产归债权人所有的，人民法院应当参照第二款规定处理。回购对象自始不存在的，人民法院应当依照民法典第一百四十六条第二款的规定，按照其实际构成的法律关系处理。

根据上述规定，让与担保并不产生所有权转移的效力，当事人之间关于债务人不履行债务，债权人将取得所有权的约定是无效的，但是不影响当事人有关提供担保的意思表示的效力，债权人有权按照担保物权的规定实现优先受偿权。

综上，《民法典》及《民法典担保解释》在制度供给方面已经较以前的担保制度有了很大的突破，比如首次规定了动产价款债权的超级优先权，对仓储物、仓单的重复质押进行了明文规定，将保理合同规定为有名合同，确立了“买卖不破抵押”规则，明确了“抵押不破租赁”的条件应为转移占有，规定了所有权保留和融资租赁所有权人的权利实现方式，对不同担保物权并存时的优先顺位规则进行了更为清晰的规定。另外，将所有的动产和权利担保纳入统一的登记系统中，这些都为供应链金融业务的开展提供了强有力的制度基础，保证供应链金融业务的开展有法可依。

正如人无完人一样，《民法典》及其担保解释还是存在进一步完善的空间，如上文提到的关于仓单、票据质押设立条件的规则冲突问题还是没有得到妥善解决。而且，《民法典》在其制定颁布之时，就已经落后于社会实践了，随着互联网、区块链的发展，电子仓单、供应链票据、电子票据的产生和实践发展，肯定还会生发出更多的法律问题，需要立法提供更为详尽的制度规定，对于供应链金融中涉及的制度空白，相信日后会以单行法或者司法解释规定的方式得到完善。

瑕不掩瑜，关于上述规则革新的制度效果，因《民法典》于 2021 年 1 月 1 日实施，新的规定在司法实践中如何适用，以及适用效果如何，我们将拭目以待。

图书在版编目（CIP）数据

民法典时代供应链金融疑难法律问题全解 / 康欣编著. —北京：中国法制出版社，2021.9

ISBN 978 - 7 - 5216 - 2111 - 2

Ⅰ. ①民… Ⅱ. ①康… Ⅲ. ①金融法 - 研究 - 中国 Ⅳ. ①D922. 280. 4

中国版本图书馆 CIP 数据核字（2021）第 167207 号

责任编辑　卜范杰　　　封面设计　李　宁

民法典时代供应链金融疑难法律问题全解

MINFADIAN SHIDAI GONGYINGLIAN JINRONG YINAN FALÜ WENTI QUANJIE

编著/康欣

经销/新华书店

印刷/三河市紫恒印装有限公司

开本/710 毫米×1000 毫米　16 开　　　印张/ 29. 5　字数/ 428　千

版次/2021 年 9 月第 1 版　　　2021 年 9 月第 1 次印刷

中国法制出版社出版

书号 ISBN 978 - 7 - 5216 - 2111 - 2　　　定价：120. 00 元

北京市西城区西便门西里甲 16 号西便门办公区

邮政编码：100053　　　传真：010 - 63141852

网址：http：//www. zgfzs. com　　　**编辑部电话：010 - 63141673**

市场营销部电话：010 - 63141612　　　**印务部电话：010 - 63141606**

（如有印装质量问题，请与本社印务部联系。）